KB037837

문명이 낳은 **철학** 철학이 바꾼 **역사 2**

문명이 낳은 **철학** 철학이 바꾼 **역사 2**

근대와 탈근대 사이에서

진태원 · 한정헌 엮음

도서출판

문명이 낳은 **철학** 철학이 바꾼 **역사 2**
근대와 탈근대 사이에서

2015년 8월 10일 제1판 제1쇄 펴냄

2018년 5월 15일 제1판 제2쇄 찍음
2018년 5월 20일 제1판 제2쇄 펴냄

엮은이 | 진태원 · 한정헌
펴낸이 | 박우정

편집 | 천정은
전산 | 한향림

펴낸곳 | 도서출판 길
주소 | 135-891 서울 강남구 신사동 564-12 우리빌딩 201호
전화 | 02) 595-3153   팩스 | 02) 595-3165

등록 | 1997년 6월 17일 제113호

ISBN 978-89-6445-106-9 03100
ISBN 978-89-6445-104-5 (전2권)

현대가 낳은 철학,
철학이 바꿀 미래

 이 책은 『문명이 낳은 철학, 철학이 바꾼 역사 1』을 잇는 속편이다. 1권에서는 동양과 서양의 전통적인 문명 전개와 철학 사상들, 그리고 이런 흐름이 근대에 들어와 겪게 되는 변용들을 다루었다. 이제 이번 2권은 현대라는 시대를 다룰 것이다. 현대 문명을 구성하는 여러 갈래들과 그것들에 상관적인 철학 사상들을 13개의 주제로 구성했다. 전체 구성은 다음과 같다.

 1장 '전통, 근대, 탈근대'는 이 책 전체의 서론 격에 해당한다. 인류 문명이 전통에서 근대로 그리고 오늘날의 탈근대로 이행해 온 과정과 각 시대를 특징짓는 사상적 배경을 다루었다.

 2~6장의 글들은 현대 문명으로 넘어오면서 전개된 세계관과 인간관의 변혁을 다루었다. 존재론적인 변화에는 매우 많은 논의 사항들이 있으나, 여기에서는 전반적으로 살펴볼 때 핵심이라 할 '존재에서 생성으로'의 변화만을 다루었다. 그리고 인간관의 변화에 좀 더 무게중심을 두어 논했으며, 본체론적 인간관에서 생성론적 인간관으로, 의식에서 무의식으로, 정신/영혼 중심에서 뇌/신체 중심으로 변화해 온 과정을 더듬어보았다.

7~9장의 글들은 윤리와 정치에 관련된 글들로서, 현대 윤리학의 핵심을 이루는 '타자의 윤리학', 현대 정치철학의 세 갈래인 '자유주의, 사회주의, 코뮤니즘', 그리고 이른바 문화제국주의의 이론적 기초인 '문화중심주의'의 문제를 다루었다.

10~12장의 글들은 현대 문화를 구성하는 중요한 요소들 중 세 가지, 즉 과학, 도시, 예술을 다루었다. 과학의 객관성 문제, 현대 도시의 탄생, 그리고 현대 예술의 흐름을 다룸으로써, 현대 문명에서 문제가 되고 있는 내용들은 어떤 것인가를 살펴보았다.

13장은 이 책의 결론 격에 해당한다. '진화' 개념과 '진보' 개념을 둘러싼 혼란을 정리해 보고, 인류 문명의 과거, 현재, 미래의 의미에 대해 생각해 보는 내용이다.

이상의 논의들을 통해 우리가 사는 세상을 구성하는 현상적인 내용으로부터 그것들을 주조하고 있는 심층적인 철학적 이치까지 전반적으로 이해할 수 있는 장이 마련되고, 이런 지적 토대 위에서 독자들이 각자의 영역에서 희망찬 미래를 설계할 수 있기를 기대한다.

저자 일동

|차 례|

문명이 낳은 철학
철학이 바꾼 역사 1
차례

머리말

제3부

근현대 문명의 역사와 철학

제1장

전통, 근대, 탈근대: 현대 사상 입문

김숙경

이야기를 시작하며

글의 주제를 어떤 범주에 두는가에 따라 이야기의 전개는 달라진다. 그런 의미에서 문제 속에 답이 있다는 말을 제목 속에 답이 있다는 말로 바꾼다 해도 크게 어긋나는 발상은 아닐 것이다. 이 글의 제목에 비추어 볼 때, 전통에 관한 한 동서양이 통틀어 이야기될 수 있겠으나 근대와 탈근대를 함께 논하게 되면 이야기는 크게 달라진다. 근대(modern)라는 시기는 온전히 서양의 역사 속에서 발현된 시대적 구분이고, 근대를 벗어난다는 의미의 탈근대(post-modern)[1] 역시 마찬가지이다. 물론 동양에

----

[1] 포스트모던 시대는 근대를 잇는다는 의미에서 '후기 근대'라고도 하고, 근대를 벗어난다는 의미에서 '탈근대'로 해석하기도 한다. 주로 마르크스주의 학자들이 전자의 입장을 취하고 있는데, 그들은 포스트모던 시대를 지배적 경제구조가 생산에서 소비로 바뀌었을 뿐 여전히 자본주의 논리에 의해 돌아가는 사회라는 의미에서 '후기 자본주의 시대'로 분류한다. 이는 포스트모던 시대를 근대의 연장선 상에 두고 있다는 것을 의미한다. 그러나 복합적인 관점에서 볼 때 근대 이후에 도래한 포스트모던 시대는 여러 면에서 근대성으로부터 벗어나는 양상을 보이고 있으므로 '탈근대'가 보다 어울리는 표현이라고 생각된다. 포스트모던 시대의 성격에 대해서는 뒤에서 상세히 다룰 것이다.

서도 근대와 탈근대를 이야기할 수 있겠지만 그것은 어디까지나 서양의 근대를 받아들이면서 시작된 논의이며 동양의 역사 속에서 자생한 개념은 아니다.

또한 동양에서도 한국, 중국, 일본으로 대변되는 동아시아 삼국은 일반적으로 유교권(儒敎圈) 국가, 또는 유교 전통의 국가로 알려져 있지만 삼국을 대표하는 전통을 유교 하나로 단정짓기에는 많은 무리가 따른다. 유교 자체만 놓고 보더라도 유교의 발상지라 할 수 있는 중국에서조차 유교는 또 하나의 자생적 전통인 도교와 외래 종교인 불교를 수용하는 과정에서 영향을 주고받으며 상호간에 깊숙이 융화되었다. 나아가 유교, 불교, 도교 사상은 한국과 일본으로 전래되면서 각 지역의 자생적 사유 체계와 만나 또 한 번의 접속 과정을 거치게 된다. 유불도 사상이 유입되기 전부터 한국에는 선도(仙道)와 무속(巫俗) 같은 토속신앙이 있었으며, 일본에서도 다신교적인 신도(神道) 사상이 이미 뿌리내리고 있었다. 특히 일본의 경우는 유교를 대표적인 전통으로 자리매김하기 어려울 정도로 신도와 불교의 영향이 강했다. 그러므로 일본을 유교 전통의 국가로 보는 것은 옳은 시각이라고 할 수 없다. 이처럼 동아시아 삼국의 전통은, 하나의 정신세계 안에 묶어버리기에는 결코 무시할 수 없는 차이를 동반하고 있다. 이는 서구의 전통을 '플라톤적 사유'라고 하는 하나의 큰 맥락에서 통일성 있게 이해할 수 있는 것과는 사뭇 대조적이라고 하겠다. 이 글에서 동서양의 전통을 함께 이야기할 수 없는 이유가 바로 여기에 있다. 물론 인류 문명의 역사와 사유를 이야기함에 있어서 동서양의 전통을 함께 다룰 필요성은 충분히 있으며 이는 보다 큰 담론의 장에서 이루어지는 것이 마땅하리라 본다.

앞서 언급한 바와 같이 동아시아 삼국의 근대 형성은 서구 문물의 유입에 의한 근대화 과정의 산물이라는 공통점을 지니고 있다. 동양에 있어서 서구 문물의 수용과 근대화 과정은 그 자체로 충분히 논의의 가치가 있을 것이나 역시 글의 성격상 여기서는 생략했다.[2] 따라서 글의 제목이 의미하는 전통은 서양의 전통을 말하며, 근대는 말할 것도 없이 서양의 근대를 의미한다. 그렇다고 해서 동양의 전통 사유에 대한 언급이 전혀 없는 것은 아니다. 이 글에서 동양의 전통 사유는 근대성에 대한 반동(反動)의 정신을 이야기하면서 잠시 언급된다. 그것은 19세기 이후 서구에서 발생한 근대성 비판과 반합리주의 경향의 흐름들이 동양의 정신세계와 일맥상통하는 점을 발견하게 되면서 그동안 서양 중심적 세계관에 밀려 있던 동양의 사유들이 세계적 사유의 지평 위로 떠올랐기 때문이다. 그리고 이어지는 탈근대는 중심의 해체와 다원화를 지향하므로 비로소 서양 중심에서 벗어나 동서양 구분 없이 세계 공통의 담론들을 펼쳐가게 되는 것이다.

전통: 서구 전통의 특징적인 두 흐름

이 글에서 의미하는 전통은 '합리주의와 이원론의 전통'을 말한다. 그 밖에도 서양을 대표하는 전통으로 개인주의, 민주주의, 자본주의를 비롯하여 많은 것들을 들 수 있겠으나, '합리주의와 이원론의 전통'은 이 글의 제목이 시사하는바, 전통을 근대 및 탈근대와 함께 이야기한다는 조건에 부합하여 필연적으로 도출된 것이다. 근대는 바로 합리주의와 이원론의 전통을 계승하며, 탈근대는 이로부터 벗어나기 때문이다. 앞으로 우리는 이 전통이 어떻게 형성되고, 중세와 근대를 통해 어떻게 이어지고 변화를 겪으며, 또 어떻게 비판과 도전을 받으면서 탈근대로 넘어가게 되는지를 차례로 살펴가게 될 것이다.

----

2 이와 관련해서는 『문명이 낳은 철학, 철학이 바꾼 역사 1』 제7장 「동북아적인 '근대성': 실학/고증학의 세계」를 참조하라.

서구 합리주의 전통의 탄생[3]: 아리아드네의 실타래

다이달로스는 그리스 신화에서 미노스의 미궁(迷宮)을 설계한 인물이다. 미노스 왕은 미궁 속에 미노타우로스라는 괴물을 가두어놓고 산 사람을 제물로 바쳤는데, 한번 들어가면 누구도 빠져나올 수 없다는 미궁 안으로 테세우스라는 용감한 젊은이가 들어가 괴물을 퇴치하고 미리 풀어놓은 실타래를 따라 무사히 미궁을 빠져나올 수 있었다. 그 실타래는 테세우스에게 반한 미노스 왕의 딸 아리아드네가 건네준 것이었지만 실제로 그것을 만들어주고 탈출 방법을 알려준 사람은 다름 아닌 미노스 궁의 설계자 다이달로스였다. 이 사실을 알게 된 미노스 왕은 크게 노하여 다이달로스와 그의 아들 이카로스를 외딴 섬에 가두어버렸다. 섬을 탈출하기 위해 고심하던 다이달로스는 새의 깃털과 밀랍으로 날개를 만들어 자신의 겨드랑이에 붙이고 아들의 겨드랑이에도 붙여주면서 이렇게 당부했다. "태양은 몹시 뜨거우니 너무 높이 날아오르지 말거라." 그러나 호기심 많은 소년 이카로스는 아버지의 말을 듣지 않고 마냥 높이 날아올랐다가 그만 태양열에 날개의 밀랍이 녹는 바람에 추락하고 만다. 뜨거운 마법의 공간에서 차가운 현실의 바다 속으로.

아르놀트 하우저(Arnold Hauser, 1892~1978)는 그의 책 『문학과 예술의 사회사』에서 이와 같은 그리스 신화를 비유로 들어 고대 그리스 정신의 특징을 단적으로 제시했다. 그는 이 신화의 결말로부터 하나의 상징적 실마리를 뽑아내고 있는데, 그것은 서양의 역사가 그리스 문명과 더불어 오랜 신비주의 시대에 종말을 고하고 이성의 시대, 합리적 사유의 시대로 진입하게 되었다는 것이다. 더 이상 마법이 통하지 않는 세계에서 사람들은 세상이 존재하고 움직여가는 이치를 설명하기 위해 다름 아닌

---

3 합리주의 전통이란 어느 한 시대의 특정 사유를 지칭함이 아닌 고대 그리스로부터 근대까지 통틀어 적용되는 '이성에 의한 연역적 사유 방식'의 전통을 의미한다. 이 글에서는 넓은 의미 안에서 합리적 사유와 합리주의적 사유를 구별 없이 사용하고 있다.

세상 자체에서 그 원인과 이유를 찾아내야만 했다. 합리적으로 사유한 다는 것은 세상의 모든 이치를 일정한 원리에 입각해 설명하는 것을 의 미한다. 그런 점에서 하우저의 비유는 적절했다. 그리스 문명의 특징을 한마디로 정의하자면 단연 이성과 합리주의 정신을 꼽을 수 있으며, 합 리주의 정신은 곧 그리스 시대로부터 근대에 이르기까지 서양 세계의 근 간을 형성한 정신이기 때문이다.

그리스 시대는 이성적이고 합리적인 사유가 싹튼 시기이다. 이성 (reason)이라는 말은 그리스어의 로고스(logos)에 해당하는 것으로, 로고스 는 사유, 언어, 개념, 논리 등 '말'에 관련된 다양한 의미를 두루 포함한 다.[4] 한편 합리적(rational)이라고 하는 것은 오관에 의해 감지되는 감각의 세계, 다시 말해 구체적인 현상 세계에 일정한 법칙이 내재되어 있다고 보고, 그 법칙을 풀어내고, 그것에 의거해 모든 이치를 설명한다는 의미 를 함축하고 있다. 로고스가 가지는 광범위한 성격 중에서 특히 논리적 이고 분석적인 특징들을 부각시킨 것이 '합리적'인 것이라고 한다면 크 게 어긋남이 없는 정의가 될 것이다. 그 이전의 어떤 시대, 어떤 문명에 서도 이와 같은 합리적 사유는 시도되지 않았으며 2,000여 년 전 당시로 서 오직 그리스인들만이 이 같은 사유를 할 수 있었다. 그리스 지역에서 싹튼 합리주의 정신은 훗날 서구 사상의 기본적 특징을 이루는 전통으로 자리 잡게 된다. 따라서 우리는 시종일관 합리적 사유, 나아가 합리주의 전통을 아리아드네의 실타래처럼 단단히 움켜쥔 채 미궁과도 같은 역사 의 미로를 통과하게 될 것이다.

----

4 '로고스'라는 말은 인간의 이성에 관련된 다양한 의미들을 담고 있다. 말씀 언(言) 변이 들 어가는 모든 말들이 로고스와 연계된다고 하겠다. 이성, 말/언어(때로는 신탁), 이유, 근 거 설명, 원리, 법칙, 이법, 원칙, 명제, 정의, 담론, 주제, 계산, 비율, 절도, 균형, 이외에 도 여러 의미가 더 있다. 그리스 문명은 한마디로 로고스의 문명이다. 이정우, 『세계철학 사 1: 지중해세계의 철학』, 도서출판 길, 2011, 28쪽, 주석 4 참조.

그리스의 환경과 사유의 형성　고대 그리스인들은 어떻게 해서 추상적이고 합리적인 사유를 할 수 있었던 것일까? 그 발생 근거를 우리는 그리스의 지역적 특징에서 찾아볼 수 있을 것이다. 고대 그리스는 단일 국가 체제가 아니라, 공동의 언어, 종교, 유산을 공유하는 수많은 도시국가(polis)들로 이루어져 있었다. 바다(에게 해)를 중심에 두고 무수한 섬들과 해안 지방으로 둘러싸인 지형적 특성상 대륙에 형성되었던 이집트나 메소포타미아 문명처럼 강력한 왕권이 지배하는 단일 통치 체제가 형성되기 힘들었다. 따라서 고대 그리스에는 제정일치(祭政一致) 사회에서 나타나는 신격화된 하나의 통치자가 없었으며 어느 한 국가가 다른 국가 위에 군림하지도 않았다. 일찍이 고대 그리스에서 민주주의가 탄생하고 다양하고 자유로운 사상들이 출현할 수 있었던 것은 이와 같은 환경적 요인이 크게 작용했던 결과라고 할 수 있을 것이다. 또한 농사가 어려운 척박한 토질과 빈약한 자원 탓에 그리스인들은 자연히 시선을 육지에서 바다로 돌릴 수밖에 없었으며, 상업과 무역을 통한 외국과의 잦은 교류 덕분에 다양한 사상과 관습들을 접할 기회가 많았다. 따라서 농경과 목축을 생활의 기반으로 삼아 자신들의 터전을 떠난 적이 없었던 근동 지방의 사람들에 비해 진취적이고 개방적인 사고와 보편적인 가치관을 지닐 수 있었다. 종교에 있어서도 절대적이고 억압적인 신관이 존재하지 않았던 그리스에서는 제사를 주관하는 사제 계급이 형성되지 않았다. 그리스 신화를 통해서도 알 수 있듯이 신들은, 인간을 능가하는 힘으로 인간의 삶에 개입하여 상벌을 줄 수는 있어도, 결코 전지전능하지 않았으며 전적으로 인간의 운명을 결정짓는 존재도 아니었다. 이 같은 환경 속에서 그리스인들은 강압적인 교리나 절대 권력의 지배하에서는 불가능했던 인간중심주의의 가치들을 자유롭게 펼쳐갈 수 있었으며, 다른 어떤 민족들에 비해서도 사물의 본질을 탐구하는 순수 사유를 더 잘 할 수 있었다.

합리주의적 사유의 특징: 유클리드 기하학과 플라톤의 이데아론

모든 이치를 일정한 원리에 입각해 설명하고자 하는 합리적 사유 체계는 연역법을 바탕으로 하고 있다. 연역(deduction, 演繹)이라고 하는 사유법은 옳다고 가정하는 일반적 원리를 기본으로 하여 구체적 원리 또한 옳다는 것을 논리적으로 증명하는 방법을 말한다. 우리가 익히 알고 있는 삼단논법이 바로 이에 해당하는데, 예를 들어 '모든 사람은 죽는다' 라는 대전제(일반적 원리)와 '영수는 사람이다'라는 소전제(구체적 사실)로부터 '그러므로 영수는 죽는다'라고 하는 추론(구체적 원리)을 이끌어내는 방식을 말한다. 이처럼 '모든 사람은 죽는다'와 같이 자명한 원리에서 출발하는 합리주의 정신을 가장 잘 대변하는 것은 철저하게 원리(原理)와 공리(公理: 증명 없이 자명한 원리로 인정되는 것)에 의해 지배되는 수학의 세계이며, 그중에서도 결정체라 할 수 있는 것이 바로 고대 그리스인 에우클레이데스(BC 300년경 활동)에 의해 체계화된 기하학이다.(유클리드 기하학) 그는 "직선 밖의 한 점을 지나며 그 직선과 평행하는 직선은 단 하나뿐이다"라는 사실을 증명해 냈는데, '평행선 공리'라 불리는 이 연역 체계는 이후 2,000년간 자명한 진리로서 군림하게 된다. 그 어떤 학문에서도 유클리드 기하학의 평행선 공리만큼 오랜 세월 동안 그 보편성을 인정받아 온 경우는 찾아보기 어렵다. 이 같은 보편성은 19세기 비유클리드 기하학이 등장하면서 비로소 와해된다.

기하학의 발생과 전개 기하학(geometry)이라는 용어는 그리스어로 '땅'이라는 뜻의 'geo'와 '측정하다'라는 뜻의 'metrein'의 합성어 'geometrein'에서 유래했다. 이미 이집트나 메소포타미아 등지에서도 기하학이 쓰이고 있었으나 그들은 순전히 땅을 측량하는 실용적 목적으로만 사용했을 뿐 그리스인들처럼 증명과 논증을 수반한 순수 학문의 경지로 나아가지는 않았다. 오리엔트 지방에서 실용기술로 활용되던 기하학은 그리스에 전해지면서 비로소 실용성을 넘어서는 순수 과학의 영역으로 들어선 것이다. 논증에 의한 기하학은 밀레토스 지방의 탈레스(BC 6세기 활동)로부터 시작되었다. 그는 추측과 실험 등 경험적인 방법 대신 연역적 추론에 의해 기하학적 명제들을 수립하고 그러한 추상적 원리를 다양한 상황에 적용한 최초의 그리스인이었다. 탈레스에 의해 시작된 기하학의 체계화는 피타고라스(BC 580?~BC 500?)와 그의 제자들에게로 계속 이어졌다. '수를 만물의 근원'으로 여겼던 피타고라스는 기하학에 있어 저 유명한 '피타고라스 정리'를 발견한 것으로 유명하다. 그의 영향을 받은 플라톤은 '신은 언제나 기하학을 연구한다'라고 하여 우주의 섭리를 기하학적 원리로 설명할 수 있다고 보았으며, 기하학을 통해서만이 진리를 이해할 수 있다고 보았다. 선대의 경험과 성과를 바탕으로 기하학을 더욱 견고하게 체계화한 것은 플라톤 아카데미에서 수학했다고 전해지는 에우클레이데스였다. 그가 체계화한 방대한 분량의 『기하학 원론』은 기존의 실용기하학으로부터 순수한 원리만을 추출해 낸 순수 수학의 결정체라 할 수 있다. 그러나 『원론』에 기록된 순수 수학의 원리들은 훗날 과학과 공학을 비롯해 건축, 회화, 음악과 같은 예술 장르 등 다양한 분야에서 논리적 토대가 되어 실용적으로도 크게 쓰이게 된다.

기하학이 함축하는 연역적 특성은 플라톤(BC 428?~BC 347?) 철학에도 영향을 주었으며 그렇게 해서 탄생한 것이 바로 이데아론이다. 이데아(idea)는 인간의 오관으로 감지되는 물질세계, 감각의 세계를 초월한 절대불변의 완전한 세계로서 불완전하고 가변적인 감각세계의 원형을 이룬다. 따라서 우리가 몸담고 살아가는 감각세계는 모두 이데아의 그림자이자 불완전한 모방에 불과한 것이고, 오직 감각을 초월한 이데아의 세계만이 존재의 본질로서 실재한다는 것이다. 진정한 존재는 변하지도 사라지지도 않는다. 그러므로 이데아는 언제나 동일해야 하는데, 우리가 익히 알고 있듯이 '이데아는 동일성(identity, 同一性)을 갖는다'라고 하는 말의 의미가 바로 그것이다.

플라톤은 이렇게 가변적인 세상에서 불변의 실재를 찾고자 했으며 그로부터 이데아론을 고안해 내었다. 이로써 세상 모든 이치를 일정한 원리에 입각해 설명하고자 하는 그리스의 합리주의적 사유 체계는 플라톤의 이데아론에서 완성을 보았다고 할 수 있는데, 이데아는 모든 존재의 원인이자 존재의 이유를 설명해 주는 단서가 되기 때문이다.

이데아론과 그리스 미술 원래 플라톤의 이데아론에는 만물의 근원을 수(數)에 두었던 피타고라스의 영향이 크게 작용하고 있는바, 그만큼 수학은 이데아에 가까운 속성을 지니고 있다 하겠다. 플라톤은 수학을 높이 평가했던 반면 감각의 세계를 다루는 예술은 천시했다. 그중에서도 가장 천하게 여겼던 것이 미술인데 그 이유는 보거나 만질 수 없는 음악에 비해 형(形)과 색(色)을 모두 가지는 미술이 감각적인 세계에 더욱 가깝다고 여겼기 때문이다. 이데아에서 가장 먼 곳에, 그리고 수학의 정반대편에 미술이 존재하는 셈이다. 이로부터 영향을 받아 플라톤 시대의 그리스 미술에서는 이데아의 완전함을 인체에 구현하려는 움직임이 있었다. 완전한 세계, 이데아가 인체에서 구현된다면 그것은 과연 어떤 모습일까? 현실의 인간에게서 볼 수 있는 불완전한 요소들은 모두 제거되고, 아름다움을 규정한 형식의 틀에 입각해 만들어진 이상화된 육체, 얼굴은 티 없이 단정하고 무표정하며, 팔등신의 몸은 군더더기 하나 없이 매끈하다. 도저히 이세상 사람 같지 않은 '먼 아름다움', 현실을 초월한 이상적인 아름다움, 그것이 바로 고전기 그리스 조각상이 담고 있는 미(美)의 전형이자 그들의 이상이었던 것이다.

프락시텔레스, 「헤르메스와 어린 디오니소스」(BC 350년경) 그리스 후기 고전기 조각의 특징은 플라톤 철학의 영향을 받아 인체를 '이상화'했다는 데 있다. 조각가들은 인체를 세밀히 관찰하고, 완벽한 인체라고 그들 스스로가 설정해 놓은 규범에 어긋나는 특징들을 실제 인물의 외형에서 제거해 버림으로써 인체를 이상적으로 미화했다. 그로부터 단순미, 절제미, 균형미가 조화를 이루는 이상적인 형식미가 탄생했다.

서양 철학의 이원론적 전통: 철학에서 신학으로

가변의 세계에서 불변의 법칙을 찾는 합리적 사유는 플라톤의 이데아론에서 정점을 찍으면서 '양분된 세계관'이라고 하는 또 하나의 전통을 서구 세계에 안겨주었다. 즉 이데아와 현상을 양분하고 전자에 무한한 가치를 부여했던 플라톤에서 시작된 이원론적 전통이 중세의 신과 피조물을 거쳐, 다시 정신(사유하는 주체, cogito)과 자연으로 양분된 근대 철학의 이원론적 세계관으로 계승된 것이다.[5]

플라톤의 이데아론은 중세에 오면 기독교와 결합하여 지고의 존재인 신을 탐구하는 신학으로 거듭난다. 기독교 신학은 아우구스티누스

---

5 서구 사유의 이 같은 이원론적 전통은 상대주의와 다원화(多元化)를 지향하는 현대 철학의 비판에 직면하면서 심각한 위기에 처하게 된다. 이 글의 뒷부분에서 이를 다룰 것이다.

(Augustinus, 354~430)를 비롯한 기독교 형성기 교부(敎父)들에 의해 체계화된 교리를 얻었다. 이 교부들은 플라톤의 이데아론을 일원적(一元的)으로 체계화한 플로티노스의 신(新)플라톤주의 철학을 받아들여 기독교 세계관에 적용했다. 여기에는 플라톤의 이데아가 신플라톤주의의 일자(The One, 一者)를 거쳐 기독교의 신(神)에 이르는 복잡한 변천 과정이 포함되는데, 플라톤 철학과 기독교 사상을 직접적으로 비교하면 결론적으로 모든 존재의 근원이자 영구불변의 본질에 해당하는 플라톤의 이데아가 중세에 이르러 기독교의 신으로 대체된다는 것이다. 이렇게 해서 이데아가 차지했던 최고의 자리는 바야흐로 신의 차지가 되고 모든 존재의 영광은 아낌없이 신에게로 돌려졌다.

로마제국의 쇠락과 기독교의 확산 그리스 시대는 무엇보다도 인간 중심주의가 활짝 꽃피운 시기였다. 인간 이성의 산물인 철학, 과학, 예술이 번성하고, 신조차도 인간적으로 묘사했다. 또한 인간이 향유할 수 있는 온갖 쾌락과 미(美)의 추구야말로 그 시대 최고의 가치관이었다. 하지만 그리스의 정신과 문화를 이어받은 로마인들은 정치적으로, 수많은 도시국가들로 이루어졌던 그리스의 자유분방한 다원적 사회에서 탈피하여, '모든 길은 로마로 통한다'고 하는 보편주의(universalism) 정신이 말해 주듯 모든 조직이 로마를 중심으로 구성되는 일원화의 길로 나아갔다. 이처럼 로마인들은 일원화된 체제 하에 하나로 결속되었으며, 쾌락과 미를 추구했던 그리스와는 정반대로 금욕적인 스토아 철학의 정신을 기반으로 하여 국가에 대한 충성과 의무, 절제와 인내심을 최고의 미덕으로 여기게 되었다. 그러나 그와 같은 로마의 이상이 무너지면서 강성했던 로마제국은 서서히 쇠락해 가기 시작했다. 정치적 혼란과 경제적 궁핍이라는 현실적 고통에 직면해야 했던 로마인들은 암담한 현세의 삶에 절망하고 체념할 수밖에 없었으며, 그들의 관심은 온통 내세와 구원의 문제에 쏠리게 되었다. 그리하여 기독교의 유일신을 믿는 자는 누구든지 천국에서 영원복락을 누리게 되고 불신자는 타오르는 지옥불 속에 던져진다고 주장하는 기독교 사상이 당시 절대 다수가 고통받는 하층민에 해당했던 로마인들 사이에서 희망의 불씨가 되어 들불처럼 번져가게 되었다. 이처럼 신의 은총(grace)에 의한 구원의 종교, 기독교는 로마가 쇠하고 타락해 갔던 혼돈의 시기인 3세기에 널리 확산되었으며 4세기에 이르러 마침내 로마 전역을 지배하기에 이른다. 이후 기독교 사상은 절대적인 지배 이데올로기로 자리 잡아, 중세에 이르면 기독교를 제외하고는 어떠한 논의도 이루어질 수 없을 정도가 되었다.

그리스 시대가 인간 중심의 시대였다면 중세는 철저하게 신 중심으로 움직여가는 시대였다. 따라서 인간에 의해 자유롭게 꽃피었던 학문과 예술은 '신학의 하녀'라는 말이 대변해 주듯, 종교에 예속되어 오로지 신의 권능을 드러내기 위해서만 쓰이는 도구로 전락하기에 이른다. 중세를 대표하는 스콜라 철학은 교회의 권위에 복종하여 오직 성서 안에서만 학문적 연구를 했으며 신의 존재를 증명하고 기독교 진리를 철학적으로 해명하는 것을 주된 목적으로 삼았다. 이 시기의 예술 역시 그 자체의 미학적 가치 기준을 포기해야 했으며 오직 신앙의 전파와 교리의 주입을 위한 수단으로만 이용되었다. 그런 점에서 중세 유럽의 기독교 사회는 그리스의 인간 중심 전통이 단절된 시기라고 할 수 있다. 그러나 한편으로 '이원론적 전통'이라는 관점에서 보면 기독교 사상은 오히려 플라톤 철학의 전통을 계승하고 있다고도 볼 수 있을 것이다. 어쨌든 그리스 시대에 발생한 '인간 중심적 사유'는 중세에 이르러 기독교의 '신 중심적 사유'에 의해 밀려나 있다가 근대로 들어서면서 부활하게 된다.

「산 아폴리나레 누오보 바실리카의 모자이크」(520년경)　　중세의 음악과 연극은 모두 전례 등과 같은 종교의식을 목적으로 만들어졌으며 미술 역시 조상(彫像)이 허용되지 않았던 기독교 초기, 글을 읽을 줄 모르는 사람들의 교화를 목적으로 시작되어 훗날 예배용 성상(聖像) 및 성화(聖畵) 등이 만들어지게 된다. 이 모자이크 역시 그리스도가 행한 빵과 물고기의 기적에 관한 성서의 내용을 담고 있다.

근대: 전통의 계승과 변형

　우리는 이 글의 서두에 언급했던 그리스 신화 속 '아리아드네의 실타래'를 기억하고 있다. 이 글에서 시종일관 단단히 쥐고 가야 할 실타래는 다름 아닌 '전통'이다. 우리는 앞서 '합리주의'와 '이원론'이 서양의 전통으로 자리매김하는 과정을 살펴보았다. 이원론적 전통은 근대에 이르면 인식주체와 인식대상을 가르는 인식론 상의 이원론으로 이어지면서 그 계보를 이어가게 된다. 이원론은 본질적인 것과 파생적인 것을 가르므로 중심과 주변을 형성한다. 이로써 서구 이원론의 전통은 필연적으로 가치론적 우열을 낳게 되는 것이다.

근대는 과학의 시대이다. 과학기술의 시대에 있어서 이원론의 전통이 내포하는 가치론적 우열은 가공할 폭력성으로 나타나게 되고, 그것은 곧 근대 정신에 대한 비판, 나아가 서구 합리주의와 이원론 전통에 대한 비판으로 이어지는 결정적인 요인으로 작용한다.

이성의 부활과 근대의 시작: 중세의 황혼에서 근대의 여명으로

서양의 역사에서 보통 근대는 17~18세기로 자리매김되고 있다. 그러나 근대의 폭을 좀 더 넓게 잡아보자면 그 시기는 르네상스가 개화했던 15세기까지 거슬러 올라갈 수 있을 것이다. 따라서 엄밀히 정의하자면 르네상스 시대에 뿌려진 근대의 씨앗이 17세기에 그 꽃을 활짝 피우고 18세기 계몽주의 시대에 이르러 풍성한 열매를 맺었다고 평가할 수 있겠다.

14세기 후반에서 16세기 사이에 이탈리아를 중심으로 활발히 전개되었던 르네상스 운동은 문화 예술 전반에 걸쳐 중세의 제도와 질서, 이념 등을 대신할 가치로서 그리스·로마 시대의 정신을 부활시키고자 했던 범문화 운동을 가리킨다. 르네상스(renaissance)라는 명칭은 당대의 예술가이자 저술가였던 조르조 바사리(Giorgio Vasari, 1511~74)가 그의 저서 『예술가 열전』에서 미켈란젤로에 의해 완성된 고전시대 미술의 부활을 '레나시타'(renascita, 재생)라고 부른 데서 비롯되었다.

르네상스 운동의 의의는 중세 이래로 뒷전에 밀려나 있던 인간의 모든 문제들에 다시금 관심을 기울이는 인간중심주의적 세계관, 다시 말해 인본주의(人本主義)의 부각에 있다고 할 수 있다. 중세 후기로 접어들면서 십자군 원정의 실패와 그에 따른 교황권의 쇠퇴, 봉건제도의 붕괴 현상은 오랜 기간 종교 중심으로 구축되어 온 중세 유럽의 세계관에 커다란 변화를 가져왔다. 중세에는 모든 현상의 배후에 신의 섭리가 작용하고 있다는 종교적인 믿음에 의거하여 인간 세상을 설명하려 하였으나

미켈란젤로, 「시스티나 예배당 천장화 일부」(1508~12년) 르네상스 시대의 미술 역시 다른 분야와 마찬가지로 영적인 문제와 내세의 문제에 집중했던 중세의 가치관에서 벗어나 인간의 문제, 현실의 문제에 관심을 돌리기 시작했다. 따라서 르네상스 미술가들은 자연을 충실히 묘사하고 인체에 관한 정확한 지식을 얻기 위해 필사의 노력을 기울였다. 이와 같은 의지와 노력은 회화에도 그대로 반영되었는데, 원근법, 명암법, 단축법, 해부학적 관찰 등 과학적 방법들을 동원하여 외부 현실을 보이는 그대로 재현하려는 시도가 이어졌다.

이 시기에 이르면 인과적 요인에 의해 역사를 해석하고, 합리적으로 자연현상을 관찰하려는 의식이 싹텄다. 이처럼 인본주의에 입각한 세계관은 삶의 의의를 내세(사후 세계)에서의 구원에 두었던 중세의 가치관으로부터 벗어나 지상의 삶 자체에 보다 큰 가치를 부여하였으며, 현세에서 인간 이성의 힘으로 획득할 수 있는 다양한 세속적 성취를 이루어내고자 하였다. 따라서 르네상스 이래로 역사의식의 변화와 더불어 자연과학의 발전을 가져오게 되었다.

르네상스 시대를 거치면서 철학은 기존의 존재론적 전통으로부터 인식론으로 넘어가게 된다. 근대에 이르러 철학은 더 이상 존재의 근원을 묻거나 증명하는 일에 봉사하지 않았으며 그 대신 인간 주체가 자연 대상을 어떻게 알 수 있는가의 문제에 초점을 맞췄다. 그런 점에 비추어 볼 때 철학에 있어서 인본주의적 성격은 인식론의 발전으로 나타났다고 볼 수 있을 것이다.

고대와 중세 철학에서는 아직 어떠한 인식론도 알려져 있지 않았다. 물론 플라톤과 아리스토텔레스에서도 인식론적 반성은 있었으나 그것은 독자적 형태가 아니라 다른 분과와의 연관 속에서 나타났다. 즉 인식론적 반성은 논리학, 심리학, 존재론의 탐구 속에 깊이 파묻혀 있었다. 그러던 것이 철학의 발전과 더불어 학문의 범위가 차츰 세분화되면서 근대에 이르러 인식론의 범위는 논리학, 심리학, 존재론으로부터 분리되어 어느 정도 자기의 기반 위에 서게 된 것이다.[6]

철학에 있어서 이런 변화는 중세 말기 첨예화된 보편논쟁 속에 이미 배태되어 있었다고 볼 수 있다. 보편논쟁은 보편자가 실재하는가, 그렇지 않으면 이름에 불과한 것인가를 두고 벌어졌는데, 전자를 실재론(實在論), 후자를 유명론(唯名論)이라 한다. 보편자의 절대적 존재성을 인정하는 실재론자들과 실재론자들이 주장하는 보편자의 실재성을 부정하는 유명론자들 간의 논쟁이 곧 보편논쟁이다.

우리는 앞서 플라톤의 이데아와 관련하여 보편자의 실재성과 드높은 존재로서의 가치에 대해 확인한 바 있다.[7] 그러나 이런 보편자의 실재성은 중세를 거치면서 끊임없는 논란의 대상이 되었다. 이는 보편자의 실재성 여부가 곧 신의 존재와 직결되는 문제이기 때문인데, 보편자의 실재성을 인정하는 스콜라 철학의 대가 토마스 아퀴나스(Thomas Aquinas, 1225~74)가 대표적인 실재론자인 데 반하여 중세 말기에서 르네상스 초기에 활동했던 윌리엄 오컴(William of Ockham, 1285~1349)은 개별자(個別者)들만이 실재하며 보편자는 정신의 구성물로서 단지 말과 개념으로만 존재한다는 극단적인 유명론으로 치달았다. 아퀴나스는 인간의 지성[8]이 신이 부여한 직관적 능력으로 보편자를 인식할 수 있다고 보았다. 그

---

6 J. 헤센, 이강조 옮김, 『인식론』, 서광사, 2012, 16쪽 참조.

7 이와 관련해서는 『문명이 낳은 철학, 철학이 바꾼 역사 1』 제8장 「이성의 빛을 발견하다: 그리스 정신」을 참조하라.

8 지성은 누스(nous)라고 하며 이성과 구분되는데, 이성이 우리가 말을 사용하고 추리, 추론하는 능력이라면, 지성은 그 능력들의 바탕이 되는 형상들을 알아보는 능력이다. 같은 책, 245쪽 참조.

러나 오컴은 보편자의 실재성을 부정함으로써, 지성의 힘으로 신의 존재를 증명하는 데서 비롯될 수 있는 문제의 소지들을 차단하고자 했다. 인간의 지성 이전에 신의 의지가 있었고, 인간의 지성으로는 신의 의지를 알 수 없다는 것이 그의 생각이었던 것이다.[9] 오컴 이후 신학과 철학은 분리되어 철학은 오로지 개별자들의 세계, 즉 경험세계의 관찰과 인식의 영역만을 담당하게 되었다. 인간과 세상을 창조한 신은 더 이상 인간의 지성 안에 머물지 않았으며, 철학의 관심사는 인간과 경험의 세계로 옮아갔던 것이다. 따라서 근대 철학의 관건은 존재의 본질을 찾는 것도, 신의 존재를 증명하는 것도 아닌 신이 창조한 세상을 정확히 인식하는 데 있었다. 이처럼 르네상스를 거쳐 근대로 접어들면서 철학은 본격적인 인식론의 시대로 진입했다.

유명론의 승리가 시사하는 바는 철학이 신학으로부터 독립해 한편으로 자유를 얻었다는 데 있다. 철학은 더 이상 신학의 하녀 노릇을 하지 않아도 되었다. 이것은 철학이 더 이상 신의 존재를 증명하고 해명하는 일에 봉사하지 않아도 됨을 의미한다. 또한 이는 인간 세상에서 신의 입지가 그만큼 좁아졌다는 것을 의미하기도 했는데, 신은 스스로 창조한 세상을 인간에게 내어주고 신학의 좁은 울타리 안으로 들어가 버렸다. 바야흐로 이데아와 신이 앉았던 중심의 자리는 인간 이성의 차지가 된 것이다. 그러나 그만큼 이성은 스스로의 힘으로 인간 세상의 많은 신비들을 밝혀내고 의문들을 해결해야만 하는 숙제를 떠안게 되었다. 그리고 이와 같은 현상은 과학과 철학에서 외부 세계의 관찰과 경험을 중시하는 경험주의적 방법들의 발전을 가져왔다.

----

9 이런 주의주의(主意主義)적 입장은 오컴 이전에 둔스 스코투스(Jean Duns Scot, 1265~1308)가 주장한 바 있다. 오컴은 둔스 스코투스의 주의주의적 입장을 받아들여 보다 철저하고 극단적으로 밀고 나갔다. 둔스 스코투스와 오컴은 이성의 힘으로 자연과 초자연 세계의 진리를 전부 알 수 있다고 확신했던 아퀴나스의 주지주의(主知主義)에 반대하여 신을 온전한 의지로 보는 주의주의를 옹호했다. 스털링 P. 램브레히트, 김태길·윤명로·최명관 옮김, 『서양 철학사』, 을유문화사, 2000, 274~285쪽 참조.

르네상스 시대의 특징 르네상스 시대 사회적 특징으로는 먼저 자본주의의 발생을 들 수 있다. 자본주의의 속성을 한마디로 '사유재산을 바탕으로 하여 이윤 추구를 목적으로 상품을 생산하는 것'이라고 정의한다면, 초기 자본주의는 14세기 말에서 15세기 초, 봉건제도가 붕괴하면서 발생했다고 볼 수 있다. 더 이상 장원을 유지할 수 없었던 영주들이 농노를 해방하고 농지를 임대로 전환했던 것이 자본주의적 생산관계의 성립으로 이어졌기 때문이다. 토지는 현금지대, 다시 말해 투자의 대상이 되고, 풀려난 농노는 단순 임금노동자로 전락하여 이로부터 노동자 계급이 발생했다. 농노뿐만 아니라 몰락한 봉건영주의 병사들도 대거 도시로 흘러들어 노동자 계급의 양산에 일조했다. 한편 도시가 발달하면서 무역이 활발해지고, 공업 방식도 제조와 판매가 분리되지 않았던 기존의 길드(guild)에서 탈피하여 제조는 하지 않고 제품 판매만 하는 부류가 생겨났으며 그로부터 상업자본가가 등장했다. 르네상스 시대의 두 번째 특징으로는 과학기술의 발달을 들 수 있다. 이 시기 인본주의의 부각은 세속적인 것을 향한 사람들의 관심을 고취했으며, 그 결과 다양한 발견과 발명들이 속출했다. 중세의 우주관을 지배해 온 프톨레마이오스(Klaudios Ptolemaios, 100?~170?)의 지구중심설에 도전하여 코페르니쿠스(Nicolaus Copernicus, 1473~1534)가 태양중심설을 주장한 것도, 그리고 콜럼버스(Christopher Columbus, 1451~1506)가 나침반과 항해술에 의지해 신대륙을 발견한 것도 모두 르네상스 시대의 일이었다. 세 번째 특징으로 종교관의 변화에 따른 종교개혁의 발생을 빼놓을 수 없다. 십자군 전쟁의 실패와 교황권의 쇠퇴는 봉건제도의 붕괴에 직접적인 영향을 미쳤을 뿐만 아니라 기독교 자체 내의 대립과 갈등 또한 첨예화하였다. 남유럽에 비해 중세적 전통이 강했던 북유럽에서의 르네상스 운동은 종교적 갈등과 사회 개혁 등을 주요 테마로 한 문학과 철학 분야에서 보다 활발히 이루어졌다. 에라스무스(Desiderius Erasmus, 1469~1536)는 『우신예찬』에서 부패한 교회와 성직자들을 비판하고 당시 유럽 사회의 퇴폐 현상과 병폐를 날카롭게 파헤쳤는데, 권위주의와 형식주의에 떨어진 가톨릭 교회와 성직자의 개혁을 주장하는 그의 목소리는 16세기 북유럽을 중심으로 전개되었던 종교개혁에 지대한 영향을 미친다. 그 밖에도 민족국가 형성과 더불어 새로운 사회질서의 중심으로 떠오른 왕권의 강화 역시 르네상스 시대의 중요한 특징으로 거론할 수 있다.

과학과 계몽의 시대: 근대의 한가운데에 선 과학과 철학

르네상스 시대 이후 철학의 관심이 자연세계에 대한 관찰과 인식으로 옮아가면서 자연과학의 발전은 가속도를 내기 시작했다. 바야흐로 과학의 시대로 접어든 것이다. 서구의 역사에서 본격적인 근대는 17세기와 더불어 시작된다. 17세기는 종교라는 거대한 세계관이 해체되고 고대 그리스에서 발생한 이성과 합리주의 정신이 과학으로 활짝 꽃피운 시기이기도 하다. 과학의 법칙들은 수학의 원리들을 바탕으로 하고 있다. 그 중에서도 유클리드 기하학만큼 합리주의 정신을 완벽하게 대변해 주는 원리는 없을 것이다. 우리는 플라톤의 이데아론의 저변에 유클리드 기하학의 원리가 깔려 있다는 것을 알고 있다. 마찬가지로 근대 수학과 과학의 기저에도 유클리드 기하학의 원리가 작용하고 있다.

17세기를 대표하는 합리주의 철학자 르네 데카르트(Rene Descartes, 1596~1650)가 스스로 '나의 물리학은 다름 아닌 기하학일 뿐이다'라고 했듯이 그의 학문 역시 유클리드 기하학의 기반 위에서 발전할 수 있었다. 그러나 데카르트는 유클리드 기하학의 장황한 증명 방식에 대해 비판적인 생각을 가지고 있었다. 그는 기하학의 정의와 증명을 간단명료하게 만들기 위한 방법을 모색하는데 이렇게 해서 탄생한 것이 바로 '데카르트 좌표'이다. 데카르트는 기하학과 대수학을 결합하여 기하학적 공간을 평면의 좌표상에 수식으로 재구성했다. '그 원리를 간단히 설명하면 평면의 공간을 먼저 x축의 수평선과 y축의 수직선 그래프로 변환하고 이 평면

위의 모든 점을 두 개의 수로 나타낸다. 점이란 수평축으로부터 떨어진 수직거리 y와 수직축으로부터 떨어진 수평거리 x의 두 수가 되는 것이다. 점들은 일반적으로 순서 쌍 (x, y)로 표기된다.'[10] 이렇게 표기된 데카르트의 좌표상 정의는 유클리드의 정의를 간결한 수식으로 탈바꿈시킬 수 있는 것이다. 이와 같은 데카르트 좌표의 고안에 의해 실제로 기하학의 정의는 훨씬 간결해졌다. 이는 원에 대한 유클리드의 정의와 데카르트의 정의를 비교해 봄으로써 한눈에 확인할 수 있다.[11]

장황하리만치 복잡다단한 설명을 요했던 기하학의 각종 원리와 공리들이 이제 간결한 수식으로 환원되어 x축과 y축이 교차하는 평면좌표

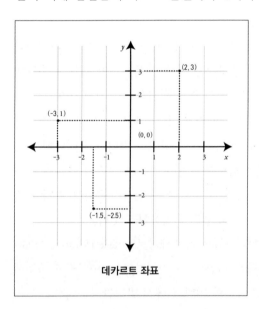

데카르트 좌표

안으로 흡수되었다. 이렇게 유클리드 기하학의 논리적 체계는 데카르트 좌표상에 고스란히 살아남아 근대 과학의 뼈대를 형성하게 된다. 2차원 평면을 지배한 데카르트 좌표는 다시 3차원 공간 안의 '절대 좌표(x축, y축, z축을 가진)'로 거듭난다. 뉴턴(Isaac Newton, 1642~1727) 역학의 원리에 따

----

10 레오나르도 블로디노프, 전대호 옮김, 『유클리드의 창: 기하학 이야기』, 까치, 2002, 91쪽 참조.

11 유클리드: 원은 한 선으로(즉 곡선으로) 된 평면도형으로, 원의 내부의 어떤 한 점—그 점은 중심이라고 부른다—에서 원 위로 그은 모든 선분이 서로 같다.
데카르트: 원은 다음을 만족시키는 모든 x와 y이다: $x^2 + y^2 = r^2$ (r은 상수)
같은 책, 90쪽.

르면 '3차원 공간은 절대적이고, 고정되어 있으며, 데카르트 좌표를 설정할 수 있도록 신이 주신 바탕 틀(framework)이 된다.'[12] 뉴턴은 물리학자답게 피타고라스 이래 전개되어 온 기하학의 추상적 법칙 체계를 물리학에 적용하여 구체적 세계의 모형을 수립하고자 했다. 그리하여 우주 내의 모든 형태의 운동을 설명하는 수학적 법칙들을 제시했는데, 뉴턴 역학, 만유인력의 법칙 등은 모두 유클리드 기하학의 토대 위에 세워졌던 것들이다. 이처럼 유클리드 기하학은 2,000년 논리 체계의 전형이 되어 근대의 수학과 과학 속에 굳건히 자리 잡았다.

한편으로 모든 다양한 수식들을 하나의 통일된 틀 안으로 포섭하는 데카르트 좌표는 그 자체로 절대성의 상징이라고 할 수 있을 것이다. 플라톤의 이데아가 유클리드 기하학의 원리를 깔고 있듯이, 대부분의 서양 근대 과학과 합리주의 철학의 저변에는 유클리드 기하학의 연장으로서 데카르트 좌표가 깔려 있다고 보아도 무방하다. 합리주의의 사고방식은 존재의 근본이 되는 제1원리를 상정하고 그것으로부터 모든 이치를 설명해 가는바, 과학에 있어서는 수학의 원리와 법칙들이 다름 아닌 제1원리에 해당한다 하겠다. 데카르트는 수학을 신이 만든 완벽한 세계에 비유하여 이를 바탕으로 설계된 세상은 완벽한 기계와도 같다는 '기계론적 세계관'을 제창했다. 기계론적 세계관에서 신의 역할은 시초에 완벽한 세계를 창조하는 것이고, 그렇게 창조된 세계는 더 이상의 신의 개입 없이 자연적인 인과법칙에 의해 저절로 움직여간다. 이처럼 근대를 지탱하고 이끌어간 것은 유클리드 기하학을 기반으로 한 기계론적 세계관이었으며, 그 저변에는 다름 아닌 서구의 오랜 전통인 합리주의 정신이 자리하고 있는 것이다.

또한 데카르트는 신과 영혼을 제외한 우주의 모든 사물들이 완벽하게 기하학으로 환원될 수 있다고 보았다. 따라서 유클리드 기하학이 절대

---

12 같은 책, 169쪽.

불변적이듯이 그것을 기반으로 하는 세상도 불변의 법칙의 지배를 받으며, 본래 신으로부터 진리를 파악할 수 있는 능력을 부여받은 인간의 이성은 세상을 온전히 파악할 수 있다고 믿었다. 이처럼 데카르트는 나라는 주체의 이성인 '생각하는 나'가 의심할 여지 없는 절대 존재임을 확인했으며, 따라서 'cogito ergo sum'(나는 생각한다, 고로 존재한다.)이라는 명제를 세울 수 있었다. 이는 '신이 창조했으므로 나는 존재한다'라고 했던 중세의 신 중심적 세계관으로부터 인간 중심, 주체 중심의 세계로 전환됨을 의미한다. 그로부터 이성을 강조하는 근대적 가치관이 성립하고 '사유하는 주체'인 이성에 절대적인 가치가 부여됨으로써, 주체와 대상으로 양분된 이원론 전통이 맥을 이어갔다.

우리는 앞서 르네상스 시대를 거치면서 이성의 부활과 더불어 다가올 인식론의 시대를 전망한 바 있다. 그리고 17세기의 대표적인 철학자 데카르트를 통해 이를 확인할 수 있었다. 인식론이 주가 되는 근대 철학은 고중세의 형이상학 전통과의 단절을 의미하지만, 한편으로 인식주체와 인식대상을 가르고 인식주체에 절대성을 부여한다는 점에서 고중세를 아우르는 이원론 전통의 맥을 잇고 있다 하겠다.

17세기에 이은 18세기는 한마디로 계몽의 시대라고 할 수 있다. '어리석음을 깨우친다'(啓蒙)는 말뜻 그대로 계몽주의는 인간 이성의 힘으로 무지와 미개함을 타파하고, 기술과 산업을 발전시켰으며, 그 결과 인류를 결핍으로부터 구제함으로써 역사를 발전시켜 왔다고 하는 발전사관을 기본으로 하고 있다. 이와 같은 진보적 역사관은 앞서 언급했던 근대 과학의 뒷받침에 의해 가능할 수 있었다. 계몽주의 과학의 대부라 할 수 있는 뉴턴은 만유인력의 법칙, 미적분, 운동의 법칙, 천체의 운동 등 근대 과학 전반의 법칙들을 구축하고 체계화함으로써 진정한 계몽의 시대를 열어갈 수 있었다. 또한 계몽주의 철학은 인간의 이성과 경험을 존중하고 합리적 사고에 입각하여 사회의 낡은 인습과 그릇된 제도를 비판하며, 교육을 통해 이를 개혁해 가고자 하는 취지를 사상적 특징으로 한다. 17세기가 이성과 합리주의 정신이 과학으로 활짝 꽃피운 시기였다면 18세기는 바야흐로 그 정신이 계몽주의라는 확실한 열매를 맺은 시기라고 할 수 있다. 그만큼 계몽주의 철학과 과학은 근대를 형성하는 정신적·물질적 토대가 되었을 뿐만 아니라, 계몽주의가 표방하는 진보적 세계관은 향후 유럽이 나아가야 할 방향을 구체적으로 제시해 주었다.

근대성을 넘어서: 반동의 시대, 저항의 사유

근대를 총체적으로 특징짓는 정신을 특별히 근대성(modernity)이라고 부른다. 모더니티, 즉 근대성의 특징에 대해 언급하자면 기본적으로 인간의 이성에 기초한 합리주의 정신을 들 수 있다. 우리는 이 같은 근대성의 특징이 이미 그리스 시대에 발생하여 서구 사유 체계의 뿌리 깊은 전통을 형성해 왔다는 것을 알고 있다. 간단히 요약하면 근대성은 이성과 합리주의 정신을 바탕으로 자연과학과 기술 문명을 발전시키고 산업화된 경제 구조와 자본주의 체제를 전개해 가는 것을 골자로 하고 있다. 나아가 계몽주의 정신에 입각한 진보적 역사관 역시 근대성을 특징짓는 중요한 요소로서 거론될 수 있다.

우리는 앞서 합리주의 전통이 고대에서 중세를 거쳐 근대에 이르는 동안 어떻게 발생하고 단절을 겪었으며, 또한 어떻게 변모된 모습으로 부활해 전개되어 왔는지를 살펴보았다. 그 결과 그리스 시대에 싹튼 합리주의 정신이 근대에 이르러 기계론적 세계관으로 거듭나게 되었음을 알 수 있었다. 자연의 모든 존재와 현상들을 기계적 메커니즘의 결과로 보는 기계론적 세계관은 우주를 지배하는 불변의 법칙을 상정하여 급기야 '우주는 하나의 거대한 예측 가능한 기계이며, 인간은 이성의 힘으로 우주의 비밀을 전부 알 수 있다'는 피에르 시몽 라플라스(Pierre Simon

Laplace, 1749~1827)의 정의를 이끌어내기에 이른다. 그러나 이렇듯 극단적인 결정론적 세계관이 과학 자체 내의 새로운 발견들에 의해 붕괴하면서, 철학과 예술 전반에 있어서도 반합리주의적 경향의 흐름들이 강하게 표출되었다. 그리스 시대에 철학으로 융성했던 합리주의 전통은 근대 과학으로 이어지면서 그 맥을 이어왔으나, 19세기에 이르러 마침내 심각한 도전에 직면하게 된다. 19세기 이후 발생한 대다수의 사유들이 근대성 비판의 성격을 띠는데, 과학, 철학, 예술이 한목소리로 수천 년간 신봉되어 온 이성과 합리주의 전통에 공격을 가하기 시작한 것이다. 이에 더하여 근대 사회를 움직여간 과학기술 문명과 자본주의 경제 체제에 대한 비판 또한 근대성 비판의 중요한 장을 형성하고 있다.

반동의 시대를 이끈 반합리주의 과학과 철학

19세기 후반과 20세기 초반의 서구 세계는 격렬한 반전통 물결의 소용돌이 안에 있었으며, 그런 의미에서 이 시기는 '반동의 시대'라고도 불린다. 합리적이고 결정론적인 세계관에 심각한 타격을 입힌 것은 무엇보다도 비유클리드 기하학의 등장이었다. 유클리드 기하학이 '평면 기하학'이라면 카를 프리드리히 가우스(Carl Friedrich Gauss, 1777~1855), 야노스 보야이(Janos Bolyai, 1802~60), 니콜라이 로바체프스키(Nicolai Lobatchevskii, 1792~1856), 게오르크 리만(Georg Riemann, 1826~66)에 의해 발견된 새로운 기하학은 '곡면 기하학'이라고 할 수 있다. 곡면 기하학은 다시 두 종류로 나누어 볼 수 있는데, 가우스, 보야이, 로바체프스키의 기하학은 말안장처럼 우묵한 음의 곡면에 해당하는 '쌍곡 기하학'(hyperbric geometry)이고, 리만 기하학은 그와 반대로 바깥으로 불룩한 양의 곡면을 이루는 '타원 기하학'(elliptic geometry)이다. 쌍곡 기하학과 타원 기하학을 포함하는 비유클리드 기하학의 등장으로 2,000여 년간 진리의 표상으로 여겨져왔던 유클리드 기하학의 평면 공간은 마침내 그 절대성을 상실하고 만다.

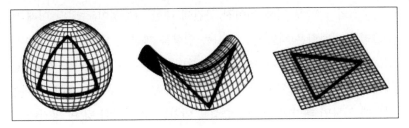

유클리드 공간과 비유클리드 공간 오른쪽이 유클리드 기하학의 공간으로 삼각형 내각의 합이 정확히 180도가 된다. 가운데는 쌍곡 기하학이 적용되는 공간으로 삼각형 내각의 합이 180도보다 작다. 그리고 왼쪽은 타원 기하학이 적용되는 공간이며 삼각형 내각의 합이 180도보다 크다.

비유클리드 기하학: 리만 기하학의 의의 유클리드 공간에서 삼각형의 내각의 합이 180도라고 할 때, 내각의 합이 180도에서 벗어나는 정도, 다시 말해 공간이 구부러진 정도를 곡률(curvature)이라 한다. 이때 유클리드 공간은 단지 곡률이 0이 되는 공간의 경우에 해당하는 것일 뿐, 더 이상 '절대 공간'이 될 수 없다. 선(先)존재하는 절대 공간이 부정된다는 것은 모든 수식을 포괄하는 절대 좌표로서 '데카르트 좌표'가 부정된다는 것을 의미한다. 따라서 비유클리드 기하학을 수식으로 표현하기 위해 리만은 선존재하는 평면 위에 수의 쌍을 배치하는 데카르트 좌표를 무시했다. 유클리드 관점에서는 수 이전에 수의 배치가 이루어질 평면이 먼저 주어졌지만, 리만은 수의 배치 이전에 처음부터 존재하는 고정된 평면은 없다고 보았던 것이다. 리만 기하학에 있어서 좌표란 고정된 데카르트적 평면 좌표가 아닌 '특수한 수들의 집합'(리만은 이를 '다양체'라고 부른다) 그 자체인데 리만은 '수의 집합체(다양체)'들이 데카르트 좌표와 같은 특정 좌표에 종속되지 않도록 하기 위해 특별히 '리만 곡률 텐서'(Rieman curvature tensor)를 고안한다. 그리고 데카르트 좌표 대신 이 텐서 방정식을 써서 점 사이의 거리를 규정하고 전역적인 곡률을 구해 낼 수 있었다. 이로써 리만 다양체는 초월적 좌표(데카르트 좌표)의 지배를 받지 않아도 되게 되었다.

가우스와 리만에 의해 휘어진 공간에 대한 가능성이 증명된 이래 비유클리드 기하학은 과학에도 크나큰 영향을 끼쳤다. 알베르트 아인슈타인(Albert Einstein, 1879~1955)의 일반 상대성이론은 비유클리드 기하학을 그대로 우주 공간에 적용한 것으로 보아도 무방할 것이다. 일반 상대성이론에 의하면 태양이 지구에 중력을 미치는 것은 힘이 텅 빈 공간에 원격 작용하는 것이 아니라 태양 주위의 시공간을 휘게 함으로써 가능하다는 것이다.

민코프스키 좌표와 일반 상대성이론 특수 상대성이론의 기하학은 러시아의 수학자이자 아인슈타인의 스승인 헤르만 민코프스키(Hermann Minkowski, 1864~1909)에 의해 발전되었다. 민코프스키 시공상에 있는 한 점은 4개의 좌표 t, x, y, z를 가진다. 여기서 t는 시간좌표, x, y, z는 공간좌표인데, 이처럼 시간을 공간적 좌표로 나타냄으로써 시공 연속체를 가시적으로 표현할 수 있었다.[13] 이로써 데카르트의 평면좌표는 3차원 절대 좌표를 거쳐 민코프스키의 4차원 시공좌표로 발전했다. 곡(曲) 구조를 다루는 리만 다양체에서 데카르트 좌표가 전체를 아우르는 초월적 좌표가 아닌 임의의 점 근처에 국소적으로 적용된 것처럼 아인슈타인의 일반 상대성이론에서는 시공 다양체의 임의의 점 근처에 민코프스키 좌표가 적용된다. 이렇게 해서 물리적 힘으로 여겨졌던 뉴턴의 중력은 아인슈타인에 의해 시공의 곡률이라는 기하학적 개념으로 대체되었으며, 이 같은 기하학적 우주론에 적합한 중력 이론을 수립한 것이 바로 일반 상대성이론, 일명 중력장(gravitational field, 重力場) 이론이다.

---

13 케이스 데블린, 전대호 옮김, 『수학의 언어』, 해나무, 2003, 483쪽.

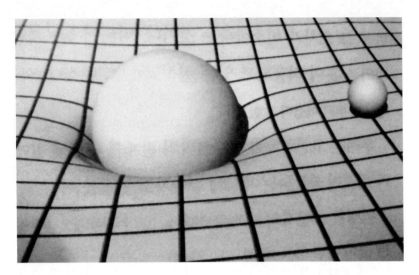

일반 상대성이론에서의 중력의 원리 일반 상대성이론에 의하면 물체의 질량은 그것을 둘러싸고 있는 시공간을 휘어지게 하고 시공간의 휘어짐은 그 자체로 물체가 중력을 받는 것처럼 운동하게 한다. 지구로 떨어지는 유성의 경우를 볼 때, 지구가 직접 원격 작용하여 유성을 잡아당기는 것이 아니라 지구의 질량이 지구 주위를 둘러싸고 있는 시공간을 휘어지게 하여 유성이 시공간의 함몰된 부분으로 굴러떨어지는 것이라고 설명할 수 있다. 우주 각 부분의 곡률(曲率: 휘어진 정도)은 물체의 질량 분포에 따라 형성되어 있으며 휘어진 공간 내에서 움직이는 물체는 휘어진 공간의 곡선을 따라 가장 저항이 작은 경로를 따라가게 되는데 행성이 태양 주위를 도는 이유도 바로 여기에서 찾아볼 수 있다.

뉴턴의 만유인력을 부정하고 공간을 '4차원 시공간의 곡 구조'로 해석한 아인슈타인의 일반 상대성이론은 획기적인 중력 이론임에 분명하지만 기하학의 변천사에 입각해 볼 때 충분히 예견 가능한 것이기도 했다. 기하학의 추상적 원리들이 실제로 물리학의 세계에 적용된다는 사실 또한 이미 예견된 결과였다. 로바체프스키는 비유클리드 기하학이 언젠가 실제 세계에 적용될 날이 반드시 올 것이라 확신했다.[14] 그리고 그로부터 몇십 년이 흐른 뒤, 리만 다양체의 곡면은 아인슈타인에 의해 고스란히 우주 공간 위에 실현되었다.

----

14 칼 B. 보이어, 양영오·조윤동 옮김, 『수학의 역사 하』, 경문사, 2000, 869쪽.

합리주의의 결정체인 유클리드 기하학의 붕괴는 과학을 넘어서 서구의 전통과 근대를 지탱해 온 정신적, 물질적 기반이 뿌리째 흔들림을 의미했다. 무수한 차이와 다양성을 하나의 통일 원리로 봉해 버리는 데카르트 좌표야말로 서구 전통의 근간이 되는 거대 담론의 지평을 상징하기 때문이다. 19세기 말, 비유클리드 기하학의 하나인 리만 다양체의 등장으로 인해 데카르트 좌표는 그 절대성을 상실하고, 그와 더불어 오랫동안 절대 좌표의 통일성 안에 봉쇄되었던 차이와 다양성들이 그 지배에서 벗어나 담론의 지평 위로 솟아오르기 시작했다. 이와 같은 기하학의 변화와 더불어 변모된 사유에 대한 담론들이 활발하게 전개되었다.

동시대 철학과 사상에서의 반합리주의적 경향들로는, 이성보다 의지를 중시한 아르투어 쇼펜하우어(Arthur Schopenhauer, 1788~1869)와 프리드리히 니체(Friedrich Nietzsche, 1844~1900), 정적이고 공간적인 서구 합리주의를 거부하고 '지속과 생성'으로 존재의 본질을 대체했던 반합리주의 철학의 거장 앙리 베르그송(Henri Bergson, 1859~1941), 의식에 가려진 무의식의 세계를 드러내어 의식 위로 펼쳐냈던 지그문트 프로이트(Sigmund Freud, 1856~1939), 변증법적 유물론의 기틀을 마련한 카를 마르크스(Karl Marx, 1818~83) 그리고 20세기 전반을 풍미했던 현상학과 실존주의 등을 들 수 있다. 그 밖에도 열역학, 진화론, 확률론, 양자역학 등이 발견되거나 응용되면서 자연과학에 있어서 반합리주의적 조류가 폭넓은 양상으로 전개되었다. 이들 과학과 철학은 공통적으로 합리주의 전통에 정면 대립하는 경향을 띠고 있다. 그리고 같은 시기 서구 사회를 풍미했던 낭만주의 예술 역시 기존의 전통과 규범에 도전한다는 점에서 반합리주의 노선에 동참했다고 볼 수 있다.

낭만주의 예술 낭만주의(romanticism)의 어원은 중세 기사도 이야기를 로망스어(romanz, 라틴어를 모어(母語)로 하는 모든 언어)로 기록한 데서 유래한 것으로, 19세기 문학이 고전주의의 틀에 박힌 무미건조함에서 벗어나 중세 로망스 문학처럼 풍부하고 재미있게 펼쳐지기를 바라는 뜻에서 붙여진 이름이다. 넓은 의미에서 낭만주의 운동은 기존의 질서나 종교 등 모든 종류의 기성 가치에 대한 반동의 성격을 지니며 직접적으로는 계몽주의에 대한 반발로 등장했다. 특히 예술에서 고전주의가 그리스 시대의 고전기 양식을 이상으로 삼은 데 반해 낭만주의 예술은 형식과 질서에 구애받지 않는 보다 자유로운 감정 표현을 추구한다. 따라서 낭만주의 예술은 지적·정서적으로 대단히 복잡한 양상을 띠고 있을 뿐만 아니라 문학, 연극, 미술, 음악 등 여러 장르 간에도 상호 깊은 연관성을 가지고 있어 그 특징을 간단히 규정할 수 없다. 고대극의 이론과 그 모방을 배척하고 주관적 정서의 세계, 몽환과 공상의 세계를 추구했던 낭만주의 연극, 시는 감정의 자연스러운 흐름이어야 하며 고전주의 시인들처럼 규칙에 따라 기교를 부리며 자유를 억제하는 것은 결코 시가 될 수 없다고 역설하는 낭만주의 문학, 고전주의 음악의 형식을 거부하고 음악과 시의 결합으로 '가곡'이라는 새로운 양식을 탄생시킨 낭만주의 음악, 역시 균제와 절제미를 추구하는 신고전주의 양식의 구태의연함을 거부하고 개성 넘치는 독자적 세계를 펼쳐갔던 낭만주의 미술 등, 질서나 형식에 구애되지 않고, 자유롭고 다양하고 개성 있는 세계를 추구하는 점이 낭만주의 예술에 나타나는 공통된 성격이라 할 수 있겠다. 이처럼 모든 형식과 규범을 파기하는 낭만주의의 자유와 반동 정신은 훗날 모더니즘 운동의 정신적 뿌리가 되었다.

외젠 들라크루아, 「무어 기수의 충돌」(1844), 자크 루이 다비드, 「소크라테스의 죽음」(1787) 낭만주의 미술은 기성 가치에 대한 반동의 정신을 토대로 하여 직접적으로는 신고전주의 양식에 대한 반발로 등장했다. 신고전주의 미술 양식은 형태가 명료하고 표현이 절제된 그리스 고전주의 양식을 이상으로 삼고 있는 반면, 전통을 거부하는 낭만주의 미술은 형태가 불명료하고 윤곽선이 모호하며, 자유분방한 선과 색을 통해 풍부한 감흥과 다이내믹한 동세를 표현하고 있다. 우리는 들라크루아와 다비드의 그림을 통해 낭만주의와 신고전주의 회화가 지니는 표현상의 차이를 확인할 수 있다.

동서양의 만남: 반동의 물결에서 동양의 전통 사유를 만나다

유럽 사회에서 반합리주의 흐름이 대두해 이원론의 전통이 도전받던 시대에 동양의 전통 사상들이 주목받기 시작했다는 것은 매우 의미심장하다. 20세기 초 현대 물리학에서 상대성이론과 양자역학이 등장하면서 일부 서양 과학자들에 의해 무형(無形)의 도(道)와 유형(有形)의 천지(天地)는 같은 것이라는 노장 사상이나, 불교의 무상론(無常論), 무아론(無我論), 연기설(緣起說), 공(空) 사상 등이 주목받기에 이르렀다. 현대 물리학이 등장하기 이전 서양의 근대는 철저하게 데카르트의 합리주의와 뉴턴 역학이 지배하던 시대였다. 그러나 20세기에 들어서면서부터 그와 같은 신념이 크게 흔들리기 시작했다. 1900년 막스 플랑크(Max Planck,

1858~1947)가 종래에는 파동적 측면으로만 해석되던 빛의 에너지에 입자적 측면이 공존하고 있음을 밝힌 양자가설(量子假說)을 발표한 이래 1905년 아인슈타인이 이를 고체의 비열(比熱) 및 광전 효과(光電效果)를 통해 입증하고, 루이 빅토르 드 브로이(Louis Victor de Broglie, 1892~1987)가 물질파(物質波)라는 더욱 불가사의한 가설로 발전시켰다. 결국 자연계의 모든 물질에는 입자성과 파동성이라는 상호 모순되는 이중적 성격이 공존한다는 것을 받아들이고 이 모순율을 적용해 관측 가능한 양자(量子)만으로 수학적 이론 체계를 구성한 것이 바로 '양자역학'이다. 물리학자 로버트 오펜하이머(Robert Oppenheimer, 1904~67)는 현대 원자 물리학의 발견들이 본질적으로 생소한 것이 아니며 힌두교나 불교 사상 속에서 이미 중심적 위치를 차지하고 있던 것들로, 현대 과학은 이러한 옛 지혜의 예증이나 장려라고 말한 바 있다. 상보성(相補性) 원리의 창시자 닐스 보어(Niels Bohr, 1885~1962) 역시 원자론의 가르침에 대응하기 위해서는 붓다나 노자가 일찍이 부딪혔던 인식론적인 문제로 되돌아가야 한다고 주장했다. 그런가 하면 베르너 하이젠베르크(Werner Heisenberg, 1901~76)의 영향을 받은 프리초프 카프라(Fritjof Capra, 1939~)는 동양 사상과 현대 물리학을 접목해 '신과학 이론'이라고 하는 대화합 이론을 만들어내기도 했다. 카프라는 '힘과 물질, 입자와 파동, 운동과 정지, 존재와 비존재 등은 현대 물리학에서는 초월된 대립 개념이거나 혹은 모순 개념들 중의 일부이다. 이들 중 존재와 비존재의 개념이 가장 근원적인 것으로, 양자론 가운데서도 가장 받아들이기 어려운 대목이며 가장 곤혹스러운 난제 중의 하나이다'라고 말하고 있다. 이는 '진여(眞如, 참 존재)는 존재하는 것도 아니며, 존재하지 않는 것도 아니며, 존재와 비존재가 동시에 존재하는 것도 아니며, 존재와 비존재가 동시에 존재하지 않는 것도 아니다'라고 한 인도의 대승불교 학승(學僧) 아슈바고샤(마명〔馬鳴〕, 100?~160?)의 말과 상통한다. 또한 양자역학에서 소립자 세계의 예측 불가능한 움직임이 관측자의 참여를 측정 변수로 받아들이게 되듯이 상대성원

리에서의 시간과 공간이 가지는 절대성의 붕괴는 관측자에 따라 달라지는 상대적 시공간의 개념으로 바뀌어갔다. 이 같은 상대성의 개념은 곧 불교의 연기설을 떠올리게 하는데, 절대성이 상실된 세계에서 연기설은 새로운 존재 해석의 방법론이 되기도 하는 것이다.

동양 전통 사유에 대한 서양 철학자들의 관심 역시 그들의 역사 속에 등장했던 반전통의 맥락에서 논의될 수 있다. 반동의 시대 자연과학에서와 마찬가지로 동시대의 철학에 있어서도 불변의 본질을 부정하고 생성과 변화를 중시하는 반합리주의적 사유들이 등장하기 시작했다. 이와 같은 반합리주의 계열의 철학이 공통적으로 지향하는 바는 본질주의의 부정에 있으며, 그에 따른 중심의 해체와 이원론의 와해는 비결정성(非決定性)과 상호 관계성으로 드러나는데, 이로부터 노장 사상에 있어서 도의 원리와 불교의 연기, 무아, 공 사상 등이 함께 거론될 수 있는 것이다. 쇼펜하우어, 니체, 베르그송, 마르틴 하이데거(Martin Heidegger, 1889~1976) 등 당대의 많은 반합리주의 계열 철학자들이 동양의 전통 사상에 관심을 기울인 것은 당시 서양 철학이 직면했던 변화의 흐름에서 도출된 필연적인 결과라고 할 수 있다.

반동의 시대는 서양의 자체적 내부 비판과 더불어 동양의 전통 사유에 대한 관심이 동시에 역사의 수면 위로 부상한 시점이기도 하다. 이 시기에 비로소 동서양의 사유는 대등한 위치에서 비교, 논의되기 시작했으며, 이어지는 탈근대에는 마침내 동서양의 구분 없이 한목소리로 오늘을 이야기하고 더불어 내일을 모색해 가게 되는 것이다. 근대성이 서구에서 발생하고 변천해 온 서구의 삶과 사유의 양태였다면, 탈근대성은 근대성을 비판하고 극복하는 과정에서 등장한 대안적 사유이다. 그런 점에서 동양의 전통 사유는 현대 동서양이 공유하는 문제와 쟁점의 한가운데에서 유효한 사유로서 자리하고 있다 하겠다.

20세기를 풍미한 근대성 비판 사회운동

역사적으로 볼 때 모더니티(근대성)는 15세기에 발현되어 18세기 계몽주의에 이르러 비로소 구현되었다고 할 수 있다. 모더니티의 공통된 관점은 한마디로 인간의 이성이 인류의 역사를 얼마만큼 발전시켜 왔는가에 있다고 하겠다. 실제로 근대 산업사회를 형성하고 이끌어간 힘은 합리주의 정신을 바탕으로 한 계몽주의 사상과 이를 실증해 주는 자연과학이었다. 그러나 인간의 이성과 과학의 힘으로 자연을 통제하고, 인류 사회를 발전시키고, 심지어 인간의 행복까지도 증진할 수 있다고 믿어온 모더니티의 계획들은 전쟁과 파괴라는 심각한 부작용을 드러내기 시작했다. 이성의 힘과 모더니티의 계획들은 결국 발전과 파괴라는 양날을 지닌 위험한 무기였던 것이다. 양차 대전 및 핵전쟁을 겪으면서 서구 사회는 '모더니티의 거대한 계획'들에 회의를 품고, 역으로 그에 비판을 가하기 시작했다. 여기에 근대 산업사회를 형성하고 이끌어간 자본주의 경제 체제와 모더니티의 주역이 되는 부르주아 사회의 모순성에 대한 비판이 더해져, 근대성 비판은 합리주의적 사고, 과학기술 문명, 계몽주의, 그리고 자본주의 체제와 부르주아 사회에 대한 비판을 포함하게 된다.

이와 같은 근대성 비판은 마르크스의 영향을 받은 프랑크푸르트 학파의 비판이론에서 보다 구체적인 사회비판의 형태로 드러났다. 프랑크푸르트 학파는 1923년 이래 막스 호르크하이머(Max Horkheimer, 1895~1973), 테오도어 아도르노(Theodor Adorno, 1903~69), 허버트 마르쿠제(Herbert Marcuse, 1898~1979), 레오 뢰벤탈(Leo Löwenthal, 1900~93), 카를 비트포겔(Karl Wittfogel, 1896~1988), 에리히 프롬(Erich Fromm, 1900~80), 발터 벤야민(Walter Benjamin, 1892~1940), 위르겐 하버마스(Jürgen Habermas, 1929~) 등 당대의 철학자, 사회학자, 경제학자, 역사학자, 심리학자 등 광범위한 좌파 지식인들로 구성되었다. 이들은 기본적으로 마르크스주의 사상을 기조로 하고 있으나, 경제적 생산양식에 의한 하부구조가 도덕, 법, 정치, 종교 및 문화 예술과 같은 상부구조를 결정한다고 하는 마르크스주의 이론과 달리 상부구조에 사회를 결정하는 무게중심을 두고 있다. 따라서 이들의 비판은 정치, 사상, 문화적 측면에 집중되는 경향이 있다. 마르크스주의가 궁극적으로 프롤레타리아 혁명에 의한 자본주의 사회체제의 전복을 지향한다면 프랑크푸르트 학파는 보다 온건한 문화 혁명을 통해 자본주의가 지니는 모순과 문제점들에 대응해 가고자 한다.

비판이론가들 중에서 가장 구체적인 대안을 제시하고 있는 인물로 의사소통 행위 이론의 하버마스를 들 수 있다. 의사소통 행위 이론이란 의사소통의 합리성에 의해 '도구적 이성'(instrumental reason)의 독주를 견제하면서 균형을 두어 그 폐단을 막고자 하는 방법론을 말한다. 요컨대 하버마스는 모더니티의 합리성을 전면적으로 반대하지 않고 도구적 합리성이 낳은 모순들을 합리적으로 해결하고자 했던 것이다. 그 방안으로 환경 운동, 인권 운동, 평화 운동 등 소통의 합리성을 주장했는데, 이로써 모더니티의 계획은 아직도 유효하며 끝나지 않은 '미완의 프로젝트'(unfinished project)라고 선언했다.

근대성 비판은 과학기술 문명과 자본주의 사회 비판에 집중되어 있는데 이는 결국 합리주의 정신으로 소급되는 서구 전통에 대한 비판과 분리될 수 없는 관계에 있다. 이처럼 전통으로 소급되는 근대 정신은 19세기 이후 거센 공격을 받기 시작하고, 20세기 중반까지 다각도의 반성과 비판 대상이 되었다. 그러나 근대성에 완전한 결별을 선언하는 보다 파격적인 사유가 우위를 점하게 되는 것은 20세기 후반—탈근대에 들어서면서부터이다.

도구적 이성 비판 호르크하이머는 그의 저서 『도구적 이성 비판』에서 이성을 객관적 이성과 주관적 이성으로 분류하고 이들을 대비한다. 객

관적 이성은 플라톤의 이데아론에서 알 수 있듯이 본래 진리를 탐구하고 존재의 본질을 발견하는 것을 목적으로 하나, 주관적 이성은 본래의 목적과는 상관없이 오로지 목적하는 바에 가장 적합한 수단을 찾아내는 데 쓰이는 도구화된 이성이라는 것이다. 호르크하이머는 특히 근대 이후 계몽화 과정에서 인간의 이성이 주체의 주관적 목적에 의해 인간과 자연대상을 지배하고 정복하는 도구로 전락했다고 비판한다.

반모더니티의 예술적 표현: 모더니즘

예술에 있어서 반모더니티는 모더니즘으로 나타났다. 모더니즘은 반동의 시대적 흐름 속에서 탄생한 전위적이고 실험적인 예술 운동을 가리킨다. 모더니즘이 지향하는 정신은 근대 사회가 신봉해 온 모든 전통과 인습을 타파하고 새로운 형식과 가치관을 모색하는 것이며, 따라서 모더니즘 예술이 추구하는 새로운 양식은 전통의 해체와 단절이라는 극단적인 형태로 나타나게 되었다. 이러한 모더니즘 정신은 다양한 예술 장르를 통해 드러났는데, 전통적 리얼리즘의 객관성을 거부하고 인간 내면의 주관성과 개인주의를 중시했던 문학, 역시 재현의 전통에 대항해 리얼리즘 화풍의 원근법을 해체하고 추상의 세계를 지향했던 미술, 그리고 전통 음악의 멜로디를 타파하고 형식을 벗어난 전혀 새로운 기법을 선보였던 음악 등이 이에 해당한다. 이들은 공통적으로 합리주의에 반대한다는 특징을 가지고 있다.

서양의 고중세는 정신과 학문의 전 영역이 형이상학이라는 거대한 범주 안에서 뭉뚱그려진 채 사유되던 시대였다. 이처럼 종교와 형이상학의 통합된 세계관이 근대에 이르러 이마누엘 칸트(Immanuel Kant, 1724~1804)가 인간의 정신영역을 삼등분한 것을 시작으로 세 개의 자율적 분야들로 분리되면서 과학, 도덕, 예술이라는 표현상의 구조들이 생겨나게 되었다. 그 후로 이 같은 정신세계의 분할이 더욱 세분화되면서 19세기 중엽에 이르면 학문과 문화 예술의 모든 영역에서 전문성과 자율성이 두드러지게 나타나기 시작한다. 이 시기의 예술 역시 예술만의 전문적이고 독자적인 세계를 추구해 가게 되는데, 그 결과 예술과 일반대중 사이에는 거리가 조성될 수밖에 없었다.

따라서 모더니즘 예술은 전통에서 벗어나 새로운 세계관을 제시하였다는 긍정적인 평가를 얻기도 한 반면, 독자성과 자율성의 추구라는 명목 하에 지나치게 인간의 내면과 주관을 중시함으로써 야기한 고도의 난해성, 구체적인 삶에서 유리된 형식주의에의 탐닉, 그리고 일반대중과 괴리된 특권층 위주의 엘리트주의에 대한 비판 또한 면치 못하게 되었다. 모더니즘의 반동 정신은 19세기 낭만주의의 영향을 받았으며, 그 예술 운동은 1차 세계대전 전후로 최전성기를 구가하다가 2차 세계대전 이후 자체 내에서 불거진 모순의 팽배와 이에 도전하는 새로운 물결에 의해 점차 쇠락해 갔다.

모더니즘 미술과 문학 서양 미술의 전통은 자연 모방(mimesis), 즉 재현의 전통이라고 할 수 있다. (미술에 있어서) 재현의 전통은 평평한 캔버스에 원근법이나 명암법 등을 이용한 3차원의 환영을 주어 외부 현실과 똑같이 보이게 하려는 표현 방법으로, 역시 과학과 이성에 의한 합리주의 정신이 심어놓은 세계관의 예술적 표현이었다. 그러나 20세기 초반을 풍미했던 반합리주의적 흐름은 르네상스 이래 자연 모방에 입각한 사실주의를 고수해 온 미술의 향방을 자연에 의존하지 않고 순수한 형식과 내면의 정서에 기반을 둔 '추상'이라는 개념으로 몰아가는 필연적 결과를 가져다주었다. 한편 모더니즘 문학은 19세기 유럽의 사실주의 문학 전통에 반기를 드는 것으로부터 시작되었다. 미술에서의 사실주의 전통이 대상을 어떻게 하면 실물 그대로 캔버스에 옮길 수 있을까를 고심하는 데서 비롯되었던 것처럼 문학에서의 사실주의 역시 저자가 객관적 사실을 있는 그대로 표현해 낼 수 있다는 믿음을 가지고 작품의 줄거리나 인물을 사실적으로 묘사해 내려 하였다. 그러나 모더니즘 문학은 사실주의가 추구하는 객관적 실체의 존재를 부정하고 모든 가치와 진리는 오직 인간 주체에 의해 결정된다는 굳은 믿음을 가지고 있었다. 그로부터 외부 현실 세계의 객관적 묘사가 아닌, 내적 경험에 기반한 인간의 주관적 내면세계를 표현하는 데 깊은 관심을 기울였다. 그러나 이 역시 미술과 마찬가지로 주관성과 내면세계에의 지나친 천착으로 말미암아 사회 현실과 일반대중으로부터는 유리되는 양상을 낳았다.

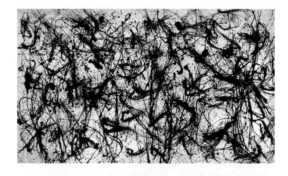

잭슨 폴록, 「Number 32」(1950), 바실리 칸딘스키, 「구성 Ⅳ(전쟁)」(1911) 재현의 전통에 반발하여 등장한 모더니즘 회화는 화폭에서 대상의 재현은 물론 대상에 대한 이미지들조차 제거하면서 철저한 추상의 세계를 지향해 갔다. 따라서 가장 추상적인 그림은 가장 이미지가 떠오르지 않는 그림이라 할 수 있을 것이다. 폴록은 대형 화폭 위에 물감을 뿌리거나 던지는 행위를 통해 화면 전체를 메워가는 이른바 액션페인팅(action painting) 기법으로 진정한 추상회화를 실현했다. 우리는 이 그림에서 어떠한 재현의 형상도, 일말의 재현적 이미지도 떠올릴 수 없다. '예술에 있어서 정신적인 것'을 추구하며 최초로 추상회화를 선언했던 칸딘스키의 그림조차도 폴록의 액션페인팅과 비교하면 덜 추상적이라는 것을 한눈에 알 수 있다.

탈근대: 포스트모던 시대의 사상과 예술[15]

우리는 합리주의와 이원론의 전통이 어떻게 형성되어 근대로 이어졌으며, 어떻게 자체 내의 모순을 드러내고 새로운 발견들에 의해 도전받게 되었는지, 그리고 한편으로 비판과 극복의 대상이 되거나, 또 한편으로 못다 한 이야기로 남게 되었는지를 차례로 살펴보았다. 탈근대는 말 그대로 인류의 역사가 근대를 벗어나 새로운 세계에 들어섰음을 의미한다. 고대로부터 시작되어 근대까지 맥을 이어온 합리주의와 이원론의 전통이 탈근대로 들어서면서 마침내 단절되고 인류의 역사는 전혀 새로운 물결에 휩싸이게 된 것이다. 새로이 등장한 현대 과학은 더 이상 절대불변성도 확고부동한 결과도 보장해 주지 않았으며, 철학 또한 불변의 본질을 외면하고 생성과 변화 그리고 우연과 욕망을 담론화하기 시작했다. 그리고 예술 역시 전통적 기법과 모더니즘의 심미적(審美的) 기준을 모두 거부했으며, 탈장르화되고 탈중심화된 다양한 표현들이 새롭게 도래한 첨단 과학과 매체에 힘입어 전 세계로 확산되어 갔다. 이처럼 절대적인 잣대가 사라진 세상, 일관된 거대 담론이 그 효력을 상실한 세상은 불확정성과 불확실성의 불안한 그림자를 드리우고, 방향을 잃은 인류 앞에 세상은 원형이 깨어져 파편으로 난무하는 다양한 출구를 노출했다. 미노스의 미궁 속에서 아리아드네가 건네주었던 전통의 실타래가 마침내 끊기는 지점까지 온 것이다. 미궁은 계속되지만 의지할 실타래는 더 이상 존재하지 않는다. 일관된 해답을 상실한 탈근대의 인류는 불확실성의 미로 속에서 남겨졌다. 그래도 미궁

---

15 탈근대는 포스트모던(post modern)으로도 표기하여 구분 없이 사용하였으며, 탈근대 사상, 탈근대 사회이론은 포스트모던 사상, 포스트모던 사회이론, 혹은 포스트모더니즘 사상, 포스트모더니즘 사회이론과 병용해 사용했다. 이는 모더니즘이 각 장르의 예술에 적용되는 것과 달리 포스트모더니즘은 사상, 정치·경제·사회이론·예술을 두루 포함하는 한 시대의 이념으로 쓰이기 때문이다.

속 시간은 멈추지 않고, 역사는 계속되었으며, 인류는 어디로든 나아가야만 했다.

탈근대의 철학 사상: 중심의 해체와 다양성의 발견

서구의 전통 사유는 존재의 근원이 되는 제1원리를 세우고 그것에 근거하여 모든 존재를 설명하는 이원론적 사유 체계를 갖는다. 플라톤의 이데아와 현상에서 시작된 이원론의 전통은 아우구스티누스의 신과 피조물로 그 계보가 이어지며 고대에서 중세에 이르기까지 사유의 이원론적 구도를 형성해 갔다. 근대 인식론에 이르러서는 데카르트가 사유하는 정신과 연장(extension)을 지닌 물체를 가르고 인간의 이성에 무한한 가치의 면류관을 씌우며 정신과 물질로 양분된 이원론의 계보를 이어갔다. 그러나 이원론은 필연적으로 중심과 주변을 가르는 중심주의를 수반하게 되고, 중심주의는 다시 이성중심주의, 서양중심주의, 남성중심주의 등 온갖 중심주의로 확산되어 심각한 폐해를 드러내기에 이르렀다. 중심주의에는 필연적으로 중심이 주변을 지배하는 폭력성이 따르기 때문이다. 이와 같은 중심주의의 폐단을 인식하고 도전과 비판의 사유를 펼쳐갔던 것은 19세기 후반에서 20세기 초반에 이르는 반동의 시대였으며, 그 영향으로 차이와 다양성을 중시하는 사유가 전개되기 시작한 것은 2차 세계대전을 겪고 난 20세기 중후반에 이르러서이다.

역사 속에서 이원론의 전통은 선이 악을 쳐부수고 우등이 열등을 지배한다는 중심주의의 폭력성으로 드러나고, 그와 같은 폭력에 당위성을 부여함으로써 마침내 온갖 불평등과 침략 전쟁을 합리화하는 논리적 근거로 작용해 왔다. 따라서 철학자 미셸 푸코(Michel Foucault, 1926~84)는 다른 의견을 억압하고 강자의 논리를 정당화하여 타자의 주장을 소외시키는 진리의 추구는 반드시 권력에 결부되어 있으므로 진리는 그 자체로 테러리즘의 한 형태라고 이야기한 바 있으며, 에마뉘엘 레비나스(Emmanuel Lévinas, 1905~95)도 동일자(同一者)는 폭력적인 전체성을 낳으며 중심주의 또한 전체주의의 한 형태라고 주장한 바 있다. 자크 데리다 (Jacques Derrida, 1930~2004) 역시 그의 저서 『입장들』에서 전통 서구 철학이 하나의 중심을 세워 다른 입장들을 폭력적으로 억압하고 위계짓는 이원적 대립 체계를 해체해야 함을 명백히 밝히고 있다. 이들 중에서도 특히 데리다의 철학은 플라톤으로부터 현대에 이르기까지 서양 철학이 내포하는 온갖 중심주의와 그에 따르는 이원론의 해체를 목적으로 하고 있으며, 그로 인해 데리다는 '해체주의 철학자'라는 별칭을 얻게 된다.

중심의 해체를 강력하게 주장했던 데리다의 철학은 존재의 비결정성을 내세우며 극단의 상대주의로 치닫는다. 무엇으로도 존재를 결정지을 수 없다고 하는 그의 상대주의는 존재 자체에 대한 물음으로 일관해 온 서양 철학에 아무런 대안도 제시해 줄 수 없었다. 그는 철저하게 기존의 모든 존재론을 해체했을 뿐 해체된 빈자리를 채울 그 어떤 대안적 이론도 수립하지 않았기 때문이다. 많은 사람들이 데리다의 철학을 '허무주의'로 규정해 버리는 것은 그런 이유에서이다. 그러나 중심이 해체된다는 것은 중심에 함몰되어 있던 차이들이 드러남을 의미하며, 탈근대는 다양한 차이가 긍정되는 사회를 지향한다. 데리다의 철학은 이와 같은 탈근대 사회와 예술 현상을 설명하는 데 있어서는 유용한 이론으로 작용했다. '다원화', '탈장르', '상호텍스트'와 같은 포스트모던 이론 형성에 지대한 영향을 끼쳤으며, 이로부터 탈식민지주의, 다문화주의, 신역사주의와 같은 보다 구체화된 사회 문화 이론으로 가지를 뻗어갔다. 이처럼 데리다의 철학은 차이와 다양성이 긍정되는 탈근대 사회와 포스트모더니즘 예술 분석에 있어서 중요한 초석이 되었다.

탈근대의 사회이론: 작은 이야기들과 시뮬라크르의 시대

대표적인 포스트모던 사회이론가 장 프랑수아 리오타르(Jean François Lyotard, 1924~98)는 계몽이니 자본이니 해방이니 하는 모더니티의 계획들이 안고 있는 문제의 심각성을 지적했다. 그와 같은 '거대 담론', 즉

'큰 이야기'들은 근본적으로 모든 지향점을 그 이야기의 성취라고 하는 하나의 목적에 두게 되고, 목적 달성을 위해 급기야는 전체주의나 테러와 같은 폭력을 정당화하기에 이른다는 것이다. 중심이 지배하는 근대 사회에서는 그와 같은 정당성이 당연시되어 왔으나, 중심이 해체된 탈근대의 시대에 이르면 거대 담론 자체도 해체될 수밖에 없다. 그리하여 포스트모던 시대에는 합리적이고 총체적인 '큰 이야기'가 와해되고 대신 이질적이고 국지적이며 반합리적인 수많은 '작은 이야기'들이 대두한다. 이른바 '다원화'의 시대가 도래한다는 것인데, 다원화는 곧 작은 중심이 많아지는 것을 의미한다. 큰 이야기의 중심이 해체되면 파편화된 작은 이야기들이 그 자체로 중심으로 부상하고 독자적인 의미를 부여받는다. 따라서 다원화된 세계에서는 서구중심주의에 가려져 있던 제3세계들이 동등한 위상으로 세계사의 수면 위로 부상하면서 중심과 주변 없이 하나의 모자이크처럼 세계지도를 구성할 수 있게 된다. 그런 점에서 다원화는 곧 평등을 의미한다.

근대 사회의 특징이 기계공업을 바탕으로 한 산업사회라고 한다면 탈근대 사회는 디지털과 미디어가 지배하는 탈산업적인 정보화 사회라고 할 수 있을 것이다. 특히 영화와 TV, 나아가 IT산업과 같은 하이테크 혁명에 의해 이미지와 정보가 세계 곳곳으로 확산 보급되어 인간의 의식을 지배하는 현상이 바로 포스트모던 사회의 특징이라 하겠다. 이로부터 장 보드리야르(Jean Baudrillard, 1929~2007)의 시뮬라시옹(simulation) 이론이 탄생했다. 널리 알려진 바와 같이 산업사회가 기반이 되었던 근대 사회에서는 정치, 사회, 문화 등 인간 사회를 구성하는 제반 요소들이 경제적 생산양식으로 설명되었다. 그러나 탈산업화된 탈근대, 즉 포스트모던 사회에서 생산양식은 더 이상 삶의 모든 영역을 결정하지 못한다. 포스트모던 시대는 본질적으로 '소비와 유통'이 지배적으로 작동하는 후기 자본주의 사회이므로 '생산'이 준거점을 이루는 마르크스의 이론으로는 포스트모던 시대를 제대로 파악할 수 없다는 것이다. 그 대신 온갖 종류의 미디어를 타고 인간의 의식 속으로 침투해 들어오는 기호의 자극에 의해 모든 것이 설명되는데, 구체적인 현실이 아닌 미디어를 통해 전달되는 정보와 이미지들에 의해 표상된 기호 체계는 시뮬라크르를 낳고, 그로부터 실재보다 더 실재 같은 하이퍼리얼리티(hyperreality)를 불러오게 된다. 대표적인 예로 우리는 상품 광고나 여론 조성 등에서 이러한 현상들을 읽을 수 있다. 하이퍼리얼리티에서는 실재가 존재하지 않기 때문에 각 사물의 의미는 상실되고, 그에 따라 시뮬라크르가 오히려 실재인 양 우리의 일상을 규제하게 된다. 시뮬라시옹은 시뮬라크르의 작용 즉 실재가 시뮬라크르로 전환되는 작업을 의미한다.

시뮬라크르와 시뮬라시옹 포스트모던 시대에 크게 이슈화된 시뮬라크르는 원래 플라톤으로부터 유래했다. 플라톤은 원형이 되는 이데아와 그 모사(模寫)인 현실 세계를 구분하고, 시뮬라크르를 모사의 모사 즉 이데아를 모사한 현실을 다시 모사한 것으로서 한층 모호하고 가치가 떨어지는 것으로 정의했다. 예를 들어 내가 기르고 있는 고양이는 이데아의 모사이고, 내 머릿속에 떠오르는 고양이의 이미지는 모사의 모사가 되는 것이다. 보드리야르는 이로부터 시뮬라크르가 현실을 대체한 모사된 이미지로서 복제의 복제를 의미한다고 보았다. 시뮬라크르가 보통의 모사와 다른 점은 '원본이 없다'는 것이다. 탈근대적 사유는 대체로 이데아를 부정하므로 원본이 없는 모사들, 즉 복제들만이 난무하는 세상이 성립할 수 있다. 이에 대해 질 들뢰즈(Gilles Deleuze, 1925~95)나 푸코는 긍정적인 입장을 취하지만 보드리야르는 부정적이고 비판적인 입장에서 현대 사회를 허무주의적으로 해석한다. 한마디로 '진짜'는 상실되고 '가짜'들이 진짜인 양 판치는 세상이라는 것이다. 시뮬라크르인 가상의 실재가 진짜 실재를 지배하고 대체하는 세계를 '하이퍼리얼리티'라고 한다.

탈근대의 예술: 포스트모더니즘 예술

미술사학자 에른스트 곰브리치(Ernst Gombrich, 1909~2001)는 유명한 그의 저서 『서양미술사』의 서문에서 예술을 '그 시대 사람들의 요구와 관념의 표현'이라 정의했다. 그런 의미에서 볼 때 예술은 시대를 반영한 다. 앞서 언급했던 모더니즘 운동이 표방하고 있는 것이 그대로 반모더 니티 정신의 예술적 표현이었다는 사실이 이를 증명해 주는 단적인 예가 될 것이다. 마찬가지로 탈근대의 예술은 탈근대 정신을 고스란히 반영 하고 있다. 따라서 탈근대의 예술, 다시 말해 포스트모더니즘 예술의 특 성은 탈근대 정신에 입각해서 설명할 수 있으며 이는 크게 다섯 가지로 분류해 볼 수 있다.

1) 중심주의의 해체와 다원화 현상

중심주의의 해체는 중심에 함몰되어 있던 차이와 다양성들이 각각 독자적 중심을 획득하고 관심과 논의의 대상으로 부상하는 결과를 낳 았다. 이로부터 그동안 주변으로 밀려나 있던 문화 예술의 특정 영역 들이 새로이 힘을 얻게 된다. 남성중심주의 사회에서 소외되었던 여성 의 문제를 다루는 페미니즘, 서양중심주의에 의해 억압당해 온 제3세 계 예술 등이 새삼 주목받고, 이와 같은 현상은 예술의 각 장르로 확산 되어 갔다.

2) 경계의 와해와 탈장르 현상

각 영역별 분화가 모더니티의 특징이었다면 포스트모더니티는 각 영 역들 간에 경계가 허물어지는 탈분화 현상을 하나의 특징으로 하고 있 다. 이와 같은 현상은 예술에서도 그대로 반영되었다. 모더니즘 예술이 '예술을 위한 예술'이라는 명목 하에 예술과 삶의 경계를 명확히 긋고, 일상적인 삶으로부터 분리된 독자적 영역 속에 예술을 고립시킨 반면 포 스트모더니즘 예술은 그 경계를 허물고 모든 이원적 대립 체계를 와해시

제3세계를 대표하는 예술로 멕시코 벽화를 빼놓을 수 없다. 이 그림은 멕시코 벽화 운동의 선두 주자 디에고 리베라(Diego Rivera, 1886~1957)의 작품으로, 멕시코시티 민족 궁전에 그린, 스페인 정복 이전 아즈텍 문화를 바탕으로 한 일련의 벽화 중 하나이다.

컸다. 형식면에서는 각 장르 간 경계의 와해로 표출되었으며, 내용면에서는 예술과 삶의 경계, 사실과 허구의 경계, 원본과 모조의 경계, 고급예술과 대중예술의 경계, 순수예술과 상업예술의 경계 소멸 등으로 나타났다.

3) 대중사회의 도래와 대중문화/예술의 부상

포스트모더니즘이 내포하고 있는 중심의 해체와 탈경계 현상은 예술 지상주의를 해체하고 엘리트주의 고급문화와 대중문화 사이의 경계를 와해시켜 온갖 장르에서 다양한 형태의 대중예술이 꽃피우게 되는 결과를 가져왔다. 특히 대중예술이 크게 유행했던 1960년대의 미국은 대량 생산과 소비가 이루어지고 다양한 매스미디어가 발달하면서 소비 주체

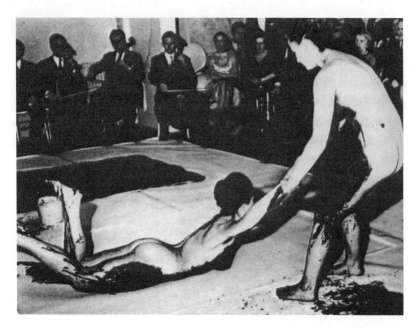

퍼포먼스(행위예술). 이브 클램, 「인체 측정」(1960) 우리는 이 한 장의 사진에서 음악과 미술과 연극과 무용이 혼합되어 장르를 규정할 수 없는 탈장르의 예술 세계를 경험할 수 있다.

인 대중에 대한 관심이 크게 부각되던 시대였다. 이에 대중의 취향과 소비문화에 걸맞은 다양한 대중예술이 등장했는데, 문학에 있어서 공상과학 소설, 탐정 소설, 서부개척 소설 등의 대중소설이 부상했는가 하면, 팝송, 록큰롤 등의 대중음악이 등장하고, TV와 신문 잡지 등의 대중매체를 타고 만화, 애니메이션, 광고, 상업디자인, 드라마, 시추에이션 코미디 등의 새로운 대중문화가 성장한다. 특히 미술에서 팝아트(Pop Art)로 불리는 대중예술의 한 경향은 TV, 잡지, 광고 등 매스미디어의 이미지를 적극 이용하여 기존의 전문적이고 귀족적인 모더니즘 미술로부터 미술의 영역을 대중문화의 영역으로 확산시키는 데 크게 일조했다. 그러나 한편으로 대중예술은, 포스트모더니즘을 후기 자본주의 소비 문화와 야합하는 신보수주의 경향의 예술로 보는 반포스트모더니즘 이론가

마르셀 뒤샹, 「L.H.O.O.Q.」(1919) 뒤샹의 모나리자는 20세기 전반 예술계를 크게 뒤흔들었던 패러디 작품이다. 뒤샹은 급진적인 전위예술 그룹인 다다(Dada)의 멤버로 활동하며 전통의 권위에 도전하는 기발하고 돌발적인 작품을 남겼다. '다다'란 어린아이의 무의미한 지껄임에 불과한 '의성어적 유아어'로 모더니티의 합리주의 전통과 권위에 대한 야유와 조롱의 의미를 내포하고 있다. 그가 모나리자 복제 그림에 'L.H.O.O.Q'라고 써넣은 것이야말로 다다의 무의미성을 드러내 주는 단적인 예라 하겠다. 20세기 전반을 풍미했던 다다이즘의 도전적이고 실험적인 예술 정신은 20세기 후반에 등장하는 포스트모더니즘 예술에 직접적인 영향을 끼쳤다. © Succession Marcel Duchamp / ADAGP, Paris, 2015

들로부터 집중적인 공격의 표적이 되기도 했다.

4) 상호텍스트성(Intertextuality)

중심의 해체는 '일점근원', '궁극적 실재' 등 불변의 '본질'을 인정하지 않으므로 자연히 상호 간의 얽힘의 관계를 존재의 근간으로 삼는 텍스트(text) 이론을 펼치게 되는데, 이는 예술에서 '상호텍스트성'으로 나타난다. 모든 텍스트는 마치 모자이크처럼 여러 인용문들로 구성되어 있으며, 각각의 텍스트는 다른 텍스트들을 흡수하고 변형한 것에 지나지 않는다고 보는 상호텍스트 이론은 한마디로 예술에서 더 이상 새로운 것이 존재하지 않음을 의미한다. 따라서 모든 창작품은 과거에 이미 존재했던 소재를 재활용하는 것일 뿐 진정한 독창성이나 창조성은 존재하지 않는다고 본다. 이로부터 차용(appropriation, 借用), 패러디(parody), 복고(restoration, 復古)와 같은 개념들이 예술 전반에서 부각되었다.

5) 하이테크놀로지 예술의 발전

하이테크놀로지 예술은 20세기 후반 첨단 과학기술의 발달이 예술에 끼친 영향을 단적으로 보여준다. 포스트모던 시대에는 컴퓨터, 비디오, 레이저, 반도체 등 각종 첨단 기술이 영화, 음악, 조형예술, 설치예술, 무대예술 등에 널리 활용되고 있는데, 백남준의 비디오 아트가 대표적인 예이다.

포스트모더니즘에 대한 평가

포스트모더니즘에 대한 평가는 극명하게 갈린다. 대표적인 포스트모더니즘 사회이론가로 자리매김되는 리오타르는 기존의 모더니티를 비판함은 물론 하버마스가 모더니티의 대안으로 들고 나온 '미완의 프로젝트' 역시 모더니티를 옹호하며 계몽주의를 재구성하는 논리로서 전체화(totalizing)의 또 다른 버전에 지나지 않는다고 반박했다.[16] 그는 포스트모던 시대를 진단함에 있어서 뉴턴 역학에 기초해 근대 사회를 지탱해 온 과학기술과 산업 구조를 넘어서 컴퓨터와 정보기술이 사회 변화의 원동력이 되어 도래하는 새로운 시대를 예견한다. 한편 마르크스주의 입장에 서 있는 프레드릭 제임슨(Fredric Jameson, 1934~)은 포스트모더니즘을 '후기 자본주의[17]의 문화 논리'라고 규정한다. 그는 리오타르가 포스트모

----

16 한편 하버마스는 리오타르와 같은 포스트모던 이론가들을 신보수주의자들로 분류하여 비판한다.

17 후기 자본주의라는 용어는 에르네스트 만델(Ernest Mandel, 1923~95)의 『후기 자본주의』(1972)에서 나온 것으로, 자본주의 발전 과정에서 볼 때 시장자본주의, 독점자본주의 이후에 등장한 다국적 자본주의를 말한다. 제임슨을 비롯한 마르크스주의자들은 포스트

던 시대의 특징으로 제시했던 컴퓨터화와 정보 소통에 대해 그로 인해 자본주의 체제가 제3세계 내부로 보다 완전하게 침투하고, 매체를 통해 조종되는 새로운 지배 형태가 부상했다고 비판한다. 이처럼 포스트모더니즘을 바라보는 견해에는 모더니티에 내재하는 모순을 극복하고 새로운 대안을 제시했다고 보는 긍정적인 입장과 후기 자본주의 체제 하에서 모든 것이 소비자본주의 경제 논리로 변질될 수밖에 없음을 지적하는 비판적인 입장이 공존한다. 포스트모더니즘 예술을 바라보는 견해 역시 양분되는데, 포스트모더니즘이 모더니즘의 연장선 상에서 모더니즘이 가지는 기본 전제들을 논리적으로 계승 발전시켰다는 입장과 이와는 반대로 모더니즘에 대한 반작용으로 발생한 급진적이고 새로운 예술 운동이라는 입장이 있다. 후자는, 다시 말해 모더니즘과의 의식적 단절을 꾀하여 탈모더니즘 내지는 반모더니즘의 성격으로 나아갔다는 것이다.

이야기를 마치며: 매끈한 공간에 던져진 미래

역사의 미궁에 처음부터 출구 따위는 존재하지 않았다. 인류 또한 애초부터 빠져나오려는 의도조차 가지고 있지 않았다. 한마디로 미궁 밖의 세계는 존재하지 않았다. 그리고 아리아드네의 실타래는 인간의 믿음 그 이상도 이하도 아니었다. 인류가 절대적으로 신봉하는 한 아리아드네의 실타래는 결코 놓쳐서는 안 될, 그리하여 시종 단단히 움켜쥐고 가야 할 생명줄과도 같은 존재였다. 그러나 그토록 굳건한 믿음이 무너졌을 때 인류는 생명줄과도 같았던 실타래를 미련 없이 던져버릴 수 있었다. 의지해야 할 실타래가 없는 미로는 그 자체로 매끈한 공간에 다름

모더니즘을 후기 자본주의가 생산해 내는 문화의 한 형태로 본다.

아니다. 매끈한 공간이란 정해진 길이 없는 무규정의 공간을 의미한다. 더 이상 밟아가야 할 규정된 길이 없는 공간에서 인류는 스스로 길을 만들지 않으면 안 되었다. 탈근대를 살아가는 우리에게 세상은 실타래를 잃어버린 채 헤매는 미궁 속과도 같다. 미래는 무한히 열린 공간으로 우리 앞에 펼쳐져 있고, 우리는 아무것도 보장받지 못한 채 어디로든 나아가야만 한다.

비슷한 경우로 중세에서 근대로의 이행기에 인류는 스스로의 힘으로 인간 세상의 모든 것을 밝혀가지 않으면 안 되었다. 그때의 인류에게 아리아드네의 실타래는 얼마나 든든한 아군이 되어주었던가. 그때의 인류는 이성과 합리주의 전통을 앞세워 얼마나 기세 좋게 내일을 향해 돌진할 수 있었던가. 그러나 이제 더 이상 이성의 빛은 앞길을 밝혀주지 못하고 합리주의 정신은 승리를 보장해 주지 못한다. 그렇다면 우리는 어디를 바라보고 무엇을 이야기할 수 있을까? 과연 우리가 살아가고 있는 탈근대는 해체된 거대 담론의 조각난 파편들을 가지고 놀 수밖에 없는 니힐리즘의 시대인가?

다소 먼 시선으로 조망해 보면 인류의 역사는 무한히 외부 세계로 펼쳐져 있다기보다는 순환과 반복의 이미지로 돌고 도는 것이 아닌가 생각된다. 그렇다고 할 때 '무한히 펼쳐진다'라는 말 자체도 외부로 끝없이 펼쳐져나가는 상태를 의미하는 것이 아니라 순환과 반복이 끝없이 차이를 동반할 때 비로소 성립하는 말이 될 것이다. 따라서 미래의 비전은 인류가 실마리를 잡고 미궁을 빠져나와 도달해야 하는 어느 먼 바깥 세상이 아닌 좁고 복잡한 미궁 자체에 내재되어 있는 것이다. 다시 말해 미래는 미궁 바깥이 아닌 미궁 안에 접혀 있다는 것이다. 마치 알 속에 생명체의 미래가 있듯이. 그렇게 미래에 대한 비전은 인류가 걸어온 미궁 속에 무규정의 상태로 접혀 있으며, 미래가 열린다고 하는 것은 곧 접혀 있던 것이 '펼쳐짐'을 의미한다. 그러므로 탈근대는 더 이상 의지할 수 있는 근원도, 도달해야 할 목적지도 없이 부유하는 허무한 유희의 시

대라기보다는 미로가 무질서하면 무질서할수록, 복잡하면 복잡할수록
그만큼 다양한 길이 펼쳐질 수 있는 잠재성의 시대라고도 볼 수 있을 것
이다. 그런 의미에서 드러난 미로의 복잡함이 그 자체로 미래에 대한 희
망일 수 있겠다.

| 참고할 만한 책 |

인문 · 사회과학서
— E. M. 번즈, 박상익 · 손세호 옮김, 『서양 문명의 역사』(전 2권), 소나무, 2007.
— 로버트 램, 이희재 옮김, 『서양문화의 역사』(전 3권), 사군자, 2000.
— 자크 바전, 이희재 옮김, 『새벽에서 황혼까지』, 민음사, 2006.
— 전국역사교사모임, 『살아있는 세계사 교과서』, 휴머니스트, 2005.
— 에른스트 곰브리치, 박민수 옮김, 『곰브리치 세계사』, 비룡소, 2010.
— 교양교재편찬위원회 엮음, 『불교문화사』, 동국대학교출판부, 2003.
— 사사끼 외, 권오민 옮김, 『인도불교사』, 경서원, 2005.
— 왕필, 김학목 옮김, 『노자 도덕경과 왕필의 주』, 홍익출판사, 2012.
— 이정우, 『세계철학사 1: 지중해세계의 철학』, 도서출판 길, 2011.
— 스털링 P. 램브레히트, 김태길 · 윤명로 · 최명관 옮김, 『서양 철학사』, 을유문화사,
　　2000.
— 고사카 슈헤이, 방준필 옮김, 『철학사』, 간디서원, 2004.
— 진위평, 고재욱 외 옮김, 『일곱 주제로 만나는 동서비교철학』, 예문서원, 2002.
— 소피아 로시기, 이재룡 옮김, 『인식론의 역사』, 카톨릭대학교출판부, 2009.
— 전재원, 『아리스토텔레스 철학』, 역락, 2012.
— 자크 르 고프, 유희수 옮김, 『서양 중세 문명』, 문학과지성사, 2008.
— 클라우스 리젠후버, 이용주 옮김, 『중세 사상사』, 열린책들, 2007.
— 호르스트 푸어만, 안인희 옮김, 『중세로의 초대』, 이마고, 2003.
— R. 샤하트, 정영기 옮김, 『근대철학사』, 서광사, 1993.
— 서양근대철학회, 『서양근대철학의 열 가지 쟁점』, 창비, 2010.
— 황수영, 『근현대 프랑스철학』, 철학과현실사, 2005.

— J. 헤센, 이강조 옮김, 『인식론』, 서광사, 2012.
— 소피아 로비기, 이재룡 옮김, 『인식론의 역사』, 가톨릭대학교출판부, 2009.
— 이정우, 『개념-뿌리들』, 그린비, 2012.
— 황원권 엮음, 『현대철학 산책』, 백산서당, 1996.
— 박정호 외, 『현대철학의 흐름』, 동녘, 1996.
— 철학아카데미 엮음, 『현대철학의 모험』, 도서출판 길, 2007.
— 엠마누엘 레비나스, 강영안 옮김, 『시간과 타자』, 문예출판사, 1996.
— 김형효, 『구조주의의 사유체계와 사상』, 인간사랑, 1999.
— 클레어 콜브룩, 한정헌 옮김, 『들뢰즈 이해하기』, 그린비, 2007.
— 소운서원 엮음, 『들뢰즈 사상의 분화』, 그린비, 2007.
— 이진경, 『노마디즘』, 휴머니스트, 2002.
— 김형효, 『데리다의 해체철학』, 민음사, 1993.
— 김상환, 『해체론 시대의 철학』, 문학과지성사, 1996.
— 마단 사럽, 전영백 옮김, 『후기구조주의와 포스트모더니즘』, 조형교육, 2000.
— 김욱동, 『모더니즘과 포스트모더니즘』, 현암사, 2004.
— 김욱동, 『포스트모더니즘과 포스트구조주의』, 현암사, 1996.
— 이진우 엮음, 『포스트모더니즘의 철학적 이해』, 서광사, 1993.
— 장 프랑수아 리오타르, 이삼출 옮김, 『포스트모던의 조건』, 민음사, 1990.
— 장 보드리야르, 하태환 옮김, 『시뮬라시옹』, 민음사, 2001.
— 윤평중, 『포스트모더니즘 철학과 포스트마르크스주의』, 서광사, 1992.
— 막스 호르크하이머·테오도어 아도르노, 김유동 옮김, 『계몽의 변증법』, 2001.
— 고지현·김원식·문성훈 외, 『프랑크푸르트 학파의 테제들』, 사월의책, 2012.
— 위르겐 하버마스, 장춘익 옮김, 『의사소통행위이론』, 나남, 2006.
— 막스 베버, 김덕영 옮김, 『프로테스탄티즘의 윤리와 자본주의 정신』, 도서출판 길, 2010.
— 막스 호르크하이머, 박구용 옮김, 『도구적 이성 비판』, 문예출판사, 2006.
— 서양철학사연구회 엮음, 『반철학으로서의 철학』, 지성의 샘, 1994.
— 장 보드리야르, 이규현 옮김, 『기호의 정치경제학 비판』, 문학과지성사, 1998.
— 김성기, 『포스트모더니즘과 비판사회과학』, 문학과지성사, 1991.
— 문병호, 『아도르노의 사회이론과 예술이론』, 문학과지성사, 2001.
— 데이비드 R. 디킨스·안드레아 폰타나 엮음, 김시완 옮김, 『포스트모더니즘과 사회논쟁』, 현대미학사, 1996.

자연과학서

— 칼 B. 보이어, 양영오·조윤동 옮김, 『수학의 역사 하』, 경문사, 2000.
— 데이비드 벌린스키, 김하락·유주환 옮김, 『수학의 역사』, 을유문화사, 2007.
— 이우영 편역, 『유클리드 기하학과 비유클리드 기하학』, 경문사, 2012.
— 케이스 데블린, 전대호 옮김, 『수학의 언어』, 해나무, 2003.
— 양형진, 『과학으로 세상 보기』, 굿모닝미디어, 2004.
— 피터 디어, 정원 옮김, 『과학혁명』, 뿌리와 이파리, 2011.
— 오가미 마사시, 임정 옮김, 『수학으로 풀어보는 물리의 법칙』, 이지북, 2005.
— 스티븐 호킹, 현정준 옮김, 『시간의 역사』, 삼성출판사, 1990.
— 레오나르도 플로디노프, 전대호 옮김, 『유클리드의 창: 기하학 이야기』, 까치, 2002.
— 프리초프 카프라, 김용정·이상범 옮김, 『현대물리학과 동양사상』, 범양사, 2006.
— 이성호, 『신은 영원히 기하학한다』, 세자리, 2005.
— 이바스 피터슨, 조승제 감수, 윤만식 옮김, 『진리의 섬』, 웅진출판, 1993.
— 혼다 마쓰오, 임승원 옮김, 『위상공간으로 가는 길』, 전파과학사, 1995.
— NHK 아인슈타인 팀, 현문식 옮김, 『아인슈타인의 세계』(전 5권), 고려원미디어, 1993.
— 소광섭, 『물리학과 대승기신론』, 서울대학교출판부, 1999.

예술서

— E. H. 곰브리치, 백승길·이종숭 옮김, 『서양미술사』, 예경, 1994.
— 허버트 리드, 김윤수 옮김, 『현대 회화의 역사』, 까치글방, 1991.
— 니코스 스탠코스 엮음, 성완경·김안례 옮김, 『현대 미술의 개념』, 문예출판사, 1995.
— 노버트 린튼, 윤난지 옮김, 『미국적 속성의 미술』, 예경, 2007.
— 캐롤 스트릭랜드, 김호경 옮김, 『클릭 서양미술사』, 예경, 2000.
— A 헨리, 김복영 옮김, 『전위예술이란 무엇인가』, 정음문화사, 1984.
— 미학대계간행회, 『미학대계』(전 3권), 서울대학교출판부, 2007.
— 사사키 겡이치, 민주식 옮김, 『미학사전』, 동문선, 2002.
— 칸딘스키, 권영필 옮김, 『예술에 있어서 정신적인 것에 대하여』, 열화당, 2004.
— W. 타타르키비츠, 손효주 옮김, 『미학의 기본개념사』, 미술문화사, 1999.
— 허버트 리드, 김윤수 옮김, 『현대 미술의 원리』, 열화당, 1981.
— 중앙일보 계간미술 엮음, 『현대미술비평30선』, 중앙일보사, 1992.

— 홍가이, 『현대미술 문화 비평』, 미진사, 1995.
— 아놀드 하우저, 백낙청 옮김, 『문학과 예술의 사회사』, 창작과비평사, 1999.
— 진휘연, 『아방가르드란 무엇인가』, 민음사, 2002.
— 마이클 리비, 양정무 옮김, 『조토에서 세잔까지』, 시공사, 2005.
— 토머스 H. 카펜터, 김숙 옮김, 『고대 그리스의 미술과 신화』, 시공사, 1998.
— 박성은, 『기독교 미술사: 중시 시대의 건축, 조각, 회화』, 대한기독교서회, 2008.
— 마커스 로드윅, 유영석 옮김, 『신화와 미술, 성서와 미술』, 아트나우, 2003.
— 폴 우드, 박신의 옮김, 『현대미술운동 총서』, 열화당, 2006.

제2장

'존재'에서 '생성'으로 : 생성존재론 입문

이정우

나무를 볼 때면 꽃과 열매가 우선 눈에 띈다. 그러나 나무의 줄기와 가지들이 없다면 애초에 꽃과 열매가 열릴 곳이 없을 것이다. 그런데 줄기와 가지들 또한 그 아래의 뿌리와 대지에 힘입어 서 있는 것이다. 그러나 뿌리와 대지는 잘 보이지 않는다. 우리가 현실적이고 감각적인 사회 현상들과 문화 현상들에 주목할 때, 그 아래에는 보이지 않는 보다 근본적인 원리들이 작동하고 있다. 인간의 삶을, 문명의 역사를 깊이 음미하고 새로운 가치를 찾아가기 위해서는 이 보이지 않는 원리들을 읽어내고 사유해야 한다. 여기에서 우리가 읽고 논할 원리는 '존재에서 생성으로'라는 원리이다.

문명의 역사와 철학이 전개되면서, 몇 차례의 굵직한 전환들이 있었다. 특히 현대[1]에 들어오면서 많은 급격한 변화들이 일어났고, 오늘날 우리의 삶도 이런 흐름의 연장선 상에 있다고 할 수 있다. 현대적인 도시들의 발달, 대중문화의 출현, 고도 테크놀로지의 전개, 민주주의의 성

---

[1] 언제부터가 '현대'인지는 간단히 말하기 힘든 문제이지만, 지금의 경우는 다소 느슨하게 20세기로 보면 될 것 같다.

장, 대규모 전쟁들의 연속 등 갖가지 요소들이 현대 문명을 수놓고 있다. 이런 흐름의 밑바닥에서 작동해 온 철학적 원리들 역시 매우 여러 가지를 들 수 있는데,[2] 그중 빼놓을 수 없는 한 가지가 존재론에서의 혁명 즉 '존재에서 생성으로'라는 원리이다.

영원한 본질로부터 생기(生起)하는 현실로

이 원리에 대해 본격적으로 논하기 전에 우선 좀 더 가시적으로 확인되는, 현실적으로 많은 영향을 끼친 역사적 사례를 예술 분야에서 찾아내 보자. 여기에서 찾아낸 사례는 인상파 미술이다.

르네상스 회화들과 인상파 회화들을 비교해 볼 때면 여러 차이점들을 발견할 수 있다. 그리고 이 차이점들 아래에는 서구 문명에서의 심대한 변화가 작동하고 있다.

우선 금방 눈에 띄는 차이는 전자의 경우 모든 대상들이 이상적인 데 비해 후자는 사실적이라는 점이다. 전자의 그림들에서 묘사된 인물들은 현실의 인물들이 아니라 신화, 전설, 역사의 인물들이며, 현실의 인물들이라 해도 그 **이상태**(理想態)로 묘사되고 있다. 반면, 후자의 그림들에 나오는 인물들은 오늘날의 우리와 마찬가지로 카페에서 커피를 마시고 공원을 산책하고 공장에서 노동을 하는 사람들이다. 이상태로부터 **현실태**로의 이동이 눈에 띈다.

다음으로 조금 찬찬히 들여다보면, 전자의 그림들에서는 대상들이 매끈한 윤곽선을 가지고서 뚜렷한 개별성(individuality)을 띠고 있는 데 비해서 후자의 그림들에서 인물들은 윤곽선이 희미하거나 아예 보이지 않는다. 인상파 그림들에서 인물들과 대상들은 개별성을 통해서 나뉘어 있

---

2 이 책 자체가 각 장에서 바로 이런 원리들을 다루고 있다.

르네상스 회화와 인상파 회화 왼쪽 그림은 산치오 라파엘로의 「그란두카의 성모」(1504), 오른쪽은 클로드 모네의 「파라솔을 든 여인」(1886).

다기보다는 자연의 빛 아래에 흡수되어 빛나고 있는 듯이 느껴진다. 다시 말해, 인상파 그림들에서는 각각의 대상들이 개별적으로 '존재'한다기보다는 모든 것들이 빛 아래에서 **'생성'하고** 있는 듯이, '흐르고' 있는 듯이 느껴진다.

또 하나, 인상파 미술에 오면 뚜렷한 특징이 생겨난다. 바로 '연작'(連作)이 많이 만들어졌다는 점이다. 왜 예전에는 보기 힘들었던 '연작'이 이 시대에 들어와 많이 제작되었을까?

하나의 대상을 여러 번 그린다는 것은 그 대상의 유일한 본질(essence)이 없다는 것, 또는 찾기 힘들다는 것과 관련된다. 하나의 건물을 단숨에 그 전체에서 볼 수가 없을 때, 우리는 그 건물을 여러 각도에서 본 것들을 합쳐 전체를 이해한다. 이는 공간적인 예이지만, 시간의 경우도 마찬가지이다. 한 사물의 본질을 알기 힘들고 단지 그 사물이 특정 시점에서 나타내는 모습들만을 알 수 있을 때, 연작이 요청되는 것이다. 레오나르도 다빈치는 숱하게 많은 스케치들을 했지만, 그중 결과/정답은 단 하나였다. 「모나리자」 연작 같은 것은 없다. 모나리자의 이상태는 반드시 하나여야 한다. 그러나 사물의 '본질'을 찾기보다는 시간 속에서의 그 변화에 초점을 맞출 때, 필연적으로 '연작'이 요청된다. 인상파 미술에 들어와 연작이 많아졌다는 것은 곧 회화가 한 대상의 이상태 즉 그 본질/모범답안을 그리기보다는 오히려 그것이 시간 속에서 변해 가는 양상을 그리기 시작했음을 뜻한다. 모네의 유명한 「루앙 성당」도 그 좋은 예이다.

이런 여러 차이들을 잘 음미해 보면, 여기에서 우리는 '이상태'의 그림으로부터 '흐름'의 그림으로의 전환을 볼 수 있다. 이것을 철학적으로 표현하면 "존재에서 생성으로"라고 말할 수 있다.

서양 철학사가 줄곧 찾아왔던 것은 변하는 가운데에서 결코 변하지 않는 '실체'(Substance), '참 실재'(Reality), '본질' 같은 것이었다. 즉, 영원하고 보편적이고 이상적인 존재를 찾은 것이다. 그리고 이런 탐구 과정에서 '이데아'(플라톤), '물질'(에피쿠로스), '창조주'(중세 일신교들: 유대교, 기독교, 이슬람교), '모나드'(라이프니츠)를 비롯한 여러 중요한 개념들을 배태해 낼 수 있었다. 이런 개념들을 총칭해서 곧 대문자로 쓴 존재(Being)라 할 수 있다.

그러나 근대를 거쳐 현대에 이르러 이런 형이상학적 추구와는 다른 경향이 등장한다. 시간을 따라 흘러가는 세계, 우연 또는 우발성의 가치,[3] 생생하게 변해 가는 세계, 새로운 창조에의 열의 등등. 이런 흐름을 총칭해서 대문자로 쓴 생성(Becoming)이라 한다. 현대 문명의 사상적·문화

----

3 '우연'은 프랑스어 'hasard', 영어 'accident'에 해당하고, '우발성'은 프랑스어 'contingence', 영어 'contingency'에 해당한다. 존재론적으로는 미묘하게 구분되지만, 지금은 굳이 구분할 필요가 없다.

적 기저에는 바로 "From Being to Becoming"이라는 원리가 작동하고 있다 하겠다.

이런 철학적 변화는 과학의 영역이나 정치의 영역에서도 확인된다. 과거에 생명계에서의 종(species)이란 영원불변한 것이며, 종의 새로운 생성이라든가 종들 사이의 교배라든가 등등은 성립하지 않는 것이었다. "콩 심은 데 콩 나고 팥 심은 데 팥 나는" 것이 당연했다. 그러나 진화론의 등장이 이런 세계관을 무너뜨렸으며, 생명의 세계란, 찰스 다윈(Charles Darwin, 1809~82)의 저작 『종의 기원』이 시사하듯이 새로운 종들이 태어나기도 하고, 기존의 종들이 소멸하기도 하고, 종과 종 사이에 연계고리가 만들어지기도 하는 등, 매우 역동적이고 복잡한 것이라는 사실이 밝혀졌다. 이에 따라 인간을 포함해 생명체들을 바라보는 시각도 달라졌다. 이 또한 '존재에서 생성으로'의 대표적인 예들 중 하나이다.

정치의 영역에서도 거대한 전환이 일어났다. 과거에 사람들은 사농공상(士農工商)의 틀 내에서 태어나, 마치 생명체들이 각 종에 속해 살아가듯이 그렇게 각 계층에 속해 살아갔다. 정치는 왕과 관료들에 의해 구성된 틀이 아래로 내려와 백성들을 이끌어가는 형태를 띠었다. 현대 대중사회의 도래는 정치의 세계를 대중 각인(各人)들의 욕망의 모자이크로 만들었으며, 정치적 형태는 이런 모자이크의 흐름이 빚어내는 결과—특히 여론과 선거를 통한 결과—로써 만들어지기에 이르렀다. 어떤 주형(鑄型)이 위에서부터 사람들을 주물(鑄物)처럼 찍어내는 것이 아니라 사람들의 흐름이 일정한 경로를 통해 일정한 주형을 만들어내기에 이른 것이다. 이 또한 '존재에서 생성으로'의 전환을 잘 보여주는 예이다.

니체와 베르그송의 존재론 혁명

이제 두 사람의 위대한 철학자를 통해서 이 흐름의 철학적 알맹이를 읽어내 보자. 프리드리히 니체와 앙리 베르그송의 철학이 이런 전환을 대표하는 철학이라 할 수 있다. 그리고 이들의 철학은 앨프리드 노스 화이트헤드(Alfred North White head, 1861~1947), 하이데거, 들뢰즈 같은 인물들을 거쳐 오늘날로 이어지고 있다.

니체와 초인의 철학

니체는 서구 철학사의 거대한 전환, '존재에서 생성으로'의 전환을 진수한 인물, 철학사의 이정표에 이름을 각인한 인물이다. 니체는 서구 철학사에서 '문제적 인물'로 손꼽히는 사람이며, 서구 현대인들의 정신세계를 모양지은 대표적인 인물이다.

서구의 철학은 영원하고 보편적이고 이상적인 것의 추구를 기본 동력으로 해서 전개되어 왔다. 이런 철학은 플라톤의 이데아론과 일신교의 신학으로 대변된다. 그러나 니체는 영원불멸의 것을 희구했던 서구 존재론사를 전복하고 **생성과 창조의 철학**을 연 선구자이다. 그의 사유는 플라톤 이래에 다양하게 변주되어 온 '존재'의 철학에 일침을 가하고 생성존재론(ontology of becoming)의 단초를 제공했다.

그 이전에 플라톤과 기독교로 대변되는 서구적 가치에 철퇴를 가한 것은 계몽사상가들이었다. 계몽사상가들(특히 프랑스의 '필로조프'들)은 '앙시앵 레짐'을 타파하고 '모더니티'의 문을 열었다. 그러나 존재론적인 사유 수준에서 본격적인 전통 해체에 착수한 인물은 역시 니체이다. 그는 "신은 죽었다"고 외치면서, 서양 문명의 근저에서 작동하고 있는 플라톤적 가치와 유대-기독교적 가치를 깨부수는 망치를 들었다. 그리고 새로운 비전으로서 '힘에의 의지'와 '영원회귀'를 근간으로 하는 '초인'(超人, Übermensch) 사상을 설파했다. 이는 기존의 가치를 송두리째 거부하면서 새로운 가치를 제시한, 서구 문명사의 거대한 사건이었다.

니체 사유의 초석은 **영원회귀(eternal return)의 긍정**이다. 영원회귀란 무엇이고 이를 긍정한다는 것은 무엇을 뜻할까?

생성은 대개 극복의 대상이었다. 모든 것이 생성하는 세계에서 인간은 그 어디에도 기댈 곳 없이 흘러가다가, 생로병사를 겪은 후 죽을 수밖에 없기 때문이다. 이때 허무주의(nihilism)가 등장한다.

어떤 기댈 곳도 없이 오로지 끝없는 생성만이 계속되는 이 세계, 아무런 의미도 없이 태어나고 죽고, 태어나고 죽고, 태어나고 죽는 이 세계 앞에서 끝없는 허무의 나락으로 빠져

프리드리히 니체, 망치를 든 철학자

들 때, 사람들은 '삶'에 대해서, 나아가 '존재'에 대해서 '앙심'(르상티망, ressentiment)을 품게 된다. 왜 나는 이 끝도 없이 이어지는 시간의 한가운데에서 태어나고 또 죽어야 하는가? 어째서 세계에는 내 삶을 궁극적으로 뒷받침해 줄 동일성(identity)[4]이 없다는 말인가?

이는 곧 생성만이, 차이들만이 영원히 회귀하는 세계, 다시 말해 새로운 차이들만이 계속 생성하는 세계에 대한 앙심이다. 그래서 전통적인 철학자들은 그토록 "Being"을 찾아 헤맸던 것이다. 하지만 니체는 외친다. "생성은 무죄다!" 세계가 생성하는 데에는 아무런 도덕적 죄가 없다.

생성이 무죄임을 깨달은 사람은 영원회귀를 긍정한다. 영원회귀를 긍정한다는 것은 차이생성[5]의 반복을 긍정하는 것이다. 통상 반복이란 어

----

4 변화에 휘둘리지 않고 그 자체를 보존하는 것, 그 '동일'(同一)함을 보존하는 것. 서양 형이상학이 찾았던 '실체'는 바로 이 동일성이다. 이데아, 신 등이 대표적이다. 맥락에 따라서는 '동일자'(the Same)라고도 한다.

5 '차이생성'은 "differentiation"에 해당하는 용어이다. "imagination"이 이미지(image)화, 이

떤 같은 것의 반복으로 이해되지만, 시간 속에서 완벽히 같은 것이 반복되지는 않는다. 항상 차이가 동반된다. 차이 나는 것들만이 영원히 회귀한다. 똑같은 것이 반복되는 것이 아니라 항상 차이 나는 것들이 반복된다는 것, 결국 세계는 차이를 계속 산출하면서 이어진다는 것을 긍정하는 것, 이것이 영원회귀의 긍정이다. 이는 곧 시간과 생성을 부정하고 즉 앙심을 품고 이데아니 신이니 하는 영원불멸의 것들을 꾸며내는 것을 거부하는 것이다.

그렇다면 어떻게 영원회귀를 긍정하는가? 니체는 일체의 "그랬었다"를 "그러나 나는 그것을 원했노라!"로 바꿀 것을 요청한다. 시간과 생성 변화, 우연과 덧없음의 허망함 앞에서 좌절하는 것이 아니라 그것들을 긍정하는 존재로 화하는 것. 하지만 이것은 결코 사후적 정당화가 아니다. 사건들이 이미 일어나버렸기 때문에 어쩔 수 없이 긍정하는 자기정당화가 아닌 것이다. 그것은 사건들의 일어남 그 자체를 에누리 없이 긍정하는 것이다.

시간을 긍정한다는 것은 사건의 파편들을 이어 붙이고, 생성의 수수께끼를 풀고, 우연을 필연으로 바꾸는 것을 뜻하지 **않는다**. 그것은 파편들을 거두어들이는 전체, 수수께끼를 해소하는 해(解), 우연을 설명해 주는 필연을 해체함으로써, 파편이 더 이상 파편이 아니고, 수수께끼가 더 이상 수수께끼가 아니며, 우연이 더 이상 우연이 아니게 되는 경지를 가리킬 뿐이다. 전체, 해, 필연을 해체해 버린 파편, 수수께끼, 우연은 **더 이상** 부정적인 뉘앙스에서의 **파편, 수수께끼, 우연이 아니게** 된다. 이런

미지생성, 이미지작용 등을 뜻하고 "signification"이 기호(sign)화, 기호생성, 기호작용(의 미작용) 등을 뜻하듯이, "differentiation"은 차이(difference)화, 차이생성, 차이작용 등을 뜻한다. "differentiation"은 맥락에 따라 여러 가지로 번역된다. 여러 존재들 사이의 "변별/변별화/차이화"(차이를 분명히 하는 것), 한 존재가 점차 복잡해지면서 변화해 가는 "분화"(발생학에서의 분화, 진화론에서의 분화), 사회적으로 여러 계층들을 서열화하는 것 즉 "차이배분"(또는 차별화)으로 번역되기도 하며, 철학적으로 일반화해 번역하면 '차이생성'이라고도 할 수 있다. "생성한다"는 것은 곧 그 어떤 **차이들이 생성한다**는 것이다.

경지에서만 영원회귀는 긍정된다.

삶은 주사위 놀이와도 같다. 매번 던질 때마다 중요한 것은 "그랬었다"라는 우발성을 의지의 필연으로 만드는 것이다. 이미 던져진 수에 대한 사후적 정당화가 아니라 매 수마다 동반되는 의지의 필연을 긍정하는 것이다. 이미 일어난 "그랬었다"에 대해 투덜거리며 따라가기보다는 "창조적 번개의 웃음"을 터뜨리는 것, 진정으로 자신의 사건을 사는 것, 이것이 영원회귀의 긍정이다. 우리가 사랑해야 할 것은 영원이고, 그 사랑의 증표는 회귀이다.

서구의 기독교적 가치는 원한=앙심, 가책=죄의식, 그리고 금욕으로 구성된다. 니체에 따르면, 서구 문명은 그리스-로마적 건강함을 유대-기독교적 병약함으로 대체함으로써 망가지기 시작했다. 고대적 환희와 승리가 중세적인 어두침침함과 비틀림에 의해 더럽혀진 것이다. 서구 문명은 '로마적인 것'과 '기독교적인 것'의 대립의 역사이며, 후자가 전자를 정복함으로써 서구의 몰락이 시작되었다.

이런 흐름은 근대에 이르러서도 치유되지 못했다. 현대인들의 저 왜소함과 평범함을 보라. 니체는 외친다. "선악의 저편에 숭고한 수호의 여신들이 있다면—내가 한번 볼 수 있게 해달라! 아직도 두려움을 느끼게 만들 만한 완전한 것, 마지막으로 이루어진 것, 행복한 것, 강력한 것, 의기양양한 것을 한번 볼 수 있게 해달라!"

유대교적인 원한=앙심은 기독교로 전환되면서 가책=죄의식을 발명해 냈다. 유대교는 "그들은 악하다"라고 말한다. 이제 유대교를 이은 기독교는 말한다. "나는 악하다!"라고. 기독교는 원한의 방향을 바꾸어 한 개인의 "양심" 속에 내재화한다. 이로부터 '가책'이 생겨난다. '원죄설'이야말로 이 가책의 정당화이다. 죄책감에 사로잡힌 신자들은 "더 많은 고통을! 더 많은 고통을!"이라고 외친다. 더 많은 고통을 내면화할수록 더 큰 구원의 기회가 보장된다.

유대-기독교가 발명해 낸 또 하나의 개념은 금욕이다. 모든 밝은 것,

강한 것, 행복한 것들은 '죄'로 전락한다. 원한이 세계/삶을 고통으로 보고, 가책이 고통을 내면화한다면, 금욕은 고통을 벗어나고자 한다. 니체는 이런 금욕주의에서 '반(反)자연', '삶을 거스르는 삶'의 전형을 본다. 금욕적 인간들은 무리를 이룬다. 공동체 속에서 우울증을 극복한다. 금욕주의적 성직자는 이 사실을 간파하고 무리를 조직한다. 무리 안에서 개인들은 왜소화되고 하향 평준화된다.

니체에게 현대(니체의 당대)는 허무주의의 시대이다. 허무주의는 세 가지 얼굴로 나타난다. 1) 소극적 허무주의는 의지의 소멸을 지향한다. 의지하는 것은 귀찮다. 하지만 귀찮아하는 것 자체도 귀찮다. 2) 반동적 허무주의는 무를 의지한다. 죽음에의 욕동. 해방은 오직 죽음으로써만 이루어진다. 3) 부정적 허무주의는 초월을 지향한다. '하느님 아버지'를 찾는 어리석은 기독교인들.

니체가 지향하는 것은 의지의 소멸에 맞서 투쟁하는 의지에의 긍정이자, 무에의 의지에 맞서 투쟁하는 존재=생성에의 의지의 긍정이며, 초월에의 의지에 맞서 투쟁하는 창조에의 의지의 긍정이다. 창조 행위는 초월적 동일자가 아닌 의지적 생성에의 긍정이며, 무가 아닌 새로운 생성에의 긍정이며, 의지의 소멸이 아닌 의지의 확장에의 긍정이다.

이러한 긍정이란 곧 "삶의 형식을 창조하는 힘" 즉 '조형력'(form-giving force)에의 긍정이다. 형식을 창조하는 힘은 곧 해석하는 힘이기도 하다. 니체에게 해석이란 세계를 특정 관점에서 보는 인식론적 행위가 아니라, 스스로를 특정한 해석 주체로 내세우는 행위이다. 한 인간의 관점이란 곧 그의 존재이다. 나아가 해석이란 힘에의 의지에 입각해 살아가는 모든 존재들의 삶의 방식 그 자체이다. 산다는 것은 곧 힘에의 의지의 활동이며, 이것은 다름 아니라 '관점을 세우는 힘'으로서의 해석이기 때문이다.

스스로를 해석 주체로 세워가는 인간, 그렇게 함으로써 절대적/초월적 진리에의 믿음과 그 파멸로 인한 절망이라는 양극을 무효화하는 인간, 그가 곧 초인이다. 초인은 가치들의 가치를 해석하고 새로운 가치들을 세워나가는 해석적 주체이다. 뱀의 대가리를 물어뜯어라! 뱀 대가리를 수없이 물어뜯어 내뱉는 고난의 밤들을 버티어내고 마침내 새로운 리라를 얻는 자, 그가 곧 초인이다. 마침내 영원회귀를 기쁘게 긍정하게 된 인간, 삶을 기쁘게 긍정하게 된 인간. 이미 '인간' 그 자체를 넘어서가는 초-인!

이런 니체의 철학이 그저 몰락해 가는 서구 문명의 끝자락에서 터져나온 단말마에 불과한 것인지, 아니면 현대라는 시대를 새롭게 정초해 준 희망과 비전의 사유인지에 대해서는 여전히 많은 논의가 필요할 듯하다. 그러나 현대인에게 니체를 읽는 것은 아마도 일종의 통과의례와도 같은 일일 것 같다. 서구인이 아닌 우리로서는 좀 더 냉정하게 거리를 두고서 니체를 읽을 필요가 있다.

베르그송과 창조의 철학

19세기 말에서 20세기 초에 걸쳐 활약한 베르그송은 19세기에 그 발단이 마련된 생성존재론을 확고한 기반 위에 올려놓음으로써 현대 철학의 초석을 마련한 거장이다. 베르그송이 니체에 의해 마련된 '생성의 무죄'라는 테마를 탄탄한 철학사적-과학적 연구를 바탕으로 구체적이고 엄밀한 형태로 벼려냄으로써 20세기의 형이상학/존재론이 시작되었다. 그리고 그의 사유는 화이트헤드, 하이데거, 들뢰즈 같은 거장들에게로 이어져왔다.

베르그송 사유의 강점은 그가 자신의 실존적인 문제의식을 가지고서 사유하거나 시대의 분위기에 들어맞는 사유를 하거나 또는 어떤 특정한 정치적 정향을 가지고서 사유하기보다는, 학문의 역사(여전히 서양 학문사에 국한되기는 했지만) 전체를 그 근저에서 검토하고 새로운 학문 전반을 정초할 수 있는 새로운 존재론적 가설을 제시했다는 점에 있다. 여기에서는 그의 사유의 잘 알려진 측면들보다는 그가 자신의 핵심적인 존재론

앙리 베르그송. 현대 철학의 아버지

적 가설인 '지속' 개념에 어떻게 도달했는가에 초점을 맞추어보자. 이는 니체의 "생성의 무죄"를 잇는 생성존재론의 기초에 해당한다.

베르그송은 어느 날 제논의 패러독스를 강의하고서 학생들과 함께 산책을 하던 중 한순간 지속의 생각이 떠올랐다고 스스로 회상하고 있다. 그는 이때 서양 학문의 역사에서 시간 개념은 늘 공간 개념으로 환원되어 이해되어 오지 않았나 하는 근본적인 물음을 가지게 되었다고 한다. 제논의 패러독스는 어떻게 그의 이 생각을 일깨웠을까?

소크라테스 이전에 활동한 엘레아 학파의 일원이었던 제논은 그의 스승 파르메니데스의 가설, 즉 다자성(multiplicity)과 운동/변화는 존재하지 않는다는 가설을 논증하고자 패러독스들＝역설들을 개발해 내었다. 그 중 가장 잘 알려진 것은 '아킬레우스와 거북'의 패러독스이다. 아킬레우스와 거북이 경주를 한다. 거북이 아킬레우스보다 앞에서 출발할 경우 아킬레우스는 거북을 결코 추월할 수 없다. 왜 그럴까? 아킬레우스가 거북을 추월하기 위해서는 일단 거북이 있는 자리까지는 가야 한다. 그런데 거북이 아무리 느리다 한들 그사이에 조금은 앞으로 갔을 것이다. 발빠른 아킬레우스라 해서 시간을 초월해서 달릴 수는 없다. 그 역시 아무리 작은 시간이라도 일정한 시간을 거쳐야 거북이 있던 곳까지 갈 수 있다. 하지만 다시 거북이 아무리 느리고 또 아무리 짧은 시간이 주어졌다 해도 그 사이 조금은 앞으로 갈 것이다. 이런 과정이 계속되기 때문에 아킬레우스는 결코 거북을 추월할 수 없다.

제논은 왜 이 맹랑한 역설을 제시했을까? 그것은 다자성(이 세계에는 숱하게 많은 사물들이 존재한다는 것)과 운동/변화(세계는 계속 운동/변화를 겪는다는 것)를 인정할 경우, 바로 위와 같은 역설이 초래된다는 것을 강조하기 위해서였다. 그의 논증은 이른바 '귀류법'(歸謬法)이라 불린다. "√2는 무리수임을 증명하라"는 문제를 봤을 것이다. 그러면 이렇게 증명한다. "√2가 유리수라 해보자, 그러면 ~한 모순이 생긴다. 그러므로 √2는 무리수일 수밖에 없다." 마찬가지로 제논은 "다자성과 운동/변화가 있다고 해보자. 그러면 '아킬레우스와 거북'의 경우와 같은 모순—눈으로 봤을 때는 따라잡는데, 위의 논리로 보면 따라잡지 못한다는—이 생긴다. 그러므로 다자성과 운동/변화란 존재하지 않는다"고 논증한 것이다.

학문의 역사에서 제논의 패러독스는 수학자나 철학자라면 반드시 한 번은 마주쳐야 하는 '통과의례'와도 같았다. 근대 이후에도 물리학자, 수학자, 형이상학자들이 이 패러독스를 풀려고 노력했고, 그 과정에서 '미적분'이라는 빼어난 수학적 도구가 발명되기도 했다. 그런데 베르그송의 해법은 의외로 간단하다. 그의 해법은 긴 논증이나 복잡한 수식이 아니라 단 하나의 명제로 표현된다는 점에서 무척이나 인상적이다. 때로 단 하나의 생각의 전환이 엄청난 결과를 가져올 때가 있다. 베르그송이 볼 때 패러독스의 해결은 간단하다. 제논은 **시간을 공간화해** 논증한 것이다.

아킬레우스와 거북은 현실 속에서 운동/변화하고 있고 그 시간은 연속적인 흐름이다. 그런데 이를 종이 위 공간에 배치해 놓고서 자르고 붙이면서 논증하는 것 자체가 애초에 시간을 왜곡한 것이다. 숱한 사람들이 종이 위에다가 수식을 적으면서 이 패러독스를 해결코자 했으나 중요한 것은 그러한 행위 자체가 어떤 한계를 가지고 있는지를 생각해 보는 것이다. 시간은 정지되어 공간 위에 표상될 수도 없고, 불연속적으로 분할될 수도 없으며, 오려 붙이는 등의 조작을 허락하지도 않는다. 시간은 절대 연속성이며 그 어디에서도 끊어지지 않는 흐름이며, 절대적 생성이다.

베르그송은 서구의 철학이 시간의 본성을 오래도록 망각해 왔다고 말한다.(후에 하이데거는 이를 이어서 '존재 망각'을, 들뢰즈는 '차이 망각'을 논하게 된다.) 제논의 역설에서 나타난 다자성과 운동/변화의 부정은 물론 그 후에 극복되지만, 그 그림자는 생각보다 길고도 길었다는 것이다. 베르그송의 과학철학적 판본이라 할 에밀 메이에르송(Emile Meyerson, 1859~1933)은 과학의 영역에서도 마찬가지로 '동일성의 사유'가 19세기까지 지배해 왔음을 분석했다.(예컨대 '~의 보존 법칙'들) 베르그송 역시 고전 역학으로 대변되는 근대 과학이 흔히 고중세의 사유와 대비적으로 논의되지만, 사실 그 존재론적 근저는 여전히 플라톤의 그림자 아래에 있다고 말한다.

다만 베르그송은 근세 수학에서의 미적분 발명에만은 큰 의미를 부여했다. 어떤 점에서 그럴까? 미적분은 '연속적 운동'을 수학적으로 표상할 수 있게 해주었기 때문이다. 고대 과학에서는 연속적 운동을 표상할 수 없었다. 다만 아리스토텔레스의 '가능태' 개념을 통해서, 운동의 시작점과 끝점에 초점을 맞추어 다룰 수 있었을 뿐이다. 14세기에 활동한 파리와 옥스퍼드 대학의 철학자들에 의해 미적분의 기초가 놓이고, 17세기에 이르러 라이프니츠와 뉴턴이 각각의 방식으로 미적분(당대는 아직 미분만, 즉 무한소미분만이 정립되었다)을 창시했다. 그리고 이때 등장한 '무한소미분'을 통해서 연속적 운동, 순간가속도 등이 수학적으로 포착되기 시작했던 것이다.

이렇게 무한소미분은 **운동의 연속성과 시간의 연속성을 파악하는 데** 결정적인 문턱을 넘어설 수 있었다. 하지만 베르그송이 볼 때 이 역시 시간의 공간화와 양화(quantification)를 넘어서지는 못했다. 그에 따르면 수학은 세계를 양적 관점에서만 표상할 뿐 그 질적 변화를 포착하지 못한다. 근대 철학자들은 '제1성질들'과 '제2성질들'을 구분하면서 '제1성질들'만이 실재라고 보았다. 그러나 베르그송은 제2성질들(좁은 의미에서의 질들)이야말로 오히려 세계를 구성하는 실재이며, 제1성질들(양적-기하학적 존재들)은 오히려 추상물들에 불과하다고 보았다. 매우 복잡한 존재론적 논변을 필요로 하는 대목이지만, 베르그송의 사유에서 이 대목은 매우 중요하며 근대 철학으로부터 현대 철학이 변별되어 나오는 핵심적인 지점들 중 하나이다. 이런 이유 때문에 베르그송은 자신에게 미적분이 있다면 그것은 어디까지나 '질적 미적분'임을 언급한다.

베르그송이 근대 과학을 넘어 세계의 질적 파악에 결정적인 도움을 주었다고 간주하는 두 과학은 열역학과 진화론이다. 열역학 제1법칙, 즉 '에너지 보존의 법칙'은 여전히 엘레아적 그림자 아래에 있다. '보존'이라는 개념 자체가 동일성의 사유이기 때문이다. 그러나 열역학 제2법칙 즉 엔트로피의 법칙(우주의 모든 것들은 등질화되며, '화이트 노이즈' 상태가 된다는 법칙)은 우주 전체가 흘러가는 '시간의 방향'을 보여주었다는 점에서 중요하며, 베르그송은 이 법칙을 "모든 물리학 법칙들 중에서 가장 형이상학적인 법칙"으로 평가한다. 그러나 이 열역학 제2법칙과 진화론은 정확히 대조된다. 진화론은 오히려 우주 전체가, 적어도 지구 전체가 생명체들이 점차 '다질성'을 획득해 온 역사였음을 보여주기에 말이다. 열역학이 말하는 세계와 진화론이 말하는 세계가 대조된다. 이로부터 생명에 대한 베르그송의 유명한 정의가 나온다. "생명이란 엔트로피의 비탈길을 거슬러 올라가려는 노력이다." 베르그송은 이 두 과학적 성과를 종합해서 우주의 생성을 '생명과 물질의 투쟁'의 과정으로서 파악한다. 이로써 베르그송의 **질적 형이상학**의 기본 구도가 정립된다.

그러나 결정적인 것 하나가 남았다. 베르그송은 기존의 질적인 사유들 또한 "모든 것이 주어졌다"는 대전제를 벗어나지 못했다고 비판한다. 세계에 다양한 변화가 일어나도 세계 그 '전체'는 일정하다는 전제가 그것이다. 베르그송은 이 전제조차도 벗어나야, 즉 세계에서는 절대적인 의미에서의 질적 탄생이 항상 이루어지고 있으며 이것이 곧 **'창조'라는 말의 진정한 의미**임을 알아야 한다고 역설한다. 그때에만 우리는 시간이란 진정 무엇인가를 깨닫게 되는 것이다. 베르그송의 철학은 이렇게 발견된 시간의 진정한 의미를 기초로 해서 전개된다.

들뢰즈와 복잡계 과학

니체와 베르그송을 잇는 현대의 대표적인 생성존재론은 들뢰즈의 철학이며, 그것의 자연과학적 판본은 복잡계 과학이다.

복잡계 과학을 비롯한 현대의 학문은 근대 과학의 특징인 결정론(determinism)의 한계를 지적한다. 결정론이란 모든 것은 정해져 있다고 주장한다. 물론 현대 과학이라고 해서 자연의 필연성(necessity)을 단적으로 부정하지는 않는다. 과학적 행위 그 자체가 세계에서 질서, 법칙성, 반복성 등을 찾는 행위이므로, 결정성 자체를 단적으로 부정하면 과학의 기반이 허물어지기 때문이다. 그러나 현대의 과학은 세계의 질서라는 것이 고전적인 학문이 생각했던 것보다 훨씬 역동적이고 복잡한 무엇이라고 생각하며, 또 세계의 생성에 **비-결정성**(indeterminacy)의 측면이 핵심적인 역할을 한다고 본다는 점에서 분명 고전적인 학문과 다르다.

결과적으로 현대의 과학과 철학은 **사건, 창발(創發), 급변(急變), 창조, 복잡성, 카오스** 등을 강조하며, 기존의 논리로는 파악하기 힘든 이런 현상들에 주목한다. 안정된 평형 상태보다는 불연속을 가져오는 사건에, 결정되어 있는 질서가 아닌 새롭게 창발하는 질서에, 계속적으로 지속되는 운동이 아니라 급작스러운 변동에, 단조로운 반복보다 새로운 창조에, 간명한 법칙성보다 혼돈스러운 가운데 드러나는 독특한 법칙성에, 단순한 코스모스보다 복잡한 카오스에 더 주목하는 것이 오늘날의 학문인 것이다. 현대의 여러 사상이 이런 내용을 반영하고 있다. 여기에서는 대표적인 철학자라 할 수 있는 들뢰즈의 존재론을 참조해서 생성 파악의 전형적인 모델을 살펴보자.

들뢰즈의 생성존재론: 환원주의에서 차이생성론으로

근대 결정론은 시계태엽의 이미지를 갖고 있다. 감아놓았던 태엽이 풀려가듯이 이미 결정되어 있는 사건이 하나씩 현실화되는 것이 근대 결정론의 세계이다. 여기에서 시간은 별다른 역할을 하지 못한다. 10년 후에 벌어질 사건이 이미 결정되어 있다면 앞으로의 10년이라는 시간은 별다른 의미가 없다. 그러나 시간이란 그 흐름 속에서 새로운 것이 무수히 나타나며 예단할 수 없는 비결정성이 깃드는 존재이다. 진화의 역사란 바로 이렇게 예단할 수 없는 새로운 사건의 연속이었다. 그러니 서구 근대의 과학과 철학은 시간의 의미를 과소평가해 온 셈이다.

기존의 학문은 항상 변하지 않는 무엇인가를 찾아서 그것으로 세계를 설명하려는 환원주의(reductionism)의 형태를 띠곤 했다. 이데아, 신, 리(理)와 같은 개체 이상의 존재든 세포, 분자, 원자 등과 같은 개체 이하의 존재든 어떤 "실체"를 찾아서 그것으로 대상을, 심지어 세계 전체를 설명하려 한 것이다. 학문의 세계에서 환원주의는 오늘날에도 뜨거운 감자이다. 예컨대 『이기적 유전자』로 유명한 리처드 도킨스(Richard Dawkins, 1941~) 같은 인물는 인간을 '유전자'로 환원해서 설명하며, 프로이트 같은 정신분석학자는 '무의식'으로 환원해 설명하며, 마르크스주의는 '계급'으로 환원해서 설명한다. 어떤 면에서 보면 학문 그 자체가 암암리에 환원주의적인 성격을 띠고 있다. 자신에게 익숙한 패러다임을 투사해서 사물을 해석하는 것이다. 그런데 이런 **환원주의적 설명의 패러다임이 매우 다양하다는 것이 문제**이다. 각각의 환원주의는 어떤 하나로의 환원을 주장하지만, 그런 환원주의가 매우 다양하다는 그 자체가 바로 일의적 환원이 불가능하다는 사실을 보여준다.

하지만 우리가 시간을 신중하게 고려한다면 세계의 근본 성격은 생성이라고 할 수 있다. 생성의 존재론에 입각할 경우, 우리는 논의의 단위를 무엇으로 하든 그것을 생성 중인 것으로 간주해야 한다. 개체도 d(철수), d(뽀삐) 등이며, 집합체/보편자도 d(한국 사회), d(EU) 등이며, 미시적인 존재도 d(세포), d(원자) 등이다. 여기에서 "d"는 "differentiation"의 약자로서 '차이생성'으로 번역할 수 있다. 'imagination'이 '이미지들'이 생겨나는 것이고, 'classification'이 클래스들이 생겨나는 것인 것과 똑같이, 'differentiation'은 차이들(differences)이 생겨나는 것이다. 예컨대 생물학에서 이 말은 '분화'(分化)로 번역되며, 수정란에서 신체의 부분(손발, 머리, 눈 등)이 하나씩 생겨나는 과정을 뜻한다. 즉 무형의 수정란이 계속 차이들을 머금으면서 분화되는 과정을 뜻한다.

'differentiation'은 수학적으로는 '미분'을 뜻한다고도 할 수 있다. 모든 존재는 연속적으로 계속 변해 간다는 의미이다. 그래서 모든 변수는 dx의 형태로 표시할 수 있다. 철수는 고정된 존재가 아니라 일정한 차이를 낳으면서 생성하고 있는 존재이다. 어떤 것이든 그것을 이런 생성의 관점에서 보는 것이다. 물론 이런 생각이 어떤 불연속적인 변화를 배제하는 것은 아니다. 모든 사물은 근본적으로 계속해서 변해 가지만, 때로는 그 변화가 단절적이고 급작스러울 수 있다. 그러나 모든 불연속은 연속성 위에서 만들어진다고 해야 할 것이다.

그러나 생성만을 강조한다면 이 세계는 어떤 형태도 구조도 규칙성도 없는 흐름이 되어버릴 것이다. 세계를 고착시키는 것 못지않게 그것을 오로지 흐름으로만 보는 것에도 한계가 있다. 그럴 경우 세계에 대한 어떤 합리적 이해도 포기해야 할 것이기 때문이다.

그래서 우리는 **생성으로부터 어떻게 사물이 생겨나는가**를 논해야 한다. 이 점은 다음과 같이 생각할 수 있다. 어떤 두 요소는 자체로서는 생성/흐름인 존재들이지만, 그것들이 서로 관계를 맺을 경우 일정한 결과가 산출된다는 것이다. dx도 흐름이고 dy도 흐름이지만 $\frac{dy}{dx}$는 일정한 결과를 낳는다. 남자도 흐름이고 여자도 흐름이지만 둘이 관계 맺음으로써 가족이라는 일정한 존재가 생겨난다. 간단하게 예를 들기 위해 두 요소만 이야기했지만, 사실 우리 삶은 무한한 요소들로 이루어진다. 단백질도 계속 변하고 탄수화물, 지방 등도 계속 변하지만 이들의 상호 관계망은 일정한 몸 상태를 낳는다. 우리가 "배가 고프다"고 느낄 때 이 느낌은 갑작스럽게 오지만 그 아래에서는 사실상 각종 영양소의 상호 관계망이 계속 형성되고 있었던 것이다. 또 d(노랑)과 d(빨강)이 섞일 경우 주황이라는 일정한 색이 만들어진다. 이렇게 우리는 그 **자체로서는 차이생성을 하는 존재가 서로 관계 맺음으로써 일정한 결과를 낳는다**고 봄으로써, 근본적으로는 생성존재론의 입장을 취하면서도 그 위에서 동일성들을 이해하고자 한 것이다. 앞에서 언급했듯이, '동일성'이란 개체이든 보편자이든 물질 입자이든 일정하게 서술 가능한(예컨대 철수의 경우 키, 눈 색깔, 성격, 직업 등) 개별적 존재를 철학적으로 추상해서 부르는 이름이다. 일정한 "하나"로 간주될 수 있는 모든 것이 정체성이다. 한 사람, 한 학교, 한 국가가 가지는 '아이덴티티'가 동일성이다. 앞서 나온 '차이생성'과 대비해서 이해할 수 있다.

그러나 여기에 한 가지가 덧붙여져야 한다. 이와 같이 생성의 바탕 위에서 정체성이 형성되는 과정은 단일한 과정이 아니라 누층적(累層的) 과정이다. 한 남자와 한 여자의 만남은 한 가족을 낳지만, 이 가족 또한 흐름이다. 여러 가족의 흐름이 교차하면서 마을, 지방이 형성되는바, 이것 또한 흐름이다. 이 흐름이 교차하면서 하나의 국가가 형성된다. 그리고 국가 또한 하나의 흐름이다. 한국도 흐름이고 일본도 흐름이고, 중국도 흐름이지만 이들의 교차를 통해서 '동북아'라는 또 하나의 정체성이 형성된다. 이렇게 보면 우주 전체가 이런 누층적 과정을 겪고 있다고 볼 수 있다. 들뢰즈는 이런 맥락에서 포텐셜(potential)이라는 개념을 사용한다. 포텐셜화(potentialisation)가 누층적 구조에 있어 상향을 뜻한다면, 탈-포텐셜화(dépotentialisation)는 하향을 의미한다. 예컨대 '허파꽈리→기관→신체→사회'의 방향으로 가는 것은 포텐셜화이고, 반대 방향으로 가는 것은 탈포텐셜화이다. 수학적으로 말해, 미분방정식으로 표현되는 계(系)에서 탈-포텐셜화는 미분을 통해서 차수가 하나씩 낮아지는 과정이고(예컨대 $y = x^3 + x^2$에서 $y = 3x^2 + 2x$로), 포텐셜화는 적분을 통해 차수가 높아지는 과정이다.

지금 개체에서 출발해 점점 큰 단위로 나아가는 방향을 이야기했지만 거꾸로 아래의 단위로 내려가는 방향을 취해도 마찬가지이다. 우주는 이렇게 개체 이상으로 또 이하로 끝없이 이어지는 존재론적 층위(層位, layers)의 누층적/계층적 복합체이다.

요컨대 세계의 근본 성격을 생성으로 보되 그 생성으로부터 어떻게 다양한 존재자들(beings) 또는 동일성들이 나오는가를 존재론적 또는 포괄적으로 해명하는 것이 중요하다. 우주의 모든 것은 d(x)로서 존재한다. 즉 차이생성을 겪는 것으로서 항상 존재한다. 그러나 이 존재는 상호 작용을 통해서 어떤 일정한 존재/정체성을 낳는다. 그리고 이런 과정은 극미 세계에서 극대 세계에 이르기까지 누층적으로 성립한다. 이런 존재론은 현대 학문의 여러 분야와 공명한다.

지금까지 세계를 근본적으로 차이생성을 겪고 있는 요소로 보는 생성 존재론의 바탕 위에서 개체, 보편자, 물질적 실체를 비롯한 다양한 정체성이 형성되는 과정을 논했으며, 그러한 과정이 우주의 누층적/계층적 질서에 따라 이루어짐을 논했다. 현대의 생성존재론에는 여러 형태가 있지만, 우리가 논한 구도는 현대 학문 일반에 대한 존재론적 정초(定礎)로서 기능한다고 할 수 있다.

혼돈으로부터의 질서: "창발적 생성"의 이론들

이런 존재론적 바탕 위에서 자연과학 계통에서도 시간을 다루는 새로운 논리가 등장하게 된다. 근대 과학은 존재론적으로는 결정론에 입각해 있었고, 인식론/방법론적으로는 해석학이라는 새로운 수학에 입각해 있었다. '해석학'(解析學, analysis)은 미적분이 정교화된 수학 분야로, 극한, 연속성, 무한, 도함수 등을 다룬다.[6] 존재론적으로는 어떤 불변의 실체를 상정하는 경우가 많았다.(예컨대 물리학에서의 '원자') 즉 근대 과학은 실체주의적이었으며, 또 결정론적이었고, 나아가 연속주의적이었다.

----

6 인문학에서의 '해석학'(解釋學, hermeneutics)과 혼동하면 곤란하다.

하지만 현대 과학은 실체주의보다는 생성존재론의 입장을 취하고 있으며, 우연의 개입을 인정하고 있고, 또 불연속적인 변화를 파악하고자 한다는 점에서 근대 과학과 구분된다. 물론 현대 과학에는 매우 많은 분야와 방법이 존재하기 때문에 획일적으로 단정하기는 곤란하다. 다만 독특한 새로움을 보여주는 몇몇 분야들은 근대 과학과 뚜렷이 대비되는 패러다임을 보여주고 있다. 지금부터 서술/소개할 복잡계 이론이 대표적이다.

복잡계 이론과 관련되는 프랙털, 카오스, 카타스트로피 등의 세계는 일정한 규칙에 따라 도는 천체의 운동이라든가, 지구에서의 물체의 역학적 운동, 근대 사회과학에서 추구했던 결정론적 인과관계 등과 현저히 다른 생성/운동을 보여준다. 우리는 이 "새로운 과학"을 통해서 세계가 생성/운동해 가는 새로운 논리를 읽어낼 수 있다.

여기서 논의는 '자기조직화' 개념을 핵심으로 하며, 이 개념은 복잡계 이론을 통해서 다듬어졌다. 복잡계 이론은 그 이전에 등장했던 사이버네틱스, 급변론, 비선형 열역학, 카오스 이론 등을 흡수하면서 보다 종합적이고 "복잡한" 이론을 구성했다. 어떤 기계에 대해 이야기할 때는 우선 그 주요 부품을 논하는 것이 편리하다. 각 부품의 성능을 이해한 후 그것들이 조립된 전체 기계를 파악하는 것이 순서이다. 이제 복잡계 이론을 설명하기 위해 우선 그것에 흡수된 몇 가지 개념/이론을 미리 정리해 보자.

1) 시스템 이론

이야기를 우선 시스템(system=系) 개념에서 출발해 보자. 시스템이란 과학자들이 탐구의 편의를 위해 세계 전체로부터 마름질('분절')해 내는 부분이다. 태양계를 비롯한 천문학적 시스템, 화학 공장을 비롯한 열역학적 시스템, 뉴욕 증권시장을 비롯한 경제학적 시스템 등을 생각할 수 있을 것이다.

시스템은 그 자체가 여러 부분으로 구성된다. 한 사람의 신체를 하나의 의학적 시스템으로 본다면, 신체를 이루는 기관이 신체라는 시스템을 구성한다고 할 수 있다. 'system'(희랍어 어원으로 보면 "함께 세우다"는 의미이다)이라는 말이 잘 보여주듯이, 시스템은 여러 부분이 서로 밀접하게 연계되면서 하나의 장(場)을 이룰 때 성립한다.

자연에서의 시스템은 그 시스템을 지배하는 자연법칙에 따라 움직인다. 태양계의 행성들 사이에서는 역학적 관계가 성립하며, 때문에 태양계는 무너지지 않고 그 법칙에 따라 일정하게 지속된다. 반면 인간 세계에서의 시스템은 훨씬 불안정하다. 부부가 이혼하기도 하며, 회사가 도산해서 해체되기도 한다. 때문에 사회과학적 맥락에서의 시스템 이론(system theory)은 보다 복잡한 양상을 띤다.

하나의 사회적 시스템이 마치 물리적 시스템에서처럼 어떤 일정한 법칙에 따라 움직인다면, 그 시스템은 특정한 법칙으로 간단히 설명될 것이다. 그러나 사회적 시스템은 단순한 물리적 시스템이 아니라 고유의 신체와 욕망, 감정, 무의식, 인격, 가치, 기억 등을 가진 개인의 집합이다. 하나의 시스템을 구성하는 성원은 일정한 규칙(rule)에 따라 움직이지만, 규칙에 단순히 복속되는 물체가 아니다. 때문에 하나의 사회적 시스템은 극히 역동적으로 변해 가는 운동성을 잠정적으로 담아놓는 그릇에 불과하다. 들뢰즈 식으로 말해 개인 한 사람 한 사람은 d(x)이고, 또 하나의 사회적 시스템 역시 d(철수), d(영희) 등의 상호 관계를 통해서 형성되는 살아 있는 장이며 계속 변해 가는 시스템이라고 할 수 있다. 계속 생성해 가면서도 혼돈으로 와해되는 것이 아니라 일정한(실선으로보다는 점선으로 그려지는) 질서를 형성해 간다는 점에서, 이러한 시스템은 "복잡하다"고 할 수 있다.

그러나 현대 과학에 이르러 자연현상에서조차 단순히 일정한 법칙에 따라 반복되는 것이 아니라 매우 역동적인 변화를 겪는 현상이 존재한다는 사실이 밝혀지기에 이른다. 자기조절 이론(사이버네틱스 이론), 급변론, 복잡계 이론 등은 바로 이런 역동적이고 복잡한 질서를 탐구하는 데 큰 공헌을 한 이론들이다.

2) 자기조절 이론(사이버네틱스)

자기조절 이론은 하나의 시스템이 단순한 정체성을 유지하기보다 계속 변해 가면서도 또한 완전히 와해되지 않는 현상을 설명해 준다. 달리 말해, 하나의 시스템이 계속 차이생성을 겪으면서도 자체의 정체성을 바꾸면서 변해 가는 양상을 설명해 준다. 'cybernetics'라는 이름도 이런 양상으로부터 유래했다고 할 수 있다. 'cybernetics'는 'gouvernein'이라는 헬라어에서 나왔고, 이 말은 "이끌다", "제어하다"를 뜻한다. 하나의 계를 이끌어가고 있는, 제어하고 있는 원리를 나타내기에 적절한 말이다. 사이버네틱스 이론은 노버트 위너(Nobert Wiener, 1894~1964)가 『사이버네틱스: 동물과 기계에서의 제어와 통신』(1948), 『인간의 인간적 이용: 사이버네틱스와 사회』(1950)에서 전개했다.

자기조절적인 양상은 생명체에서 가장 두드러지게 나타난다. 생명체는 계속 변해 간다는 의미에서 자신의 정체성을 유지하지 못한다. 그러나 생명체는 그런 차이생성을 통해 와해되어 버리는 것이 아니라 계속 새로운 존재로서 스스로를 정립해 간다. 즉 자신의 정체성을 잃어버리지 않으면서도 그 정체성으로 하여금 차이생성을 보듬을 수 있도록 변해 감으로써 생존한다. 달리 말해 자신의 정체성을 변화시켜 나가되 그 정체성의 알맹이 자체는 잃어버리지 않는 것이 생명체의 핵심이다. 계속 변해 가면서도 어떤 '평형'을 잃어버리지 않는 이런 성격을 '항상성'(恒常性, homeostasis)이라 부르기도 한다. 밥을 먹는 것, 잠자는 것, 성행위를 하는 것 등이 모두 이런 항상성을 위한 것이다. 복잡계 이론의 용어를 쓴다면, 생명체란 전형적인 '복잡 적응계'(CAS: Complex Adaptive System)이다.

이런 맥락에서 핵심적인 개념이 '되먹임'(feedback)이다. 되먹임이란 한 시스템을 이루는 구성 요소들의 상호 작용으로 말미암아 시스템이 변화

해 가는 과정을 말한다. 달리 말해, 상호 작용이 순환함에 따라서 힘을
가했던 요소가 그 힘을 거꾸로 되돌려 받게 됨으로써 인과관계(힘의 전
달)가 복잡해짐을 뜻한다. 이런 '되먹임 고리'(feedback loop)를 통해서 한
시스템의 변화가 증폭되기도 하고('양의 되먹임') 거꾸로 힘들이 상쇄되어
진정되기도 한다('음의 되먹임'). 이런 되먹임의 논리는 예전의 단순한 결
정론 도식이나 일방향적 인과와는 다르며, 생명체라든가 사회조직을 비
롯해 매우 역동적으로 변해 가는 존재/현상을 이해하는 데 진일보를 이
루었다.

양의 되먹임의 예로는 플라워스 스캔들(Flowers scandal)을 들 수 있다.
클린턴과의 불륜을 폭로했던 플라워스의 인터뷰를 대부분의 TV 경영
자는 그 저질성 때문에 방영하지 않기로 했지만, 결국 이 인터뷰는 다
음 날 아침 일제히 브라운관을 탔다. 복잡다기한 방송 네트워크 어디에
선가 방송이 나갔고, 급작스러운 양의 되먹임 고리가 만들어지면서 네
트워크 전체로 확산되자 사태가 걷잡을 수 없게 되었기 때문이다. 반면
음의 되먹임은 일어난 변화를 상쇄하면서 시스템의 항상성을 보존해 준
다. 온도 조절 장치는 변화가 발생했을 때 음의 되먹임을 통해서 본래의
항상성을 유지해 준다. 우리 신체는 양의 되먹임을 통해서 성장하지만,
음의 되먹임이 작동하지 않는다면 치명적인 손상을 입게 된다. 이렇게
자기조절 이론은 되먹임 개념을 통해서 한 시스템의 증폭과 진정 과정을
잘 설명해 준다.

3) 급변론: 카타스트로피 이론

다음으로 '급변론'(catastrophe theory)이다. 자기조절 이론은 기본적으로
시스템의 역동적 변화를 말하면서도 또한 논의의 핵심을 '제어'(control)에
둔다. 즉 시스템의 역동적 변화와 그 보존을 동시에 사유하려 한다. 이
런 점에서 보면 위너의 자기조절 이론은 철학적으로는 '유기체론'에 속
한다고 할 수 있다. 반면 급변론은 '카타스트로피'라는 말을 사용하는 데

서 짐작할 수 있듯이 불연속적 변화, 급변을 사유한다. 급변론은 프랑스의 수학자이자 철학자인 르네 톰(René Thom, 1923~2002)의 『구조적 안정성과 형태 변이』(1972)에 의해 제시되었고, 영국의 수학자인 크리스토퍼 지만(Christopher Zeeman, 1925~)에 의해 여러 가지 모델이 개발되었다.(『급변론』, 1977) 또 장 프티토(Jean Petitot, 1944~)는 급변론을 언어(철)학에 적용해 『의미의 형태 변이』(1985)를 펴내기도 했다.[7]

아래 그림에서 보듯이 급변론은 어떤 일정한 평형 상태가 깨지면서 갑작스럽게 도래하는 불연속적인 운동을 파악하고자 한다.

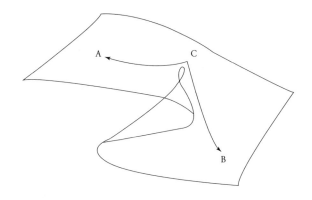

지만의 카타스토로피 모델(간편화된 그림)

개는 때로 공격적인 행동을 보인다. 지만은 이런 행동이 분노와 공포라는 상반된 두 요인에 의해 결정된다고 보았다. 이 요인을 통제면(control plane)에 그리고 개의 행동을 수직선으로 그릴 경우, 그래프의 주름 접힌 부분에서 행동이 두 가지 양태로 갈라짐을 볼 수 있다. 분노한 개가 공포에 질리게 되면 그는 통제면 상의 궤적 CA를 따라간다. 그러

----

7 톰의 저작 중 국역된 것으로는 『카타스트로피의 과학과 철학』(이정우 옮김, 솔, 1995)이 있다. 국내 저작으로 박대현, 『급변론』(민음사, 1987) 및 김용운, 『카타스트로피 이론 입문』(우성문화사, 1993)을 참조하라.

나 분노가 커지게 되면 갑작스럽게 도약해서 궤적 CB를 따라가게 된다. 그래서 그래프가 주름 접히게 되는 순간이 급변의 문턱을 형성한다.

수학적으로 표현하면, 급변론은 위상수학(topology)과 밀접한 관련을 가진다. 연속적인 변화는 미적분을 통해서 포착된다. 근대 과학은 기본적으로 미적분과 그 확장된 형태인 해석학을 통해 발전했다. 그러나 급변론은 위상수학을 발전시켜 불연속을 수학화하려 했으며 이 점에서 수학사적으로도 큰 의미를 가진다.

급변론에서 등장하는 중요한 개념 중 하나는 '특이점'(singular point) 또는 '특이성'(singularity)이다. 특이점이란 거기에서 "무슨 일인가가 일어나는" 곳으로서 변화에서의 평형이 깨지고 어떤 새로운 상태가 도래하게 되는 곳이다. 불연속적인 운동을 포착할 때 이 특이점을 파악하는 것이 특히 중요하다. 그래야만 급변을 파악할 수 있기 때문이다. 앞의 예의 경우 개가 공격을 시작하거나 꼬리를 내리고 도망가기 시작하는 시점이 특이점이다.

4) 비선형 이론

자기조절 이론은 되먹임 고리를 통해서 한 시스템이 매우 역동적으로 변해 가는 과정을 보여준다. 이로써 '시스템'이라는 개념 자체가 현저한 변화를 겪게 되었다. 한편으로 급변론은 불연속적 운동을 개념화함으로써 연속적 운동에 기반했던 근대 과학의 테두리를 무너뜨렸다.

이와 더불어 생성을 복잡하게 만드는 것으로서 또 하나 빼놓을 수 없는 개념이 비선형성(non-linearity)이다. 19세기에 어떤 공장장은 증기기관의 효율을 높이기 위해 기계를 좀 더 크게 만들곤 했다. 그러나 이것은 매우 단순한 생각이었다. 기계의 크기를 두 배로 키웠다고 해서 생산성이 두 배로 늘지는 않았다. 오히려 기계가 모두 망가져서 큰 낭패를 보았을 뿐이다. 자동차를 두 배 크기로 키웠다고 해서 그 자동차의 속도가 두 배로 늘어나겠는가?

우리 몸이 성장하는 과정을 보면 각각의 부분이 균등하게 자라지는 않는다. 키가 수직으로 크는 정도와 몸이 옆으로 느는 정도는 다르다. 코가 자라는 정도와 귀가 자라는 정도도 일치하지 않는다. 우리 몸은 균등하지 않은 방식으로 복잡하게 자란다. 이런 변화의 성격을 '비선형성'이라 부른다. 수학적으로는 다음 두 공식을 비교해 보면 알 수 있다.

$$y = x^2 + y^3 + z$$
$$y = x + y + z$$

두 번째 공식에서는 각 변항의 차수가 1로 서로 같다. 그러나 첫 번째 공식에서는 각 변항의 차수가 다르다. 그러니 x, y, z에 같은 입력이 들어가도 각 변항이 만들어내는 출력은 모두 다르다. 첫 번째 공식은 두 번째 공식과는 달리 비선형적이다. 사실 세상에서 일어나는 대부분의 현상은 비선형적인 현상이다.

비선형성을 띠는 시스템은 일정한 입력에 대해 일정하고 예측 가능한 출력을 만들어내는 것이 아니라 증폭된, 예기치 못한 출력을 보인다. 시스템을 이루는 요소가 입력을 받아들이는 정도가 각각 다르고 그 차이로부터 극히 복잡한 증폭 현상이 발생하기 때문이다. 앞서 자기조절 이론의 되먹임 구조를 보았거니와, 여기에 비선형성이 가미될 경우 되먹임 과정은 더 복잡해지리라는 것을 알 수 있다.

비선형성은 '초기 조건에의 민감성'(sensitivity to initial condition)이라는 현상을 불러온다. 이 현상은 기상학자인 에드워드 로렌츠(Edward Lorenz, 1917~2008)에 의해 우연히 발견되었다. 1961년에 로렌츠는 대기의 움직임을 함수로 파악하기 위해 일련의 연립방정식을 세웠고, 손으로 써가며 풀기가 힘들자 컴퓨터를 사용해 변수에 일일이 값을 대입하려 했다. 로렌츠는 애초에 초기 조건을 0.506127로 잡았으나 연산을 빨리하기 위해 뒤의 0.000127을 지우고 대입했다. 그런데 잠시 외출했다 돌아온 로렌츠 앞에는 생전 처음 보는 그래프가 그려져 있었다. 초기 조건을 극히 미세하게 변화시켰을 뿐인데 그 결과는 놀랄 만큼 달랐다. 이로부터 "베이징에서 나비가 날갯짓을 하면 플로리다에 허리케인이 온다"는 소위 "나비 효과"(butterfly effect), 즉 '초기 조건에의 민감성'이라는 현상이 주목을 받기 시작했다. 이제 카오스 이론(과 그 발전태인 복잡계 이론) 연구가 본격적으로 시작된다.

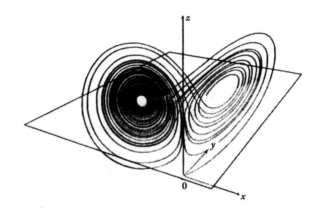

에드워드 로렌츠가 우연히 발견한 그래프

이 현상은 갑작스러운 변화를 보여준다는 점에서 급변과, 매우 역동적인 변화를 보여준다는 점에서 되먹임 및 비선형성과, 또 부분이 전체를 반복하는 형태를 보여준다는 점에서 프랙털과 통한다. '프랙털'(fractal)은 부분이 전체를 누층적으로 계속 반복하는 독특한 기하학적 도형을 말한다. 코흐의 눈송이, 지에르핀스키의 개스킷, 페아노 곡선 등을 예로 들 수 있으며, 자연 자체 내에서도 이런 형태는 의외로 많이 발견된다. 'fractal'이라는 말은 라틴어 'fractus'에서 온 말로서, 조각 또는 파편을 뜻한다. 프랙털 이론은 프랑스의 수학자 브누아 만델브로(Benoit Mandelbrot, 1924~2010)가 『프랙털 대상』(1975)에서 포괄적으로 전개했다.[8] 상이한 경로를 통해서 발전해 왔던 여러 이론이 여기에서 만나고 있다. 이로부터 카오스 이론, 나아가 복잡계 이론이 발전하기 시작했다. 로렌츠의 그래프는 또한 "이상한 끌개"(strange attractor)를 보여준다. 어떤 운동이 일정한 시간 경과 후 결국 어떤 점으로 귀착할 때 그것을 점 끌개라 한다. 예컨대 진자 운동은 결국 점 O로 귀착된다. 이 점은 진자 운동을 상공간(相空間, phase space)에 그려보면 분명히 확인된다. 상공간은 '위상공간' 또는 '국면공간'이라고도 한다. 어떤 현상을 특징짓는 요인(진자의 경우 각 θ가 핵심이다)을 공간에 투사해서 그래프로 파악할 때, 그 공간을 상공간이라 한다. 이 외에도 원 끌개(그릇에 구슬을 놓고서 계속해서 돌릴 때)나 도너츠 끌개(여러 주기를 포함하는 운동의 경우)가 있다. 그러나 로렌츠의 그래프는 처음 보는 끌개를 보여주었고 그래서 이것을 "이상한 끌개"라 부른다. 이상한 끌개는 복잡한 운동이 카오스로 그치지 않고 어떤 일정한 형상으로 귀결되는 과정을 잘 보여준다.

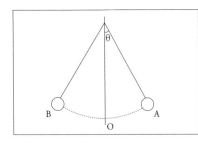
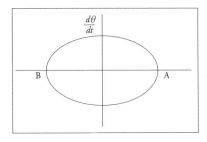
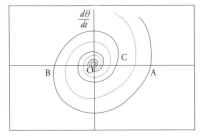

(왼쪽 위부터 시계방향으로) 끌개에 의해 지배되는 진자 운동과 진자 운동의 상공간, 그리고 실제 상공간

----
8 다음을 보라. 이정우, 『접힘과 펼쳐짐』, 거름, 2000, 4장

5) 자기조직화와 복잡계 이론

지금까지 논한 여러 개념(되먹임, 급변, 프랙털, 비선형성, "초기 조건에의 민감성" 등)이 중요한 것은 이 개념들이 결국 '창발'(emergence) 또는 '자기조직화'(self-organization) 현상을 이해할 수 있게 해준다는 사실 때문이다.

복잡계에 대한 요시나가 요시마사(吉永良正)의 정의를 보자. "복잡계란 무수한 구성 요소로 이루어진 한 덩어리의 집단으로서, 각 요소가 다른 요소와 끊임없이 상호 작용함으로써 전체적으로는 각 부분의 움직임의 총화 이상으로 무엇인가 독자적인 행동을 보이는 것이다."

이 정의를 지금까지 논한 여러 개념들을 사용해 다시 한 번 음미해 볼 수 있다. 1) 우선 복잡계에서의 '구성 요소'란 들뢰즈를 따라 어떤 실체적인 요소들이 아니라 계속 생성해 가는 요소들로 보아야 한다(dA, dB, dC 등). 2) 다음으로 이렇게 생성하는 요소들로 구성되는 한에서의 '집단'은 어디까지나 '열린 계'(open system)로 보아야 한다. 3) 각 요소들이 "끊임없이 상호 작용"하는 것은 바로 되먹임 고리, 비선형성의 개념을 통해 이해할 수 있다. 4) "각 부분의 움직임의 총화 이상"이란 곧 창발, 자기조직화의 개념을 통해 파악할 수 있다. 5) "독자적인(특이한) 행동"은 급변이나 프랙털 현상 등으로 파악할 수 있다.

자기조직화의 개념은 엔트로피(entropy)와 관련성이 크다. 엔트로피는 열역학 법칙에서 나오는 개념이다. 열역학 제1법칙은 에너지 보존의 법칙이다. 에너지는 그 형태가 바뀔 수는 있어도 총량에는 변화가 없다는 법칙이다. 자연계의 에너지는 스스로 생성되지도 않고 소멸되지도 않으며 항상 일정하다는 것이다. 열역학 제2법칙은 엔트로피(무질서) 증가의 법칙이다. 원래 뉴턴 역학에서는 시간에 대해 특별한 방향성이 없다. 당구 경기의 쓰리쿠션 녹화 장면을 거꾸로 틀어보면 된다. 공이 거꾸로 가더라도 별 어색함을 느끼지 못한다. 태양계를 구성하는 모든 천체의 운동 방향이 정반대가 되더라도 태양계는 깨어지지 않는다. 이를 가역성(可逆性, reversibility)이라 한다. 하지만 열역학 제2법칙에서는 시간이 흐르면서 엔트로피가 증가하며 이를 거꾸로 되돌릴 수 없다. 이를 비가역성(非可逆性, irreversibility)이라 한다. 엔트로피, 즉 무질서의 양은 항상 증가한다는 것이다. 사실상 엔트로피 법칙이 말하고 있는 내용은 누구나 알고 있던 상식이다. 죽은 사람이 무덤에서 걸어 나와 어린아이로 되돌아가는 일은 없고, 폭포에서 떨어진 물이 저절로 거꾸로 솟아 올라가는 일은 없다. 그리고 한번 타버린 물건은 잿더미 속에서 원래 상태로 돌아갈 수 없다. 1850년대에 독일의 물리학자인 루돌프 클라우지우스(Rudolf Clausius, 1822~88)에 의해「열의 역학적 이론에 관하여」라는 논문에서 창안된 엔트로피란 어느 계의 무질서 정도를 나타내는 물리적 개념이다. 그리스어인 에네르게이아('energeia'는 현실태라는 뜻)와 트로포스('tropos'는 '회전, 전환'의 뜻)를 합성한 것으로 '에너지 전환 중에 일어나는 변화량' 정도로 해석된다. 엎질러진 물을 다시 담더라도 전부 다 다시 채울 수 없듯 모든 사건과 에너지의 전환 과정에서는 무용한 에너지가 생기며 이를 엔트로피의 증가라 한다. 즉 엔트로피의 증가는 에너지가 유용한 상태에서 무용한 상태로, 높은 집중도(集中度/密度)에서 낮은 집중도, 질서 상태에서 무질서 상태로 되는 것이다.

이러한 엔트로피의 개념은 우주의 열사(熱死, heat death) 논란으로 연결되었다. 이미 18세기에 우주의 물체가 식어가면 끝내는 생물이 살 수 없는 냉각의 종말에 이를 것이라는 비관적 우주론이 있었거니와, 19세기 중반에 엔트로피 개념의 명료화에 기여했던 여러 과학자, 예컨대 윌리엄 톰슨(William Thomson, 1824~1907), 헤르만 폰 헬름홀츠(Hermann von Helmholtz, 1821~94), 클라우지우스 등 당대의 석학들은 우주 종말의 비관론에 휩싸여 우울해했다. 헬름홀츠는 1856년에 열사 이론에서 "우주는 점차 쇠락하여 엔트로피 극대점에 이르게 되고 모든 유용한 에너지는 소진되어 어떤 활동도 일어나지 않는 상태가 된다. 즉, 영원한 휴식 상태가 되어 엔트로피 평형 상태가 된다"고 했다.

거꾸로 물리학자인 에르빈 슈뢰딩거(Erwin Schrödinger, 1887~1961)는 음

(陰)의 엔트로피(negative entropy)라는 개념을 만들어내고, 레옹 브리유앵 (Léon Brillouin, 1889~1969)은 이를 줄여 네겐트로피(negentropy)라 불렀다. 슈뢰딩거는 『생명이란 무엇인가』라는 명저에서 생물이란 결국 네겐트로 피를 먹고 사는 존재라고 규정했다. 살아 있는 생명체는 지속적으로 엔 트로피를 증가시키며 최대 엔트로피 상태, 곧 죽음이라는 위험한 상태 를 향해 나아가는 경향을 지녔지만, 생명체는 주변으로부터 음의 엔트 로피를 끌어들임으로써 죽음에서 벗어나 생명을 유지한다는 것이다. 즉 생명체는 자신의 높은 질서도 수준을(즉 낮은 엔트로피 수준을) 유지하기 위해 환경 속의 유기화합물에 들어 있는 질서를 이용하며, 이를 다시 상 당히 대사된 형태(즉 좀 더 높은 엔트로피의 형태)로 자연계에 방출함으로써 생명을 유지한다는 것이다. 예컨대 우리의 몸을 보자. 인간의 신체가 평 형 상태에 들어간다는 것은 죽음을 의미한다. 반면 비평형 상태란 삶을 의미하며, 이때 체온은 신체 스스로 조절해 간다. 만약 여러 가지 내외 적인 이유로 체온이 급격히 올라가거나 낮아지면 목숨을 잃게 되고 사람 의 몸은 평형 상태로 되돌아간다. 인간이 생존할 수 있는 온도의 범위는 지극히 좁으며 이 역시 혼돈의 가장자리라 할 수 있다. 체온을 유지하기 위해서는 외부로부터 직접 에너지를 받아들이거나(선탠으로 태양열을 흡 수하는 등) 먹고 마시고 숨 쉬고 동화하는 물질대사 활동을 통해 에너지 를 만들어야 한다. 몸이 더우면 땀을 통해 체온을 낮춘다. 세포 차원에 서 보면 시간이 지남에 따라 엔트로피가 증가하여 낡은 세포는 죽어 몸 밖으로 배출되면서 평형 상태에 접근하지만, 다른 한편으로 외부로부터 에너지를 유입시켜 새로운 세포를 만듦으로써 적절한 양(量)의 엔트로피 를 유지하면서 생존해 간다.

하지만 슈뢰딩거가 생명 현상에 도입한 네겐트로피 개념은 부분계에 국한되는 것일 뿐, 어떤 이론이나 기술에 의해서도 계 전체의 엔트로피 를 감소시킬 수 있는 길은 없다. 엔트로피 법칙은, 우주의 어느 곳에 질 서가 더 생기면 다른 곳에 그보다 더 큰 무질서가 생긴다는 것을 의미한다. 예컨대 우리가 전력이라는 에너지를 만들기 위해 수력 발전에서 화력 발전, 원자력 발전으로 기술을 개발하면 에너지 생산의 효율은 높아질지 모르지만 지구 생태계 전체로 보아서 쓰레기, 즉 엔트로피(무질서)의 양은 늘어나는 것이다. 원자력 발전은 핵분열을 이용한 것으로 냉각수의 온수가 지구의 엔트로피를 증가시키며 핵폐기물의 관리는 더더욱 엔트로피를 증가시키는 중대한 원인이 된다. 플루토늄(plutonium)의 어원은 그리스어에서 지옥의 신으로 일컬어지는 플루토이다. 반감기가 24,000년(생성된 플루토늄의 중량이 10분의 1로 줄어드는 데는 약 10만 년이 걸린다)이나 되는 플루토늄의 유해성은 이미 여러 차례 일어난 핵발전소 사고와 원자폭탄을 통해 잘 알려져 있다. 그러니 이를 처리, 보관, 관리하는 데 필요한 에너지를 포함한 비용은 당연히 지구상의 엔트로피를 증가시키는 요인이 된다.

이러한 상황에서 일리야 프리고진(Ilya Prigogine, 1917~2003)은 자기조직화 이론으로 신지평을 연다. 그의 과학 사상은 '혼돈으로부터의 질서'(order out of chaos)라는 말로 요약된다. 그는 비평형 상태, 즉 무질서 상태에서 일어나는 작은 요동(搖動, fluctuation)이 자기조직화라는 과정을 통해 무산 구조(霧散構造, dissipative structure)라는 새로운 질서를 만들어가는 원리를 연구하여 노벨상을 받았다.

프리고진의 연구는 닫힌 계가 아니라 열린 계를 대상으로 하는데, 이는 외부로부터 에너지가 유입될 수 있다는 의미다. 또 평형 상태가 아니라 비평형 상태를 대상으로 한다. 예컨대 물의 온도가 일정하거나 큰 변화가 없으면 평형 상태지만, 온도가 점점 올라가면서 물 분자들이 요동을 치면 이를 비평형 상태라 한다.

프리고진은 생명의 본질에 깊은 관심을 갖고 있었다. 그는 생물이 비평형이라는 조건 아래에서도 생명 과정을 유지할 수 있다는 사실에 매료되었다. 평형 상태와 거리가 먼 시스템에 매혹된 그는 정확히 어떤 조건에서 비평형 상태가 안정적일 수 있는지를 찾아내기 위해서 철저한 조사를 시작했다. 우선 자신이 직접 생태계를 연구하기보다는 베나르 불안정성이라고 알려져 있는 보다 단순한 열대류 현상에 관심을 돌렸다. 구체적인 예를 보자. 바닥이 넓은 냄비에 물을 조금 넣고 끓이면 재미난 현상을 볼 수 있다. 냄비바닥이 뜨거워지기 시작하면 바닥 가까이 있던 물 분자 하나하나가 마구 돌아다니다가 옆에 있는 다른 분자와 부딪혀 열을 전달하는 전도(傳導, conduction) 현상이 관찰된다. 물이 제법 뜨거워지면서 바닥과 꼭대기 사이의 온도차가 일정한 문턱값에 도달하면 많은 물 분자들이 한꺼번에 떼지어 규칙적으로 돌아다니는 혼돈적 대류(對流, conviction)라는 새로운 질서가 만들어진다. 냄비 모양에 따라 다르지만 대개 두루마리 모양의 무늬를 만들며 순환한다. 더 뜨거워지면 여러 대류들이 서로 엉겨서 난류(亂流, turbulence)의 모습을 보인다. 재미나게도 물이 수증기로 상전이를 하기 직전에 바닥에 벌집 같은 육각형 모양의 구조가 여러 개 만들어지는데, 이를 베나르 세포라 부른다. 이것이 프랑스의 물리학자인 앙리 베나르(Henri Bénard, 1874~1939)가 1900년에 발견한 '베나르 불안정성'이라는 현상이다. 엄청난 숫자의 분자들이 함께 움직이는 규칙적인 대류 운동이 일어나 새로운 질서가 스스로 만들어지는 것이다. 이것은 통념과 달리 비평형 상태가 단순히 무질서만을 만들어내는 것이 아니라 새로운 질서의 근원이 됨을 의미한다. 즉 어떤 계가 안정적인 상태, 즉 평형 상태에 있으면 계를 구성하는 요소 간에 상호 작용은 매우 적으며 계의 일부에 아무리 변화를 가해도 영향이 크게 확산되지 않는다. 그러나 비평형 상태에 들어가면 구성 요소 간의 상호 작용이 긴밀해지고 영향이 미치는 범위가 급격히 커지면서, 마침내 임계점을 넘어서면 멀리 떨어진 다른 구성 요소들과도 상호 작용을 하면서 계 전체를 뒤흔드는 거시적 현상으로 증폭되고, 그 결과 **완전히 새로운 질서가 만들어지는 것**이다. 프리고진은 이렇게 형성되는 새로운 질서를 무산 구조라 불렀다. 즉 열린 계에서 외부로부터 에너지가 유입되어 비평형 상태에 이르면서 새로운 질서가 생기면서 주위의 엔트로피(무질서)를 무산(감소)시킨다는 의미다. 이처럼 새로운 질서가 자발적으로 이루어지는 과정을 '자기조직화'라고 부르고 이 새로운 질서가 출현하는 모습을 '창발'이라 한다. 이렇게 보면 가장 전형적인 무산 구조가 우리의 몸이다. 무산 구조와 자기조직화가 바로 혼돈으로부터 질서를 가져다주는 메커니즘이자 생명 현상을 풀어가는 실마리가 될 수 있는 것이다.

지금까지 보았듯이, '존재에서 생성으로'는 인류가 세계를 이해해 온 과정에서 일어난 가장 거대한 변화들 중 하나이다. 플라톤의 '이데아'로 대변되는 'Being'의 사유가 니체의 '영원회귀'와 베르그송의 '지속'으로 대변되는 'Becoming'으로 변화된 과정은 사유/지식의 역사에서 가장 중요한 변화이며, 우리는 진화론이라든가 인상파 미술이라든가 현대의 정치 현상 등도 이런 철학적 기초 위에서 이루어지고 있음을 확인할 수 있다. 들뢰즈의 생성존재론과 복잡계 과학은 이런 흐름을 잇고 있는 최근의 예라고 할 수 있다. 우리가 사는 세계를 거시적으로 이해하고 그 이해를 바탕으로 구체적인 삶을 살아가기 위해 갖추어야 할 핵심적인 철학적 교양에는 바로 이 '존재에서 생성으로'라는 주제가 속해 있다.

| 참고할 만한 책 |

현대 생성존재론의 형성에 대해서는 다음을 보라.
— 이정우, 『신족과 거인족의 투쟁』, 한길사, 1998.

니체에 관해서는 다음을 보라.
— 백승영, 『니체, 디오니소스적 긍정의 철학』, 책세상, 2005.
— 진은영, 『니체, 영원회귀와 차이의 철학』, 그린비, 2007.
— 마르틴 하이데거, 박찬국 옮김, 『니체』(전 2권), 도서출판 길, 2010/2012.

베르그송에 관해서는 이 책 제3장의 '참고할 만한 책' 목록을 보라.
— 질 들뢰즈, 김재인 옮김, 『베르그송주의』, 문학과지성사, 1996.
— 박홍규, 『베르그송의 『창조적 진화』 강독』, 민음사, 2007.

들뢰즈와 복잡계 이론에 대해서는 다음을 보라.
— 이정우, 『접힘과 펼쳐짐』, 그린비, 2011.
— 일리야 프리고진·이사벨 스탠저스, 신국조 옮김, 『혼돈으로부터의 질서』, 자유
  아카데미, 2011.

제3장

새로운 인간관의 탄생: 앙리 베르그송을 중심으로

류종렬

인간이란 "나란 어떤 존재일까?"라고 묻는 존재이고, 좀 더 일반적인 지평에서는 "인간이란 무엇일까?"라고 묻는 존재이다. 인간은 이렇게 스스로에 대해 물음을 던지고 스스로를 탐구하는 존재이다.

동양의 사유 전통과 서양의 사유 전통 모두에 있어 '인간관'의 문제, '인간의 본성'(human nature)을 둘러싼 문제는 늘 핵심을 이루어왔다. 시대에 따라, 문화에 따라 인간 본성에 대한 사유들은 다채롭게 펼쳐져왔다. 그 가운데서도 특히 19세기 서양에서 등장한 여러 인간과학(human sciences)[1]은 기존의 인간관과 구별되는 현대적인 인간관의 형성에 큰 기여를 했다. 하지만 이런 자연과학적인 인간 파악이 가지는 한계는 이내 드러났으며, 19세기 인간과학의 성과를 수용하면서 동시에 그 한계를 넘어서려는 철학적 시도들도 등장하게 된다. 에드문트 후설(Edmund Husserl, 1859~1938)의 현상학, 베르그송의 시간형이상학, 윌리엄 제임스(William James, 1842~1910)의 메타심리학 등이 그 대표적인 예들이다.

---

1 '인간과학' 개념은 주로 프랑스에서 사용하는 용어이며, 인간을 전통적인 인문학적 방식으로 탐구하기보다는 근대 과학의 틀을 통해서 연구하는 분야를 가리킨다.

여기에서는 베르그송의 사상을 중심으로 현대적인 인간관의 주요한 개념들과 원리들을 이해해 보자.

역동적 존재론의 도래

현대 철학, 특히 존재론의 흐름을 흔히 "존재에서 생성으로"(from Being to Becoming)라고 표현한다. 이는 곧 철학적 탐구에 있어 초월적 존재로부터 현존(presence) 또는 현상(phenomenon)으로의 이행이라는 방향 전환을 뜻한다.

철학사에서 중요한 지위를 차지하는 것은 제1철학 즉 형이상학이다. 그다음으로 인식론, 도덕철학, 정치철학, 예술철학, 종교철학 등등을 나열할 수 있을 것이다. 제1철학의 주제는 '존재'이다. 철학의 초창기에는 영원한 존재(eternal Being)를 사유했으나, 현대에 이르러 이에서 벗어나 현존을 사유하게 되었다.

플라톤은 이데아를 영원한 존재로 보고 그것을 '부동성'과 '자기동일성'으로 파악한다. 이런 사유를 통해서 철학하는 사람들은 흔히 '주지주의자'들 또는 '합리주의자'들이라고 불린다. 이 합리주의는 제1원리인 이데아를 실재하는 것으로 보고, 그와 대비적으로 현존의 세계를 가상(appearance) 또는 현상이라 생각한다. 여기서 주목할 것은 이들의 생각에는 부동의 자기동일적 존재, 즉 영원히 변치 않으며 스스로의 동일성을 상실하지 않는 존재가 당연히 있다는 점이다. 이런 생각은 종교의 형태를 띠기도 하는데, 서양 문명의 유대교, 기독교, 이슬람교 같은 일신교(一神教) 전통이 그것이다.

이에 비해 19세기에 와서 여러 분과 과학들의 발달로 인해 '존재'의 부동의 동일성은 사실상 인간의 관념/상상이 세계에 투사된 상징일 뿐이며 실제로 존재하는 것은 결국 생성일 뿐이라는 생각이 등장하게 됐다.

니체와 베르그송이 보기에 2,500년 동안 철학자들은 '존재'만을 사유해 왔지 구체적이고 실제적인 사유를 하지는 않았다는 것이다.

존재와 현존/생성을 둘러싼 이런 이야기를 자세히 이해하기 위해 생물학의 예를 들어 설명해 보자. 특히 진화론을 살펴볼 필요가 있다. '존재'를 원리로서 우선시하는 철학에서는 생명 종(種)들이 원래부터 구별되어 각각의 모습을 지녔다고 여겼다. 개미, 소, 인간이 애초부터 그 모습 그대로 존재해 왔다는 생각을 전개한 두 사상이 있다. 하나는 플라톤의 이데아설이며, 다른 하나는 오리엔트 지역의 유대교에서 나온 신의 창조설이다. 두 경우 모두, 어떤 원본(origin)이 존재했고 그것에 따라 세계가 만들어졌다고 본다. 다만 종교(유대교, 기독교, 이슬람교)에서는 단번에 만들어졌다고 보았고, 철학에서는 결과 또는 목적을 토대로 만들어졌다고 보았다. 단번에 만들어졌다는 주장은 학문적으로 논의할 가치가 없다고 해야 할 것이고, 후자의 경우는 일종의 "전도된 심리학"으로서 인간이 주관적으로 상상해서 투사한 모습이 오히려 원인으로 또는 기원으로 둔갑한 것이라고 해야 할 것이다.

다윈의 진화론이 아니라도, 생명 종의 본래 모습이 어디에 어떤 시기에 있었던 것일까? 진화론을 믿을 수 없다는 사람들에게 물어보자. 그러면 당신의 본래 모습 또는 소크라테스의 본래 모습 즉 이데아가 먼저 있는가? 원본이 먼저 있다는 생각과 마찬가지로 모든 종에는 각각의 본래 모습이 있다는 생각은 '생성'에 대한 성찰보다 '존재'를 원리로 삼는 사고에서 나온 것으로밖에는 생각할 수 없다. 진정한 사유는 생명체의 생성 과정이라는 과거의 시간을 거슬러 올라가 사태를 보는 것이다. 지구의 변형(생성)도 마찬가지이다. 오랜 시간에 걸친 지각 변동으로 아프리카 대륙과 아메리카 대륙이 떨어져 나왔다고 보아야 하는 것이다. 19세기 말에는 1백만 년 전에 생명체가 생겨났다고 생각했으나, 생명에 관한 진화론의 발달로 20세기 초반에는 수십억 년으로 거슬러 올라갔고, 중반에는 25억 년 전, 후반에는 35억 년 전에 이미 원핵세포가 존재했다고 여겨지고 있다.

 이른바 자연의 제일성=균일성(uniformity)은 주지주의가 심은 순환 논증의 오류라고 베르그송은 보았다. 생명은 진화하고 또한 사물들도 지구도 나아가 우주도 끊임없이 변화한다. 생물학의 발달로 생명체의 변화와 생성을 탐구하게 되면서, 그 귀결로 인간의 변화와 생성에 대한 성찰이 뒤따른 것이다. 인간의 본성, 즉 인간의 자연(la nature de l'homme)도 변화하였고, 그리고 인간의 의식도 변하는 것이 아니겠는가? 이 의식의 변화를 그 내용상 들여다보면 그것은 기억의 문제와 연결된다. 이에 대해 사유한 역사학을 이어 심리학과 인류학이 등장한 것은 19세기 말이다. 이 학문들 상호간의 연결에 의해, 인간이 기술 문명을 발전시키고 각각의 문화를 창달해 온 과정을 탐구하게 되었다.

 '존재에서 생성으로'라는 주제는 인간의 의식 또는 자아의 변화라는 주제로 이어진다. 바로 여기서 베르그송의 고민이 등장한다. 의식으로서 인간, 즉 자아는 경계가 있는가? 일상에서는 분명히 신체를 지닌 자아에 경계가 있다. 그런데 사유하는 자아에는 경계가 있다고 하기 어렵다. 활동하는 의식은 생성·변화 중이기에, 경계가 없는 즉 페라스(peras=limit/boundary)가 없는 아페이론(apeiron)이다. 플라톤을 오래 연구한 박홍규는 소크라테스와 달리 플라톤이 아페이론의 불완전성을 버리고 페라스(규정, 결정성=determinacy)를 세우려는 철학을 한 데 비해, 베르그송은 페라스를 버리고 아페이론(무규정, 비결정=indeterminacy)에서 출발했다고 한다. 아페이론으로부터, 즉 생성/변화/운동으로부터 철학을 다시 시작해야 한다고 봄으로써 베르그송은 기존 주지주의에 반대하여 직관, 내재성, 생명성, 공연성(co-extension)의 철학을 제시한 것이다.

 간단하게 살펴보았거니와, 19세기는 여러 과학들이 고정성에서 운동성으로, 사회의 고착성에서 관계의 확장성으로 이동하는 사유의 시기였다고 말할 수 있다. 베르그송이 산 시대는, 형이상학적으로 "존재에서 생성으로", 진화론적으로는 "원본에서 이질적 진화로" 옮아간, 닫힌 질서의 벽을 뚫고 새로운 공동체의 열린 방식으로, "정태에서 운동으로" 이행한 사유의 변환 시대일 것이다. 베르그송은 지속의 사상을 펼칠 수 있는 행운의 시대에 태어났다. 그러면 철학사를 뒤집어 보면서 전도된 심리학을 바로잡으려는, 결정성에서 시작하기보다 비결정성으로부터 시작하려는, 밖에서보다 안에서부터 출발하려는 베르그송의 사유의 변화 과정을 구체적으로 따라가면서 인간 본성의 세 가지 측면을 추적해 보자.

베르그송과 새로운 인간관

베르그송은 1859년 파리에서 유대계 폴란드 출신 아버지와 아일랜드 출신 어머니 사이에서 태어나, 2차 세계대전시 독일 점령 하의 파리에서 1941년 패혈증으로 세상을 떴다. 그는 19세기 말과 20세기 초에 사회문화적, 그리고 철학적 변전의 세기를 살았던, 당대의 가장 유명한 서양 철학자들 중의 한 사람이다.

일반적으로 베르그송의 철학은 공간에 대비되는 시간의 철학, 형상에 대비되는 생성의 철학, 닫힌 도덕과 종교에 대비되는 열린 도덕과 종교의 철학으로 알려져 있다. 그의 주요 개념들을 보면, 첫째로 지속(la durée) 또는 기억(la mémoire), 다음으로 생명(la vie) 또는 생성(le devenir), 마지막으로 공연적(coextensif) 또는 확장(l'extension)이 있다. 개념상으로 보면 서로 관련이 없을 것 같지만, 베르그송 사상에서는 서로 내재적으로 밀접한 연관 속에 있으며, 이러한 세 갈래 구별은 그의 철학적 발전 과정이기도 하고, 철학사에서 중요하게 제기되었던 문제들을 풀어가는 과정이기도 하다.

게다가 그는 이 세 가지 개념-갈래들에 맞게 주요 저술들을 차례로 썼다. 첫째의 것으로 『의식에 직접 주어진 것들에 관한 시론』(1889)과 『물

프랑스 파리 팡테옹에 놓인 베르그송 기념비 "앙리 베르그송. 1889~1941. 그 작품과 생애를 통해 프랑스와 인류 사상의 영예를 드높인 철학자"

질과 기억』(1896)을, 둘째 것으로『창조적 진화』(1907)를, 셋째 것으로는 『도덕과 종교의 두 원천』(1932)을 썼다.

철학자는 언제나 시대의 아들이다. 시대를 넘어서는 철학자는 없다고 본다. 가령 플라톤은 소크라테스의 고민을 당대의 기하학으로 풀어보려고 했으며, 데카르트는 새로이 등장한 갈릴레오 갈릴레이(Galileo Galilei, 1564~1642) 물리학을 새로운 좌표('데카르트 좌표')로 풀어보려고 했으며, 칸트는 뉴턴 물리학의 만유인력 법칙을 순수이성의 틀을 통해 설명하려 했다. 베르그송도 마찬가지였다. 그는 19세기 전반에 여러 학문들이 제기한 다양한 문제를 고민하면서 하나의 과학이 아니라 여러 과학들이 동원되어야 함을 느낀 철학자로서, 수학의 새로운 방법, 물리학의 변형, 심리학의 발생, 생물학의 도입, 사회와 문화에 대한 새로운 관점들을 아우르는 작업을 했다.

베르그송이 태어난 해에, 독일에서는 현상학의 창시자인 후설이, 그리고 미국에서는 윌리엄 제임스의 실용주의를 잇는 도구주의의 주창자인 존 듀이(John Dewey, 1859~1952)가 태어났다. 또한 같은 해에 독일의 수학자 게오르크 리만이 교수 취임 논문에서 비유클리드 기하학이 무-모순임을 선언했으며, 다윈이 생물의 진화를 설명한『종의 기원』을 발표했으며, 프랑스에서 의사인 폴 브로카(Paul Broca, 1824~80)가 "파리 인류학회"를 설립했다. 수학, 생물학, 인류학, 그리고 미래를 여는 방식에 대한 고민이 19세기 후반에 개화한 것이다. 철학사에서 19세기 중반이 중요한 것은 베르그송이 말한 대로 이 시기가 철학사가 겪은 세 변곡 중의 한 변곡이었기 때문이다. 그 세 변곡 시기 중 하나는 하늘의 시대로서 이데아를 중요시한 플라톤이 있었으며, 다음은 하늘의 이념을 지상으로 내린 데카르트의 시대였다. 그리고 세 번째는 이 지상의 현상으로부터 내부로 들어가서 파악한 19세기 전반이었다. 이런 흐름을 철학적으로 새롭게 개념화한 것이 베르그송이었다. 19세기 초에는 산술학과 기하학이 단위의 내부로, 물리학과 화학이 원자 속으로 들어갔으며, 생물학은 형성된 생명체 속으로 즉 과거로 들어갔다. 그리고 사회학, 심리학, 정치경제학, 인류학에서도 내재성에 대한 논의에서 주체성에 대한 반성이, 즉 자아에 대한 성찰이 이루어졌다. 한마디로, "존재에서 생성으로" 이행한 사유의 질적 변환 시기였던 것이다.

내재성의 형이상학: 안(dedans)으로부터

그러나 유럽 사상사에서 베르그송 사상이 그보다 앞 시대의 철학과의 완전한 단절을 의미하는 것은 아니다. 물론 베르그송은 어린 시절부터 랍비 아래에서 공부했던바, 그리스적 전통에서의 정적이고 분석적인 것보다 유대 전통에서의 동적이고 공감적인 생각에 더 가까웠을 것으로 볼 수도 있다. 하지만 그 역시 다른 프랑스 철학자들과 마찬가지로 그리스 사상과 유대–기독교 사상 속에서 가장 기본이 되는 인간(자아), 세계(대상), 이상(신, 사회, 종교)에 대한 관심으로부터 사유를 출발시켰다. 이는 동서양을 막론하고 인간의 본성을 해명하려는 철학자들에게 공통된 것이다. 그는 고대 철학과 근대 철학도 인간의 자유 그리고 세계에 대한 인간의 활동을 다루고 있다는 것을 부정하지 않았다. 게다가 인식과 실천의 근본으로서 완전한 원리 또는 절대적 주체로서의 신에 관한 관심을 평생 지니고 있었다. 그러나 그에게 신은 움직이고 변화하며 전개하는 신이며, 그래서 그는 그 변화의 안(dedans, 내부)으로부터 시작하려고 한 것으로 보인다. 고대의 형이상학적 관점이나 근대의 인식론적 관점이 세계를 외부에서부터 분석하고 종합하는 것인 데 비해, 그는 인식적인 관점들이 사물 그 자체의 안에서부터 출발하여 발생하는 것으로 보았다는 것이다. 이를 흔히 '초월적'(transcendent) 관점과 대비되는 '내재적'(immanent) 관점이라 한다.

그의 형이상학은 두 가지 측면에서 기존의 철학 담론과 차이가 있다. 서구의 전통에서 형이상학의 주요 과제는 우선 인간의 자유와 세계의 통일의 근거로서 신에 관한 것이었다. 전통에 따르면, 창조적 신이 먼저 존재하고 그가 세계를 만들고 인간을 만든다. 다른 한편, 신은 완전하고 자족적이기 때문에 자유롭다고 한다. 그러나 자연은 신의 창조물이 아니며, 또 신이 자족적이라면 새로운 무엇인가를 만들 이유가 없지 않을까? 그래서 근대 철학자들은 중세의 전통을 거부하면서, 인간이 신의 의도를 이어받거나 신으로부터 부여받은 능력을 잘 발휘하면 자유로워질 수 있다고 생각했다. 그러나 베르그송은 이런 사고방식의 근원을 따지고 들어가 봤을 때, 신과 자유에 대한 이런 식의 이해는 경험에 입각한 담론이 아니며, 순수 논리에 의한 담론 즉 정의(定義)를 먼저 내리고 그에 맞추어 설명하는 것일 뿐이라고 말한다. 무(無)와 정지를 먼저 가정한 것이 전통 철학의 오류이듯이, 신을 먼저 가정한 점도 부당전제의 오류에 해당한다고 본다. 관점을 거꾸로 하면 신도 생성해 가고 있는 과정이라는 것이다.

다음으로 베르그송은 세계를 포함하는 대상에 관해서, 서양 근대 철학이 인간 중심적이고 이기적인 담론을 전개하여 인간이 대상을 마음대로 재단하여 다룰 수 있다는 것을 전제로 하고 있다고 보았다. 이것은 플라톤주의 이래로 신칸트 학파에까지 이르는 주지주의적 사고방식에서 비롯한다. 사물을 임의적으로 분할하고 조립하여 다루듯이 생명체도 그렇게 다룰 수 있다는 생각인데, 이는 착각을 넘어서 기만이라는 것이다.

이런 맥락에서 베르그송은 특히 인간이라는 대상을 마음대로 조작하고, 다시 반복적으로 실험하여 다룰 수 있는지를 자문했던 것이다. 어떤 인격에서도 동일한 반복은 없다. 인격성은 스스로 생성하면서 자신을 발전시키고 확장하는 방식으로 나아간다. 그래서 인격을 지닌 인간이란 주체와 대상을 구별하고서 대상에 대한 주체의 지배를 정당화하는 담론이 생각하는 것과는 달라야 한다고 보았다.

이상의 여러 면들을 볼 때, 베르그송에게서 중요한 것은 결국 지속하며 변화하는 인격을 지닌 인간 본성이다. 인간을 주제로 삼아, 자유로운 인격이 무엇이고 어떻게 탐구해야 할지를, 인류가 어떻게 발전해 왔는지를, 그리고 사회 공동체에서 어떻게 살아가야 하는지를 풀어보려고 한 것이 베르그송 사상이다. 베르그송의 사유는 사상의 흐름과 발전이 평생 일이관지(一以貫之)하고 있다. 여기에는 플로티노스와 스피노자의 영향이 크고, 삶의 단순성을 강조하는 한에서 스토아 학파의 영향도 작용했다.

인간 본성에 관한 담론에 들어가기 전에, 베르그송의 생성존재론이 지닌 특성에 대해, 그 존재론적, 인식론적, 언어-기호적 측면에 대해 간단히 설명하고 넘어가야겠다. 먼저 베르그송은 형이상학의 기반이 무가 아니라 존재라는 점을 강조한다는 점에서는 고중세 철학과 같아 보이지만, 그 존재가 고중세 철학에서처럼 움직이지 않는 자족적 존재가 아니라 움직이는 역동적 존재이며 열려 있는 존재라는 점, 즉 생성이라는 점에서 다르다. 이 존재는 동적 흐름이며, 생명체의 의식도 외부의 실재세계도 마찬가지로 흐름이다. 이미 지속하고 있는 존재를 기반으로 한다는 점에서, '흐름 즉 존재', '자연 즉 흐름'이라는 의미에서 그의 철학을 '질료형이상학'(material metaphysics)이라 부를 수 있다. 이 흐름 또는 유동(역동성)을 베르그송은 자기의 팽창과 수축으로, 자기가 긴장하고 이완하고 생성하고 전개하는 과정을 겪는 것으로 파악한다. 이런 과정에서 물질과 의식의 타협체인 생명체가 생겨나고, 의식 자체는 직관과 지능으로 분화한다. 인식의 이중성을 근대 철학의 두 속성에 비추어 말한다면, 지능의 인식은 물질성을, 직관의 인식은 생명성을 향한다는 점에서 인식의 두 방향 또는 경향이라 부를 수 있다. 베르그송에게서 더 중요한 것은 내적 실재성으로, 자아든 외적 실재성으로서의 세계든 항상 유동하는 동적 존재, 보다 정확하게는 현존이라는 것이다.

그런데 철학사에서는 개념을 정립하는 과정에서 동적인 세 가지 현존들이 세 가지 명사로 파악되어 그 결과 우리에게 익숙하게 되었다고 그는 말한다. 사실 이것도 지능적 사고(주지주의)의 심각한 잘못이라는 것이다. 움직이는 동사를 명사화하고('존재'), 색깔 등과 같은 성질을 명사화하고('붉음'), 그리고 끊임없이 변형하는 생물체도 명사화('호랑이')하여 고정하는 것이 문제이다. 움직이고 변화하고 변형하는 중에 있는 인격성에 하나의 꼬리표(un signe=a sign)를 붙여서 철학하는 것은 진정으로 철학하는 것이 아니라는 것이다. 다시 말하면 진행 과정 중인 인격을 꼬리표 또는 조각들을 모아서(종합) 하나의 통일성으로 조립하는 것은 지속하고 있는 인격에 대한 직관과는 질적으로 다르다는 것이다. 이런 반박은 허버트 스펜서(Herbert Spencer, 1820~1920)의 진화론이 부분들에서 복잡성으로 진행하는 결합을 설명하는 것에 대해, 내재적 **단순성의 지속**이라는 측면에서 제시한 반론이기도 하다. 또한 스펜서가 의식의 발전이 요소들의 결합이라고 본 것에 대해, 의식의 내재적 발전과 **다양한 분화**라는 측면을 강조하기도 했다.

이제 마지막으로 베르그송의 전 작품을 일별해 보면, 우리는 처음부터 끝까지 하나의 사상이 관통하는 것을 느끼게 된다. 저 흐름이라는 질료의 실재성으로부터, 즉 실재 자체 안으로부터 생명과 의식이 발생하여, 진화의 긴 우여곡절을 겪고서 기억을 지닌 인격성이 만들어지는데, 이 인격이 만든 사회는 다른 생명체가 만든 집단과 다르다는 것이다. 인격성의 공동체에서 태어난 인간 각자가, 아직은 과정 중이지만 스스로를 최고의 훌륭함(부처, 신)으로 만들 수 있다는 생각이다. 인간이란 생명

회오리 베르그송은 의식의 단순성과 확장을 『창조적 진화』에서 회오리에 비유하였다. 회오리 전체는 단순한 하나의 덩어리이지만, 그 끝은 무한히 퍼져나가는 형상을 띤다. 기억도 마찬가지이다. 기억의 총체는 단순한 하나이나 그 확장은 거의 무한하며, 다양한 발현으로 증거한다. 이 단순성을 플라톤주의자처럼 다른 것이 없는 것으로 생각해서는 안 된다. 삶(생명)도 단순하다. 그러나 그 삶(생명)의 발현은 여러 가지로 표출된다. 비유적으로 회오리의 마지막 원주를 이루는 각각의 점을 상정한다면 그 점들이 생명의 종들이고, 인간 종의 경우라면 70억의 인구 각각이다.

의 긴 과거를 바로 뒤에 유성의 꼬리처럼 달고서 미래를 향해 가는 현존(existence)이기 때문이다. 그것은 과거의 총체를 안으로 지니고 끊임없이 미래로 향해 나가는 인격이다. 사실상 20세기 후반에 와서야 생명체의 과거 또는 내부를 알려는 탐구가 진행되었으며 지금도 조금씩 발견의 과정을 걷고 있다는 생각이 든다. 베르그송은 이런 노력으로 '내부에서' 일어나는 경험의 "정확성"을 잘 서술하고 또 올바른 "문제 제기"로부터 시작하는 것이 철학이라 한다. 이 철학은 "경험의 형이상학"이며 실증의 형이상학이라 할 수 있다.

인간 본성의 세 가지 측면

베르그송의 새로운 철학 또는 새로운 형이상학은 먼저 칸트의 '형이상학의 불가능성'이라는 테제를 극복하고자 하는 노력에서 나왔다. 이것이 시대적으로 중요하다. 게다가 베르그송이 초기 작품을 발표하던 시기에 프랑스에서는 신칸트 학파가 주류를 이루고 있었는데, 이에 대한 베르그송의 대결의식이 작용하기도 했다. 거기에 덧붙이자면, 그의 철학은 영국의 경험론과 관념 연합(association of ideas) 심리학을 계승한 스펜서 진화론에서의 시간 개념과 불가지론을 비판하면서, 또한 19세기 말의 세기말적인 사조와 겹친 쇼펜하우어의 염세주의 철학에 대항하면서 전개되었다. 스펜서의 철학은 공간적 사유에 머물러 시간 지속의 의미를 배제했기에 진정한 진화론에 이를 수 없었다는 것이며, 또한 쇼펜하우어 유(類)의 비관주의도 극복되어야 한다는 것이다. 자아의 자유와 새로운 인류성의 실현을 제시하려는 베르그송 철학은 낙관주의적 성격을 갖는다. 이런 배경 하에서 시간 "지속"과 "생명의 약동"을 설파하였다.

칸트는 『순수이성비판』의 「둘째 분석」에서 오성에 의해 형성된 판단의 총체를 세 가지 선험적 이념(transzendentale Idees)으로 만드는 상위 통합의 원리를 생각해 냈다. 원리상으로는 현상들을 모으지만, 사실상으로 진상 또는 물 자체에 근거하는 이 세 가지 이념은 인식의 통일 원리로서 **자아**(영혼), **세계**(우주), 그리고 현상의 총체성을 표현하는 **신**이라는 이념, 즉 이상(das Ideal)이라 했다. 이 세 가지 이념들에 관련해 원리의 부당한 사용 때문에 착각 또는 오류가 생긴다. 그래서 형이상학은 성립이 불가능하다. 이에 대해 베르그송은 새로운 형이상학의 성립 가능 근거를 '이성'보다는 '총체적 경험'에서 찾고자 한다. 베르그송은,

1) 칸트의 선험적 오류 추론에 대한 대안으로서 **심층자아**를 제시한다.

2) 세계에 대한 안티노미에 대해서 우주 발생론으로서의 **생명자아의 발생론**을 제시한다.

3) 순수 이성의 이상에 대해서는 **열린 공동체**의 실현을 갈망한다.

첫 번째 심리자아의 존재론적 근거를 밝히는 것은 『의식에 직접 주어진 것들에 관한 시론』과 『물질과 기억』에서이고, 생명자아의 발생론적 진화와 창조를 설명하는 것은 『창조적 진화』에서이며, 금기와 미신에서 벗어나 새로운 공동체를 성립할 수 있는 실천자아의 행위에 대한 노력 방향을 제시하는 것은 『도덕과 종교의 두 원천』에서이다.

인간 본성에 대한 물음에서 칸트는 인간은 무엇을 아는가, 무엇을 행위해야 하는가, 무엇을 원하는가(욕망하는가), 즉 인간이란 무엇인가를

탐구했다. 이에 비해 베르그송은 세 가지 방향의 탐구를 위하여 『정신적 에너지』(1919)에서 "우리는 어디서 왔으며, 우리는 무엇이며, 우리는 어디로 가는가"라고 묻는다. 베르그송의 목적은 생성하고 생활하고 다음 (미래)을 가늠하는 인격에 대한 탐구인 셈이다. 베르그송 사유는 인격적 삶에 대한 담론, 즉 그 공동체 내에서 자유롭게 사는 인간에 대한 경험 철학의 담론을 전개한 것이다. 이런 방향에서 베르그송의 인간 본성의 사상을 알기 위해 세 가지 관점을 주목할 필요가 있다.

1) 첫째, 심리자아의 성립에 관한 것이다. 베르그송이 심리자아의 실재성을 설명하는 것은 『의식에 직접 주어진 것들에 관한 시론』에서이다. 철학사적 성찰을 통해서, 그는 자아는 공간적으로 파악되는 것이 아니라 시간(지속) 속에서 파악된다고 생각한다. 이 자아의 실재성에서는 내면에 있는 심층적 자아가 그 본성이라고 한다. 표면의 자아의 불연속과 달리 심층의 자아는 연속적이다. 이 실재성을 지닌, 구체적이고 살아 있는 존재는 변화하며 지속적이고 불가역적인(irreversible) 존재이다. 사람들은 지속을 공간적으로 잘못 파악하여, 마치 의식적 사실들이 숫자처럼 공간상에 나열될 수 있는 것으로 오해한다. 의식 자체는 질적 다양체 (qualitative multiplicity)이다. 즉, 숱한 요소들로 이루어져 있지만 그것들이 원자들처럼 서로 떨어져 있는 것이 아니라 상호 침투해서 연속체를 형성하고 있다. 심층자아란 이런 엉켜 있는, 상호 침투적인 다양성의 흐름이기 때문에, 운동과 마찬가지로 분할 불가능하다. 이런 심층 존재를 순수 지속이라 한다. 이는 내면의 깊이에서부터 지속하며, 현재 속에 과거를 보존하면서 미래에 개입하는 실재성이다. 이 실재성이 곧 의식(의식 총체)이며, 베르그송은 이를 '대양'(大洋)에 비유한다. 의식 또는 지속이라고도 부르는 이 심리적 존재가 존재론의 근원이다. 이 존재는 플로티노스처럼 은유적으로 태양이라고 부를 수도 있고, 스피노자처럼 자연 즉 신(Deus sive Natura)이라고 말할 수도 있다.

이 실재성이 존재론적이라는 것은 자아에 한정된 것이 아니라 우주

자체와도 같은 뿌리라고 보기 때문이다. 베르그송은 물질의 총체인 우주도 비가역적이고 지속한다고 본다. 왜냐하면 우주의 생성 변전도 되돌릴 수 없다고 보기 때문이다. 이 변화하는 존재의 현존은 우주에서든 의식 있는 존재에서든 이질성으로 이루어져 있고, 변화하고 운동하면서 존속한다. 우리는 우주 전체의 변화를 단번에 알 수 없지만, 우리 자신의 의식의 내부를 성찰하면서 느끼며 살아간다. 의식 있는 자아(인격)가 변화하고 운동하고 있음을 우리는 직접적으로 즉 "무매개적으로"(immédiatement) 인식하고 있다. "무매개적"이란 의식적으로 알려 함으로써 아는 것 이전에, 의식은 신체와 더불어 진행하고 있다는 점을 부정할 수 없다는 것이다. 누가 살아 있는 자신의 내부에서 예컨대 피나 분비액이 작동하고 있다는 것을 (의식하지는 않더라도) 부정하겠는가. 살아 있는 이 내재적 존재의 일체(실재성 일체)가 자기 현전으로서 드러남이 바로 인격이며, 이것은 분할할 수 없이 일체로서 현실에서 이루어지고 있다.

이런 의미에서 존재의 현전 일체는 심리(psychê, 영혼) 문제이다. 실재하는 존재는 부동의 즉자적 존재가 아니라 운동하는 심리 존재이다. 이것이 생명 있는 실재의 존재론적 의미이다. 이 존재는 스스로 지속하며 변화한다는 점에서, 자기에 의해 자기 생성한다는 점에서 "근원적 자유"이다. 이처럼 베르그송은 심리적 실재를 통해 인격의 자유를 구해 내려고 했다.

한 걸음 더 나아가, 베르그송은 『물질과 기억』에서 인격 내부의 내용에 대해 해명하고자 한다. 인격의 심층에는 과거의 추억들이 쌓인다. 이 추억들 일체를 통해서 기억은 없어지지 않는다고 한다. 이에 대한 논란은 많지만, 의식의 부분들은 없어지는 것이 아니라 사용되지 않기에 망각된다는 점은 일반적으로 받아들여지고 있다. 즉, 단지 우리가 현실에서 미래와 더불어 지각하고 사유하고 활동하는 관심에 따라 그 일부만 나올 뿐이라는 것이다. 사람들은 과거의 추억들이 마치 서랍 속 물건들처럼 층층이 정돈되어 있을 것이라고 생각하는데, 베르그송은 여러 실증적 심리학의 검토를 통해 또는 정신병리학의 성과들을 통해 이를 반박한다. 기억들은 깊이 들어갈수록 엉켜/상호 침투해 혼용되어 있으며 유동적이다. 이것이 의식의 본래적 특성이라는 것이다.

그런데 의식이 현재 단면 또는 점으로 보이는 것은, 의식이 다양하게 내보이는 것을 사람들이 현재라는 측면으로 분할해서 공간적으로 파악하기 때문이다. 베르그송에게 현재는 두께를 지니고 지속하는 흐름이며, 점으로 또는 부분으로 환원할 수 없다. 이처럼 인격이란 과거를 뒤에 달고서 솟아나는 "역능"(puissance)으로서 미래를 잠식하면서 현재를 부풀려가고, 회오리가 커져가듯이 확장하는 것이다. 기억의 총체적 작동은 인격의 작용하는 역능처럼 미래에 행동으로 나아간다. 이러한 인격은 자기를 구현해 나가는 과정이다. 그러면 이 기억의 총체가 자연의 전개 또는 생명의 진화에서 어떻게 표현되는 것일까?

2) 둘째는 발전자아의 성립에 관한 것이다. 개체적으로 심층자아에 이어서 발전자아를 다루는 것은 진화론과 연관이 있는 『창조적 진화』에서이다. 종 자체에 내재한 의식 내용을 탐색하면서 개인의 심층자아가 인류라는 종의 차원에서 발전적이고 확장적인 길을 걸었다는 것을 밝히고자 하는 것이다. 베르그송 자신도 심층의 원초적으로 작동하는 역능을 개체의 차원에서 종의 차원으로 넘어가서 설명할 필요를 느꼈다. 심층적 자아가 존재론적으로 실재성이라는 것과 그 내용적인 측면에서 기억이라는 것을 내세웠을 때, 사람들은 심층의 무의식과 기억의 무-소멸에 대해 이의를 제기하면서 신비적이라 비판했다. 베르그송은 수와 공간을 추론의 극한에서 아는 것도 직관인데 이것을 신비적이라고 한다면, 심층자아와 기억을 무매개적으로 파악하는 것도 직관이므로 이것 역시 신비적이라 할 수 있다고 응답한다.

사실 두 직관은 전혀 다른 차원의 직관이다. 전자의 직관이 상층의 관념적이고 초월적인 직관이라 한다면, 후자의 직관은 자연적이고 내재적인 직관이라 할 수 있다. 그러면서 베르그송은 자연적이고 내재적인 깊이에 대해 무엇인가를 설명해야 할 때가 되었다고 생각했다. 때마침 1901년부터 돌연변이설이 나오면서 유전에 대한 논의가 활발해졌다. 그는 당시 알려진 진화론에서는 생명체의 종이 자체에 맞는 합목적성을 지니지 못한다는 것과 요소들의 결합으로는 기계론적 설명을 할 수 없다는 것을 지적하면서 시작한다. 간단히 말해 목적론과 기계론은 생명을 근원적으로 파악하지 못하고, 결과를 먼저 보고 또는 이미 만들어진 것들로부터 출발해서 생명체를 설명했다는 것이다. 이것은 결과를 시초 앞에 두는 본말전도라는 것이다. 간단히 말하면 알려진 최초의 단세포의 어디에 그런 목적이 있고 또 이런저런 종이 나와야 한다는 것을 거기서 어떻게 찾을 수 있느냐는 것이다. 생명 종들이 긴 진화의 역사 속에서 눈덩이처럼 커짐에 따라 의식은 자기 **분화**를 해서 여러 갈래의 생명체들을 만들었다는 것이다.

어쨌거나 이 긴 진화의 과정 속에서 여러 갈래 중의 한 갈래의 끝에 인간이 성립했다고 할 수 있다. 의식의 분화에 따른 생명체의 다양성, 생명 일반에서 생명의 자기 생성과 자기 확장, 개별 생명체에서 과거 기억의 연속적 내재성은 부정할 수 없다. 생명의 원초적 추진력(la poussée originelle)에서부터 의식, 기억, 생명은 같은 외연을 가진다(co-extensive). 여기서 생명의 '동연성'(同延性)은 공간의 '동연성'과 단어는 같지만 전혀 다른 의미라는 것을 덧붙여야겠다. 그 원초적 도약에서부터 분화에 분화를 거듭해 개체의 인식이 생성(형성)했다고 보아야 하기 때문이다. 그 인식의 형성은 각 종마다 다르다. 예를 들어, 진화된 소가 내재적 인식이 없다면 태어나자마자 어떻게 먹는 풀을 인식하겠는가라는 것이다.

베르그송은 인간의 신체에 내재하는 본능도 지능만큼 중요한 인식이라고 한다. 인간에게서 지능이 물질성을 파악하는 쪽으로 향했다면, 본능은 내재성을 무매개적으로 인식하고 있다는 것이다. 그래서 지능이 한계에 부딪힐 때, 본능이 다시 등장하여 새롭게 인식 능력을 갖추게 하는데, 이것을 베르그송은 직관이라 한다. 직관은 지능과 마찬가지로 인식이며, 이 직관의 도움으로 베르그송은 심층자아의 내용의 깊이를 생명 일반에까지 확장할 수 있었다. 모든 생명체는 생명의 시작에서부터 '원초적 추진력' 즉 '생명의 약동'(élan vital)을 같은 뿌리로 가지고 있었고, 우여곡절의 긴 과정을 겪은 것이 생명의 기억이라는 것이다. 그 기억 총체의 발달 과정에서 인간은 다른 종과 달리 대상에 대해 행동하는 반성적 지성을 발달시킨 동시에, 자신의 내재적 의식의 근원적 흐름을 파악하는 직관도 지니고 있다. 그는 이 두 가지 인식 능력을 자연의 두 질서에 대한 파악 능력이라 보았다. '온-자연'(la Nature)은 흐름인데 압축과 이완을 거치면서 생명체들을 만들었고, 진화의 기나긴 과정을 거치면서 인간이 나왔고, 이 과정에서 두 가지 인식 능력을 지닌 인간은 하강하는 물질성과 상승하는 생명성을 이중적으로 파악하고 있다는 것이다. 이러한 이유로 베르그송은 인간이라는 본질이 먼저 있다는 생각에도, 지능이 선천적이거나 초월적인 것을 안다는 생각에도 반대한다. 선천성과 초월성을 인정하는 주지주의적 입장은 존재를 무로부터 창조된 것으로 보거나 운동을 부동으로부터 추론하는 오류를 범하고 있다는 것이다.

베르그송이 생성자아로의 이런 전개 과정에서 이렇게 주지주의적 오류와 그것의 순환논증의 오류를 지적한 것은 매우 중요하다. 이 지적은 당시의 신칸트주의나 진화론들이 자신들도 모르게 고대 철학의 동일율의 원리 속으로 빨려 들어간다는 것을 잘 보여주기 때문이다. 베르그송에 따르면, 동일율의 원리에 따른 자연이 있는 것이 아니라, 이질성의 흐름들로 된 자연이 원초적 근원으로 있다. 이 근원에서부터 질적 다양성의 일정하고 다발로 된 생명성들이 여러 갈래의 생성과 발전의 길을 걷고, 그 한 갈래에서 인간 종이 고유한 발전적 자아의 길을 가고 있다는 것이다. 이렇게 다양하기 때문에, 각자의 고유성을 인정하는 "평등"을 주장할 수 있기도 하다. 그리하여 여기서 새로운 사회 형성의 계기를 발견할 수 있다.

3) 셋째로, 실천적 자아는 삶의 영역에서의 행위에 관한 것이다. 심층에서 표면으로 나와서 각자의 고유성을 인정하는 토대 위에, 인간과 인간 사이의 외적 관계에서 일어나는 행동과 양식을 다루는 것은 『도덕과 종교의 두 원천』에서이다. 이 제목에서 '두 원천'이라는 개념은 베르그송 사유 전반을 요약하고 있다. 한마디로 하나의 원천은 주지주의 또는 형상형이상학에서 출발하는 것이고, 다른 하나는 내재주의 또는 심층형이상학에 근원을 두고 있다. 베르그송은 이 주제를 두 가지 차원, 즉 도덕과 종교의 차원에서 다룬다.

먼저 그는 도덕의 차원에서 실천적 행동에 대해 서술한다. 인간이 일반적으로 자연적이라는 것은 사실상 오랜 습관적 행위에 따르는 것이고, 진정으로 자연적이라는 것은 생명의 원초적 도약을 따르는 것이라 하여 구별한다. 전자에서는 인간이 자연에 대하여 자기 생존을 유지하기 위해 사회를 형성하고 그 생존에 맞게 행위규범을 만들었는바, 그 규범에 종속되어 고정적이 되었다. 사회를 유지하기 위해 "금지" 또는 금기라는 규약에 따르는 것이 도덕적이라는 것이다. 그러나 주지주의적인 정언명법은 마땅히 해야 한다고 하지만, 그렇게 행위하는 것만이 인간의 삶은 아니다. 예를 들어 맡긴 것은 반환해야 마땅하다고 하지만, 미쳐서 돌아온 자에게 그가 맡겼던 칼을 반환하는 것이 옳은 행동이겠는가. 잘 들여다보면, 자연적이라는 표현도 인간의 지능이 제도로서 고착시킨 것이다. 동양의 '무위자연'에서도 자연이란 자연의 내재성으로부터 출발하는 것이라기보다, 도덕적 고착성에서 벗어나 자연스럽게 행위함에 근거하는 것이라고 볼 수 있다. 베르그송은 이런 식의 제도의 고착성에 또는 오랜 과정에서 생긴 억압에 저항하는 것이 진정한 삶을 사는 것이라고 보았다. 고착적이고 정태적인 삶은 생명 확장의 유연성과 창조성을 가로막기 때문이다. 인간이 긴 진화 계열의 한 끝에 이르러서, 이제 막 자연의 손아귀에 벗어나 자기 스스로 사회와 공동체를 만들고, 자율적이고 자유로운 인격을 실현할 수 있는 "행동하는 역능"을 발휘할 때가 되었다는 것이다. 이런 실현을 위해 노력하는 자는 인간의 심층에 또 생명의 내재적 약동에 귀를 기울여 행동을 한다. 심층과 생의 약동에 맞게 노력하는 인격은 역사상 드물었지만, 그래도 관습의 저항을 극복한 도덕적 영웅들 특히 소크라테스와 같은 이가 있었기에 인간은 시대를 넘어서 그들을 따른다. 즉, 각 개인의 인격은 심층과 자연 내재성을 잘 발현하려고 공동체 속에서 노력할 때 완성되는 것이다.

개인의 자아실현은 혼자서 할 수 있는 것이 아니라 공동체 속에서 다른 사람들 즉 인류와 함께 이루어야 할 이상이다. 이상은 종교성(la religiosité)이기도 하다. 즉, 자아의 실현은 인류성이라는 이상의 실현 없이 이루어질 수 없다는 것이다. 이 공동체의 이상을 추구하는 데는 생명적이고 내재적인 합일, 즉 종교적 합일이 필요하다. 왜냐하면 도구 제작 능력인 지능은 사회라는 조직을 분할 또는 해체하는 기능도 하고, 또한 그 속의 개인의 능력을 무기력하게 하기도 하고, 나아가 불시의 위험과 위협을 방어하는 데 개인은 무력하기도 하기 때문이다. 그래서 인간은 막연하게 응집으로서의 조직을 갈망하는데, 이런 조직화의 응집력을 베르그송은 '정태적 종교 사회'라 한다. 이런 사회는 관습 유지를 위한 기복적 신앙을 추구한다. 여기에는 자연에 대한 반작용이 있을 뿐, 생의 도약에의 열망도 없고, 개인과 개인 사이에 심층의 공감도 없다. 하늘나라에서 평등을 주장할 수는 있겠지만, 현존하는 인격의 실현 및 완성과는 거리가 멀다. 그래서 근원적으로 같은 뿌리에서 출발하여 상호 침투하는 내재적 힘의 총합으로서 영혼을 지닌 자는 생명 전체와 자신의 불가분의 관계를 깨닫고서, 자아의 완성만큼이나 인류성의 실현을 위해서도 행동한다는 것이다. 이런 행동으로 나아가는 자는 질적 다양성의 내재적 통일성과 더불어 공동체의 유대를 이어가는 상호 이해와 자비 또는 사랑을 통해 공동체를 실현하려는 자다. 이를 새로운 인격자, 즉 신비주의자라고 한다. 그의 행동이 일관되게 실현되었을 때, 그 실현을 쾌락을 넘어서는 환희라고 부른다. 이 환희는 주지주의자들이 초월자에 합일하여 향유하는 것과 달리, 실제 현실에서 이루어지는 환희이다. 이런 공동체의 실현은 힘들이고 공들여서 이루어지지만 그를 위해 노력하는 자는 매우 드물다. 베르그송의 견해로는, 인간은 자연의 손아귀에서 벗어났기에 스스로 이런 행동을 할 수 있는 능력, 즉 고등 능력이 있다. 증기기관과 원동기를 발명함으로써 이제 노동에만 매여 있지 않고 여가를 가지면서 공동체를 이룰 사유를 할 수 있는 시기에 이르렀다고 보는 것이다. 이때에 이르러 많은 사람들이 노예 상태에서 벗어나 인민으로 등장하고, 그리고 대혁명을 이룰 수 있었다. 이 인민들이 도덕적 금지와 종교적 미신에서 벗어나 진정한 주권을 행사하는 민주주의를 실현하려고 한다.

그런데 걱정이 있다. 지능이 과도하게 발달한 나머지 인간이 편안만을 열망하여 안락과 사치에 빠지고 심지어는 최음(aphrodisiaque) 사회를 만들고 만다고 베르그송은 말한다. 그러나 이에 저항하여 생의 도약을 따르고, 생명적 자연의 단순한 삶을 열망하는 것 또한 인간이라 한다. 베르그송은 이 이중적인 열망에서 소박한 삶이 최음 사회를 극복할 것이라 낙관한다. 왜냐하면, 지능의 분할보다 직관의 지속이 더 생명적이기 때문이다. 이를 약간 변형하면, 소박한 삶을 열망하는 이들이 51퍼센트이고 기술 발달에 의지해 편안을 추구하고 욕구하는 이들이 49퍼센트 정도의 비율이면 그럴듯한 사회가 아닐까.

"작용할 역능"을 실현할 시대

인간의 자아가 심층의 혼융에서 표면의 발전으로, 그리고 관계의 확장으로 나아간다는 베르그송의 낙관적인 관점은 매력적이며 선도적이다. 그에 따르면, 인간은 '심리자아'의 현존, '생명자아'의 전개, 인류애를 행하는 '실천자아'의 구현으로 나아갈 것이다. 이 자아의 자기 형성으로 이루어진 공동체에 신비적인 의미가 있다는 것을 베르그송은 부정하지 않았다. 그러나 인간은 직관과 지성을 상호 보충할 수 있는 것처럼,

평등과 자유 사이의 상보관계 또한 알고 있다. 그렇기 때문에 그는 인간이 스스로 생의 충만을 실현할 수 있다고 보았다. 형상형이상학에 치우칠 경우에는 이미 주어진 목적과 규정된 완전을 미리 상정하기 때문에, 원리와 규율이 인간에게 강제와 지배를 행사한다. 이 이론의 배경에는 항상 인민을 비천하게 여기면서 지배하고 조종하려는 태도가 있다는 것이다. 그래서 무력과 권력을 사용하면서도 금지와 환상으로 자율적 인간 의식을 조종할 수 있다고 믿는다. 이 형상형이상학에도 저세상이라는 신비주의가 있다. 억압의 삶 다음 죽어서 가는 저세상에 자유와 평등이 있다는 것이다. 이 신비주의를 강요하는 곳에서는 인민을 억압하기 위해 총과 대포를 수단으로 하는 전쟁도 나타난다. 이에 비해 생성의 형이상학에서는 개인의 자아의 실재성을 깊이 파악하고, 나아가 생명의 실제 진화에서 얼마나 많은 생명체의 노력이 있었는지를 깨달음으로써, 그리고 현재 실천하고 있는 노력이 그 선상에 있는지를 항상 자문함으로써, 사회라는 공동체에서 자기의 실현과 인류성은 불가분의 관계에 있음을 알게 된다. 한 사람이 아픈 것은 모두가 아픈 것이라는 것, 분할이라는 것 자체가 이미 고통이고 질곡이라는 것을 깨달을 수 있다. 새로운 삶의 방식을 만드는 것은 인간이 누릴 수 있는 최고의 환희일 것이다. 이 점에서 자연 속에서 자연이 나아가는 방향과 함께 일관되게 산다는 것은, 즉 원초적 생의 도약과 같은 길을 현실에서 실현한다는 것은 진정한 삶의 실현일 것이다. 아마, 베르그송이 마지막 구절에서 말하듯이, 그것은 인류가 신들이 되는 것일지도 모른다. 인간이 자연과 내재적 지속 속에서 합일하는 것은 인성을 실현하는 것이기도 하고 진정한 행복을 실현하는 것이기도 하다.

베르그송에 있어 인간 본성의 세 측면을 잇는 힘은 인간에게 작용하는 초월적 기능이나 신의 섭리가 아니라, 인간 속에 함께 내재하는 어떤 것(역능)이다. 그리고 이 역능은 특별하게 태어난 인간에게만 기대할 수 있는 것이 아니라 누구에게나 기대할 수 있는 것이다. 왜냐하면 그 본성(자연)은 인간 종 전체에 관통하여 내재하는 '그 무엇'이기 때문이다. 그것은 사유의 표상도 아니며, 외적 대상도 아니다. 이것은, 인격성이라 부르든, 본성의 역능이라 부르든, 생성 원리라 부르든 간에, 인간 본성이 스스로 자기를 실현하려는 노력과 같은 것이다. 그 무엇은 이질적이고 충만한 전체이며 지속하는 것이다. 유한한 인간으로서는 그것을 '완전하게' 인식한다는 것이 불가능(inconnaissable)하지만, 우리는 그 속에 내재함을 "무매개적으로" 느끼고 있다. 물론 그것을 직관하는 것은 '어렵고 힘들며' 노력을 요구한다. 그 무엇은 어떤 초월적 지지점도 없는 것이지만, 그 누구에게도 내재하는 어떤 '도약하는 힘'이다. 이 힘은 인류의 공감 즉 인류애를 실현하려는 "작용하는 역능"이다.

인간이 행복을 추구하는 노력은 '그 무엇'에 대해 감지하고, '그 무엇'의 경향에 합일하고, '그 무엇'과 동화하고 공감하면서 형성하는 과정이라고 할 수 있다. 베르그송의 사유를 따라가 보면, 그가 처음부터 세 자아를 일관성 있게 밀고 나가며, 이것들에 대한 철학의 정확성을 위해 새로운 문제 제기의 기본틀로서 제시했다는 것을 확인할 수 있다. 그리고 이 세 가지 측면에 대한 올바른 규명을 통해 '진솔한 인격성의 형성', '인간의 행복한 삶', '인류애의 실현'을 추구하고 성취할 수 있음을 발견할 수 있을 것이다.

인간의 본성이란

철학에서 특히 베르그송 철학에서 바라본 인간은 스스로 자기의 문제를 해결해 나가려는 노력 중에 있는 즉 생성 중에 있는 실존(l'existence)이다. 그러면 20세기를 지난 지금도 이러한 사유는 따라갈 만한 것인가?

그런데 실증 과학들도 끊임없이 발전하고 새로운 발견을 한다. 그래서 철학 또한 실증적 사실에 부합하는지를 생각해 볼 필요가 있다. 다시 말하면 지금까지 철학사에서 다루어온 존재, 의식, 생명, 공동체를 다른 관점에서는 어떻게 사유하는지를 살펴보는 것도 의미가 있다고 생각된다. 우리는 서두에서 19세기의 생물학을 얼핏 보았지만, 21세기에는 어느 하나의 학문이 아니라 여러 학문이 맞물려서 인간의 정체성 또는 인격성을 설명한다. 이는 학제 간 상호 연결이 매우 활발하기에 가능하다.

우선 인지 발달과 기억 이론 쪽을 보면, 베르그송과 마찬가지로 자아 또는 인간의 의식은 확장되어 간다고 한다. 언어 연구에서는 언어가 단순 의성어와 모방을 거쳐서, 협약과 검증의 논리를 넘어선 후, 상상을 서술하는 단계에 이르기까지 분화를 거듭하며 발달한다고 본다. 이러한 다양화의 과정은 언어 활용에서만 볼 수 있는 것이 아니라 두뇌의 신경물질(뉴런)의 생산과 시냅스의 연결방식에서도 실증적으로 찾아볼 수 있다는 연구가 계속되고 있다. 이에 비해, 하나의 통합된 언어가 근원에 있었다고 보는 가설도 있고, 두뇌에 언어를 담당하는 회로가 있다고 보는 쪽은 좀 더 깊이 들어가 유전자 속에 언어 담당 유전자가 있다고 하기도 한다. 21세기에 들어 언어 위치화 이론과 언어 확장론의 관계는 대립 관계라기보다 상보 관계로, 인류라는 종이 진화하면서 지금까지 어떤 종과도 다른 단계에 이르렀다는 점에 동의하는 것으로 보인다. 1960년대 후반부터 끊임없이 연구되어 온 신경물질의 생산과 역할에 대한 연구에 의하면, 인간의 두뇌는 불완전하게 태어나 초기에는 10퍼센트 정도만 움직이다가 점점 회로와 활동을 확장해서 (16세에 거의 완성된다고 하기는 하지만) 평생에 걸쳐서 회로의 정확성을 만들어간다고 한다. 말하자면 평생을 배우고 익히면서 새롭게 자아를 형성하고 정체성을 확립한다는 것이다. 이런 점은 신경생리학자와 진화생물학자도 공통으로 인정하고 있다. 게다가 기억 이론과 기억의 질병 연구자들은 기억상실이 일어나는 뇌의 부분이 있다는 것을 인정하지만, 그 기억상실을 상쇄하려는 신경물질의 생성과 이동 방식은 (아직 해명되지 않았지만) 여전히 중요하다는 점을 인정한다. 이 점에서 기억의 총체성은 생명과 함께 공연적이라는 베르그송의 주장은 형이상학적이지만 그래도 음미해 볼 만한 것이다. 인간 두뇌에 비해 용량이 4분의 1 정도인 원숭이는 인간으로 취급하지 않지만, 불의의 사고로 뇌의 4분의 3을 잃게 된 환자는 완전히 죽기 전까지 여전히 인간이라는 점에 과학자들도 동의한다. 여기에서 윤리적인 문제를 개입시켜 다루는 사람들과 뇌의 많은 부분의 훼손이라도 전체 훼손의 일부일 뿐이라고 보는 사람들 사이에서 윤리와 생명에 대한 과학적 또는 철학적 논의는 아직도 진행 중이다.

인류학은 미래에 대한 비결정론에 관심을 두기보다 과거 인류의 진화 과정에 관심을 두고 있다. 베르그송의 창조적 진화나 다윈의 진화를 확장하려는 노력은 20세기 후반에도 있었다. 그런데 인간은 실험의 대상이 아니기 때문에 관찰을 하는 수밖에 없다. 그런데 한 인간을 관찰하는 데도 한 세대 이상이 필요하다. 그래서 오래 걸리기도 하고 아직도 가설적이다. 게다가 베르그송의 생명 약동이 형이상학의 가설 정도로 여겨지지만 그래도 실증적이고 구체적인 데 비하여, 다윈 진화론의 최적 적응과 자연 선택 이론은 인간의 생활 또는 문화의 양태를 설명하는 데 부족하다. 인간 종은 다른 종들과 달리 문화를 익히는 데 어린 시절의 많은 시간을 보내야 하며, 그리고 새로운 문화를 창조하기 위해 많은 노력을 기울인다는 점을 부인할 수 없다. 그러면 고고인류학적으로 긴 문화에 대한 적응은 다윈이 말하는 형질의 변화를 이루어 유전되어 변하는가? 여기에 이견들이 있다. 어떤 이는, 유전자 1퍼센트의 변화가 고릴라와 인간을 갈라놓는 데 중요하듯이, 문화적 활동에서 생기는 신경물질의 미묘한 변화도 새로운 문화 공동체를 형성하는 중요한 계기가 된다고 주장한다. 덧붙여 인간에 있어서 성(性)을 생식의 양식이 아니라 문화의 한 양식으로 보는 시각도 있다. 문화의 발전 또는 진화는 발전자아의 확장으로 보인다. 새로운 기술 발명에서도 서술언어의 확장에서도 지금까지의 종차와 1퍼센트 정도 다르지만, 이 차이는 매우 커서 현생 인류에게서는 새로운 문화의 시작이며 문화의 다양성과 더불어 확장 중이라 한다. 진화적 또는 확장적 자아로서 인간이 본성을 총체적으로 바꾸는 과정에 있다고 보는 시각도 있다. 이런 의미에서는 미세한 변화가 삶의 전체에 영향을 미쳐서 새로운 길을 개척할 수 있다는 베르그송의 사유가 여전히 유효하다고 할 수 있다. 장 디디에 뱅상(Jean-Didier Vincent, 1935~) 같은 프랑스 신경생물학자는 형이상학을 믿지 않지만, 뇌가 활동하는 것 이상의 것이 있다는 점을 부정할 수 없다고 한다. 스티븐 제이 굴드(Stephen Jay Gould, 1941~2002) 같은 진화생물학자는, 통섭을 주장하는 에드워드 윌슨(Edward Wilson, 1929~)과 달리, 종이 하나의 방향으로 진화하기보다 이것저것 불협화음으로 종합하다가 우발적으로 새로운 인간 종이 생겼다고 한다. 이런 의미에서 인간이란 아직도 비결정적이다. 그럼에도, 인간은 스스로를 만들어가는 과정을 알아차리고 있는 유일한 종이라는 점에는 대부분이 동의한다. 형이상학적으로 말하자면, 자연이 자기 생성의 과정을 가는데, 그 과정에서 인간은 스스로에 의해 스스로가 만들어져가는 과정을 탐구하는 현존이라는 것이다.

결국, 인간은 자연 속에 살면서도 자연을 변형시키고 있고 또 변형된 자연에 의해 영향을 입고 사는 현존임이 분명해 보인다. 이 자연의 변형은 우리가 사회 또는 문화라고 하는 영역이다. 인간뿐만이 아니라 모든 생명 종들은 **자연**이라는 존재가 이루어가는 **총체적 부정적분**에서, 다시 말하면 이들이 어떻게 종합되는지는 아직 알 수 없을지라도 끊임없이 발산과 수렴의 과정을 걷는 속에서, 각각 그 갈래들 중에서 한정된 **부분집합**을 만드는 중이다. 즉 각 종은 각자의 방식에 따라 생성 또는 소멸 중이다. 이제까지 인간은 자연의 총체적 적분의 파편들을 지각할 수 없었지만, 이제는 놀라운 인식적 노력과 정보의 축적으로 파편들을 연계하여 간접체험을 하는 현존이 되어가고 있다. 19세기 후반만 해도 생명의 역사를 1백만 년으로 가정하는 것조차 이상한 일이었으나, 20세기 중반에 이르러서는 정보 기술의 발달에 힘입어 세포의 발생 시기를 35억 년 전으로 추적할 수 있었다. 철학자 미셸 세르(Michel Serres, 1930~)는 인간이 자연의 엄청나게 느린 속도를 매우 빠른 속도로 거슬러 올라가서 시간을 따라잡는다고 한다. 세르는 "베르그송의 지속(la durée) 개념이 한 세기 만에 형이상학에서 실용으로, 창조적 진화에서 진화의 창조자로" 바뀔 정도로 지속에 대한 탐구가 실증적이고 구체적으로 변했다고 전한다. 들뢰즈 식으로 보면 시간의 주름과 다시−주름잡기인데, 세르는 인간이 자연의 과정을 체험의 시간으로 바꾸어서, 기나긴 기억 속으로 들어가 인간이 지닌 자연(la natrure, 본성)을 파악하고, 그러고 나서 하나의 문화(la culture)를 만들었다고 한다. 그는 인간을 "시간을 뛰어넘는 존재"라고 한다. 물론 베르그송의 형이상학적 지속은 시간을 압축하거나 늘리는 것이 아니고, 분할 없는 적분적 총체로서 지속이다. 그런데 세르가 말하는 시간은 베르그송의 '지속하고 있는 시간'을 부분적으로 체험할 수 있다고 보는 것 같다. 베르그송의 발상은 지구의 생명 종 나이 35억 년을 계산하는 데 그치는 것이 아니라, 그 과정을 여러 단계들을 따라 또는 종의 다양성의 가지들을 따라 추적하면서, 기억의 총체로서 과정의 변화와 진화를 다룰 수 있는 현존이 바로 인간이라는 것이며, 이는 놀라운 사실이 아니냐는 것이다.

실증 과학이 내부로 또는 과거로 돌아가서 그 기억의 총체를 체험 관계로 정리할 수 있다고 여기는 것은 당연할 것이다. 그럼에도 인간의 지위는 사실상 베르그송 식으로 보면 자기의 정체성을 만들고, 또 자신을 변화시키면서 새로운 삶의 터전에서도 자기를 만들어가는 실존이다. 자연이 자기에 의한 자기 생성의 과정이라면, 인간은 어느 진화 시점에선가부터 그 과정에서 자기에 의한 자기 생성을 위해 노력하는 현존이다. 자연에서 문화로 바뀐 환경에서 인간의 진화 방식이 달라진다는 견해가 있다고 하더라도, 그 환경 자체의 원인이 이제는 인간이다. 자기완성으로서의 인격성은 인간이 홀로 만드는 것이 아니라, 자연 속에서 자연과 더불어 만들어가는 것이라는 것, 인간은 공동체 속에서 문화를 만들면서 살아간다는 것은 여전히 유효한 사유이다. 사회와 문화라는 측면에서 보면, 인간이 자기 생성 과정에서 만들어보았고 또 만들고 있는 사회는 인간이 인격성을 만들고 행복을 추구하는 영역이다. 소크라테스가 개인의 정의를 국가라는 차원으로 확대해 보자고 한 것은 단순히 검증과 논증을 위한 것이라기보다, 개인이 공동체와 더불어 인격성 즉 인간 본성의 실현으로 나아갈 수 있다는 생각에서였을 것이다. 베르그송의 세 가지 인성론은 본성의 실현을 세 가지 측면에서 증거했다고 보아야 할 것이다.

| 참고할 만한 책 |

— 한국철학사상연구회, 『인간을 이해하는 아홉 가지 단어』, 동녘, 2010.
— 파스칼 피크 외 2인, 배영란 옮김, 『인간이란 무엇인가』, 알마, 2009.
— 프란시스 외스타슈, 이효숙 옮김, 『우리의 기억은 왜 그토록 불안정할까』, 알마, 2009.
— 베르나르 뒤종, 김성희 옮김, 『인간의 유전자는 어떻게 진화하는가』, 알마, 2012.
— 실비 그뤼스조프 외 10인, 이효숙 옮김, 『정체성: 나는 누구인가』, 알마, 2013.

베르그송의 저작들 중 한국어로 번역된 것은 다음과 같다.
— 최화 옮김, 『의식에 직접 주어진 것들에 관한 시론』, 아카넷, 2001.
— 박종원 옮김, 『물질과 기억』, 아카넷, 2005.
— 정연복 옮김, 『웃음』, 세계사, 1992.
— 황수영 옮김, 『창조적 진화』, 아카넷, 2005.
— 송연진 옮김, 『도덕과 종교의 두 원천』, 서광사, 1998 또는 김재희 옮김, 지식을 만드는지식, 2013.
— 이광래 옮김, 『사유와 운동』, 문예출판사, 2012.

인간관을 둘러싼 오늘날의 사상들을 이해하기 위해서는 다음 문헌들을 보는 것이 좋다.

— 플라톤, 박종현 옮김, 『플라톤의 국가·정체』, 서광사 2005.

— 에픽테토스, 김재홍 옮김, 『엥케이리디온』, 까치, 2003.

— 스피노자, 황태연 옮김, 『에티카(윤리학)』, 비홍출판사, 2014.

— 장 자크 루소, 이환 옮김, 『에밀(인간 혁명의 진원지가 된 교육서)』, 돋을새김, 2008.

— 미셸 푸코, 『성의 역사』(전 3권), 나남, 2004. (제1권 『앎의 의지』, 이규현 옮김/제2권 『쾌락의 활용』, 문경자 옮김/제3권 『자기에의 배려』, 이혜숙 옮김)

— 질 들뢰즈·펠릭스 가타리, 김재인 옮김, 「제10장, 1730년: 강렬하게 되기(생성), 동물 되기(생성), 지각 불가능하게 되기(생성)」, 『천 개의 고원』, 새물결, 2001.

제4장
무의식의 발견 : 정신의 계보학

유충현

"시작은 미약했으나 그 끝은 창대하리라." 『구약』에 나오는 이 구절은 20세기 벽두에 출간된 책 『꿈의 해석』(1900)에 가장 딱 들어맞는 표현이 아닐까? 출간 당시의 미미한 반응[1]에 비하면 현 시점에서 이 저작이 갖는 영향력은 실로 엄청나다. 반증 가능성이나 임상 효과에 대한 과학(의학)계의 비판을 인정하더라도 인문, 예술, 대중문화 전반에서 정신분석의 위상은 상당히 높다.

이처럼 들뜬 분위기 속에 지그문트 프로이트의 발견과 성찰들이 다소 과장되거나 미화되었을 가능성을 배제할 수 없다. 따라서 우리는 여기서 거품을 좀 걷어내고 차분한 눈길로 무의식의 발견 과정을 살펴볼 것이다. 결론부터 말하면 무의식은 어느 한 사람이 어느 날 갑자기 발견한 것이 아니며, 엄밀히 말해서 프로이트가 그것을 발견한 것도 아니다. 무의식은 땅속 깊이 묻힌 고대의 유물과도 같아서 그것을 발견하기까지 무

---

1 『꿈의 해석』은 출간 후 6년간 총 123부가 팔렸고, 초판 800부가 다 팔리기까지 8년이란 세월이 걸렸다. 이러한 반응은 다윈의 『종의 기원』에 대한 폭발적 관심에 비하면 아주 초라한 것이었다.

129

척이나 오랜 세월이 필요했다. 먼저 의식의 발견 과정을 거쳐야 했다. 이 점에서 데카르트의 '코기토(생각하는 나)'가 없었다면, 무의식의 발견은 가능하지 않았을 것이라는 자크 라캉(Jacques Lacan, 1901~81)의 말을 곱씹어 볼 필요가 있다.

> 프로이트의 행보는 확실성의 주체를 토대로 해서 출발한다는 점에서 데카르트적이다. (…) 데카르트의 행보와 프로이트의 행보가 수렴하는 지점이 있다.[2]

그러니까 라캉의 말은 의식과 무의식은 동전의 양면과도 같아서 데카르트가 의식/주체를 발견했을 때 그 이란성 쌍둥이인 무의식도 함께 발견되었는데, 데카르트가 그것을 알아채지 못했다는 말이다. 따라서 우리는 무의식의 발견을 논하기에 앞서 의식의 역사를 먼저 살펴볼 필요가 있다.

서양 고중세의 '영혼' 개념

의식이 중요한 의제로 떠오른 것은 근대였지만, 우리는 고대 그리스에서 '영혼'(psychē)이라는 이름으로 그것의 맹아를 발견할 수 있다. 프쉬케는 어원상 '숨결'이라는 뜻으로 생명을 가리켰고, 따라서 모든 생명체에 통용되었다.(식물적 영혼, 동물적 영혼) 이것에 '정신'이라는 새로운 의미를 부여한 이가 소크라테스다. 절대적 진리는 없고, 개인이 진리의 기준이라고 떠들던 소피스트들에 맞서기 위해서 소크라테스는 진리가 실재하

---

2 자크 라캉, 맹정현 옮김, 『세미나 11: 정신분석의 네 가지 근본 개념』, 새물결, 2008, 60~61쪽.

며, 인간은 영혼을 가졌기 때문에 이를 인식할 수 있다고 주장했다. 여기서 영혼은 불멸의 존재이고 애초에 참된 세계에 있었기 때문에 영혼을 지닌 우리는 알아야 하는 모든 것들을 이미 알고 있었는데, 지상에 내려와 몸이라는 용기(容器)에 갇히면서 모두 다 망각하게 되었다. 그러나 소크라테스는 잊었다고 진리가 없어진 것은 아니며, 누구든 기억만 해내면 진리를 다시 인식할 수 있고 또 마땅히 그래야 한다고 주장한다. 이것이 '상기설'(想起說)이다.

이처럼 영혼은 천국(영원과 완전함)에 오르는 계단과도 같은 것이었다. 이로부터 인간을 구성하는 두 요소(영혼과 육체) 중에서 영혼의 우월성이 전제되기 시작하고, 영혼은 인간을 인간답게 만드는 중요한 요소가 되었다. 그런데 영혼이 완전에 이르는 길이라면, 그것은 무엇보다 통일된 것이어야 했다. 소크라테스가 지덕합일설을 주장한 이유가 바로 여기에 있다. 다양한 덕들이 존재함에도 그것들이 공유하는 본질적인 것은 앎(知)이고, 이는 영혼을 통해 가능하다는 말이다. 이처럼 본질에 대한 인식을 강조하는 사유를 '형이상학'이라고 하는데, 그것은 당시 잦은 전쟁과 참주(僭主)들의 등장으로 심신의 고통이 극심했던 시대에 정의와 같은 근원적인 것을 찾으려 한 대중의 갈망에 부응하는 것이기도 했다. 그러나 한편으로 신적 완전함에 도달하려는 '오만'으로 인해 인간의 비극이 시작된다고도 할 수 있다. 소포클레스의 『오이디푸스 왕』은 스핑크스의 수수께끼를 풀 만큼 지적으로 출중한 오이디푸스가 결국 그 오만함으로 인해 파멸하는 이야기를 그린다. 이는 아테네 철학자들이 주장하는 영혼의 능력이 아직 신(/운명)의 힘과 맞설 정도는 아니라는 의미가 된다.

영혼에 대한 논의는 플라톤의 '이데아'와 아리스토텔레스의 '에이도스'를 거치면서 그 폭과 깊이를 더했고, 이후 심신 이원론, 도덕적 진리(지=덕=행복), 이성중심주의가 서구 정신사에 깊이 뿌리박는다. 그러나 로마가 무너지고 기독교가 자리를 잡으면서 철학은 거의 빈사 상태에 처하게

오이디푸스와 스핑크스 스핑크스는 보통 사람의 얼굴에 사자의 몸을 한 형태로 묘사된다. 이는 사자 숭배와 관련이 있는 것으로 시대에 따라 모습에는 차이가 있다. 이 그림에서는 날개가 달려 있다.

된다. 왜냐하면 철학은 도그마라는 토양에서는 자랄 수가 없기 때문이었다. 흔히 이 시기를 암흑의 중세라고들 한다. 암흑을 상징하는 단적인 예는 중세를 대표하는 군주 샤를마뉴 대제가 문맹이었다는 사실이다. 당시를 조명할 문헌도 없었고, 도로·도시의 미발달로 인해 상호교류가 없는 폐쇄적 삶을 영위했던 촌락민들은 이름도 없는 이들이 많았다. 그런 까닭에 중세 초기(대략 400년~1000년)를 암흑기라고 수식하는 것은 별 무리가 없어 보인다. 기독교 교리에 의해 인간은 신의 창조물임에도 불구하고, 신을 저버린 죄 많은 존재로 전락하게 된다. 따라서 인간에 대한 성찰은 별 의미가 없고, 사유는 오직 신의 존재를 증명하는 것이거나 신의 섭리를 이해하는 한에서만 의미를 갖는다. 이해보다는 믿음이 중요한 시대가 온 것이다. 중세에 인간은 자신이 누구이며 또 어떻게 사는 것이 옳은가에 대해 따로 생각할 필요가 없었다. 신이 모든 것을 창조[기획]했고, 신의 말씀에 따라 살면 그것이 올바른 삶이었기 때문이다. 중세 철학에서 자연에 대한 인식은 부차적인 것이었고, 자연 너머에 있는 초월적 존재(신)에 대한 인식이야말로 본질적인 것이었다. 따라서 모든 앎은 신의 계시와 섭리를 이해하는 데 도움을 주는 한에서만 의미가 있었다. 생각은 신과 신을 대리한 성직자가 하는 것이니 너희는 그저 믿고 따르라!

다만 중세 초기에도 이 글의 주제와 관련해 반드시 언급해야 할 이가 있는데, 그가 아우구스티누스(Augustinus, 354~430)다. 그는 인간이 영혼(anima)을 통해 신을 인식할 가능성에 대해 말한다. 그가 말하는 영혼은 소크라테스(/플라톤)의 영혼(/이데아)과 대동소이하지만, 그는 특별히 영혼의 자기인식 능력을 강조한다. 왜냐하면 신이 영혼 안에 거주한다고 보기 때문이다. 따라서 영혼은 외부 대상에 대한 인식에 치우치기보다는 자기 내면을 향해야 한다는 것이다. 이는 얼핏 보기에 근대의 반성적 의식과 유사해 보인다. 그런데 신은 인간 영혼의 내면보다도 더욱더 깊은 곳, '내면의 내면'에 머물기 때문에 신을 만나기 위해서는 믿음이 있는 영혼을 기억해야 한다. 아우구스티누스는 『고백록』에서 기억을 다음과 같이 형상화한다.

> 내 기억의 넓은 들과 동굴과 깊이를 들여다볼 때 나는 거기에서 무수한 종류의 것들이 한없이 간직되어 있음을 발견하게 됩니다. (…) 나는 이 모든 것들 사이를 이리저리 뛰어다니고 날아다니며 그들을 깊이 투시해 보려고 하는 것입니다. 그러나 그것들의 밑바닥은 보이지 않습니다. 기억의 힘은 그렇게 큰가 봅니다.[3]

기억을 광대무변의 심연으로 묘사하는 것은 현재의 무의식 개념과 너무도 닮았다. 신과의 만남이라는 진리 계시의 순간은 의식을 넘어선 곳에서만 가능하다는 점에서 이는 무의식을 선취하는 것이라고 할 수 있다.

중세 후기가 되면서 경험과 관찰을 통한 세속적 지식의 필요성을 인정하는 사람들이 생겨났다. 이들은 신학적 진리와 자연적 진리가 따로 존

---

3 아우구스티누스, 선한용 옮김, 『성 어거스틴의 고백록』, 대한기독교서회, 2003, 335~336쪽.

재한다고 생각했다. 토마스 아퀴나스는 이러한 믿음을 종합하여 새로운 학문적 흐름을 만들어냈다. 이른바 스콜라 철학이다. 스콜라 철학은 자연계에서 신의 존재를 증명하는 것을 목표로 했다. 이는 아리스토텔레스 철학을 기독교 교리에 접목하면서 가능해졌다. 아리스토텔레스에 따르면 사물은 형상과 질료[4]로 이루어져 있는데, 아퀴나스는 이것을 사물 안에도 신의 본질(/형상)이 내재한다는 것으로 해석했다. 달리 말하면 현실 세계에서도 얼마든지 진리가 가능하며, 현실 세계가 반드시 '악'이나 '거짓'만도 아니라는 것이다. 오히려 세속적 지식은 신의 기획을 더 상세하게 보여줄 수 있기 때문에 신을 제대로 이해하는 데 도움을 준다. 결과론적인 얘기지만 아퀴나스는 철학(/과학)을 기독교화하고자 했으나 오히려 기독교가 철학(/과학)화된 셈이었다. 역사는 무의식적으로 신앙에서 이성으로 이행해 가고 있었다.

서양 근대의 '의식' 개념

어원적으로 의식은 consciousness＝con＋science, 즉 함께하는 앎, 부대(附帶)하는 앎이다. 다시 말해서, 어떤 행위, 사고, 감정에는 항상 (자기) 의식이 동반된다는 뜻이다. 의식은 원래 유식불교[5]에서 말하는 제6식의

----

4 거칠게 말해서 책상을 예로 들자면, 책상을 만드는 재료가 질료이고, 책상을 책상이게끔 보이게 만드는 것을 형상이라고 할 수 있다. 우리가 무엇인가를 바로 그것으로 인식할 수 있는 것은 그 규정성을 통해서인데, 이런 의미에서 규정성이 형상이라는 말의 일차적 의미임을 알 수 있다. 그것은 한편으로 종(species)이며, 본질이기도 하다. 자세한 논의는 이정우, 『세계철학사 1: 지중해세계의 철학』, 도서출판 길, 2011, 393~399쪽을 참조할 것.

5 유식(唯識)은 '오직 마음'이라는 뜻으로, 외부의 대상은 오직 마음에 의해 나타난 것이라는 불교사상이다. 이를 잘 보여주는 이야기가 전해진다. 원효대사가 의상과 함께 도를 구하러 당나라로 유학길에 올랐다. 하루는 비를 피해 움집에 들어가 잠을 청했는데, 갈증이 나 깨어보니 마침 바가지처럼 생긴 것이 옆에 있었다. 거기에 고인 물을 단숨에 마시고는 맛이 참 달콤하다 여겼다. 그런데 아침에 보니 바가지는 온데간데없고 구더기가 득실대

번역어인데, 이는 오감에 관계하는 오식(안식, 이식, 비식, 설식, 신식)을 통합하는 것이다. 모든 감각은 의식을 통하지 않고는 인식될 수 없다. 잠자는 동안 소리를 들어도 감지할 수 없는 것은 의식이 활동을 멈추고 있기 때문이다.

의식은 다양한 학문 분야에서 시대에 따라 각기 다르게 정의되어 왔다. 그러한 정의들을 종합·정리해 보면 다음과 같다. 의식은 우리의 생각과 행동에 의미를 부여하고 감각을 질서짓는 정신 혹은 영혼이다. 그것은 자기를 구성하는 다양한 심적 힘들을 통합하는 원리이며, 우리는 그것을 통해 자신의 정체성을 획득하고 외부 세계와 관계를 맺는다. 그것은 인간에게만 고유한 것으로 이를 통해 인간은 단순한 감각을 넘어 참된 인식에 이를 수 있다.

근대를 이전 시기와 구분하는 가장 중요한 특징은 신으로부터의 풀려남이다. 그러나 이는 절대적인 것은 아니었다. 전면에서 배경으로 물러났을 뿐 신은 근대에도 여전히 영향력을 발휘했다. 어쨌든 신적 권위가 약화된 데에는 여러 이유가 있겠지만 과학혁명과 자본주의(그중에서도 출판자본주의)가 미친 영향이 컸다. 코페르니쿠스는 우주란 무한히 크기 때문에 따로 중심이 없다고 말했고, 갈릴레오는 이를 입증했다. 이로써 우주와 세계를 보는 관점이 뒤엎어졌다. 지구는 더 이상 세계의 중심이 아니었다. 현실을 성서에 꿰맞추려는 시도는 헛된 것으로 드러났다. 이런 "불온한" 생각들이 값싼 인쇄물에 담겨 대량 유포되기를 기다리고 있었다. 과학은 기술의 발전을 낳았고 기술의 발전은 발흥하던 자본과 결합해서 엄청난 물질적 진보를 가져왔다. 상품, 이윤, 시장을 중심으로 움직이던 근대는 현세에서의 쾌락을 인정하고, 셈법(수학)과 표준어(세속어)

는 해골이 굴러다니고 있지 않은가. 움집이라 여겼던 곳이 사실은 묘실이었던 것이다. 그것을 보고 나니 구역질이 났다. 이 경험을 통해 얻은 깨달음을 원효는 다음과 같이 표현했다. "모든 현상이 또한 식(識)에 기초한다. 마음 외에는 아무것도 없는데, 무엇을 따로 구할 것인가!"

의 발달을 재촉했다.

근대 철학의 비조라 불리는 데카르트가 수학자였다는 점, 자신의 저작들을 라틴어가 아닌 세속어로 쓰거나 번역했다는 점은 이 상황과 무관하지 않다. 데카르트가 보기에 이전 철학들의 토대는 관습적 의견이거나 교리에 불과한데, 이 토대가 과연 확실한 것인지 의심해 보지 않았다는 점에서 심각한 문제가 있었다. 따라서 데카르트가 보기에 전통 형이상학은 엄밀한 지식으로 인정하기 어려운 것이었다. 『성찰』에서 데카르트는 확실성의 토대를 얻기 위해 일생에 한 번쯤은 모든 것이 거짓이라고 의심해 보아야 한다고 주장했다. 그는 과장된 방식으로 모든 것을 의심해 본다. 자신의 신체, 심지어 신의 존재마저도 괄호 속에 넣고 의심을 해보는바, 귀류법에 의해 신 존재를 인정하다고 해도, 이 모든 상황에 전능한 악령이 있어 나를 기만하고 있다면 어찌할 것인가? 그러나 그 순간에도 기만당하는 나는 존재할 수밖에 없다는 깨달음을 얻는다.

> 우리가 의심하고 있는 동안에는 우리의 존재성을 의심할 수 없다는 것, 우리의 존재야말로 철학의 순서에서 맨 처음 있어야 하는 인식의 주체라는 것.[6] (『철학의 원리』, 185)

이로써 데카르트는 나의 존재의 근거가 신이 아니라 나의 사유이며, 인간은 자신의 사유능력만으로 참·거짓을 판단할 수 있다고 확언할 수 있었다. 데카르트는 이 과정에서 '생각'(의식)이야말로 그 자신에게서 분리할 수 없는 것이며, 자신에게 속한 것임을 깨닫는다. 나는 의식인 한에서만 존재한다. 그는 계속해서 "나는 무엇인가?"라고 물으면서 나란 "생각하는 것"이라고 답한다. 그런데 여기서 심각한 문제가 발생한다.

----

6 르네 데카르트, 소두영 옮김, 『방법서설/성찰/철학의 원리/정념론』, 동서문화사, 2007, 185쪽.

과연 코기토 명제에서 '생각하는 나'와 '존재하는 나'는 일치하는가? 이것을 달리 물으면 다음과 같다. 정신과 신체는 어떻게 상호 작용하는가? 주지하다시피 데카르트는 심(사유)·신(연장)을 각기 독립된 실체로 보았다. 실체는 그 정의상 자신의 존재를 위해 타자를 필요로 하지 않는 것이므로, 정신과 육체는 서로 무관하다는 것이다. 이 난점을 해결하기 위해 데카르트가 고안해 낸 것이 양자가 만나는 뇌 안의 특정한 부분(송과선)이다. 이 가설상의 부분이 심신 이원론의 맹점을 가려주며, 의식의 결손(꿈, 광기, 환각)을 신체 탓으로 돌리게 해준다. 그러나 이 문제는 의식의 명증성을 손상한다.

바뤼흐 스피노자(Baruch Spinoza, 1632~77)는 데카르트에 맞서 심신 평행론을 내세운다. 그에 따르면 정신[관념]은 언제나 자기 신체에 대한 관념이며, 이 때문에 자기 신체의 모든 변용들을 지각하지만 이 관념에는 대상의 본성과 자기 본성이 함께 존재한다는 것이다. 심지어 신체 상태를 더 많이 반영하고 있다.

> 우리들이 외부의 물체들에 관하여 가지는 관념은 외부 물체의 본성보다는 우리 신체의 상태를 한층 더 많이 나타낸다.[7]

거칠게 말해서 우리는 사물을 있는 그대로 볼 수 없고 자신의 감정에 따라 인식한다는 의미다. 그는 또한 『에티카』 3장에서 의식을 착각과 오류의 근원이라며 비난한다. 여기서 의식은 부적합한 인식, 그러니까 원인이 무엇인지를 알지 못하는 인식일 뿐이다. 따라서 의식은 진리가 아니라 오히려 착각, 특히 자신이 자유롭다는 착각을 만들어낸다.

데이비드 흄(David Hume, 1711~76)은 의식에 대한 이러한 의심을 끝까지 밀고 나간다. 그는 어떤 개인이나 사물을 아무리 관찰한들 '동일성'이

---

7 바뤼흐 스피노자, 강영계 옮김, 『에티카』, 서광사, 2008, 105쪽.

라는 감각자료는 발견할 수 없고 단지 시·공간적 인접 상태에서 유사한 지각들이 다발로 묶여 있음을 관찰할 뿐이라고 말한다. 따라서 인간의 반성적 의식은 허구라고 비판한다. 흄은 근대 과학의 토대인 인과법칙도 '습관'에 불과하며, 감각조차 지각되는 대상과 동일성을 확인할 수 있는 경험적 증거가 없다며 엄밀한 지식으로 인정하지 않았다. 이로써 데카르트의 의식주체는 산산이 부서졌고, 근대 인식론 전체는 심각한 위기에 빠졌다.

흄에 의해 '독단의 잠'에서 깨어난 칸트는 자기를 경험적 의식과 초월적 의식으로 구분한다. 칸트가 "내가 생각한다는 것은 나의 모든 표상에 수반된다"고 말할 때, 여기서의 '나'는 다양한 모습의 나를 하나의 동일한 나로 통합하여 의식할 수 있게 하는 것으로, 경험적 의식의 근저에서 통일성으로 작용하고 있는 초월적 자기의식이다. 그런데 이런 자기의식이 바로 자기인식으로 연결되는 것은 아니다. 왜냐하면 칸트에 따르면 자기의식은 '현상으로서의 나'에 대한 의식도 아니고 '물 자체로서의 나'에 대한 의식도 아니며, 단지 '나의 현존재'에 대한 의식으로서만 주어지기 때문이다. 그러니까 모든 판단, 가령 "사과가 빨갛다"에는 필연적으로 (나는) 사과가 빨갛다고 (생각한다)가 따라붙는다. 그러나 여기서의 나는 실재적인 것이 아니라 공허한 형식, 문법상 주어에 해당하며 따라서 생략해도 무방한 것이다. 따라서 자기의식으로부터 나의 실재를 추론하는 것은 오류라고 비판한다.[8]

이제껏 살펴본 바에 따르면 의식은 확실한 토대가 아니라 오히려 문제적 대상이 된다. 만약 주체로서의 의식이 우리가 생각하는 그대로의 것이 아니라면, 이 의식의 확실성을 과신해서는 안 될 것이며, 의식만이 나의 존재를 규정한다는 소박한 믿음은 포기되어야 한다. 결론적으로

----

8 이상의 내용에 대해서는 『문명이 낳은 철학, 철학이 바꾼 역사 1』 제2부 5장의 내용을 참조하라.

말하면 주체로서의 의식은 더 이상 존재와 의미의 척도가 될 수 없음이 밝혀졌다. 의식은 이제 무의식을 껴안으면서 자기에 대한 이해를 보완해야 할 것이다.

무의식의 발견: 프로이트 이전

의식이 깨닫지 못하는 감추어진 정신 활동이 있다면, 우리는 그것을 무의식이라고 부를 수 있을까? 만일 그렇다고 답한다면, 이 경우 무의식은 단순히 의식의 반대편을 의미할 것이다. 무의식이라는 용어가 처음 모습을 드러냈을 때, 그것은 대개는 '의식이 아닌 어떤 것'을 지칭했다. 프로이트의 무의식 개념에 익숙한 우리에게 이것은 무의식보다는 차라리 비-의식(non-conscious) 혹은 초자연적 의식이라고 불러야 옳은 것일 수도 있다. 어쨌든 프로이트 이전에 무의식이라는 단어의 용례는 의식의 '외부', '아래' 혹은 '넘어섬'이라는 맥락에서 사용되었다. 이렇게 무의식의 외연을 넉넉하게 잡으면 무의식의 역사는 생각보다 오래전으로 거슬러 올라간다.

앞서도 보았지만 아우구스티누스는 '내면의 내면'이라는 마음속 깊은 곳에 영혼이 존재하며, 이에 접근함으로써 의식을 초월하는 신과 접촉할 수 있다고 믿었다. 아퀴나스도 비슷한 맥락에서 이성으로 알 수 없는 초자연적 지식이 때로는 자연적 인식보다 우월한 가치를 지닐 수 있다고 보았다. 근대에 이르러 무의식 개념의 형성에 결정적인 이정표를 마련한 것은 고트프리트 라이프니츠(Gottfried Wilhelm von Leibniz, 1646~1716)의 '미세지각'(petites perceptions) 개념이다. 라이프니츠는 한 모나드(monad)에게 명석·판명하게 지각되는 것들 외에 애매·모호하게 지각되는 것들이 존재한다고 하면서, 그것을 '미세지각'이라 불렀다. 상식적인 예로서, 익숙한 음악을 들으면서 평소에 지각하지 못했던 트라이

앵글 소리를 듣게 되면 "어? 저 부분에 트라이앵글이 있었네" 하고 깨닫는다거나, 평소보다 훨씬 멀리에서 나는 소리까지 감지된다거나 할 때가 있다. 라이프니츠는 이런 상식적인 경우를 넘어 사실 모든 모나드들은 우주 전체를 지각한다고 본다. 그러나 각 모나드에게 명석·판명하게 지각되는 부분이 다 다르기 때문에 모나드들이 구분된다고 보았다. 다소 과한 형이상학적 상상력이 개입되어 있다고도 할 수 있지만, 라이프니츠의 미세지각론은 매우 흥미로운 사유로서 훗날 베르그송의 무의식 개념으로 이어지게 된다. 현대의 몇몇 철학자들이 칸트보다 라이프니츠로 거슬러 올라가려고 하는 것도 이런 맥락에서이다.

쇼펜하우어는 '삶을 향한 맹목적 의지'를 내세워 프로이트적 무의식을 예비하기도 했다. 그는 인간을 지배하는 비이성적 힘에 대해 말하면서 성(性) 본능이야말로 절대 거부할 수 없는 강력한 힘이라고 말했다. 토마스 만(Thomas Mann)은 쇼펜하우어와 프로이트 저작의 놀랄 만한 유사성에 대해 다음과 같이 지적한다.(물론 프로이트는 이를 인정하지 않았겠지만.)

> 그[프로이트]의 혁명은 그 내용에 따라서, 아니 도덕적 의도에 따라서도 쇼펜하우어의 그것과 얼마나 근접해 있는지요! '그것', 다른 말로 '무의식'이 인간의 영적 삶에서 맡고 있는 역할, 그리고 의식 및 영적 삶에서 무의식이 고전심리학에 대해 갖고 있던 엄청난 역할에 대한 프로이트의 발견은 쇼펜하우어의 의지철학이 이성 중심의 모든 철학에 대해 갖고 있던 불쾌한 자극과 거의 동일합니다.[9]

쇼펜하우어보다 결정적으로 현대적인 무의식 개념을 정립한 인물은 니체이다. 프로이트는 니체를 도달할 수 없는 경지에 오른 위대한 철학

----

9 토마스 만, 원당희 옮김, 『쇼펜하우어, 니체, 프로이트: 토마스 만 현대 지성을 논하다』, 세창미디어, 2009, 149쪽.

자로 인정했지만, 자신의 이론이 그에게 영향을 받지는 않았다고 강조했다. 니체는 직관을 통해 사유하는 철학자이고, 자신은 관찰과 실험을 통해 연구하는 과학자라는 것이다. 그러나 곳곳에서 프로이트의 이론과 니체의 사유가 중복되는 것은 부인할 수 없다. 니체는 본능의 억압을 통해 종교, 도덕이 발생하였는데 이것이 결국 허무주의를 비롯한 생리·심리적 질병을 유발한다고 보았다. 이는 프로이트가 말하는 신경증의 병인론에서 거의 동일하게 반복된다. 『비극의 탄생』 9절에는 오이디푸스 콤플렉스가 어느 정도 예시되어 있고, 삶 충동과 죽음 충동도 '아폴론적인 것'과 '디오니소스적인 것' 개념과 매우 유사하다. 『도덕의 계보』에서는 망각이 정신적 질서를 유지하는 데 중요한 역할을 한다는 내용이 등장한다. 이 밖에도 꿈에 대한 해석이라든가, 초자아의 가학성과 자아의 피학성 등등 니체는 정신분석의 주요 개념들을 직관을 통해 프로이트보다 먼저 알아냈다.[10]

미셸 옹프레(Michel Onfray, 1959~)는 프로이트가 철학자들, 특히 니체를 거부했던 이유가 아버지의 존재를 상징적으로 살해하려는 프로이트 자신의 이론과 상통한다고 주장했다. 그러니까 니체는 프로이트가 감히 오를 수 없는 이상적 자아와도 같아서 불안을 야기하는 존재라는 설명이다.[11]

그런데 사상가들이 무의식 개념을 독점한 것은 아니었다. 『무의식의 발견』의 저자 앙리 엘랑베르제(Henri Ellenberger, 1905~93)는 무의식이 발생한 배경으로 낭만주의의 영향을 꼽고 있다. "프로이트나 융의 개념들 중 낭만주의자들의 자연철학이 예기하지 않은 것은 거의 없"으며 "이 시대 무의식의 심리학의 특징으로 간주되는 개념들이 낭만주의자들의 작

---

10 프로이트와 니체의 유사성에 대해서는 이창재, 『정신분석과 철학』, 학지사, 2005, 10장 「니체와 프로이트」를 참조할 것.

11 미셸 옹프레, 전혜영 옮김, 『우상의 추락』, 글항아리, 2013, 72쪽.

품에 이미 스며들어 있었다"는 것이다.

낭만주의는 18세기 말, 계몽주의에 대한 반발로 발흥하는데, 낭만주의의 세례를 받은 시인, 예술가들은 창작을 하면서 이 무의식 개념에 탐닉했다. 문학에서 계몽(신고전)주의와 낭만주의의 차이를 살펴보면 다음과 같다. 먼저 18세기 계몽주의는 이성과 상식의 시대에 득세했다. 계몽주의에 따르면, 문학은 영구불변의 진실을 말해야 하는데 그것들은 이미 그리스·로마의 고전에 다 서술되어 있으니 작가의 임무는 그저 고전을 모방하고, 고전의 법칙들을 어기지 않는 것뿐이다. 여기에 독창성 관념은 끼어들 여지가 없으며 정해진 양식과 틀이 중요하다. 반면 19세기 낭만주의는 정치·경제적 혁명의 시대(프랑스 대혁명과 산업혁명)와 함께 도래했다. 낭만적(romantic)이라는 말에는 중세 로망스 문학이 갖는 거칠고 투박함과 현실에서 벗어난 엉뚱함이라는 뉘앙스가 담겨 있다. 시·공간적으로 멀리 떨어진 것을 동경하는 경향이 있으며, 과학-이성-기계-물질에 대비되는 감정-신비-체험-초자연을 선호했다.

새뮤얼 테일러 콜리지(Samuel Taylor Coleridge, 1772~1834)는 아편을 흡입하고 난 뒤에 영국 낭만주의 시문학을 대표하는 「쿠빌라이 칸」을 썼다고 한다. 이 시에서 감지되는 기묘한 분위기야말로 낭만주의가 무의식을 어떻게 형상화했는지에 대한 범례일 것이다.

> 쿠빌라이 칸 황제가 재너두에
> 웅장한 환락궁을 지으라고 명했노니
> 그곳에는 신성한 알프 강이
> 인간이 헤아릴 수 없는 깊은 동굴들을 지나 흘렀다
> 햇빛이 들지 않는 바다에 이르기까지
> 5마일의 두 배나 되는 비옥한 땅이
> 성벽과 탑들로 빙 둘러싸여 있었다.[12]

낭만주의를 기점으로 정신의 운동은 상승에서 하강으로 바뀌었다. 인용된 시에서 콜리지는 무의식을 "헤아릴 수 없는 깊은 동굴", 윌리엄 워즈워스(William Wordsworth, 1770~1850)는 "태양도 결코 꿰뚫을 수 없는 내 안의 동굴"(『서곡』, 3권, 「케임브리지에서의 체류」)이라 묘사했다. 이처럼 무의식은 오르페우스의 여행에 비견될 만큼 어둡고 침침한 미지의 장소로 그려진다. 워즈워스가 『서곡』에서 under-soul, under-powers 등 under-라는 접두사를 사용해서 신조어를 만들어낸 것도 무의식을 '심리적 하부'로 인식한 것에 기인했다.

낭만주의 시인들의 중요한 통찰 중 하나는 사회적으로 소외된 자들(어린이, 노인, 병자들)에 대한 동정일 것이다. 이는 계몽주의라는 이성의 빛을 거부하고 어둡고 침침한 무의식에 관심을 쏟던 그들의 취향과 무관하지 않다. 특히 이 글의 주제와 관련해서 유년 시절에 대한 윌리엄 블레이크(William Blake, 1757~1827)와 워즈워스의 향수와 갈망은 주목할 만하다. 워즈워스는 "어린이는 어른의 아버지"(「무지개」)라고 하였는데, 그에게 어린이는 자연(본능)과의 원초적 합일, 성숙한 자아로부터 분리되어 심적 기원을 깨달음으로써 치유 능력을 가진 존재로 간주되었다. 「틴턴 사원」에 나오는 "절반쯤 꺼진 사유의 어스름한 빛"이라든가 "잊힌 즐거움들의 모호한 감정"이라는 시구는 무의식에서 기억의 역할과 관련이 있다. 이것들은 프로이트가 나중에 다시 발견하는 중요한 깨달음이었다.

----

12 「쿠빌라이 칸, 꿈속에서의 환상. 한 조각」(Kubla Khan or, a vision in a dream). 1797년 쓴 시로 1816년 출판되었다. 원문은 http://www.poetryfoundation.org/poem/173247에서 확인 가능하며, 위의 번역은 필자의 것이다.

프로이트적 무의식 개념

19세기 후반이 되자 '무의식적 마음'(unconscious mind)은 작가들이나 전문가들만이 아니라 교양인들의 대화에서도 자주 화제로 오를 정도가 되었다. 그러나 무의식은 여전히 낭만주의의 스러지는 빛 속에 잠겨 있었다. 여기서 언급해야 할 것은 '또 다른 자아'이다. 이는 영혼의 어두운 구석에 완전히 다른 인격이 도사리고 있다는 생각이다. 정신이 몇 가지 인격들을 감추고 있을 거라는 믿음은 작가들에게 거역할 수 없는 것이었다. 19세기 내내 많은 작가들이 이 주제를 만지작거렸다. 로버트 스티븐슨(Robert Stevenson, 1850~94)의 『지킬 박사와 하이드 씨』와 오스카 와일드(Oscar Wilde, 1854~1900)의 『도리언 그레이』가 대표적이다. 이 작품들에서 주인공은 자신의 어둡고 무의식적인 자아와 마주한다. '다중인격'의 사례들은 이 같은 현상을 보다 뚜렷하게 보여준다. 이는 완전한 하나의 성격이 감추어질 수 있음을 보여준다. 무당이 죽은 자의 목소리를 재현하는 것은 다중인격의 범례로서 인정받기도 했다.

이처럼 무의식 개념은 문화 영역으로 성공적으로 침투했지만, 의학계에서는 별 호응을 얻지 못했다. 아니 의학계는 무의식과 정신질환의 관계를 아직 인지하지 못했다고 보아야 할 것이다. 당시만 해도 의학계에서는 신경증의 원인이 신체적 결함에 있다고 보는 전통적 견해가 지배적이었다. 대표적 신경증인 히스테리는 그 어원이 여성의 자궁을 말하는데, 히포크라테스는 이것이 제 기능(임신)을 못하면 신체의 다른 부위로 이동하여 물어뜯기 때문에 증상이 생긴다고 설명했다.[13] "노처녀 히스테리"라는 표현은 이러한 통념이 지금도 여전함을 보여준다. 프로이트가 살던 시대의 의학은 이런 신화적 관점에서는 벗어났지만, 히스테리의 원

---

[13] 히스테리의 어원과 증상에 대한 설명으로는 홍준기, 「자크 라캉, 프로이트로의 복귀」, 『라캉의 재탄생』, 창작과비평, 2002, 29~30쪽을 참조할 것.

인을 뇌나 신경조직에서 찾았다는 점에서 크게 다르지 않았다.

소크라테스부터 계몽주의까지 이어져온 인간의 특권적 위치는 19세기 중반 다윈의 등장으로 결정적으로 흔들린다. 『종의 기원』에서 다윈은 인간이 신의 창조물이 아니라 진화라는 자연법칙의 결과물이라고 주장했다. 따라서 인간과 동물 간의 존재론적 위계는 사라지고, 인간도 그저 생존을 위해 본능적 힘에 휘둘리는 존재로 전락해버린 것이다. 같은 시기 등장한 실증주의는 형이상학적 사변을

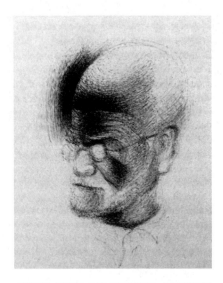

살바도르 달리가 그린 프로이트의 초상화(1938)
달리는 프로이트의 『꿈의 해석』을 읽고 크게 감명을 받아 꿈과 무의식의 세계를 작품으로 표현했다.
© Salvador Dalí, Fundació Gala-Salvador Dalí, SACK, 2015

배격하고 관찰과 실험으로 검증 가능한 지식만을 존중했다.

이런 지적 분위기 속에서 프로이트도 다윈의 사도임을 자처하면서 생리학자로서 학문적 경력을 시작했다. 그는 의대를 졸업하자마자 해양연구소에서 뱀장어 생식선에 관한 연구를 했는데(이는 훗날 성을 중심으로 정신분석이 수립되는 것과 무관치 않을 것이다), 이때 모든 현상을 형이상학이 아니라 물리·화학적 법칙에 근거하여 엄격하게 이해하도록 훈련받았다. 과학의 제1법칙은 인과법칙, 그러니까 현재(결과)는 과거(원인)에 의해 필연적으로 결정되었다는 법칙이다. 지금 내가 어느 누군가를 사랑한다면, 그것은 과거 어머니(혹은 아버지)와의 관계에서 기인하는 것이지 자유의지로 대상을 선택한 것이 아니라는 얘기다. 이처럼 정신결정론과 정신 작용이 심리적 힘들 간의 관계로 설명될 수 있다는 믿음은 훗날 프로이트 정신분석의 토대가 될 것이었다.

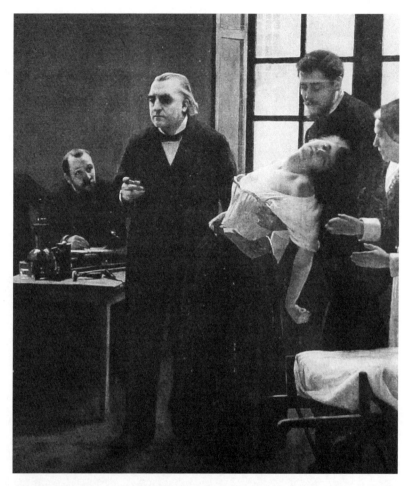

장 마르탱 샤르코의 최면요법 실행 장면　샤르코는 최면을 통해 히스테리 증상을 임의로 유발할
수 있음을 직접 보여주었다

　그러나 프로이트의 정신분석은 과학과의 결별을 통해 생겨났다. 이런
의미에서 프로이트가 장 마르탱 샤르코(Jean Martin Charcot, 1825~93)와
요제프 브로이어(Josef Breuer, 1842~1925)를 만난 것은 정신분석의 역사
에서 결정적 사건이었다. 1885년 프로이트는 최면의 대가 샤르코와 함
께 일할 기회를 얻게 되었는데, 최면에 걸린 환자가 유년기의 상처, 특

히 성적 상처를 말하는 것을 보고 큰 감명을 받는다. 이 경험을 통해 의식이 통제할 수 없는 힘이 존재하며, 히스테리의 원인이 성과 관련이 있다는 생각을 어렴풋이 품게 된다. 샤르코는 그것을 단순히 '성기'의 문제로 환원함으로써 기질적 요인이라는 생각에서 벗어나지 못했다. "이런 사례들에선 항상 생식기적인 것이 문제가 된다. 항상, 항상, 항상." 그러나 프로이트가 창시할 정신분석이 관심을 갖는 것은 생물학적 기관 자체가 아니라 그것이 **'환상'에서 수행하는 상징적 역할**이었다.

샤르코에게서 배운 최면 암시는 신경증 이해에는 쓸모가 있었지만, 정작 임상 치료에서는 별 효과가 없었다. 프로이트의 최면 기술이 그렇게 좋지도 못했고, 환자가 최면에 걸리더라도 그 효과는 매우 제한적이었기 때문이다. 그러다 브로이어를 통해 '대화 치료'에 대해 알게 되었다. 훗날 정신분석 최초의 히스테리 환자라고 불리게 되는 안나 O(본명은 베르타 파펜하임)의 사례는 신경증의 원인이 신체적·정신적 결함에 있지 않음을 확실히 보여주었다. 그녀는 독일 최초의 여성 사업가이자 페미니스트였을 만큼 출중한 지성을 소유하고 있었기 때문이다. 그녀는 아버지의 병간호를 하다 신경증이 발병하였는데, 의사와의 면담에서 이런저런 자신의 감정과 생각에 대해 털어놓다 보면, 어느새 증상이 완화된다는 것을 깨달았다. '대화 치료'라는 명칭은 안나 O 스스로가 붙인 것이었다. 그녀의 증상들은 아버지의 병간호를 위해 억압해야 했던 감정과 충동들의 찌꺼기임이 드러났다. 정신분석 역사의 서막을 여는 『히스테리 연구』(1895)에서 프로이트는 신경증이 단지 기질적 문제가 아닐뿐더러, 신경증의 핵심에 성적인 것이 존재한다는 놀라운 주장(추후 오이디푸스 콤플렉스로 이어진다)을 펼친다. 이는 물론 전적으로 프로이트만의 독창적인 생각은 아니었다. 그런데 이러한 주장이 브로이어와의 관계를 악화시켰고, 주변에 적들을 만들어냈다. 지금도 그렇지만 당시에 성 문제는 훨씬 예민한 부분이었다.

프로이트는 임상 효과가 없는 최면을 포기하고 '자유 연상'(Free

Association)이라는 새로운 치료 기법을 고안해 냈다. 그는 무의식(억압된 생각)을 의식화하는 것이 치료의 본질임을 깨닫고, 이를 위해서 머릿속에 떠오르는 생각들을 아무런 제약(검열) 없이 말로 표현해야 한다고 생각했다. 이것이 본격적 정신분석의 시작이었다. 그런데 그를 찾아오는 환자 대부분은 부르주아 가정의 젊은 여성 히스테리 환자들이었다. 그렇다면 히스테리는 성별·나이·신분과 밀접한 관련이 있는가? 이에 답하려면 '빅토리아조(朝) 시대'로 불리는 당시 서구 사회를 이해할 필요가 있다. 빅토리아조는 속물적인 '고상한 척하기'와 욕망의 억압을 강조했는데, 이는 특히 부르주아 여성들에게 가혹했다. 그들은 가정 내에 머물면서 조신한 신부 수업을 받아야 했고, 결혼 후에도 가족 내에서 주부로서의 역할에 충실할 것을 강요받았다. 성욕의 억압이 신경증 발병의 중요한 원인이라는 프로이트의 주장을 인정하면, 왜 부유한 집안의 젊은 여성 환자가 많았는지를 이해할 수 있을 것이다. 실제로 남성 히스테리 환자도 존재했다.(물론 정신분석 이론상 남성은 강박증에 걸릴 확률이 높다고는 하지만.) 그리고 높은 진료비를 고려하면 낮은 신분의 사람들은 진료를 받으러 올 수 없었을 것이다. 이러한 상황을 종합해 보건대 신경증은 유아기를 경험한 누구라도 걸릴 수 있는 잠재적 가능성이지, 특정한 부류의 사람에게만 찾아오는 질병이 아님을 알 수 있다.

프로이트는 분석 과정에서 환자들의 과거사를 듣다가 중요한 사실 한 가지를 발견하는데, 환자 대부분이 어린 시절 부모나 삼촌에게서 성적 유혹을 받았던 것을 기억해 낸 것이었다. 이는 샤르코로부터 얻었던 통찰을 확인해 주는 것처럼 보였다. 이것이 옳다면, 세상의 모든 부모는 성도착자가 될 참이었다. 이는 보수적 분위기에 싸여 있던 빈(Wien) 사회에서 도저히 받아들이기 힘든 것이었다. 심지어 왜곡된 성 문제의 전문가를 자처하던 리하르트 폰 크라프트-에빙(Richard von Krafft-Ebing, 1840~1902)조차 이를 '과학적 동화(童話)'라고 일축했다. 프로이트는 곧 유혹 가설을 포기하게 되는데, 이는 세간의 비난 때문이 아니라 환자의 진술 중 상당 부분이 지어낸 것임이 드러났기 때문이었다. 환자는 실제 일어난 사건이 아니라 자신의 무의식적 소망을 표현하고 있었다. 그런데 이것이 가능하려면 유아에게도 성욕이 존재함을 인정해야 했다. 그러니까 억압되는 것은 **무의식적 욕망**이라는 얘기다. 왜냐하면 그것이 의식화되면 너무도 추악해서 불쾌나 고통을 유발하기 때문이다. 그런데 이 과정 자체는 무의식적이다. 그렇다면 이제 관심은 무의식의 내용이 아니라 무의식이 어떻게 작동하는가를 밝히는 것이다. 프로이트적 무의식의 진정한 의미는 바로 이것이다. 프로이트가 말하는 무의식은 단순히 특정한 순간에 의식하지 않거나 의식하지 못하는 정신 과정만이 아니라, 지형학 이론에서 묘사하는 심리적 체계들 중의 하나이다.

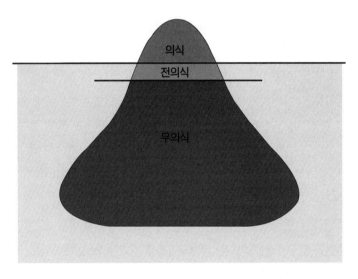

프로이트의 지형학(topology)의 구도　그림에서 물 위로 솟아오른 부분이 의식으로, 현재 인식하고 있는 모든 지각. 경험. 기억 등을 말한다. 가운데 부분이 전의식으로, 현재는 인식하지 못하지만 약간의 노력만으로 인식할 수 있는 모든 경험들이 이에 해당한다. 맨 아래 거대한 부분은 무의식으로, 정신의 대부분을 차지하며 욕구나 본능이 자리하고 있다. 이는 직접 인식하거나 확인할 수 없는 미지의 영역이다. 이 그림은 무의식을 직관적으로 이해하도록 도움을 주지만 적지 않은 오해도 낳았다. 의식과 무의식은 규모나 위치의 차이만으로 가늠할 수 없는 것이기 때문이다.

이 이론에 따르면 인간의 정신은 의식, 전의식, 무의식으로 나누어지는데, 무의식은 억압에 의해 의식으로부터 완전히 분리되어 있고 따라서 왜곡 없이는 결코 의식으로 들어올 수 없다. 무의식은 언제나 직접적인 욕구 충족을 원하며, 이를 쾌락 원칙이라고 부른다. 지형학 이론을 통해 우리는 의식의 하부구조를 이루는 무의식이 의식에 심대한 영향을 미치고 있음을 알 수 있다. 프로이트는 무의식을 발견했다기보다 이 모호한 영역이 어떻게 작동하는지를 뚜렷하게 보여주고, 무의식이 정신의 본질임을 천명했다. 프로이트의 관심사는 크게 보아서 초기의 무의식과 성에서 후기의 자아로 이행한다. 이는 좋게 말하면 이론적 진전이고, 나쁘게 말하면 이론의 오류를 수정하는 것이다. 프로이트는 자신의 개인적 경험을 즉흥적으로 일반화하는 경향이 있었기 때문에 오류가 불가피했다. 이후로 우리는 프로이트 이론의 주요 개념들을 살펴봄으로써 어떻게 그의 이론이 변천해 갔는지를 살펴볼 것이다.

오이디푸스 콤플렉스

프로이트는 아버지가 사망한 후 신경증에 시달렸는데, 이때 자기 꿈 분석을 통해 아버지에 대한 무의식적 기억을 떠올렸고 이후 증상이 완화되는 경험을 했다. 이를 통해 프로이트는 어릴 적 어머니에 대한 강한 집착과 아버지에 대한 경쟁심을 느꼈음을 기억해 낸다. 여기서 중요한 것은 프로이트가 자신의 개인적 경험을 누구에게나 보편적인 현상으로 일반화했다는 사실이다. 이것에 대한 증거로 그가 내세운 것은 근친상간에 대한 욕망이 신화와 문학(『햄릿』)에서 지속적으로 반복되는 주제라는 것이었다. 초기에 오이디푸스 콤플렉스 이론은 많은 이들로부터 비판을 받았지만 그럴수록 프로이트는 이 이론에 강한 애착을 느꼈고 이를 입증하는 사례들로 이론을 계속 수정 보완해 나가면서 도식은 훨씬 복잡해졌다. 프로이트 이론의 거의 모든 것이 오이디푸스 콤플렉스로 수렴하고 또 이것으로부터 나온다.

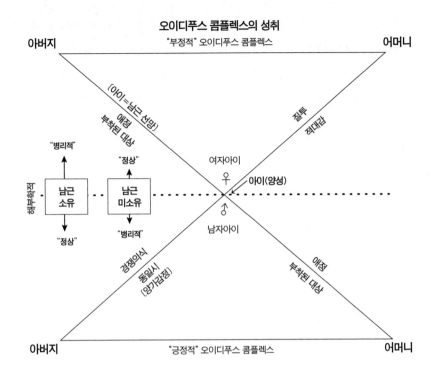

오이디푸스 콤플렉스의 구조[14]

위의 그림은 흔히 오이디푸스 삼각형으로 불리는 도식이다. 두 개의 삼각형으로 되어 있는데, 위의 것이 부정적 도식으로, 아래의 것이 긍정적 도식으로 지칭된다. 아래 삼각형에서 남자아이는 우선 어머니의 사랑을 차지하기 위해 아버지에게 경쟁심을 느끼는데 이것이 오이디푸스 갈등의 시작이다. 적대감이 절정에 달하면서 아버지를 살해하려는 욕망으로 치닫지만, 그러다 어머니와 여자아이에게 남근이 없음을 깨닫게 된다. 이내 자신도 거세당할지 모른다는 공포를 느끼면서 아버지와

----
14 출처는 http://courses.washington.edu/freudlit/oedipus_complex.jpg. 도식에 대한 보다 자세한 설명은 http://courses.washington.edu/freudlit/Oedipus.Notes.html을 참조할 것.

의 경쟁을 포기하고 아버지의 권위에 동일시하게 된다. 이것이 남자아이의 긍정적(정상적) 성-심리 발달이다. 위의 삼각형에서 여자아이는 자신에게 부재하는 남근을 소유한 아버지에게 애정을 쏟고 남근 부재의 탓을 어머니에게 돌려 어머니를 미워하게 된다. 그런데 남자아이도 이 같은 패턴을 따를 수 있는데, 이는 남자아이를 동성애 성향으로 이끌게 되므로 부정적이라고 칭한다. 물론 여자아이의 경우도 그릇된 패턴을 따르게 되면 마찬가지다. 결국 오이디푸스 갈등이 긍정적으로 해소되는지의 여부가 향후 아이의 성 정체성을 규정하게 된다.

프로이트는 이처럼 오이디푸스 콤플렉스를 신경증의 기원에 대한 설명으로, 아동의 발달사에서 전환점으로, 남성과 여성의 성 정체성의 표지로, 문명을 건설하고 양심을 창조하는 깊은 동기로 보았다.[15]

근친상간 욕망이 동기가 되어 부친 살해를 꾀하는 이야기는 『오이디푸스 왕』 외에도 무수한 신화와 작품들에서 반복된다. 그러나 프로이트가 말하는 오이디푸스는 부친 살해 사실을 자신이 모르고 있다는 점이 중요하며, 따라서 패륜이 아니라 양심과 초자아의 발생, 그러니까 도덕과 관련이 있다는 점을 보아야 한다. 우리는 아버지가 대표하는 금지의 법을 내면화함으로써 근원적 욕망을 포기하는 대신 사회적 존재로 살아갈 수 있게 된다. 그 대가로 치러야 하는 것이 신경증이다. 따라서 정상적으로 오이디푸스 콤플렉스를 해소한 사람이라면 누구나 잠재적 신경증자다. 신경증은 이제 병리학이 아니라 일반 심리학에 귀속되어야 하는 문제가 된다. 프로이트는 자신의 이론이 임상 사례들이 아니라 보편적 인간을 설명할 수 있기를 꿈꾸었다. 그가 제시하는 꿈, 말실수, 농담, 망각 등이 누구라도 경험하는 현상인 것도 바로 그런 이유에서였다.

---

15 피터 게이, 정영목 옮김, 『프로이트 1: 정신의 지도를 그리다』, 교양인, 2011, 234쪽.

꿈의 해석: 무의식에 이르는 왕도

프로이트 이전 꿈에 관한 담론은 꿈의 메시지를 해독하거나 상징적 의미를 부여하는 조잡한 해몽이거나, 꿈 그 자체를 감각 자극에 의한 반응에 불과한 것으로 즉 무의미하고 부조리한 것으로 보는 심리학적 설명이었다. 그러나 프로이트는 꿈은 결코 무의미한 것이 아니며, "(억압된) 소망의 (위장된) 충족"이라고 단언했다. 모든 인간은 왜곡을 통하지 않고는 드러낼 수 없는 소망을 품고 있다는 것이다. 따라서 꿈이란 수면 중 완화된 검열을 피해 왜곡된 형태로 욕망을 방출해 보려는 힘겨운 작업의 산물인 것이다. 꿈은 낮의 사소한 경험들과 유년기의 무의식적 소망 그리고 감각자극들을 조합하여 만들어진다. 그런데 이것들을 조합하는 나름의 규칙이 있다. '압축'(condensation)은 여러 욕망들이 하나의 이미지에 표현되는 것을 말하고, '전치'(displacement)는 수치스럽거나 비윤리적인 소망을 위협하지 않은 중립적 대상으로 바꾸어 드러내는 것이다.[16] 이러한 과정을 거쳐야만 꿈으로 의식할 수 있는 발현몽이 만들어지는 것이다.

의식	발현몽
전의식	2차 각색
무의식	상징표상 ⌐ ↑ 압축 전치 꿈작업 ↑ 검열 ⌐ ↑ 전날의 찌꺼기 → [잠재몽] → 감각자극 ↑ 유년기 무의식적 소망

---

16 하나의 기표 속에 여러 의미들이 중복 결정되어 있음을 나타내는 압축과, 사소한 것을 확대하여 검열을 피하는 전치는 의미의 다층성과 모호성을 표방하는 시문학과 유사하다. 훗날 라캉은 이 점을 간파하여 압축을 은유, 전치를 환유와 관련시키며 무의식이 언어처럼 구조화되어 있다는 중요한 명제를 제기한다.

프로이트는 환자 중 하나인 이르마에 대한 꿈을 꾸고 나서 그 꿈의 분석을 통해 자신이 그런 꿈을 꾼 것은 이르마 치료에 책임이 없다는 소원을 충족시키기 위함임을 증명했다. 이렇듯 꿈이 소원 성취라면, 소원에 반하는 꿈들, 가령 사랑하는 이가 죽는 꿈은 어찌 설명될 수 있는가? 이러한 이의 제기에 프로이트는 그것도 역시 소원 성취에 관한 꿈이라고 답했다. 왜냐하면 환자가 그런 꿈을 꾼 것은 프로이트가 틀렸음을 증명하려는 환자의 소원을 충족시키기 위함이라는 것이었다.

꿈은 최근의 사건들과 관련이 있기는 하지만 핵심적인 것은 어린 시절의 충동이다. 어린 시절의 충동은 대개 직접 드러나면 꿈을 꾼 사람에게 상처를 줄 만큼 위험한 것이어서 억압된다. 그러나 이러한 충동이 억누른다고 얌전히 있는 것은 아니며 언제나 의식화되려고 안간힘을 쓴다. 그래서 검열을 피하기 위한 도구가 필요한데 이것이 압축과 전치다. 압축과 전치의 도움을 얻어 꿈에 들어온 충동은 위장된 모습이므로 드러난 꿈의 내용으로는 그 의미를 알 수 없다. 프로이트가 꿈 해석을 퍼즐 맞추기에 비유한 것은 바로 이러한 의미에서다.

후기 구조 이론

프로이트의 초기 이론이 무의식을 중심으로 하는 지형학 이론(의식, 전의식, 무의식)이었다면 후기 이론은 자아를 중심으로 하는 구조 이론(초자아(superego), 자아(ego), 이드(id))이라고 불린다.

프로이트에 따르면 이드는 출생시부터 존재하며 그것으로부터 자아가 분화되어 나오는 모체다. 이드는 긴장을 감소시키려는 쾌락 원칙을 따르며 정신 에너지의 원천이다. 자아는 외부 세계와의 관계를 통해 이드로부터 생겨난다. 자아의 역할은 심적 힘들 간의 갈등을 중재하는 것이지만 이드의 파생물인 데다 에너지를 이드로부터 빌려오므로 이드를 완벽히 통제하지는 못한다. 초자아는 타자(주로 부모)와의 동일시를 통해 도덕적 관념을 내면화함으로써 발생한다. 부모의 칭찬과 처벌에 따라

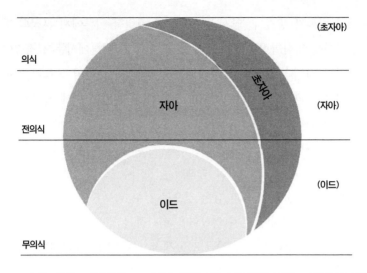

초자아 자아 이드

의식

전의식

무의식

프로이트의 구조 이론의 구도   이전의 지형학 이론과의 결정적 차이는 그림에서 보듯이 자아가 의식에 한정되지 않고 무의식, 전의식에 걸쳐 존재하며 따라서 그 역할의 중요성이 증대하였다는 점이다.

자아 이상과 양심으로 나뉜다.

무의식에서 자아로 프로이트의 관심의 초점이 이동한 계기는 분석 과정에서 환자가 자신의 저항을 의식하지 못하는 사례가 많았기 때문이었다. 이는 저항(억압)을 수행하는 자아가 완전히 의식적일 수 없다는 얘기고, 결국 억압은 무의식 자체 내의 갈등이 존재함을 뜻한다. 무의식과 의식 사이 갈등이 신경증의 원인이라는 지형학 이론으로는 이를 해결할 수 없었고, 이론의 수정이 불가피했다. 이론을 수정하기 위한 검토 끝에 나온 결론은 무의식과 억압이 반드시 같지는 않다는 것이었다. 억압된 것은 무의식적이지만 무의식적인 것이 반드시 억압된 것은 아니라는 얘기다. 자아는 후천적으로 무의식으로부터 파생되어 나온 것이고, 그것으로부터 에너지를 얻고 있으므로 무의식의 흔적을 담지하고 있을 수밖에 없다는 것이다. 그리고 이는 초자아도 마찬가지다.

이처럼 정신의 중요한 구조로서 자아 개념이 도입되면서 치료 기법에도 중요한 변화가 생겼다. 앞서 언급했듯이 지형학 이론에서 분석의 본질은 무의식을 의식화하는 것이었다. 그러나 후기 이론에서는 신경증이 이드와 자아 사이의 갈등으로 파악되었다. 따라서 분석의 목표가 자아의 통제력을 강화하는 쪽으로 바뀐다. 즉 "이드가 있던 곳에 자아가 생길 것이다"(Wo es war, soll Ich werden)[17]

자아의 역할과 기능은 주로 이드, 초자아, 그리고 외부 현실 간의 관계에서 생기는 갈등을 조정하고 중재하는 것이다. 프로이트는 초기 이론에서 자아를 단순히 의식과 같은 것으로 간주했으나 구조 이론에서는 자아가 의식과 무의식에 걸쳐 영향력을 행사하는 중심이 된다. 이 이론은 학계에서 환영을 받았고, 지금도 국제정신분석협회 내의 여러 학파들 중에서 주류를 형성하고 있다. 그러나 라캉은 자아(의식)를 정신의 중심에 복권시키는 것은 퇴행이라며 비난했다. 라캉이 보기에 자아는 허상에 불과하며, 주체가 아니라 대상이기 때문이다.

1923년 『자아와 이드』 출간 후 프로이트의 구조 이론이 대중과 학계로부터 인정을 받으며 주류로 성장할 수 있었던 것은 무엇보다 무의식과 성에 대한 불편한 인식에서 한 발짝 물러났기 때문이다. 이는 한편으로 정신분석의 세계화를 위해 프로이트가 양보한 것이라고 볼 수도 있고, 다른 한편 자아에 대한 이론의 성숙을 보여준다고 볼 수도 있다. 그러나 자아를 강조한 것은 무의식의 전치라고도 볼 수 있다. 구조 이론에서 자아는 단순히 의식에 한정되지 않기 때문이다. 요컨대 프로이트가 후기

----

17 이 독일어 원문에 대한 불어 번역상의 문제는 두 가지로 볼 수 있다. 하나는 Ich를 자아 (moi)로 볼 것이냐 주체(je)로 볼 것이냐의 문제이고, 다른 하나는 sollen을 '–해야 한다' 의 당위로 볼 것이냐, '–일 것이다'라는 미래시제로 볼 것이냐의 문제다. 그렇다면 경우 의 수는 네 가지가 되는데 자아 심리학 쪽에서 옳다고 생각하는 번역이 위에 제시한 것 이고, 반면 라캉은 "그것(이드)이 있던 곳에서 주체가 되어야 한다"라고 번역해야 옳으 며, 이러한 오류로 프로이트 이론의 본질이 왜곡되었다고 비난한다. 참고로 프로이트는 자아를 das Ich로 표기한다. 따라서 위 인용문의 Ich는 자아와 다른 것으로 보아야 한다 고 라캉은 주장한다.

에 자아를 강조했다고 해서 정신분석에서 무의식과 성이 차지하는 근본적 중요성을 망각했거나 폐기한 것은 전혀 아니라는 얘기다.

프로이트 이후

정신분석의 역사는 분열의 역사라고도 할 수 있다. 정신분석 초기에 프로이트를 믿고 따르던 사람들 중 나중까지 곁에 남은 사람은 손에 꼽을 정도였다. 카를 아브라함(Karl Abraham), 어니스트 존스(Ernest Jones), 산도르 페렌치(Sandor Ferenczi) 정도가 끝까지 남아 있던 사람들이다.

초기에는 프로이트가 성에 대해 과도한 집착을 보였던 것이 결별의 원인이었다. 브로이어, 알프레트 아들러(Alfred Adler, 1870~1937), 카를 구스타프 융(Karl G. Jung, 1875~1961)은 바로 그 이유로 프로이트에게 등을 돌린다. 프로이트 사후에는 개인의 심층심리에만 몰두해서 환경(외적 현실)을 소홀히 했던 점과 오이디푸스 콤플렉스만 강조하여 그 이전 시기의 중요성, 곧 양육이 상대적으로 소외되었던 것이 분열의 원인이었다. 이처럼 프로이트 이론의 한계를 지적하며 나름의 분파들이 생겨나는데, 대표적으로 자아 심리학파, 클라인 학파 그리고 라캉 학파가 있다. 자아 심리학파와 클라인 학파는 프로이트 이론의 부족한 부분을 메우며 보완한다. 반면, 라캉은 무의식을 초기의 전복적 관념에 한정해야 할 것과 무의식에서 생물학적 잔재를 일소하고 무의식을 언어적으로 이해해야 함을 강조한다.

자아 심리학

프로이트의 막내 딸 안나 프로이트(Anna Freud, 1895~1982)는 『자아와 방어기제』(1936)에서, 이드에 초점을 맞추는 아버지와 달리 분석에서 자아의 무의식에 관심을 기울여야 한다고 주장했다. 자아의 무의식이란 곧 방어를 말한다. 방어는 불안을 처리하는 절충이다. 억압은 이제 의식에서 배제하는 것만을 지칭하는 것이 아니라 자아의 행위이며, 불안에 대해 반응하는 심적 작용이 되었다.

자아 심리학의 아버지라고 불리는 하인츠 하르트만(Heinz Hartmann, 1894~1970)은 방어기제보다 환경과 적응의 문제에 관심이 많았다. 프로이트는 아이가 선천적으로 이드를 가지고 태어나며, 이드로부터 자아와 초자아가 분화된다고 보았던 반면, 하르트만은 애초에는 이드도 자아도 없고, 평균적 환경이 갖추어져야만 각기 동시에 발달한다고 주장했다. 적응은 내면세계와 환경의 조화로운 관계를 암시한다. 따라서 외적 현실에 적응하지 못하는 것은 자아가 약하기 때문이며, 분석가는 환자의 자아를 강하게 만드는 것을 분석치료의 목표로 삼아야 한다.[18]

멜라니 클라인

프로이트의 정신분석은 언어를 통해 이루어지므로 아직 말을 못 배운 아이는 분석에서 제외됐다. 게다가 분석을 통해 치료할 수 있는 것은 신경증(히스테리, 공포증, 강박증)에 한하는 것이었다. 프로이트는 정신병은 전이가 불가능하므로 분석할 수 없다고 보았다. 멜라니 클라인(Melanie Klein, 1882~1960)은 프로이트와 달리 아이들이 놀이를 통해서 자신의 심리를 표현한다고 보았다. 클라인은 놀이를 치료 기법에 도입함으로써 아동 정신분석이 가능하게 만들었고, 이를 통해 전(前)오이디푸스기(0~3세)의 중요성이 부각되었다. 그녀는 전오이디푸스기에 이미 부모를 내사(內射)하여 초자아(내적 대상)가 발생한다고 보았다. 이는 정신분석 역사에 있어 매우 중요한 공헌이었다. 클라인에 따르면 유아는 태어나면서부터 죽음욕동(death drive)에 기인한 공격적 환상을 지니는데, 이를 대

----

18 프로이트 이후 현대 정신분석학 이론을 개괄하려면 최영민, 『대상관계이론을 중심으로 쉽게 쓴 정신분석이론』, 학지사, 2010, 제2부 「현대 자아심리학」을 참조하는 것이 좋다.

상에 투사하고 다시 내사하여 경험하면서 대상에 대한 정교한 지각을 갖게 된다. 이때 어머니의 신체 속에 담긴 가치 있다고 여기는 대상들(젖가슴, 똥, 아버지의 페니스, 아기 등등)을 소유하고자 하는 욕구, 질투, 시기심을 느끼며 동시에 그 때문에 받게 될 처벌에 대한 공포와 불안을 갖게된다. 이것이 유아의 신경증인데, 이것이 정신병 환자의 증상과 유사성을 갖고 있다고 판단하여 나중에 성인 정신병에도 이러한 통찰을 적용한다. 프로이트가 쾌락 추구를 삶의 동력으로 보았다면, 클라인은 유아의 타고난 파괴성이 삶의 동력이고 갈등의 중심이라고 생각하였다. 프로이트가 환상을 욕구 좌절에 대한 대체물로 보았다면, 클라인은 환상은 유전적으로 타고나는 것이며 그 자체가 만족을 주는 것이라 생각했다. 클라인의 이러한 견해는 프로이트를 부정하기보다는 오히려 확장하는 것이라고 보아야 한다.

자크 라캉

라캉은 '가변적 상담 시간'[19]이 문제가 돼서 국제정신분석협회로부터 축출된 뒤 평생을 자아 심리학과 싸우면서 보냈다. 그는 자아 심리학이 내세우는 중요 개념들, 가령 자율적 자아나 적응 개념을 거세게 비난했다. 자아 심리학에 따르면 자아는 원초적 충동과 현실의 요구들을 중재하며 조화를 수립할 때 자율적인 것이 된다. 따라서 자율적 자아는 강하고, 건강하고, 잘 적응된 자아에 다름 아니다. 그런데 이는 건강한 자아를 가진 분석가와 동일시함으로써 가능하다. 라캉은 자아가 결코 자유롭지 못하며, 자아의 자율성은 단지 상상적 환영에 불과하고, 자율적인

---

19 이는 분석가가 환자의 말을 중간에 끊고 분석을 중단하는 것을 말한다. 라캉은 환자의 말에 중요한 것이 이미 나왔다면 거기서 중단하는 것이 환자에게 그것이 중요한 것임을 환기할 수 있다고 보았다. 분석 시간이 일정하게 주어지면 환자는 자신의 말을 의미 있게 구성하려고 노력한다는 것이다. 그러면 오히려 핵심에서 벗어나게 되는데, 언제 상담이 끝날지 모르는 편이 환자의 무의식의 핵심으로 직행할 수 있다고 보았다.

정신분석학과 철학이 활발히 교류할 수 있는 만남의 장을 만들어준 인물이 바로 라캉이다. 그는 헤겔의 변증법과 구조주의 언어학, 현상학, 위상수학 등을 활용한 자신만의 고유한 정신분석으로 20세기 후반 이후 서구 지성사를 휘어잡고 있다.

것은 상징적 질서(언어, 문화, 제도)라고 주장한다.

라캉은 초기부터 인간 현상을 적응 관점에서 설명하려는 어떠한 시도에도 반대해 왔다. 예를 들어 그는 "분석이 발견한 차원은 적응을 통해 진보한다는 그 어떤 것에도 반대한다"고 주장한다.[20] 그가 볼 때 현실은 자아의 허구적 재현과 투사가 만들어낸 산물에 불과하다. 따라서 현실에 적응하는 것이 문제가 아니고 그것의 허구성을 드러내는 것이 문제라는 것이다. 또한 적응을 분석의 목표로 설정한다는 것은 분석가가 환자보다 더 잘 적응되었음을 전제하는 것인데 이는 불가피하게 정신분석을 권력의 실천으로 바꾸어놓는다는 것이다. 결국 분석에서 분석가는 현실에 대한 자신의 특정한 관점을 환자에게 강요하게 된다. 그런데 이는 분석이 아닌 암시라는 것이다.

라캉은 무의식의 본질을 언어적인 것이라고 보았다. 그는 "무의식은 언어처럼 구조화되어 있다"라는 유명한 명제로 이를 잘 요약해 놓았다. 라캉이 보기에 프로이트가 『꿈의 해석』에서 무의식을 설명할 때 사용한 법칙인 압축과 전치는 언어학에서 말하는 은유와 환유이며, 말실수나 농

---

20 Jacques Lacan, Jacques-Alain Miller ed., Sylvana Tomaselli trans., *Seminar 2: The Ego in Freud's Theory and in the Technique of Psychoanalysis*, Cambridge UP/Norton, 1988, p. 86.

담 같은 증상에서도 무의식의 언어적 본성이 드러난다는 것이다.

많은 분석가들은 프로이트가 무의식에서 말-표상(word-representation)을 배제했음을 근거로 라캉의 이러한 접근법을 비판했다. 그러나 라캉은 "말을 통해 밖으로 나올 때에만 우리는 무의식을 포착할 수 있다"[21]면서 자신의 설명이 옳다고 주장했다. 라캉은 지속적으로 "프로이트로의 복귀"를 주장했는데, 분석에서 대화가 갖는 중요성 및 무의식과 성욕을 강조하던 초기 프로이트의 관점만이 참된 정신분석이며, 그런 의미에서 자신이 프로이트의 진정한 계승자임을 천명했다. 그러나 라캉의 세미나들과 유일한 글 모음집인 『에크리』(1966)는 분석가 양성을 위해 기획된 강연의 원고들과 논문들로 일반인들이 이해하기에는 매우 어렵다고 악명이 높다.

나가며

프로이트는 무의식을 발견하지 않았다. 정신분석의 기법과 절차에 관해서도 브로이어나 피에르 자네(Pierre Janet)에게 큰 빚을 지기도 했다. 그러나 그는 무의식이 정신적 삶에서 극도로 중요하며, 그것 없이는 인간 본성에 관한 어떠한 설명도 완전할 수 없음을 깨달았다. 이것이야말로 중요한 것이었다.

프로이트 이론의 약점을 지적하기란 너무도 쉽다. 그는 정신분석의 과학적 위상을 얻기 위해 무던히도 애를 썼다. 그러나 카를 포퍼(Karl Popper)에 따르면 과학적 이론은 반증 가능해야(falsifiable) 하는데[22] 정신

---

21 Jacques Lacan, Jacques-Alain Miller ed., Dennis Porter trans., *Seminar 7: The Ethics of Psychoanalysis*, Routledge/Norton, 1992, p. 32.

22 반증 가능성은 어떤 이론이나 가설에 대한 반증 명제가 공집합이 아닐 경우 성립한다. 가령 "모든 까마귀는 검다"라는 명제의 경우, 까마귀가 검지 않은 사례 a, b, c가 잠재적

분석은 반증 가능하지 않다. 그러니까 모든 것을 설명하면서 동시에 어떤 것도 설명할 수 없다는 얘기다. 게다가 이론의 타당성을 입증하기 위해 환자에게 무조건 무의식(대개 불편하고 고통스러운 진실)과 직접 맞설 것을 요구한다. 우리는 도라의 사례에서 프로이트가 환자의 부인(否認)에도 불구하고 자신의 경직된 해석을 고수하여 분석을 중도에 포기하게 만드는 것을 본다. 여기에는 어떠한 격려나 지지도 없다. 왜냐하면 환자스스로 자신의 억압된 무의식을 말하게 해야만 증상이 해소된다는 믿음때문이다. 프로이트 이론은 남성 중심적이라는 혐의에서도 자유롭지 못하다. 그러나 이런 약점들 때문에 그의 공헌이 덮여서는 안 될 것이다. 모든 것을 산뜻하게 설명하는 만능 이론 따위는 없다. 하물며 인간의 본성에 관한 것임에랴. 과학이 아니면 어떠한가? 그가 20세기로 떠밀려온 한 조각의 낭만주의적 잔해를 다듬어 인류 문화의 역사를 재구성한덕분에 우리는 달리, 마그리트, 히치콕을 만날 수 있지 않았던가? 그는 할 만큼 했다. 부족한 부분이 있다면 그것은 이제 우리의 몫이다.

| 참고할 만한 책 |

— 프리드리히 니체, 장희창 옮김, 『차라투스트라는 이렇게 말했다』, 민음사, 2004.
— 프리드리히 니체, 박찬국 옮김, 『비극의 탄생』, 아카넷, 2007.
— 프리드리히 니체, 김정현 옮김, 『니체 전집 14: 선악의 저편, 도덕의 계보』, 책세상, 2002.
— 지그문트 프로이트, 김인순 옮김, 『꿈의 해석』, 열린책들, 2003.
— 지그문트 프로이트, 김정일 옮김, 『성욕에 관한 세 편의 에세이』, 열린책들,

반증 사례가 된다. 프로이트 이론에 비추어 반증 가능성을 논하자면 "꿈은 소망 충족이다"에 반하는 증례가 있어야 하는데, 앞서 본 바와 같이 소원에 합당한 꿈이든, 소원에 반하는 꿈이든 결과는 언제나 소원 충족이라는 설명이므로 반증 가능하지 않다.

2003.

— 지그문트 프로이트, 윤희기·박찬부 옮김, 『정신분석학의 근본 개념』, 열린책들, 2003.

— 지그문트 프로이트, 임진수 옮김, 『정신분석 강의』, 열린책들, 2005.

— 지그문트 프로이트, 김재혁·권세훈 옮김, 『꼬마 한스와 도라』, 열린책들, 2003.

— 지그문트 프로이트, 이윤기 옮김, 『종교의 기원』, 열린책들, 2003.

— 지그문트 프로이트, 정성호 옮김, 『정신분석 입문』, 오늘, 1991.

— 데이비드 흄, 이준호 옮김, 『오성에 관하여: 인간 본성에 관한 논고』, 서광사, 1994.

— 딜런 에반스, 김종주 옮김, 『라깡 정신분석 사전』, 인간사랑, 2004.

— 르네 데카르트, 소두영 옮김, 『방법서설/성찰/철학의 원리/정념론』, 동서문화사, 2007.

— 미셸 옹프레, 전혜영 옮김, 『우상의 추락』, 글항아리, 2013.

— 바뤼흐 스피노자, 강영계 옮김, 『에티카』, 서광사, 2007.

— 브루스 핑크, 맹정현 옮김, 『라캉과 정신의학』, 민음사, 2002.

— 아우구스티누스, 선한용 옮김, 『성 어거스틴의 고백록』, 대한기독교서회, 2003.

— 엘리자베트 루디네스코, 양녕자 옮김, 『자크 라캉』(전 2권), 새물결, 2000.

— 요제프 하임 예루살미, 이종인 옮김, 『프로이트와 모세』, 즐거운 상상, 2009.

— 임마누엘 칸트, 백종현 옮김, 『순수이성비판』(전 2권), 아카넷, 2006.

— 자크 라캉, 맹정현 옮김, 『세미나 11: 정신분석의 네 가지 근본 개념』, 새물결, 2008.

— 칼 포퍼, 박우석 옮김, 『과학적 발견의 논리』, 고려원, 1994.

— 토마스 만, 원당희 옮김, 『쇼펜하우어, 니체, 프로이트: 토마스 만 현대 지성을 논하다』, 세창미디어, 2009.

— 피터 게이, 정영목 옮김, 『프로이트』(전 2권), 교양인, 2011.

— 플라톤, 김주일 옮김, 『파이드로스』, 이제이북스, 2012.

— 피터 왓슨, 남경태·이광일 옮김, 『생각의 역사』(전 2권), 들녘, 2009.

— 김상환·홍준기 외, 『라깡의 재탄생』, 민음사, 2002.

— 목경찬, 『유식불교의 이해』, 불광출판사, 2012.

— 이정우, 『세계철학사 1: 지중해세계의 철학』, 도서출판 길, 2011.

— 이정우, 『영혼론 입문』, 살림, 2003.

— 이진경, 『철학과 굴뚝청소부』, 그린비, 2004.

— 이창재, 『정신분석과 철학』, 학지사, 2005.

— 최영민, 『쉽게 쓴 정신분석 이론』, 학지사, 2010.

제5장

인문학과 뇌과학의 접점들: 인문학이 말하는 뇌, 뇌가 말하는 인문학

임상훈

인문학과 뇌

전통적 인문학 분야는 뇌에 관련된 학문들과는 거리가 먼 것으로 여겨진다. 뇌, 신경 등을 떠올릴 때, 우리는 의학 또는 생물학 등 자연과학을 말하게 되지 인문학을 언급할 일은 없어 보인다. 과연 인문학이 뇌에 관해서 이야기할 부분은 무엇인가? 또 뇌가 인문학에 대해서 할 수 있는 말은 무엇인가?

르네상스와 고전주의 시대를 지나면서 인간에 관한 담론은 신체와 정신으로 분리되어 신체에 관한 연구는 자연과학에서, 또 정신에 관한 연구는 철학에서 다루게 되는 이분법 체계가 지속된다. 그러다 이런 학문 패러다임에 변화가 생긴 것이 19세기 실증주의가 들어서면서부터인데, 이때가 되면 인간의 정신도 과학의 대상으로 삼고자 하는 시도들이 생겨난다. 그러면서 르네상스 이후 자연-과학, 정신-철학의 대칭으로 굳어진 체계에 균열이 생기고 철학이 자연을 과학에 양도했듯이 정신도 과학에 양도해야 하는가를 둘러싼 물밑 논쟁이 시작된다. 이 논쟁은 두 가지 방향의 논쟁인데, 첫째는 철학이 과학에 대해 단지 다루는 대상의 문제로밖에 변별성을 유지할 수 없나 하는 철학의 방법론적 자격 문제였고, 둘째는 진정 과학적 방법론으로 정신을 다룰 수 있는가 하는 과학의 방법론적 자격 문제였다. 철학의 방법론적 자격 문제 논란이, 서구의 전통적 합리주의가 주축을 이루던 철학에서 이른바 형이상학의 위기론이 시작된 것과 같은 시기에 발생했던 것을 보면 그 파괴력을 짐작하고도 남는다. 이 문제는 철학의 존폐 위기까지 거론될 만큼 심각한 타격을 주었다. 그런 의미에서 니체의 출현은 철학사의 차원뿐만 아니라 철학사회학적 차원에서도 가히 혁명적 사건이라 할 수 있다.

두 번째, 과학의 방법론적 자격 문제와 관련해서 시간차를 두고 다양한 시도들이 제시되었다. 그 첫 번째 예가 실증주의다. 실증주의는 과학의 당위성을 지금 여기(hic et nunc)에서 실현되어 있는 것들로, 지금 여기서 지각될 수 있는 것들로 국한해야 한다는 전제에서 출발한다.[1] 결국 시간과 공간적 구체성이 강조되면서 (요즈음의 사회학과는 다른) 사회학이라는 이름으로 인간과학이 태어나게 된다.[2] 하지만 빌헬름 딜타이(Wilhelm Dithey)가 주장했듯이 자연과 인간이 연구 대상으로서 서로 다르다면 방법론적으로는 같은 적용이 가능해야 자연/인간이라는 대상적 구별과 과학/철학이라는 방법론적 구별에 대한 명확한 논의가 가능해질 것이다. 그러한 차원에서의 논의는 20세기에 들어와 비로소 가능해졌고, 그러한 필요성이 뇌로 하여금 인간과 과학을 연결하는 매개가 되게 하였다.

----

[1] 사회학은 오귀스트 콩트(Auguste Comte, 1798~1857)의 저작 『실증철학 강의』(1830~42)를 통해 학문으로 정립되었다.

[2] 보통 프랑스인들에게는 인간과학(science de l'homme)이라는 표현이 익숙한 반면, 독일 전통에서는 정신과학(Geisteswissenschaft)이라는 표현이 더 자주 등장한다. 이 두 전통은 단지 표현법에서뿐만 아니라 실제 추구하는 방향도 사실은 조금씩 다르다.

고대와 중세의 뇌에 관한 연구

과거의 문헌들을 보면 뇌에 대한 연구를 언급한 기록들이 많이 등장하는데, 그 자료들을 추적하다 보면 의외로 상당히 오래전부터 뇌에 대한 경험적 연구가 행해졌다는 사실을 알 수 있다. 문헌상으로 가장 오래된 언급은 기원전 17세기의 것으로 알려진 파피루스 문자 기록에까지 거슬러 올라간다. 하지만 그 내용을 보면 그러한 기록들이 당시의 뇌 연구를 기록해 놓은 것이 아니라 그보다 훨씬 전으로 거슬러 올라가는 기원전 3000년경의 사실을 다시 옮겨놓았다는 점을 볼 수가 있다.

놀라운 것은 기원전 3000년경 이뤄진 뇌 연구에서 상당한 수준의 국지적 분석이 이미 행해졌고 비록 초보적 단계이나마 뇌의 부위별로 신체기관을 관장하는 영역이 다르다는 사실을 그 당시 사람들이 알고 있었다는 사실이다. 예를 들어 "뇌의 부상으로 안구의 일탈이 발생할 수 있다"든가 "뇌가 손상되면 환자가 발을 끌면서 걷는다", "관자놀이가 깨진 사람을 관찰하면 그를 불러도 대답을 안 한다, 말을 할 줄 모른다" 등의 내용이 기록되어 있다. 특히 '뇌의 부상'이라는 언급, 그리고 그 부상이 특정 일탈로 이어진다는 언급에서 이미 그 당시에 병리학적 방법론을 통해 특정 부위가 손상됐을 때 환자가 어떤 반응을 보이는지를 구체적으로 묘사하고 결국 모순된 사실을 귀납적으로 환원해 정상을 이해하는 과학적 임상 방법(reductio ad absurdum)을 도입했음을 알 수 있다. 또한 뇌가 인간이 의식하지 못하는 상태에서도 감각기관뿐만 아니라 운동기관까지 움직일 수 있다는 사실이 알려져 있었음도 볼 수 있다.

그 후 메소포타미아 문명과 히브리 문명에서도 뇌 연구에 관한 문헌들이 등장하지만, 철학사에서 의미 있는 뇌 관련 언급은 플라톤의 저작에서 찾을 수 있다. 영혼에 관한 문제를 다루는 『티마이오스』에서 플라톤은 영혼을 세 부분으로 나눌 수 있다고 언급한다.[3] 그 세 부분이란 지적 영역, 분노에 관한 영역, 욕정에 관한 영역인데, 그중 지적 영역이 바로 뇌에서 관장하는 부분이라는 것이다. 이런 것으로 봐서 플라톤은 뇌를 인간의 사고를 총관장하는 중심으로 여겼다는 사실을 알 수 있다.[4]

이후 등장하는 문헌은 기원전 3세기 헤로필로스와 에라시스트라토스의 이름과 결부된다. 이 두 사람은 특히 수많은 해부 실험을 통해 뇌의 정확한 모양과 위치를 파악했던 최초의 사람들이다.[5] 그뿐만 아니라 이들은 뇌중심주의와 심장중심주의의 논란 속에서 최초로 신경의 존재를 밝혀내 운동을 명령하고 감각을 수용하는 곳이 동맥을 통한 심장이 아니라 신경을 통한 뇌라는 사실을 규명하기도 했다.

기원후 1세기경에 들어서면 마르쿠스 아우렐리우스 황제의 주치의로도 유명한 갈레노스의 이름이 등장한다.[6] 갈레노스는 뇌의학뿐 아니라 히포크라테스 이후 근대에 이르기까지 의학, 해부학, 생리학 등에 지대한 영향을 끼쳤는데 특히 인체의 기계적 메커니즘이 어떻게 동물적, 인

----

3 플라톤, 박종현 옮김, 『티마이오스』, 서광사, 2008.

4 인간의 정신이 신체와 관련이 있다는 사고는 다시 크게 둘로 나눠진다. 첫째는 뇌중심주의, 둘째는 심장중심주의인데, 플라톤이 대표적 뇌중심주의 사상가이고 아리스토텔레스가 대표적인 심장중심주의 사상가이다. 요즈음 과학적 지식으로 보면 당연히 플라톤의 뇌중심주의에 손을 들어주겠지만 역설적으로 플라톤의 뇌중심주의는 직관에 의한 판단에서 나왔지만 아리스토텔레스의 심장중심주의는 실증적 경험에 의해 검증된 이론이었다는 것이 흥미롭다. 신경의 존재가 아직 알려지지 않았던 당시에는 눈으로 확인할 수 있는 가장 확실한 신체기관들 사이의 연결통로가 혈관이었고 혈관들이 모두 심장으로 모이고 있다는 임상적 사실이 아리스토텔레스로 하여금 심장이 모든 신체 기능의 중심이라는 결론을 내리게 했다. 과학적 프로세서가 오류의 추론을 만들어낸 대표적 사례라 하겠다.

5 당시는 과거 고대사에서 인간의 신체가 해부의 대상으로 허용된 몇 안 되는 시기 중 하나였는데, 뇌뿐만 아니라 신체의 다양한 부위에 대한 해부와 기록이 행해졌다. 특히 그 당시는 시신 해부가 금기시되던 때였고, 따라서 이들이 행했던 해부의 대상은 살아 있는 사람이었다. 주로 범죄자들을 대상으로 황제의 허락 하에서 생체 해부를 행한 것으로 전해지는데, 과학의 이름으로 인류에 치명적 오점을 남긴 사례이기도 하다.

6 생체에 대한 실험을 허용했던 잔인한 헤로필로스 시대와 달리 갈레노스의 시대에는 시신은 물론 생체 해부도 허용되지 않았다. 자연히 갈레노스의 실험 대상은 소, 개, 돼지, 원숭이 등에 국한됐고, 그 결과 갈레노스의 관심은 인간의 고유성보다 동물과의 유사성, 동물적 유기체서로의 인간으로 옮아갔다.

헤로필로스 인체 해부를 시행한 최초의 인물로 역사에 기록돼 있다. 당시의 해부 대상은 살아 있는 사람이었으며, 그는 수많은 해부 경험을 통해 신경의 존재를 처음으로 밝혀냈다. 파리 대학 의학부 정문에 새겨진 부조물.

간적 영혼을 가지게 하는지에 관심을 가졌다. 그것을 설명하기 위해 그가 사용한 개념이 바로 '프네우마'(pneuma)인데, 그에 따르면 폐로 들어온 공기가 프네우마라는 실체와 섞이면서 심장으로 들어와 생명기운이 동맥을 타고 전신으로 퍼지게 된다고 한다. 그리고 이 프네우마가 뇌로 퍼지게 되면 비로소 동물기운이 생기게 된다는 것이다. 따라서 갈레노스는 뇌중심주의와 심장중심주의를 적절히 조화시켜, 생명적 유기체는 심장에서 비롯되나, 그것이 동물적 유기체로 변할 때 그것을 가능하게 하는 것이 바로 뇌라고 정리한 최초의 인물이 된다. 뇌와 심장의 관계를 거의 오늘날 수준으로까지 밝힌 셈이다.

하지만 갈레노스의 '프네우마' 개념은 그것이 정신이 거하는 구체적 물질을 말하는 것인지, 그렇지 않고 정신 자체를 말하는 것인지 불확실하다. 무엇보다 정신이라는 개념 자체가 17~18세기까지도 여전히 더 근본적인 차원에서 개념적 불분명함을 가지고 있었다. 가령 동물들에게 있는 인지능력과 감정, 판단, 욕구 등을 정신이라고 불러야 할까?[7] 어떻

----

7 영혼을 영어의 soul에, 정신을 영어의 spirit에 해당하는 용어로 사용한다면, 영혼은 고

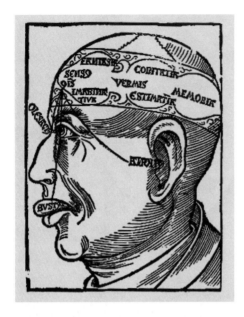

중세의 뇌 해부도 뇌의 국지화라는 차원에서는 의미가 있지만 앞선 고대 그리스·로마 시대까지의 연구에 비해서 괄목할 만한 진척은 없다. 1520년 이탈리아 출판업자 게오르기우스 루스코니부스(Georgius Rusconibus)의 문헌 중에서.

든 "광기"를 "마귀가 든 영혼"으로 치부해 버리지 않고 "영혼의 발견을 위해 신들을 찾기보다 해부학자를 찾도록" 가르친 갈레노스는 분명 이성적 방법의 정신과학을 위한 단초를 제공해 준 것만은 분명하다.

많은 학문들이 그렇듯이 중세 시대에 들어오면 뇌과학 분야에서도 눈에 띄는 발전을 보기 어렵다. 다만 뇌의 부위에 따라서 정신 활동의 분야들도 결정된다는 갈레노스의 이론이 거의 정설로 굳어지고, 뇌의 앞

대 그리스어의 ψυχή, 라틴어의 anima에 해당하며 그렇게 될 경우 육체와 떨어질 수 없는, 육체를 지탱하는 에너지의 의미로 사용할 수 있다. 그에 반해 정신은 그리스어의 voῦς, 라틴어의 spiritus에 해당하며, 육체와 무관하게 존재할 수 있는 영적 존재라는 의미로도 사용할 수 있다. 살아 있는 동물들에게 영혼(soul)이 있다면 신, 천사, 자연신 등은 정신(spirit)의 예시들이다. 하지만 갈레노스의 '프네우마'(πνεῦμα)는 영어에서 spirit로 흔히 번역이 되기 때문에 이런 구도와도 맞지 않는다. 갈레노스의 '프네우마'는 고전주의 시대에는 신체기관들을 움직이게 하는 에너지에 가까운 개념이었지만 18세기에 들어 동물을 살아 있게 하는 영혼에 더 걸맞은 개념으로 바뀌었다. 따라서 흔히 번역되는 spirit라는 용어와는 맞지 않는 개념이 된다. 이처럼 저자에 따라 시대에 따라 정신세계의 다양한 개념들을 지칭하는 용어 선정은 혼란을 피하기 어려워 보인다.

쪽(전뇌실)은 상상을 담당하는 부분이고 중간 부분(중뇌실)은 이성을 담당하는 부분, 그리고 뇌의 뒤쪽(후뇌실)은 기억을 담당하는 부분이라는 뇌의 기능론이 지배적이게 된다. 따라서 뇌 연구의 역사를 전체적으로 볼 때, 발전적 지식은 엄밀하게 말해 갈레노스 이후 10세기가 넘도록 생산되지 않았다고 할 수 있으며, 갈레노스적 지식 체계는 중세 시기를 지나 17세기까지 그대로 유지된다.

육체와 정신

고대와 중세를 거치는 동안 이성적 영혼은 뇌에 있다는 이른바 뇌중심주의가 거부할 수 없는 이론적 출발점을 이루게 되지만, 그럼에도 뇌라고 하는 단백질 덩어리가 어떻게 정신이라는 추상적이고 비물질적인 대상과 관계되는지에 대한 설명은 여전히 철학적, 과학적 난제로 남아 있었다. 더구나 중세의 종교적 상황이 인체 해부를 허락하지 않았기 때문에 해부학적 지식이 정체되어 있었음은 물론이고 심지어 기원전 3세기에 이뤄진 헤로필로스와 에라시스트라토스의 업적마저 잊힌 채 르네상스 시대를 맞게 된다. 르네상스 시대의 가장 위대한 변화 두 가지는 바로 지식 체계로서의 과학의 탄생과 인문주의의 출현이다. 얼핏 보기에 관련이 없어 보이는 과학과 인문주의는 사실 서로 뗄 수 없는 밀접한 관계를 가진다. 뇌 연구에서도 예외는 아니다.

우선 과학의 비상은 두 가지 조건이 맞물리면서 가능해졌는데, 그중 첫째가 철학적 인식의 변화이다. 13세기가 지나면서 플라톤과 신플라톤주의의 영향력이 점차 사라지고 그 자리에 아리스토텔레스가 들어오게 된다. 이것은 보편적 형상의 개념보다 혹은 그 못지 않게 개체들의 실재성이 인정되고, 개별적이고 구체적인 사물들에 대한 관심이 높아지기 시작한다는 뜻이 된다. 그리고 두 번째는 이 시기에 들어오면서 실

험적 도구를 만들어내기 시
작했다는 사실이다. 과거에
는 경험(experience)과 실험
(experiment) 사이의 차이가
분명하지 않았다. 로버트 그
로스테스트(Robert Grossetest),
로저 베이컨(Roger Bacon) 등
에서 볼 수 있듯이 과거에
는 사물의 탐구란 우리 신체
의 감각기관을 통한 정보 수
집이었고, 그리고 그것을 추
상적으로 종합하는 관념화
의 과정, 즉 사물에 대한 관
조가 경험적 세계를 구성했

안드레아스 베살리우스 해부학을 통해 동물적 영혼
의 근거를 설명하려 했다.

다. 반면, 르네상스 시대 이후로 들어오면 사물에 인위적 행위를 가하는
경험, 즉 실험이 과학의 방법으로 부상한다. 따라서 이제 있는 것을 그
대로 수용하는 것이 아니라 도구를 통한, '작업된' 관찰 대상이 지식의
대상으로 자리 잡기 시작하는 것이다. 천문학이나 지리학에서 망원경이
도구 역할을 했다면 의학에서는 메스(mes)가 중요한 도구로 등장한다.
즉 인간의 몸에 메스를 댈 수 있는 과학윤리적 대전환이 이뤄지게 된 것
이다.[8] 특히 16세기에 이르면 해부학에 전환점을 가져다준 이름이 있는
데, 바로 안드레아스 베살리우스(Andreas Vesalius, 1514~64)다. 해부학에
서 베살리우스는 천문학의 코페르니쿠스와 흔히 비교되는데, 그 이유는

----

8 해부학을 제도권 학문으로 공인하기에 르네상스 시기는 아직 이른 시기였다. 17세기에 이
르러서야 비로소 해부학이 본격적 제도권 학문으로서의 궤도에 오르게 된다. 이때가 되면
의학 권력과 사법 권력이 결탁을 해서 해부를 위해 사형 판결도 조정할 수 있기에 이른다.

두 사람 모두에게서 고대 헬레니즘 문화와 학문에 대한 동경과 집념이 결국 그 체계를 무너뜨리는 결과를 가져왔기 때문이다.

과학의 출현과 더불어 두 번째 변화인 인문주의의 발현은 이 시대에 이르러 인간의 정신이 본질적 궁극점에 놓였다는 것을 의미한다. 중세 시대까지 인간은 궁극적 본질인 신의 영적 모습이 재현된 대상이었다. 반면 르네상스 이후가 되면 인간의 형

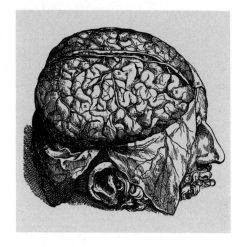

르네상스 시대가 되면서 중세의 해부학적 지식에 비해 상당한 수준의 사실적 묘사가 등장한다. 이러한 작업은 베살리우스의 이름과 관련이 있다. 1543년 베살리우스의 「인체 해부에 대하여」 중에서.

상(eidos)을 본질적이고 궁극적인 실체로 보기 시작하는데, 오늘날 우리가 이 시기를 휴머니즘의 시대라고 부르는 근거가 바로 그 시대에 들어 인간을 다른 피조물과 달리, 또 신과 달리 독립적 형상을 갖춘 존재로 인정하기 시작했다는 데에 있다. 이제 인간의 몸에 대한 예술적 표현이 대담하게 이뤄지고 신체에 대한 조화롭고 완벽한 이상의 부여가 조심스럽게 가능해졌으며 인간 개체에 대한, 혹은 적어도 인간 보편에 대한 인식을 전제로 하는 학문적 사고가 시작된 것이다. 따라서 앞에서도 언급했듯이 이러한 인문주의는 과학의 출현과 밀접한 관계가 있을 수밖에 없다. 신플라톤주의가 쇠퇴하고 아리스토텔레스가 재발견되면서 유일신의 형상이 임재된 수동적 인간의 모습이 아닌 능동적 인식능력을 갖춘 주체로서의 인간이 발견됐고, 또한 그러한 주체의 발견에 힘입어 바로 도구를 이용한 인식대상의 '재구성', 즉 실험이 가능해진 것이다. 인간의 신체를 오르간과 비교할 수 있는 사고의 유연함은 그렇게 탄생했다.[9]

이렇게 해서 갈레노스 이후 처음으로 정신과 육체의 관계에 대한 새로운 설명이 가능해지는데, 이것은 데카르트의 이름과 결부된다. 데카르트는 송과선(pineal gland)의 존재가 바로 정신과 육체가 서로 통하는 문이라고 믿는데, 그 사실 여부를 떠나서 우리 신체의 감각기관이 어떻게 뇌로 정보를 전달하며, 뇌의 명령이 어떻게 운동기관으로 전달되는지 설명하는 모델로서는 데카르트의 설명이 현대 과학의 그것과 원리의 차원에서 크게 다르지 않다는 것을 확인할 수 있다. 비슷한 시기에 영국의 임상의학자 토머스 윌리스(Thomas Willis, 1621~75)는 철학자 데카르트와 다른 방식의 접근을 취한다. 사변적 능력은 데카르트에 못 미치나 그가 관찰한 결과를 그려놓은 뇌의 이미지는 당시의 그 어떤 뇌 관련 삽화보다도 과학적 정확도가 뛰어났다. 정신과 육체의 관계를 설명할 수 있는 열쇠를 그는 송과선이 아닌 선조체(線條體)에서 찾으려 했고 백질과 회백질을 발견했을 뿐 아니라 정신과 육체의 관계에서 이 두 부위를 설명하려 했다. 그에게 있어서 백질은 기계적, 육체적 기능을 담당하는 반면, 회백질은 백질의 작용을 명령하는 정신의 역할과 관계된다.

르네상스 휴머니즘이 열어놓은 세계는 이렇듯 인간의 정신에 독립적 형상을 부여해서 신성화하는 동시에 그 물질적 파트너인 육체를 기능적 기관들로 환원해 분리하는 이원론적 세계였다. 과학, 즉 분석적이고 실증적인 연구의 대상은 물질세계에만 국한되고 그 과학이 정신과 만날 수 있는 유일한 기회는 송과선이나 선조체 등과 같은 접점 장소에 관한 가설에서 주어질 뿐, 정신을 분석적으로 국지화하는 연구는 결과적으로 중세 시대까지의 성과에서 크게 벗어나지 못했다고 봐야 할 것이

----

9 데카르트주의자들은 인간을 포함한 동물들이 아플 때 소리를 지르는 것은 물체를 집어던질 때 소음이 나는 것과 같은 원리라고 본다. 신체와 오르간을 비교할 수 있다는 것을 사고의 유연함으로 볼 수도 있으나 반대로 이는 동물적 영혼을 부정함으로써 인격적, 이성적 양식을 제외한 다른 정신 활동에 대해서는 폭력적인 억압과 착취를 가능하게 하는 문화를 만들기도 했다. 르네상스와 고전주의 시대가 신학적 본질주의를 인본적 본질주의로 전환시킨 그 이상도 그 이하도 아니라는 혹평은 바로 이런 배경과 관련이 있다.

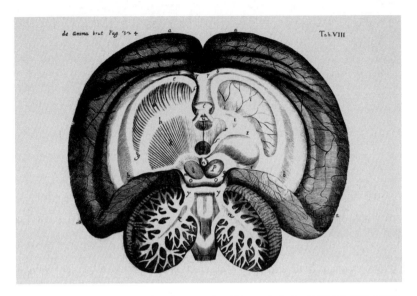

1672년 토머스 윌리스가 발표한 뇌의 해부도 그는 양쪽으로 갈라놓은 대뇌반구와 백질, 회백질, 선조체 등 오늘날 알려진 정보를 이미 정확히 구별하고 있었고, 특히 데카르트가 송과선에 부여한 역할을 선조체에 부여하기도 했다. 1672년 윌리스의 「광포한 정신에 대하여」 중에서.

다. 심지어 피에르 가상디(Pierre Gassendi, 1592~1655)는 정신이 반드시 육체의 특정 부분과 관계가 되는 것은 아니라는 입장을 취하기까지 했다. 결국 뇌에 관한 인문학적 지식은 17세기 이후 뚜렷한 성과를 내지 못한 채, 20세기에 와서마저 정신의학이라고 하는, 정신문화의 구조와 기능을 설명하는 연구와는 전혀 거리가 먼 기능주의적 학문으로 축소되기에 이르렀다. 20세기 후반 널리 퍼지게 된 인지과학은 이러한 기능주의적 기계론의 연장선 위에 있는 또 하나의 사생아이다. 정신이 만들어낸 연장(instrument)을 통해 다시 정신의 구조를 유추해 내는 현대판 신화적 학문관인 것이다.[10] 그렇다면 정신을 설명하기 위한 뇌 관찰은 여기까지일

----

10 인지과학의 첫 번째 위험성은 인간의 모든 이성능력을 인지능력으로 환원해 버릴 오류를 내포하고 있다는 점이다. 많은 다른 학문들과 마찬가지로 인지과학도 과학의 필수 요

까? 공교롭게도 다른 가능성은 정반대 방향으로의 인식의 전환에서 찾을 수 있었다. 바로 인문학이 뇌를 말하기를 중단하고 뇌가 인문학에 대해 말하도록 하는 것이었다.

인간 연구에 대한 과학적 조건

현대의 학문 세계는 과학에 대한 전례 없는 믿음에 근거하고 있다. 하지만 과학에 대한 절대적 신뢰는 역설적으로 그 맹점이 도드라져 보이게 만들기도 한다. 프랜시스 베이컨(Francis Bacon, 1561~1626)의 후예들이 우상과 억견(doxa)을 배제하고 사실에 대한 관찰, 수집을 통해 지식 체계를 구축하는 것을 과학의 임무이자 역할로 여겨왔다면, 현대에 오면서 점차 이러한 과학관이 의심을 받기 시작한다. 수많은 관찰 결과들의 축적이 만들어내는 지식이 바로 과학이라고 믿었던 그 패러다임에 균열이 생긴 것이다.[11] 오스트리아 출신의 철학자 카를 포퍼(Karl Popper, 1902~94)와 프랑스의 철학자이자 예술비평가 가스통 바슐라르(Gaston Bachelard, 1884~1962) 등의 영향으로 과학이란 확실한 지식들의 축적이 아니라 반증이 가능한, 그래서 잠시 집행이 유예된 오류들일 뿐이라는 새로운 과학관이 제시된다.[12] 이렇게 새롭게 나타난 과학관에 따르면 과학은 진리

소라 할 수 있는 한계와 경계에 대한 명확한 설정을 하지 않는다. 예를 들어 '무엇이 마음(mind)인지', '무엇이 지능(intelligence)인지'에 대한 설명은 넘쳐나지만 '무엇이 마음이 아닌지', '무엇이 지능이 아닌지'에 대한 설명, 즉 학문으로서의 경계, 학문의 정체성에 대한 설명이 불분명하다. 결국 간학문적, 융합적, 통섭적 학문이라는 설명으로 환원주의의 오류를 덮으려 하지만 바로 그 차원에서 많은 다른 인문학 분야의 시도들이 봉착했던 정체성의 실종을 인지과학도 피해 가지 못하고 있다.

11 '패러다임'(paradigm)이란 과학적 지식이 한 방향으로 발전하는 앎의 축적물이 아니라 특정 공간과 특정 시간 속에서 정론(定論)과 이론(異論) 간의 대립을 통한 학문의 진화의 산물이라고 설명하는 토머스 쿤(Thomas Kuhn, 1922~66)의 용어이다.

를 밝혀주거나 예언해 주는 것이 아니며 오히려 진리를 말하려 하는 순간 과학은 그 자격을 상실하게 될 수밖에 없다. 반면에 역사상 많은 주술적 선언과 신화적 설명, 종교적 예언들은 늘 진리일 수밖에 없다. 그래서 과학 안에서는 하나의 이론에 대한 신봉자가 있을 수 없지만 (포퍼의 명명에 따라) '형이상학'은 꾸준히 세대를 이어 학파를 형성해 나갈 수 있게 되는 것이다.

인간의 문화, 정신의 구조, 인문학적 현상들을 과학의 대상으로 삼으려는 시도는 실증주의 이후 꾸준히 이어져왔다. 그러나 그럼에도 인간에 대한 연구가 과학이 되기 어려운 것은 바로 반증 가능한 명제를 만들기 어렵기 때문이다. 포퍼에 따르면 아들러 심리학이나 프로이트의 정신분석학, 마르크스의 유물사관 등은 과학적 대상이 될 수 없다. 실증주의가 제시하듯 경험주의적 지식의 축적이 과학적 유효성을 보장해 주는 것은 결코 아니고, 대전제 또는 공리에서 출발하는 모든 추론이 적절한 논리를 갖추고 있다고 해서 과학적으로 적합하다고 할 수는 없다. 내적 논리는 과학의 필요조건이지 충분조건은 아니다. 그리고 학제적(學制的) 구성[13]을 이룬다고 과학이 되는 것은 더더욱 아니다.[14]

----

12 예를 들어, '모든 까마귀가 검다'는 사실을 어떤 근거로 정당화할 수 있을까? 경험론적 과학관으로는 모든 종류의 까마귀를 관찰하면서 이들의 색깔을 검증 자료로 쓰면 된다. 하지만 포퍼에 의하면 그것은 무의미하다. 이 명제의 진리를 보기 위한 끝없는 관찰은 불가능하며 그것보다는 이 명제는 '모든 까마귀가 검은 것은 아니'라는 모순명제를 가질 수 있으니 과학적 가설이 될 수 있다는 것이 포퍼의 논리이다. 반면에 '이번 주말에는 비가 오거나 오지 않는다'라는 명제는 절대 모순명제를 가질 수 없으니 과학이 될 수 없다. 실제 모든 과학적 명제들은 반증이 가능한 모순명제를 가진 명제들이며 후에 실제 증명이 되기도 하고 반증이 되기도 한다. 그래서 바슐라르는 이러한 과학의 성질을 '잠시 집행이 유예된 오류'(erreur en sursis)라고 표현했다.

13 보통 학제적이라는 표현은 한자에서 學際的으로 쓰고 둘 이상의 지식 분야가 결합되거나 연관되는 일련의 지적 활동을 의미하지만 여기서는 제도권에서 학문적 단위의 형태로 공인하는 학문을 의미하고자 동음이의어를 사용한다. 미셸 푸코의 에피스테메(episteme)와 관련되는 말로 보면 될 것이다.

14 쿤은 '정상과학'이라는 개념을 통해 과학의 학제적 견고성을 설명했지만 엄밀히 말하면

인과관계의 추적을 통한 가설연역적(hypothetico-deductive) 방법론에 따른 검증 가능성, 더 정확히 말하면 반증 가능성(falsifiability)이 열려 있는 지식 체계를 현대적 의미의 과학이라고 했을 때, 그 가능성을 생리학에서 처음 이론적으로 정리한 사람은 프랑스의 클로드 베르나르(Claude Bernard, 1813~78)이다.[15] 그는 단지 생리학 분야에서뿐만 아니라 인간 문화의 연구에서도 임상실험이 어떻게 과학적으로 적용될 수 있는지 그 가능성을 제시한 인물이다. 베르나르가 실험의학에서 펼쳤던 새로운 방법론을 이해하기 위해서는 그 당시 생명과학과 철학 분야에서 대립하던 두 조류를 개략적으로 살펴볼 필요가 있다.

넓게 말해서 생명에 관한 철학의 두 목소리는 기계론(mechanism)과 생기론(vitalism)으로 요약된다. 기계론은 또 다른 철학용어인 인과론(causationism)과 밀접한 관계가 있는데, 이들 사고에 따르면 모든 현상은 원인과 결과의 관계에서 설명되어야 하며 따라서 모든 생물의 운동 역시 물리 법칙으로 환원될 수 있어야 한다. 17세기 물리학자들이 기계론을 따랐으며 이를 철학적으로 집대성한 이가 바로 데카르트이다. 프랑스 식 합리론적 전통은 바로 여기서 그 근원을 찾게 된다. 이 사고에서는 어떠한 신비적 세계나 초능력적 운동도 배제되며 아무리 복잡한 현상도 가장 단순한 하나의 원리에서 출발해서 설명되어야 한다.

반면, 기계론에 대한 생기론의 가장 근본적인 반박은 생명의 주요 현상들은 물리 법칙으로 환원될 수 없으며 생명은 하나의 '살아 있는 물질' 또는 '생명력'이라는 물질로 설명이 되어야 한다는 것이다. 이 생명력이 물질에 생명을 불어넣는 것이다. 이러한 사고의 주인공들은 데카르트주의의 반대편에서 심신 이원론에 대한 반박으로 일원론을 주장한다. 대

그의 과학론은 과학철학 이론이라고 볼 수 없고, 모든 학문에 대한 학문론(프랑스어적 의미의 épistémologie)에 해당한다.

15 Claude Bernard, *Introduction à l'étude de la médecine expérimentale*.

실험실에서 생리학 강의를 하고 있는 클로드 베르나르

표적 인물로는 폴 조제프 바르테즈(Paul Joseph Barthez, 1703~1806), 베르 그송 등이 있고, 훗날 생명에 관한 20세기 이론 중 중요한 한 축을 이루 게 된다.[16]

베르나르가 활동을 시작하던 시기는 마리 프랑수아 비샤(Marie François Bichat)라는 생기론자의 이론이 지배적 구심점을 이루고 있던 당시였다. 베르나르에게 생기론은 그의 실험 방법론과 공존할 수가 없는 설명이었 다. 실험실에서 확인한 구체적 사실들과 결과물들 외에는 과학적 결과 물로 받아들일 수 없었다. 흔히 그의 이러한 실험 중심적 연구에 대해 '실증주의적'이라고들 하는데, 엄밀히 보자면 그의 실험의학은 실증주의 적 방법론과는 거리가 있다. 그보다는 앞서 언급했던 대로 가설연역적 과정을 의학에 적용한 선구자 격에 해당한다고 보는 게 더 적절한 평가 일 것이다. 경험론적, 실증주의적, 귀납적 방법론의 주장자들의 주장과

----
16 이 점은 뒤에 가서 다시 보기로 한다.

달리 사전에 풀어야 할 문제를 던지지 않고는 가설을 세울 수 없기 때문이다.

지금까지 살펴본 현대 과학이론들의 발전은 과연 인간의 문화, 인간의 현상, 인간만의 고유 영역을 설명할 수 있는 방법이 되어줄 수 있을까?

인간이 말하는 뇌, 뇌가 말하는 인간

뇌를 동물적 영혼의 발생지로서뿐만 아니라 인간 고유의 정신 활동을 설명할 수 있는 실험실로 간주할 수 있는 가능성은 언어 연구에서 시작되었다. 앞서 언급했듯 간접논증적(Reductio ad absurdum) 방법을 통해 모든 변이적 증후들은 반드시 배후에 있는 필연적 원인에 관련되어 있다는 전제에서 출발, 원인을 찾는 역방향의 연구가 그 생명이다. 여기서 모든 표면적 현상들은 유형별로 분류되기를 기다리는 자료군으로서가 아니라, 원인으로 역류해서, '추상적'일 수밖에 없는 그 근원을 밝히기 위한 '구체적' 근거로서의 가치로 인정받는 것이다. 여기서 우리는 탁월한 언어학자 로만 야콥슨(Roman Jakobson, 1896~1982)의 기여에 관심을 가질 필요가 있다. 그는 「언어의 두 측면과 실어증의 두 유형」이라는 소논문에서 언어에 관련된 다양한 병리적 현상들의 연구 결과를 토대로, 실어증이라 불리는 언어 장애의 제 유형들이 인간 언어 능력과 놀라운 연관성을 갖는다는 것에 주목한다.[17] 그에 의하면 언어 장애 문제와 관련된 당시까지의 병리학적 연구들은 다양한 학제적 대화와 협력에도 불구하고 언어학자들의 기여와는 거의 단절되어 있었다. 동시에 언어학자들은 언어 장애에 관한 연구가 언어의 일반 법칙에 대한 새로운 안목을 열어줄 수 있음에도 이에 무관심하면서 자신들의 관례적 영역에만 갇혀 있었

----

17 그의 연구 논문들을 모은 저서 『일반언어학 이론』에 수록.

다. 야콥슨이 주장한 것은 언어학자들이 "여러 의학 술어와 전문적인 방식에 익숙해야 하고", "임상학적 환자들에 대한 논의를 완전한 언어학적 분석에 적용해야 하며", "언어학자가 스스로 실어증 환자를 연구하여 환자에 대한 직접적인 접근을 행해"야만 한다는 것이다. 결국 이것이 책상 앞과 실험실을 오가는 과학자의 모습이라는 것이다.

야콥슨 이전에도 언어 장애를 다루는 연구들은 꾸준히 계속되고 있었다. 18세기 말에는 해부학자 프란츠 갈(Franz Gall, 1758~1828)에 의해 뇌가 인간의 사고에 관여하는 기관이고, 모든 기능은 각각 특정한 고유 영역에서 비롯된다는 견해가 발표됐으며, 19세기 중엽에는 존 잭슨 (John H. Jackson, 1835~1911)에 의해 모든 정신적 장애는 뇌의 특정 부분 손상에서 오는 것이라는 사실이 발표된다. 하지만 이 연구들은 언어의 문제에 직접적으로 연관되고, 언어 구조의 고유 문제에 관한 설명에 구체적이고 결정적인 영향을 주는 연구는 아니었다. 그러다 야콥슨이 주목한 두 사람이 나오게 되는데, 바로 프랑스의 생리학자 폴 브로카(Paul Broca, 1824~80) 와 독일의 신경학자 카를 베르니케 (Karl Wernicke, 1848~1905)였다. 두 사람은 각각 뇌의 특정 영역에 손상이 오면 특정한 언어 이상 현상이 온다는 점을 발견해 냈다. 가령

언어학자이자 문예이론가인 로만 야콥슨은 현대 언어학의 건설자 중 한 사람이자 러시아 형식주의 문학이론의 제창자였고, 미국에서 만난 클로드 레비-스트로스(Claude Lévi-Strauss)에게 구조의 개념을 전달해 20세기 구조주의의 꽃을 피우게 했던 사람이기도 하다. 또한 훗날 언어학이 엄밀 과학이 되도록 실험실로서의 실어증 관찰 연구의 가능성을 제시한 사람이기도 하다.

예를 들어 브로카 영역에 손상이 오면 무슨 말을 하는지는 알아들을 수 있으나 문장을 제대로 구성하지 못한다는 특징을 가진다거나, 베르니케 영역에 손상이 오면 문장을 구성할 줄은 알지만 무슨 말을 하는지 내용을 알 수 없다는 식이다. 이렇게 증상을 그대로 기술해 놓은 것을 훗날 언어학적으로 분석한 사람이 야콥슨인데, 그가 이 분석을 위해 이론적 근간으로 삼았던 것이 바로 언어학자 페르디낭 드 소쉬르(Ferdinand de Saussure, 1857~1913)의 일반언어학 이론이었다.

야콥슨은 소쉬르에 근거해서 언어를 "결합"에 의한 구성과 "선택"에 의한 구성으로 구분, 이들이 상호 작용을 통해 생성해 내는 요소들이 바로 '말을 한다'는 것의 본질이라고 본다. 예를 들어 "다시-읽기", "모두에-반(反)하여", "인간의-생애", "신은-선하다", "날씨가 좋으면,-외출하자" 등에서 볼 수 있듯, 각 요소들이 동시에(in praesentia) 시간적 혹은 논리적 순차를 가지고 연쇄적으로 등장하는 관계가 통합적 관계 또는 결합 관계이다. 반면 "가르침"이라는 낱말은 "가르치다", "가르치자" 등의 낱말들과 다른 방법으로 일정한 관계를 유지하고 있음을 알 수 있다. 이들의 상호 간에는 정해진 문맥에서 동시에 연쇄적으로 출현할 수 있는 요소들 사이의 관계가 있는 것이 아니고, 일정한 유사성을 매개로 서로 간에 잠재적(in absentia) 관계를 유지해 주는 요소들 사이의 관계가 있는 것이다. 다시 말해 선택의 관계라는 것이다. 야콥슨에 따르면 이 두 개의 언어 축이 정확하게 브로카 영역과 베르니케 영역에 해당한다. 야콥슨은 한 걸음 더 나아가 의미론에서의 선택과 결합의 문제에까지 접근하는데, 앞선 이 두 절차를 각각 환유적 절차(metonymic process)와 은유적 절차(metaphoric process)라고 부른다.

야콥슨의 이러한 이론적 종합은 언어학 분야뿐만 아니라 뇌신경학, 게다가 전통적 인문학 분야인 수사학에까지 영향을 끼친다. 피에르 퐁타니에(Pierre Fontanier, 1768~1844) 이후 수사학에서의 은유와 환유의 문제를 새로운 시각으로 재조명하는 계기가 된 것이다. 퐁타니에의 이론은 모든 가능한 언어의 자료군들을 검토, 재분류하며 유사한 유형들을 모아서 범주화하는 이른바 경험주의적 분류법을 사용하는 전통 수사학에서 가장 체계적이고 짜임새 있는 모델을 제공했음에 틀림없다. 그러나 은유와 환유가 인간의 어떤 능력의 산물이며 그래서 이러한 수사학적, 문학적 활동은 인간의 어떤 정신적 활동의 산물이 되는가, 그 둘 사이에는 어떤 교각이 놓여 있는가 하는 문제를 풀 길을 열어준 것은 야콥슨이었다. 야콥슨은 기존의 수사학자들과 달리 은유와 환유를 잘 짜인 언어에서가 아니라 손상된 언어에서 찾았고, 이미 만들어진 작품에서가 아니라, 만들어가는 과정에서 찾았다. 그에 의하면, 유사성의 장애가 있는 환자의 경우 은유적 표현이 불가능하고, 인접성의 장애가 있는 환자의 경우 환유적 표현이 불가능하다. 다시 말하면, 실어증 환자의 많은 증후군들에도 불구하고 모든 원인은 상기의 두 유형 안에서 찾아지며, 이 중에서 선택의 원리에 문제가 있는 경우, 은유 능력이 약화되거나 완전히 봉쇄되고, 반대로 결합의 원리에 문제가 있는 경우, 환유 능력이 약화되거나 완전히 봉쇄된다는 것이다.

현대적 의미에서 야콥슨의 이 연구는 진정한 과학이었다고 말할 수 있다. 왜냐하면 그의 가설은 훗날 반박을 할 수 있는 길을 열어주었기 때문이다. 최근의 임상학적 연구에 따르면 브로카 실어증 환자의 경우 환유에만 문제가 있는 것이 아니라 은유 능력에도 문제가 있다. 또한 베르니케 실어증 환자의 경우 은유에만 문제가 있는 것이 아니라 환유 능력에도 문제가 있다. 언어의 두 축이라고 하는 결합의 축과 선택의 축이 서로 별개의 축으로 존재하고 작동하는 것이 아니라 서로 무한한 상호 작용을 하면서 작동하기 때문이라는 것이 역시 최근 임상실험을 통해 밝혀졌다. 이것은 우리에게 무엇을 시사하는가? 뇌에 관한 연구, 그리고 임상학적 접근은 결국 언어 이론이 제대로 세워진 것인지, 과연 인간에게 결합의 능력과 선택의 능력이 있는지, 있다면 별개로 진행되는 능력인지 그렇지 않고 상호 작용을 하는 능력인지 검증할 수 있는 실험실이 될 수 있다는 것을 말해 준다. 야콥슨의 가설은 정확히 말하면 오류가 있는 것으로 밝혀졌다. 그러나 그 오류 사실을 완전히 상쇄할 만큼 인문'과학'에의 길을 활짝 열어준 것이 분명하다. 반증 가능한 이론적 토대를 만들어 실제 반박할 수 있는 임상적 근거를 마련했고, 결과적으로 엄청난 언어학적 발전을 가능하게 했기 때문이다. 따라서 이러한 뇌 연구와 인문학 연구가 함께 이론적 정보를 주고받으면, 또는 야콥슨의 주장대로 인문학자가 직접 임상실험을 할 수 있도록 학제와 교육이 조정된다면 우리는 훨씬 정확하고 명확한 이론적 토대를 다질 수 있을 것이다. 수천 년 동안 미스터리 속에 갇혀 있던 뇌는 바로 이런 점에서 자연과학뿐 아니라 인문학의 미래에도 새로운 길을 제시해 줄 수 있을 것이다. 이미 야콥슨 이후 인간 문화에 대한 상당 수준의 과학적 연구가 그 성과를 내고 있다.

앞으로의 과제

뇌의 국지적 손상으로 인한 장애를 관찰함으로써 구체적 언어 능력이 실제 뇌의 기능과 관련이 있고, 따라서 반대로 언어학적 가설들에 대한 반증 조건을 뇌 연구가 충족시켜 주고 있다는 사실은 앞으로 뇌에 관한 연구가 인문학 제 분야에 엄청난 성과를 가져다줄 수 있다는 것을 말해 준다. 특히 임상과학은 이제 생리학에만 관련되는 것이 아니고 인간의 고유 성질에서의 문제들, 즉 인문학적 문제들에 관여함으로써, 과학으로서의 인문학을 보장하게 될 것이다. 그렇게 되려면 야콥슨의 말대로 모든 인문학자가 임상학자가 되어야 하며 신경학자들도 인문학적 상식을 공유해야 할 것이다. 지금도 가끔씩 발표되는 동물행동학자들의 기이한 연구 결과들, 예를 들어 '침팬지도 언어 능력이 있다'든가, '돌고래도 셈을 할 줄 안다' 등을 보면 인문학적 기본 상식에도 반하는 난센스를 아직도 범하고 있는 것 같아 참으로 당황스럽다. 바로 그런 맥락에서 진정한 간학문적 연구는 학제 체제 중심의 학제간 교류가 아닌 과학적 프로세로서 중심의 연구가 되어야 하는 것이다. 즉 기존의 학제 체제 중심에서 그 학제간 연합을 하는 것(cross-discipline)이 아닌 학제를 초월한, 학제에 근거하지 않는(in-discipline) 연구가 미래의 인문학에서 절실한 문제로 다가올 것이다.

그리고 간학문적 소통은 또 다른 차원에서 철학적 문제와 관련이 된다. 앞서 잠시 언급했던 생명을 둘러싼 두 가지 철학적 입장 간의 대화가 그것이다. 기계론적 입장과 생기론적 입장의 대립은 고대 그리스 철학에서부터 있어왔다. 뇌 연구의 역사에서도 심신 이원론에 근거한 기계론적 인과관계를 중요시하는 전통과, 목적론적 인과관계 또는 일원론적 몸-정신 문제를 생각하는 전통이 서로 교차 발전해 왔다. 20세기에도 베르그송 이후 일원론적 뇌에 관한 연구가 한쪽에서 계속 지속되어 온 만큼, 과학과 형이상학 간의 비학제적(in-disciplin) 대화도 한층 더 활성화되어야 할 것이다. 20세기의 과학 발전은 생명에 관한 문제에서도 모든 것을 물리학적 방법론으로 환원해 왔는데, 이에 반대되는 경향이 프랑스 철학에서 유심론의 이름으로 이어져오는 전통이다. 베르그송은 생명 문제의 물리학적 환원에 반대하는 고유의 철학 체계를 세웠고, 이에 근거한 생명, 뇌 이론이 이후 프랑스 과학철학의 독특한 전통을 이루며 이어져오고 있다. 따라서 기계론적 세계관과 생기론적 세계관이 학제적 병치 관계에 머무를 것이 아니라 더 많은 소통을 해야 할 것으로 보인다. 조금만 들여다보면 양 진영 간에 불필요한 몰이해가 많다는 것을 알 수 있다. 다만 한 가지 분명히 기억해야 할 것은 뇌, 이미지, 지각, 기억, 지속 등의 생물학주의(biologism) 개념은 그것 자체만으로는 어떠한 방법으로도 인간의 고유한 능력과 문화를 설명할 수 있는 인간학적 대상이 되기에 불충분하다는 점이다. 인간의 정체성을 초고등동물로 국한하는 이상 인간 문화에 대한 설명은 동물행태학으로만 가능하고 인간학은 그 존재의미를 상실하게 된다. 생물학에 대한 물리학의 환원주의에 이어, 인간학에 대한 동물행태학의 환원주의의 위험이 여기에 있는 것이다. 따라서 기계론이나 생기론 모두 극복해야 할 문제는 바로 '인간'에 대한 진지한 고민이 없다는 문제이며, 그런 의미에서 뇌를 말하는 인문학에서 뇌에게 말하게 하는 (뇌를 통해 검증하는) 인문학으로 전환할 때 이런 난점이 해결될 것이다. 현재까지 인간의 언어 능력과 기술(記述) 능력은 뇌 안에서의 국지화에 성공했지만, 즉 신경학적 차원에서 설명이 되지만, 사회적 능력, 윤리적 판단 등은 아직 신경학적 접근이 아닌 정신분석학적 접근에 의해 다루어지고 있다. 다시 말해서 국지화에 성공하지 못했다는 것이다. 물론, 인간의 그런 능력들은 국지화로 설명할 수 없는 것인지, 아니면 언젠가 국지화에 성공할 수 있는 것인지, 현재로서는 아무도 모른다. 다만 인간 이성의 고유성에 대한 고민, 이를 위한 뇌과학과의 대화, 철학적·과학적 다양한 방법론들 간의 대화는 항상 유효할 것이다.

| 참고할 만한 책 |

— 수전 그린필드, 정병선 옮김, 『브레인 스토리』, 지호, 2004.
— 안토니오 다마지오, 김린 옮김, 『데카르트의 오류』, 중앙문화사, 1999.
— 로버트 루트번스타인, 박종성 옮김, 『생각의 탄생』, 에코의 서재, 2007.
— 로만 야콥슨, 권재일 옮김, 『일반언어학 이론』, 민음사, 1989.
— 이규식·권도하, 『언어치료학』, 학문사, 1982.
— 임상훈, 「현대 언어학에 기여한 야콥슨의 은유와 환유에 관한 연구, 그리고 문제점」, 『수사학』, 한국수사학회, 2004.
— 크리스 프리스, 장호연 옮김, 『인문학에게 뇌과학을 말하다』, 동녘사이언스, 2009.
— 플라톤, 박종현·김영균 옮김, 『티마이오스』, 서광사, 2008.

- 제프 호킨스·샌드라 브레이크슬리, 이한음 옮김, 『생각하는 뇌, 생각하는 기계』, 멘토르, 2010.
- Henri Bergson, *La matière et la mémoire*, Puf, 1896.
- Claude Bernard, *Introduction à l'étude de la médecine expérimentale*, Flammarion, 1984.
- M.-F. Bichat, *Recherches physiologiques sur la vie et la mort et autres textes*, GF-Flammarion, 1994.
- Jean-Pierre Changeux, *L'homme neuronal*, Fayard, 1983.
- René Descartes, *Les méditations méthaphysiques*, 1647.
- Sigmund Freud, *Introduction à la psychanalyse*, Payot, 2001.
- Jean dir. Gagnepain, *Pour une linguistique clinique*, PUR, 1994.
- Daniel Kahneman, *Thinking fast and slow*, Farrar, Straus and Giroux, 2011.
- Platon, *Phaedo, The Collected Dialogues of Plato*, Edith Hamilton & Huntington eds., Prinston University Press, 1961.
- Olivier Sabouraud, *Le langage et ses maux*, Odile Jacob, 1995.
- René Taton, *La science antique et médiévale*, Puf, 1994.
- René Taton, *La science moderne*, Puf, 1994.
- Vésale, *Epitome des sept livres de la fabrique du corps humain*, Belles Lettres, 2008.
- Thomas Willis, *The anatomy of the brain*, USV Pharmaceutical Corp., 1971.

몸, 지각, 시뮬라크르, 차이 : 이분법과 기준을 벗어난 현대

주성호

흔히 철학을 시대의 자식이라 부른다. 모든 철학은 시대적 상황 속에서 태어나기 때문이다. 동시대에 생겨난 모든 철학이 동일한 시대적 세계관이나 시대정신을 나타내는지는 의심스럽지만, 분명 그 어떤 철학도 그 철학이 생겨난 시대와 전적으로 분리될 수는 없을 것이다. 마찬가지로 서양 현대 철학도 '현대'라는 시대와 맞물려 있을 것이고, 그 시대의 세계관이나 시대정신을 나타낼 것이다.

그렇다면 '현대'는 어떤 모습으로 규정할 수 있고, 서양 현대 철학은 그것을 어떻게 형상화하고 또 주장하는가? 여기서 말하는 '현대'는 동서양이 활발히 교류하는 오늘날 동양의 현대일 수 있지만, 일차적으로는 서양 현대 철학이 태어난 서양의 현대이다. 그렇기 때문에 여기서 언급된 '현대'는 서양의 시대사적 맥락 속에서 이해되어야 하고, 그런 서양 현대는 이전 시대와 구별되는 특징들 속에서 규정되어야 할 것이다.

먼저 오늘날 서양에서는 이전 시대인 서양 근대와는 다른 '인간 이해'가 나타난다. 이 새로운 인간 이해는 서양의 현대를 특징짓는 한 모습이라고 할 수 있는데, 그것은 서양 근대에 비해 인간을 합리적이거나 이성적인 존재로 파악하지 않는다. 서양 근대의 가장 두드러진 특징은 무엇보다도 인간의 자기 이해에 있었다. 이것은 신(Deus)중심주의 사회인 서양 중세와 대비된 특징이었다. 서양 중세 사람들은 스스로를 단지 신의 피조물로 여기고, 인간의 이성도 신에 의해 부여된 것으로 생각하며, 인간의 행동도 신의 뜻과 연관하여 이해했다. 반면 서양 근대 사람들은 스스로를 자율성을 지닌 이성적인 인간으로 여겼다. 그들은 스스로를 자기의식(self-consciousness)을 가진 이성적 인간으로 여기고, 인간의 행동과 자율성이 이런 자기의식적인 이성에 근거한다고 생각하였다. 또한 인간의 이성이 보편적이어서 도덕적 행동도 보편적일 수 있다고 생각하였다. 그러나 오늘날 서양에서의 인간 이해는 이와는 다르게 나타난다. 인간의 행동이 합리적이라고 이전만큼 생각하지 않게 되었고, 인간의 이성이 언제 어디서나 보편타당한 인식을 수행할 수 있는지에 대해서도 회의하게 되었다. 1, 2차 세계대전의 발발, 나치의 비인간적 만행 등과 같은 사건들로 인해 사람들은 인간이 합리적 이성에 따라 행동하지 않는다고 생각하기 시작했다. 그리고 여러 문화권과의 접촉, 특히 식민 지배 속에 나타난 타문화의 인식 등을 통해서는, 인간이 각기 자기 문화의 관점에서 세계를 인식하는 것으로 확인하게 되었고, 보편타당한 이성적 인식이 가능한지 역시 의심하게 되었다.

서양의 현대인들은 이와 같이 보편적인 이성적 인간을 의심하면서 더불어 세계에 대한 절대적 진리, 합리적 세계관 역시 의심한다. 서양 근대인들은 인간의 보편적 이성에 의해 세계의 합리적 모습과 절대적 진리를 파악할 수 있다고 생각하였다. 물론 절대적 진리에 대한 믿음이나 합리적 세계관은 서양 근대뿐 아니라 서양 고대에도 있었다. 이것들에 대한 믿음은 서양 고대부터 있어온 전통적 사유 방식이었고, 서양 근대는 이런 사유 방식을 계승하였다. 다만 서양 근대는 서양 고대와 달리 합리적 세계를 과학적 세계로 파악하였고, 과학적 세계를 하나의 절대적 진리로 생각하였다. 갈릴레오 이후 과학은 세계를 양(quantity)/수(number)로 파악하기 시작했고 이런 양적인 세계관은 오늘날까지 이르고 있다.

하지만 오늘날 서양은 이전처럼 절대적 진리가 있다고 받아들이지 않는다. 또한 과학적 세계가 세계 자체이거나 진리 전체라고 생각하는 경향도 약화되었다.[1] 서양 현대는 서양 근대의 인간관, 즉 보편적인 이성적 인간을 부정하는 것처럼, 그런 이성에 의해 절대적 진리를 발견할 수 있다는 것을 받아들이지 않는다. 현대의 사회, 문화, 정치, 도덕 등에서 보편적 인식을 발견할 수 없는 것처럼 보편적인 절대적 진리가 있다고 생각하지 않는다.

절대적 진리를 부정하는 서양 현대는 그동안 보편적 이성에 의해 파악되지 않거나 무시된 것에 관심을 갖기 시작한다. 예컨대 이성적으로만 파악되지 않은 자연에, 사회, 문화, 정치, 도덕 등 각 영역에서의 다원적 세계관에, 동일한 것이 아닌 차이=다름(difference)에 시선을 옮긴다. 서양 근대가 세계를 합리적으로 파악할 때, 그것은 수학적 자연으로서의 세계였고, 인간과 분리된 자연이었으며, 정복의 대상으로서의 자연이었다. 반면 오늘날에는 환경 운동에서 볼 수 있듯이 많은 사람들이 자연을 인간과 분리된 것으로도 정복의 대상으로도 보지 않는다. 또한 서양 현대인들은 사회, 문화, 정치, 도덕 등에서 보편적이고 절대적인 것을 주장하지 않는다. 서양 현대인들은 서로 다른 관점에서 세계를 바라보고, 그에 따라 각 영역의 세계의 모습도 다르게 나타난다. 문화권마다 도덕이 다르고, 사람마다 정치적 견해도 다른 것처럼, 일반화하기 어려운 다원적인 모습의 세계가 나타난다. 그리고 서양 현대는 이처럼 보편적인 것으로 말할 수 없는 '다른 것'을 그 자체로 인정한다. 나의 문화의 관점으로 타 문화를 흡수해 이해할 수 없다는 사실을 인정하고, 타인의 삶의

---

1 오늘날에도 과학적 세계관은 여전히 위세를 떨치고 있지만, 그것이 진리 자체이거나 진리 전체라는 생각은 약화되었다. 상대적으로 현대 영어권 철학은 과학적 세계관을 옹호하는 경우가 많지만, 비영어권 유럽 철학은 과학적 세계관을 비판하는 경우가 많다. 우리가 이 글에서 다룰 메를로-퐁티(Maurice Merleau-Ponty, 1908~61)와 질 들뢰즈 철학은 비영어권 유럽 철학이다.

방식을 인정한다.(성소수자의 삶까지도)

우리는 앞에서 한 시대와 그 시대에 생긴 철학을 완전히 분리할 수 없고, 철학은 시대적 상황과 맞물려 당대의 세계관을 나름 표현한다고 말했다. 그렇다면 이성적 인간관의 부정, 절대적 진리의 부정, 비합리적 세계의 여러 모습으로 나타나는 서양 현대의 특징[2]은 서양 현대 철학과 맞물려 있을 것이다. 우리는 서양 현대의 이런 특징들이 메를로-퐁티와 들뢰즈 두 철학자의 '몸', '지각'(perception)/'감각'(sensation), '시뮬라크르'(simulacre), '차이'라는 철학적 개념들로 어떻게 표현되는지 살펴볼 것이다. 이 네 개념들은 서로 밀접히 연관되어 있지만, 이성적 인간관의 부정은 메를로-퐁티의 '몸' 개념으로, 비합리적 세계의 모습은 메를로-퐁티의 '지각'과 들뢰즈의 '시뮬라크르' 개념으로, 절대적 진리의 부정은 메를로-퐁티의 '지각'과 들뢰즈의 '차이'의 개념으로 주로 살펴볼 것이다.

서양 철학에 나타난 이성적 인간과 합리적 세계

인간을 이성적 인간으로 여기는 것은 철학적인 문제로 볼 때 무엇이 인간의 주체인가의 문제와 결부된다. 즉 몸이 인간의 주체인가 아니면 영혼이 인간의 주체인가의 문제와 결부된다. 또한 그것은 영혼은 몸과 상관없이 활동할 수 있는가 또는 몸 없이 존재할 수 있는가의 문제와도 관련된다.

----

2 물론 우리가 그려본 서양 현대의 특징은 전체가 아니다. 뿐만 아니라 서양 현대는 서양 근대를 연장하며 여전히 합리적인 것을 추구하기도 한다. 그렇지만 서양 근대와 다른 측면을 이러한 특징들로 제시하는 것은 무리가 없을 것이다. 또한 우리가 다룰 메를로-퐁티와 들뢰즈 철학도 서로 같지 않다. 다만 서양 근대와 구별되는 서양 현대라는 틀에서 보면, 그들의 철학에는 공통적인 모습이 있고, 이것은 우리가 언급한 서양 '현대'의 철학이라 할 수 있는 것이다.

이런 문제들은 플라톤 철학에서 볼 수 있듯이 서양 고대 철학에서 이미 제기되었다. 플라톤은 영혼(psychē)을 인간 행위의 주체로 본다. 플라톤은 그의 저서 『알키비아데스』에서(129a~130c) 영혼과 몸의 관계를 구두 만드는 장인과 칼(도구)의 관계로 언급하는데, 이처럼 그에게서 영혼은 인간 행위의 주체가 되고 몸은 영혼이 이용하는 도구가 된다. 그런데 플라톤이 말하는 영혼은 여러 부분을 갖는다. 플라톤은 『국가』에서 영혼을 이성적인 부분, 기개적인 부분, 욕구적인 부분으로 나눈다(435e~436b). 이성적인 영혼은 추론하고 계산하는 영혼이고, 기개적인 부분은 화를 내는 영혼이며, 욕구적인 영혼은 몸의 욕구를 갖는 영혼이다. 영혼들이 이렇게 나뉘지만, 모든 영혼들은 몸에 대해서 행위의 주체이고 인간 행위의 근원이다.[3]

그런데 플라톤은 그중에서도 이성적 영혼에 특권을 부여한다. 그는 『티마이오스』에서(69c) 이성적 영혼은 죽지 않는 반면 나머지 두 영혼은 죽어 없어진다고 말한다. 다른 영혼들은 몸이 죽는 것과 동시에 사라지지만, 이성적 영혼은 몸이 죽어도 살아남을 수 있다는 것이다. 이 이성적 영혼은 몸의 영향에서 벗어나 사물을 파악할 수 있고, 다른 영혼들과 달리 참된 앎, 즉 이데아에 대한 '인식'(epistēmē)을 가질 수 있다. 플라톤은 몸을 통해 주어진 감각적인 것에 관한 영혼의 앎을 '의견'(doxa)이라 하는데, 이 '의견'은 쉽게 변하기 때문에 참된 앎이 아니라고 생각한다. 이에 반해 참된 앎인 '인식'은 이성적 영혼이 몸에 연루되지 않은 채 변하지 않는 비감각적인 것(이데아)을 획득한 것이라고 생각한다. 이처럼 이성적 영혼은 다른 영혼들과 달리 죽지 않고 또한 몸과 독립된 채로

----

3 플라톤은 『파이돈』에서 이와 다른 입장을 보이는 듯하다. 우선 영혼을 나누지 않는다. 그리고 영혼뿐 아니라 몸 또한 인간을 움직이는 힘을 가진 듯이 말한다. 예컨대, 플라톤은 "그것(몸)의 욕망"(66c: 전헌상 옮김, 이제이북스, 2013)이라는 표현을 쓰고 "탐구 과정에 또다시 몸이 사방에서 끼어들어서 소란과 혼란을 가져다주고 얼이 빠지게 만들기 때문에"(66d: 같은 책)라고 말하는데, 몸 스스로 욕망하고 인간의 행위를 야기할 수 있다고 생각하는 것 같다.

참된 앎을 획득할 수 있기 때문에, 플라톤은 이성적 영혼을 인간의 가장 고유한 영혼으로 파악한다.

그렇다면 감각적인 것과 이데아는 어떻게 다른가? 몸을 통해 알려진 감각적인 것은 "볼 수 있는 것"(horaton)이다. 그것은 "지성에 의한 앎의 대상이 아니고(anoēton), 여러 모습이며, 해체되고, 자기에 대해서도 결코 똑같은 상태를 유지하지 못하는 것"[4]이다. 이에 반해 이데아는 "그것 자체(auto kath' hauto)"로 있는 것이고, 몸을 통해 인식한 것이 아니기에 "보이지 않는 것(aidēs)"이다. 그것은 "신적이며, 죽지 아니하고, 지성에 의해서라야 알 수 있으며(noēton), 한 가지 보임새이고, 해체될 것이 아니며, 또한 자기에 대해 언제나 똑같은 방식으로 한결같은 상태로 있는 것"[5]이다. "볼 수 있는 것"과 "보이지 않는 것"의 구별 그리고 "지성에 의한 앎의 대상이 아닌 것"과 "지성에 의해서라야 알 수 있는 것"의 구별에서 알 수 있듯이, 플라톤이 합리적 대상인 이데아를 찾는 것은 결국 이성적 영혼을 확보하는 것과 연결된다.

이성적 영혼에 우위를 부여하고 그런 영혼으로 합리적 존재를 찾는 이러한 사유 방식은 데카르트의 철학에서도 비슷하게 나타난다. 플라톤과 유사하게, 데카르트는 물질과 영혼을 분명하게 나누면서 물질에 속한 몸과 그렇지 않은 영혼을 분리한다. 이것은 갈릴레오가 자연을 수학적(양적)으로 파악한 것을 철학적 입장으로 정리한 것이다. 즉 데카르트는 물질-자연을 양(수)으로 표현되는 공간으로 생각하고 그것을 '연장적인 것'(res extensa)이라 부르며, 그리고 이런 양적인 물질-공간(연장) 이외의 것을 영혼(정신)에 귀속시키고 영혼을 '사유하는 것'(res cogitans)이라 부른다. 이렇게 물질과 영혼을 나누기 때문에, 플라톤과 유사하게 데카르트는 물질인 몸이 파괴되어도 영혼은 살아남을 것이라고 생각한다. 또

---

4 플라톤, 박종현 옮김, 『파이돈』, 서광사, 2003, 80a~80b.

5 같은 책, 80b.

한 데카르트는 몸(연장적인 것)은 물질이기 때문에 자연과학의 법칙에 따라 기계적으로 움직이지만, 영혼(사유하는 것)은 자유의지를 행사할 수 있다고 생각한다. 그리고 이런 영혼은 인간에게만 있고, 인간 이외의 생명체는 물질적인 몸만 있다고 생각한다. 따라서 데카르트에게서 인간은 영혼과 몸의 결합체이지만, 다른 생명체와 달리 인간의 본성은 몸이 아니라 영혼에 있고, 인간의 주체도 영혼에 있다고 할 수 있다.

이러한 영혼을 데카르트는 "의심하고, 이해하고, 긍정하며, 부정하며, 의욕하고, 의욕하지 않으며, 상상하고, 감각하는 것"[6]으로 규정한다. 다시 말해 영혼이 '사유한다는 것'은 이성적 활동뿐만 아니라 상상하고 감각하는 활동 등 물질적이지 않은 일체의 활동을 가리킨다. 그러나 데카르트는 영혼이 참되게 인식할 때는 이성적(지성적) 활동을 수행할 때라고 주장한다. 왜냐하면 사물의 본질은 감각이나 상상에 의해 발견할 수 없고 단지 이성(지성)을 통해서만 확인할 수 있기 때문이다. 예컨대 밀랍은 언제나 물질로서의 연장이라는 본질을 갖지만, 색, 향, 맛 등이 변하는 것처럼 감각을 통해서는 이런 밀랍의 연장적 본질을 인식할 수 없다. 또한 밀랍의 가능한 모든 형태적(연장적) 변화를 상상을 통해 다 포착할 수 없기 때문에, 상상력을 통해서도 밀랍의 연장적 본질을 인식할 수 없다. 하지만 이성은 밀랍의 여러 형태적 변화에도 연장적 본질을 이해(entendement)할 수 있다.(『성찰』, 제2성찰) 영혼이 감각하거나 상상할 때는 몸을 통해 물질에 대한 감각과 물질적인 상을 갖지만, 이성적 영혼은 이런 물질적 감각과 물질적 상에서 벗어나 순수한 이성적 이해(인식)를 통해서 물질의 본성을 포착할 수 있기 때문이다. 이처럼 데카르트는 플라톤과 비슷하게 영혼의 여러 모습들 중 이성적 영혼이 참된 인식 활동을 한다고 생각한다.

----

6 René Descartes, *Oevres de Descartes,* VII, éd. par C. Adam et P. Tannery, J. Vrin, 1964, p. 28(『성찰』, 이현복 옮김, 문예출판사, 1997, 48~49쪽).

데카르트는 이성적 영혼의 참된 인식이 명석하고(clair) 판명한(distinct) 인식이라 생각한다. 명석한 인식은 흐릿하지 않고 선명하게 사물을 포착하는 것이며, 판명한 인식은 이런 명석한 인식에 드러난 사물을 다른 것과 혼동하지 않고 구별하여 인식하는 것을 말한다. 이런 명석하고 판명한 인식으로 데카르트는 세계를 파악하여, 앞에서 언급한 물질과 영혼(정신)이 각각 실체로서 존재한다고 말한다. 실체는 "그것이 존재하기 위해 다른 것을 필요로 하지 않는 것"인데, 플라톤의 이데아가 "그것 자체로" 있는 것처럼 이것 역시 즉자적으로 존재한다. 결국 플라톤과 마찬가지로, 데카르트는 이성적 영혼을 통해 실체라는 합리적 대상을 찾는다.

데카르트의 이런 입장은 이후 칸트의 철학에 큰 영향을 끼친다. 칸트는 우리에게 나타난 세계는 인간의 지성(이성)[7]의 틀(형식)에 의존한다고 생각한다. 다시 말해 우리에게 세계의 합리성(이성적 특징)이 나타나는 것은 인간의 지성이 갖는 형식 때문이라는 것이다. 합리적 세계의 나타남의 근거가 인간의 지성에 있다는 이 입장은 서양 고대 철학과 차이를 보인다. 플라톤은 이성적 영혼에 특권을 부여하지만, 우리에게 나타난 합리적 세계의 근거를 이데아에 의존시키지 이성적 영혼에 의존시키지 않는다. 반면 서양 근대 철학에서는 칸트 철학에서 볼 수 있듯이 인간의 지성이 합리적 세계의 나타남의 근거가 된다. 한마디로 서양 고대 철학은 이성적 인간을 사유하지만 세계의 근거를 인간 아닌 이데아와 같은 존재에 두기 때문에 인간 중심적인 세계관을 표현한다고 할 수 없지만, 서양 근대 철학은 이성적 인간에 합리적 세계의 근거를 둔다는 점에서 인간 중심적인 세계관을 나타낸다고 할 수 있다. 우리는 앞에서 신을 중심으로 생각하는 서양 중세인과 비교하여 서양 근대인을 자기의식을 갖

---

7 사실 '지성'과 '이성'은 철학자에 따라 다소 다른 의미를 갖지만, 우리는 여기서 의미상의 큰 구별 없이 쓸 것이다.

는 이성적 인간으로 특징지었는데, 서양 근대 철학은 이 이성적 인간을 합리적 세계의 근거로서의 인간 또는 합리적 세계의 입법자로서의 인간으로 표현했다.

몸을 가진 인간과 지각(감각)적 세계

우리가 본 것처럼 전통적인 철학의 이성적 인간관은 결국 몸과 완전히 구별된 영혼을 생각하는 데서 생긴다. 플라톤과 데카르트는 영혼과 몸을 분리하고, 몸의 간섭을 받지 않는 이성적 영혼의 활동을 말한다. 그러나 메를로-퐁티와 같은 서양 현대 철학자는 영혼과 몸의 이런 구별을 비판하고, 영혼의 순수한 활동이 가능하다는 생각에 반대한다. 앞서 본 것처럼 데카르트는 갈릴레오 과학관에 의존하면서 몸(물질)과 영혼의 구별의 기준을 공간(연장)으로, 좀 더 정확히 말해 양(수)으로 표현되는 기하학적 공간으로 제시한다. 몸은 공간적인 물질로서 영혼의 특징이 전혀 없고, 영혼은 사유하는 것으로서 이런 공간적 특징이 전혀 없는 것으로 나타난다. 그러나 메를로-퐁티는 우리가 체험한 세계에는 순수한 기하학적 공간(물질)이 나타나지 않는다고 말한다. 예컨대 피아노 연주자는 건반 각각을 기하학적 공간 속에서 찾지 않는다. 그는 건반 각각을 '부분 밖 부분'(partes extra partes)으로 있는 것처럼 지각하지 않으며, 그가 만난 건반 공간은 일종의 '음악적 공간'이고, 자신의 음악적 세계를 표현할 장소이다. 메를로-퐁티는 또한 우리가 체험한 몸 역시 기하학적인 공간의 형태로 나타나지 않는다고 말한다. 우리가 잠자고 있는 동안에 모기가 왼손을 물면, 우리는 물린 왼손을 기하학적 공간 속에서 찾지 않고서도 오른손으로 긁는다. 오른손을 모기 물린 왼손으로 옮기는 것은 등질적인(기하학적인) 위치에 있는 손을 찾는 것이 아니라, 긁어야 할 '가려운 손'(체험한 몸 공간)을 찾는 것이다.

모리스 메를로-퐁티

데카르트의 영혼과 몸의 구별 기준에 대한 메를로-퐁티의 이와 같은 비판은 영혼은 이미 몸과 분리될 수 없음을 함축한다. 몸이 순수한 기하학적 공간의 형태로 있지 않다는 것은, '가려운 손'의 예가 보여주듯 우리(영혼)는 이미 긁어야 할 손(몸)과 관계한다는 것을 의미한다. 우리(영혼)는 몸과 외적으로 있으면서 어떤 관계를 맺는 것이 아니라, 이미 몸이 되어 몸과 내적인 관계를 맺는다. 이런 의미에서 메를로-퐁티는 "나는 나의 몸이다"[8]라고 말한다. 나(영혼)는 나의 몸과 분리되지 않은 채 나의 의미나 의도를 표현한다. 내가 어떤 식의 억양이나 말투로 말하면, 그것이 곧 나 자신이고 나의 성격이다. 내가 어떤 사투리 억양으로 말할 때 그 목소리 속에는 이미 나의 의미나 성격이 거주한다. 내가 말하지 않고 내면적으로 사유할 때에도, 나의 사유 속에는 '시끄러운' 단어들이 가득하고, 나는 그 단어들을 통해 나만의 방식으로 사유한다. 로큰롤의 의미와 로큰롤의 소리가 분리되지 않듯이, 나(영혼)의 의미는 나의 몸과 분리되지 않는다. 마찬가지로 우리가 수학적 사유를 할 때에도 우리의 이성적 사유는 순수하게 홀로 활동하지 않는다. 우리가 삼각형의 내각의 합이 180도임을 인식할 때, 내가 내면적 사유를 할 때처럼 나는 이러저러한 수학적 용어들로 나만의 방식으로 사유한다. 이성적 사유의 '구체적 방식'이 그 사유의 몸이 되며, 이 몸은 사유와 분리되지 않기 때문에 몸 없는 순수 이성적 사유가 불가능하다.[9]

---

8 Maurice Merleau-Ponty, *Phénoménologie de la perception*, Gallimard, 1945, pp. 175, 231.

메를로-퐁티가 말한 이런 몸은 당연히 데카르트가 말한 몸과 확연히 다르다. 그것은 객관적인 몸, 즉 3인칭으로 바라본 몸이 아니라 체험된 몸이다. 이 체험된 몸은 다음과 같은 우리말 '몸'에서 확인할 수 있다.

(1) 그의 '몸'이 너무 커서 나의 시야를 가린다.
(2) 오늘 난 '몸'이 너무 아프다.
(3) 김 씨는 의료계에 '몸'담고 있다.

(1)번 문장의 '몸'은 연장적인 형태의 객관적인 몸으로 데카르트가 생각한 몸이다. 그러나 (2)번 문장의 '몸'은 내가 체험한 몸으로 메를로-퐁티가 말하는 몸이다. (3)번 문장의 '몸' 역시 내가 체험한 몸으로 메를로-퐁티가 말하는 몸이다. 그런데 이 (3)번 문장의 '몸'은, 나의 몸은 "세계에 대한 하나의 관점이다"[10]라고 메를로-퐁티가 말할 때의 몸이다. 메를로-퐁티는 이런 의미의 몸 개념을 가장 많이 언급한다. 우리(영혼)는 몸을 통해 또는 몸으로서 '어떤 방식으로' 세계와 교섭하는데, 그때 이 몸은 세계를 만나는 우리의 방식이자 관점이 된다. 김 씨는 사람을 볼 때마다 자기도 모르게 다른 사람의 건강을 살피는데, 그것은 김 씨가 이미 그의 세계(의료계)에 '몸담고' 있기 때문이며, 그(영혼)가 의료계에 몸담은 '눈'과 분리되지 않은 채 세계를 바라보기 때문이다. 이런 의미에서 메를로-퐁티는 몸을 "세계로의 존재(세계에 있는 존재)의 수레"(véhicule de l'être au monde)[11]라고 한다. 우리가 팔, 다리를 갖는 것은 우리가 이

----

9 메를로-퐁티는 수학적 사유와 같은 이성적 사유가 불가능하다고 생각하지 않는다. 단지 몸 없는 이성적 사유의 활동은 불가능하다고 생각한다. 마찬가지로 메를로-퐁티는 합리적인 세계가 불가능하다고 생각하지 않는다. 단지 순수 합리적 세계 또는 즉자적 합리적 세계가 불가능하다고 생각한다.

10 Maurice Merleau-Ponty, 앞의 책, p. 85.

11 같은 책, p. 97.

미 만져야 할 세계, 걸어야 할 세계'에' 있으며, 또 그런 몸을 통해 그런 세계'로' 향할 수 있음을 뜻한다. 그렇기 때문에 우리(영혼)는 언제나 '육화된 의식'(conscience incarnée)이다. 어떤 영혼도 그의 몸을 통해 또는 그의 몸으로서 세계에 '빠져 있지' 않을 수 없다. 앞에서 말한 피아노 연주자는 기하학적 공간 '앞'에 있지 않고 음악적 공간 '안'에 있다. 그가 그의 손(몸)으로서 또는 손(몸)을 통해 피아노를 연주할 때, 그(영혼)는 그의 손(몸)과 하나가 되어 이미 자신의 음악적 세계 '속'에 빠져 있다. 따라서 데카르트가 영혼이 몸 또는 물질(자연)과 분리될 수 있다고 주장한다면, 메를로-퐁티는 우리의 영혼은 언제나 몸과 하나가 되어 세계와 분리되지 않는다고 주장한다.

이처럼 메를로-퐁티의 인간관은 전통적 서양 철학의 이성적 인간관과 구별된다. 전통적 서양 철학의 '인간'이 순수 영혼으로서 세계와 분리될 수 있다면, 메를로-퐁티의 몸을 가진 '인간'은 언제나 세계에 육화되어 있다. 메를로-퐁티의 '인간'은 그의 몸이기 때문에 몸 없는 순수 영혼일 수 없다. 메를로-퐁티의 이와 같은 인간 이해는 전통적으로 파악한 것과 다른 세계 개념을 함축한다. 몸을 가진 인간은 순수 이성적 인간과 다르게 세계를 인식하기 때문이다. 앞에서 우리는 메를로-퐁티의 몸 개념이 '세계에 대한 관점'임을 보았다. 메를로-퐁티 입장에서 우리의 의식[12]은 몸을 가졌기 때문에 세계를 '관점'(point de vue)적으로밖에 볼 수 없고, 우리가 지각[13]한 세계 역시 우리 의식과 상관해서 '관점'(perspective)적으로 나타난다. 메를로-퐁티는 관점적으로 나타나는 지각적 세계를 모양-바탕의 구조(structure figure-fond)로 설명한다. 내가 학교의 한 건물

----

12 우리는 '의식'과 '영혼'을 큰 의미상의 차이 없이 쓸 것이다.

13 메를로-퐁티는 '감각'이라는 단어를 시각, 청각, 촉각처럼 '개별화된 지각'으로 사용한다. 그리고 '지각'을 한 사물에 대한 '복합적 감각'으로 사용한다. 하지만 감각과 지각이 지성과 대비되기 때문에, 메를로-퐁티는 그 둘을 특별히 철학적 위상이 다른 것으로 구별해 쓰지 않는다. 우리 역시 이 낱말들을 큰 의미 구별 없이 쓸 것이다.

을 지각할 때, 그 건물은 관점적으로 드러난다. 내가 시선을 집중한 그 건물은 두드러지게 나타나고 다른 건물들은 분명하게 드러나지 않는다. 시선을 집중한 그 건물은 전경 또는 모양이 되고 그 건물을 둘러싼 다른 건물들은 배경(바탕) 또는 지평이 된다. 그러다 좀 전에 배경이 되었던 한 건물을 바라보면, 앞서 모양(전경)으로 드러났던 건물은 이제 배경으로 물러난다. 우리의 지각의 한 대상이 '명료'하게 모양으로 드러나면, 나머지 배경은 언제나 '불투명'하게 숨어버린다. 이처럼 우리의 지각적 대상의 전경과 배경은 동시에 전경으로서 다 드러나지 않는다. 내가 정육면체의 앞면을 '선명하게' 보면, 필연적으로 옆면은 '흐릿하게' 나타나고, 뒷면은 '어둠 속으로' 모습을 감춘다. 모양－바탕(배경) 구조는 결국 "대상들이 자신을 숨기는 방식"이면서 "또한 대상들이 자신을 드러내는 방식"[14]이다.

지각적 대상은 이 예처럼 단순히 공간적인 배경에서만 나타나는 것이 아니다. 내가 본 건물은 병원이 아니라 '학교' 건물이고, '독일풍 건축 양식'의 건물이며, 나의 '학창 시절의 추억이 담긴' 건물이다. 지각적 대상은 문화적, 역사적, 시간적 등, 그 대상을 '물들인' 모든 배경 속에서 나타난다. 지각적 대상이 그런 배경(지평) 속에서 나타나지 않는다면, 나는 그것이 '학교'인지도 모를 것이다. 그렇기 때문에 이처럼 드러나지 않는 배경은 지각적 대상을 '그' 지각적 대상이게끔 한다. 메를로－퐁티는 이러한 배경 때문에 지각적 대상은 원리상 투명하고 확정된 것으로 나타날 수 없다고 말한다. 다시 말해 우리는 한 지각적 대상의 배경을 모두 전경처럼 '선명하게' 끄집어내어 '앞'에 두어 볼 수 없다. 왜냐하면 앞서 말한 것처럼 지각적 대상 '뒤'에 배경이 없으면 '그' 지각적 대상도 없기 때문이다. 이 때문에 지각적 대상은 투명하지 않고, 완성되어 있지도 않으며, 한마디로 '즉자적'으로 존재할 수 없다.[15]

---

14 Maurice Merleau-Ponty, 앞의 책, p. 82.

르네 마그리트, 「가짜 거울」(1928) 마그리트의 그림처럼, 메를로-퐁티는 세계와
몸의 공존을 주장한다. 눈(몸) 속의 세계, 세계 속의 눈(몸).
© René Magritte / ADAGP, Paris-SACK, Seoul, 2015

메를로-퐁티의 이러한 세계관은 플라톤이나 데카르트의 세계관과 다
르다. 플라톤은 이데아가 "그것 자체"로 존재한다고 주장하고, 데카르
트 역시 실체가 즉자적으로 존재한다고 말한다. 그러나 메를로-퐁티는
이런 즉자적 대상을 받아들이지 않는다. 플라톤에게서와 마찬가지로 데
카르트에게서도 이성적 영혼이 즉자적 대상을 발견하려고 하지만, 메를
로-퐁티에게서 그것은 불가능하다. 데카르트는 영혼이 세계와 분리될
수 있다고 생각하기 때문에 세계를 응시하듯 관찰자 입장에서 탐구할 것
이다. 그러나 메를로-퐁티는 우리의 의식이 언제나 세계에 육화되어 있

---

15 여기서는 과학적 지식과 수학적 지식의 즉자성에 대한 메를로-퐁티의 비판을 다루지 않
을 것이다. 내용이 다소 복잡하고 지면이 부족하기 때문이다. 메를로-퐁티는 과학적 지
식과 수학적 지식이 지각적 대상처럼 모양-바탕 구조를 가진다고 주장한다. 그는 과학
적 지식과 수학적 지식의 즉자성을 부정하지만, 이런 지식들의 객관성을 부정하지는 않
는다. 다만 이런 지식들의 객관성은 특정 배경 속에서 가능하기 때문에 초시간적이거나
즉자적으로 존재한다고 생각하지 않는 것이다.

기 때문에 세계를 완전히 대상화하여 파악할 수 없다고 본다. 데카르트는 영혼이 몸과 세계의 무게를 짊어지지 않기 때문에 '고공비행하듯' '날렵하게' 명석하고 판명한 세계를 파악할 것이다. 그러나 메를로-퐁티는 몸을 가진 육중한 의식이 세계에 발을 묻고 있기 때문에 세계를 '둔탁하게' 바라본다. 데카르트는 세계(물질)를 기하학적 공간(연장)으로 명석 판명하게 사유하면서 감각적인 것을 배제한다. 그러나 메를로-퐁티는 불투명하게 체험된 세계를 파악하면서 세계에서 지각적 요소를 배제하지 않는다. 이처럼 메를로-퐁티는 데카르트가 몸 없는 영혼으로 배제한 감각적 세계(물질)를 몸을 가진 의식으로 복원한다.

환영(시뮬라크르)과 차이의 세계

메를로-퐁티는 우리가 사는 세계가 본성상 불투명하다고 주장하면서 전통적인 합리적 세계관을 비판한다. 우리가 살펴볼 또 다른 서양 현대 철학자인 들뢰즈 역시 이런 합리적 세계를 거부한다. 흔히 들뢰즈의 철학을 '차이의 철학'이라 일컫는 것처럼, 그의 철학은 전통 서양 철학의 주류인 동일자의 철학의 극복하는 것이다. 이런 의미에서 "플라톤주의를 뒤집기(시뮬라크르들)"[16]라는 그의 논문 제목은 그의 철학의 방향과 목적을 압축적으로 보여준다. 플라톤주의는 동일자 철학의 전형을 보여주며 오늘날까지 서양 철학의 주류를 형성해 왔기 때문이다.

들뢰즈는 플라톤주의를 뒤집는 것은 플라톤주의의 동기를 밝히는 것이라 말한다. 우리가 본 것처럼 플라톤은 참된 앎의 대상인 이데아

----

16 Gilles Deleuze, "Renverser le Platonisme(Les simulacres)", *Revue de la métaphysique et de morale*, oct-déc., 1966(「플라톤주의를 뒤집다(환영들)」, 박정태 엮고 옮김, 『들뢰즈가 만든 철학사』, 이학사, 2007)

질 들뢰즈

와 의견(doxa)의 대상인 감각적인 것, 또는 원본과 그것의 이미지(영상, eidōlon)를 나눈다. 또한 의견의 대상인 이미지를, 이데아를 닮은 '모사물(도상, eikōn)−이미지'와 닮지 않은 '환영(phantasma)−이미지'로 나눈다. 들뢰즈는 이런 구분의 목적 속에 플라톤주의의 동기가 숨어 있다고 생각한다. 종종 사람들은 플라톤이 낚시를 정의할 때처럼 하나의 유(類)를 여러 종(種)으로 나누어 종국엔 어떤 사물을 포착하는 것이 나눔의 목적이라 말한다. 그러나 들뢰즈는 플라톤의 나눔의 실제 목적은 여러 주장(자)들 중 어떤 것이 순수한 것이고 순수하지 못한 것인지, 어떤 것이 진짜이고 가짜인지 구별하는 데 있다고 생각한다. 궁극적으로는 플라톤이 원본을 닮은 이미지인 모사물과 닮지 않은 이미지인 환영을 나누기 때문에, 들뢰즈는 플라톤주의의 진정한 동기가 모사물은 근거 있는 이미지이고 환영은 거짓 이미지임을 주장하는 데 있다고 생각한다. 이처럼 플라톤주의의 동기를 밝히면서 들뢰즈는 이제 플라톤주의를 뒤집는 일을 모사물에 맞서 환영의 권리를 긍정하는 것으로 규정한다.(「플라톤주의를 뒤집기(시뮬라크르)」)

그런데 플라톤이 환영(phantasma)이라 부른 것은 다름 아닌 들뢰즈가 말하는 시뮬라크르(simulacre)이다. 시뮬라크르는 어원이 같은 '시뮬레이션'이라는 단어가 보여주듯 '흉내', '거짓 꾸밈'의 의미를 지닌다. 플라톤의 시뮬라크르는 흉내 내는 이미지인데, 그것은 이데아를 흉내 내는 것이 아니라, 모사물(eikōn)인 척하는 이미지, 모사물을 흉내 내는 이미지이다. 플라톤은 모사물이 이데아(원본)를 닮은 것이지만, 환영은 '겉보기에' 이데아를 닮은 것, 즉 "실제로 닮아서가 아니라 닮아 '보이기' 때문에 '유사' 닮음(환영)"[17]이라 말한다. 모사물은 "원본의 비율에 따라서"[18] 닮았기 때문에 닮음의 근거가 원본에 있다. 시뮬라크르는 원본을 닮아 보이지만, 그런 닮음의 근거(원본과 그 비율)가 없다. 그러나 들뢰즈는 이런 이데아 같은 원본은 없다고 주장한다. 닮아야 할 원본이 없기 때문에, 원본을 닮은 복사본과 그렇지 않은 복사본을 구별할 의미는 없어진다. 따라서 시뮬라크르가 가장 등급이 낮은 이미지이거나 닮은 복사본보다 못한 복사본이라고 말할 수 없다. 그런 위계질서의 근거인 이데아가 사라졌기 때문이다.

들뢰즈는 우리에게 나타나는 현상들 또는 사물들은 동일한 것으로 보일 뿐 모두 차이가 나는 것이라고 한다. 이데아와 같은 동일자(동일한 것)의 형상이 없기 때문에 "사물은 시뮬라크르 자체이고, 시뮬라크르는 우월한 형상이다"[19]라고 말한다. 내가 느끼는 '빠름'과 '높음'은 플라톤 철학으로 보면, '빠름'의 이데아를 닮은 하나의 개별적인 빠름이고, '높음'의 이데아를 닮은 하나의 개별적 높음이 될 것이다. 그러나 들뢰즈는 '어떤' 빠름이고 '어떤' 높음인가를 묻는다. 즉 나는 차가 무척 빨리 달린다고 느끼지만 내 옆 사람은 별로 빨리 달리지 않는다고 느낀다. 나는 5층 건물 옥상이 현기증이 날 정도로 높다고 느끼지만, 내 옆 사람은 그렇게 느끼지 않는다. 들뢰즈는 빠름의 동일자도 없고 높음의 동일자도 없이, 현상이나 사물은 모두 차이 나는 것들로 개별적인 것이라고 생각한다.

들뢰즈는 이러한 하나의 현상 또는 사물을 하나의 '체계'로 설명한다.

----

17 플라톤, 이창우 옮김, 『소피스트』, 이제이북스, 2012, 236b, 강조는 필자.

18 같은 책, 235d~235e.

19 Gilles Deleuze, *Différence et répétition*, PUF, 1968, p. 93(『차이와 반복』, 김상환 옮김, 민음사, 2004, 164쪽).

들뢰즈는 이 체계 역시 시뮬라크르라고 말하는데,[20] 체계는 현상이나 사물의 배후에서 그러한 현상이나 사물이 나타나게 하는 것이다. 즉 빠르다는 현상 또는 높다는 현상은 어떠한 체계에서 흘러나오는 효과(결과)로서 나타나는 것이다. 체계는 구조적 계열들(E-E′)로 구성되어 있고, 각 계열(E)은 그 아래의 항들(e-e′)로 구성되어 있다. 각 항(e) 역시 그 아래의 항들(ε-ε′)로 구성되어 있고, 그 아래에도 이렇게 계속해서 무수히 많은 누층적인 구조적 항들이 있다. 계열들은 서로 불균등한 것들, 즉 차이 나는 것들의 관계이고, 누층적으로 있는 항들은 서로 불균등한 것들, 즉 차이 나는 것들로서 관계 속에 있다. 내가 차가 빨리 달린다고 느끼는 것은, 좀 전의 속도(E)와 지금의 속도(E′)의 차이에서 결과한 효과이다. 만약 서로 차이 나는 것들이 관계(E-E′)하지 않는다면, 나는 빠르다는 변화를 알 수 없을 것이다. 그리고 지금의 속도(E′) 역시 거리(e)와 시간(e′)의 차이의 관계로 구성되는데, 이 차이 나는 것들의 관계(e-e′)가 없으면 속도 역시 구성될 수 없을 것이다. 이처럼 현상 '빠르다'에는 이러한 누층적 구조들이 드러나지 않고 숨어 있는 채로 이 현상을 가능케 한다.

그런데 우리는 매 순간 다른 것(현상)이 나타남을 본다. 나는 좀 전에 차가 빨리 간다고 생각했는데, 지금은 더 빨리 간다고 느낀다. 그렇다면 매 순간 이렇게 새롭게 차이 나는 현상이나 사물을 나타나게 하는 것은 무엇인가라고 질문할 수 있을 것이다. 들뢰즈는 차이 나는 것을 차이 나게 하는 것은 동일한 것이 아니라 차이 나는 것이라 말한다, 들뢰즈는 이것을 '빈칸' 또는 '대상=x' 등으로 부른다. '빠름'이라는 현상이 어떤 속도들의 관계(E-E′)에서 나타났다면, 이 차이 나는 두 속도를 관계 맺

---

20 같은 책, 165, 355쪽(『차이와 반복』, 283, 582쪽). 들뢰즈는 많은 경우 '체계'를 시뮬라크르로 언급하지만, 앞서 본 것처럼 그 체계의 효과로서의 현상이나 사물도 시뮬라크르라 말한다. 이처럼 시뮬라크르는 무척 넓은 의미를 갖게 되는데, 들뢰즈는 나중에 가서는 '시뮬라크르'라는 용어를 사용하지 않는다.

게끔 짝지은 것이 대상=x이다. 영화 「모던 타임즈」에서 찰리 채플린이 트럭에서 떨어진 붉은 깃발을 주워 트럭을 향해 손을 흔들 때(트럭-붉은 깃발 든 채플린 계열), 우리는 떨어진 깃발을 찾아주려는 착한 채플린을 본다. 그리고 잠시 후 붉은 깃발을 든 채플린 뒤로 시위대가 몰려올 때는 (붉은 깃발 든 채플린-시위대 계열), 빨갱이 채플린을 본다.[21] 대상=x는 채플린의 자리(항)에 나타나는 붉은 깃발처럼 계열들의 한 항에 나타나는 것이다. 붉은 깃발이 어디에 있느냐에 따라 채플린이 착한 사람이 되기도 하고 빨갱이가 되기도 하는 것처럼, 대상=x가 어떤 자리(항)에 나타나느냐에 따라 항들의 관계는 변화하고 항들이 갖는 의미도 변화한다. 그런데 대상=x는 항들을 관계시키는 2차적 수준의 항으로서 자기 자리가 없다. 그것은 매 순간 한 구조적 체계의 어떤 항에 우발적으로 솟아올라 그 항을 중심으로 구조적 체계를 형성한다. 대상=x는 구조적 체계 속의 항들 자체가 아니어서 존재하지 않는 것으로 여겨질 수 있으나, 그것 때문에 구조적 체계 속의 항들이 관계 맺어 자기 의미(값)를 가지므로 대상=x는 존재하지 않는 것이 아니다. 그것은 매 순간 스스로 자리 옮기는 자리(대상) 이외의 아무것도 아니기 때문에 자신의 동일성이 없다. 이런 의미에서 대상=x는 자기 자신과의 차이라고 할 수 있다. 매 순간 구조적 체계 속의 항들의 관계가 우발적으로 결정되게 하는 것이면서 차이 나는 것(항)들을 차이 나게 하는 것, 그렇지만 자기 자신에 대해 자기 자리(값)를 갖지 않는 것이다.

사물이나 현상이 차이(차이 나는 것)이고 구조적 체계도 차이이면, 결국 모든 것이 시뮬라크르이고 모든 것이 차이이다. 그런 세계는 매 순간 관계의 변화 속에서 형성되는 개별적인 차이들의 세계이다. 그러나 전통 서양 철학은 동일자나 개념을 가지고서 세계를 설명하기 때문에 차이 역

---

21 채플린의 예는 이진경이 들었던 예이다.(「들뢰즈: '사건의 철학'과 역사 유물론」, 『탈주의 공간을 위하여』, 푸른숲, 1997, 24쪽.)

시 동일자나 개념을 통해서 파악한다. 앞서 본 것처럼 플라톤은 이데아와 그것을 닮은 복사본의 차이 그리고 닮은 복사본과 닮지 않은 복사본의 차이를 드러내기 위해 이데아와 같은 동일자나 개념을 전제한다. 그러나 들뢰즈는 동일자를 통한 차이 또는 개념을 통한 차이(개념적 차이)는 차이 자체를 설명하지 못한다고 생각한다. 시뮬라크르 세계는 이데아 같은 동일자도 개념도 없는 차이들의 세계이기 때문이다. 다시 말해 '높이'라는 동일자나 개념은 내가 건물 옥상에서 내려다본 이 높이가 왜 현기증 나는 높이인지, 즉 '개별적'이고 '유일한' 높이인지 설명할 수 없기 때문이다. 전통 서양 철학은 차이 나는 것에 '헐렁한' 동일자나 개념으로 옷을 입히지만, 그것은 맞지 않는 옷일 뿐이다.

이처럼 전통 서양 철학은 이미 정해진 불변의 범주(틀)로 세계를 재단한다. 들뢰즈는 이것을 '정착적 분배'(distribution sédentaire)라 부른다. 이미 금이 그어진 땅에 가축들을 할당하듯 개념적 범주로 사물들을 분류한다는 것이다. 가축들이 금 그어진 땅 밖으로 이동하지 못하듯, 사물들은 이미 확정된 개념적 범주 밖으로 나갈 수 없다. 들뢰즈는 이와 다른 '유목적 분배'(distribution nomade)의 세계를 주장한다. 이 세계는 미리 땅에 금이 그어져 있지 않다. 가축들이 먹이를 찾아 자유롭게 땅을 차지할 때마다 매번 금이 그어지듯, 사물들 스스로가 열린 공간에서 매 순간 나누어진다. 세계는 우발적으로 매 순간 일정한 틀 없이 나누어지기 때문에 이 세계에는 동일자의 개념이 적용되지 않는다. 앞서 본 것처럼 대상=x에 의해 우발적으로 어떤 개별적 사물(차이)들이 구별되어 나타난다. 사람들은 '속도', '운동', '시간' 등 미리 설정된 개념적 범주로 '빠르다'라는 현상을 설명하려 할 것이지만, 이미 완성된 개념들로는 이 개별적인 '어떤' 빠름을 설명할 수 없을 것이다.

그런데 혹자는 이런 차이의 세계를 말할 수 있거나 규정할 수 있는지 의심할 것이다. 들뢰즈는 차이는 개념이나 동일자를 통해 설명할 수 없지만 무규정적인 것은 아니라고 말한다. 이 시뮬라크르 세계 역시 개념화하고 그것의 존재(동일성)를 말할 수 있다고 주장한다. 시뮬라크르 세계의 사물들은 서로 같지 않다. 사물들은 모두 차이 나는 것들이지만, 차이 난다는 점에서 모두 똑같은 것을 나타낸다. 차이 나는 것들 속에서 존재는 언급될 수 있고, 차이 나는 것들에 대해서 존재는 동일한 하나이다. 그것은 개념적 차이가 아니라 차이의 개념이다. 베르그송이 언급한 것처럼, 색조들의 공통성을 얻는 두 가지 방식이 있는데, 하나는 색조들로부터 적색, 청색 등의 추상적인 관념을 끄집어내는 것이고, 다른 하나는 색조들을 볼록렌즈에 통과시켜 한 점에서 백색광을 얻는 것이다.[22] 첫 번째 방식에서는 개념과 색조들이 따로 존재하지만, 두 번째 방식에서는 색조들 속에 그것들의 공통적인 존재인 백색광이 있다. 두 번째 방식에서 색조들은 어떤 개념 아래에 있지 않고 서로 차이가 나지만 공통의 존재인 백색광을 '한목소리로' 표현한다. 들뢰즈가 말하는 차이의 존재론은 바로 이와 같다. 사물들은 '한목소리로' 동일한 존재의 일의성을 표현한다. 뿐만 아니라 사물들은 이 존재의 일의성을 '동등하게' 표현한다. 이데아가 복사본 밖에 있는 것과는 달리 존재가 사물들 밖에 있지 않고, 닮은 복사본과 닮지 않은 복사본과는 달리 위계질서가 사물들 사이에 있지 않기 때문이다.

이분법을 벗어난 세계와 기준을 벗어난 세계

전통 서양 철학은 이성적 인간관을 제시하였고 합리적 세계를 주장하

---

22 Henri Bergson, *La pensée et le mouvant*, PUF, 1987, p. 247. 베르그송이 라베송에게 바친 글에서 언급한 내용이다. 들뢰즈는 베르그송의 이 말을 인용하면서 존재와 존재자들의 관계를 설명한다.(Gilles Deleuze, "La conception de la différence chez Bergson", *Les études bergsoniennes*, vol. IV, 1956, pp. 98~99(「베르그손에게 있어서의 차이의 개념」, 박정태 엮고 옮김, 『들뢰즈가 만든 철학사』, 이학사, 2007, 336~338쪽.)

였다. 우리가 본 것처럼, 서양 근대의 데카르트는 몸 없는 영혼과 물질로서의 세계를 이분법적으로 사유하였다. 이것은 데카르트 이후 서양 근대인들의 세계관이 어떻게 나타났는지를 나침반처럼 보여준다. 서양 근대인들은 이성(정상)과 비이성(비정상)을 나누고, 인간과 자연을 나누며, 문명과 야만을 나눈다. 이런 나눔의 근거는 모두 '이성적 인간'과 관련된다. 서양 근대인들은 이성을 가진 인간에 근거해서 이성적 인간(정상인)과 비이성적 인간(비정상인)을 나눈다. 마찬가지로 이성적 활동의 하나인 자연과학에 의존하여 자연(물질)을 양적인 자연으로 이해하지만, 인간(영혼)은 그런 물질이 아니라고 생각한다. 또한 이성적인 인간인 서양인은 문명인이고, 그렇지 않은 다른 지역 사람들은 야만인이라고 판단한다. 이런 이성적 인간관에 기초한 이분법적 사고는 결국 지배하는 것과 그렇지 못한 것으로 나타난다. 비정상인은 정상인에 의해 통제되어야 하고, 자연은 인간에 의해 정복되어야 하며, 야만인은 서양인에 의해 지배되어야 한다는 것이다.

그러나 오늘날 서양 현대인들은 이성과 비이성이 그렇게 분명하게 구분된다고 생각하지 않는다. 또한 생태론자들에게서 볼 수 있듯이, 인간과 자연을 이분법적으로 보는 사고는 환경 파괴를 야기할 수 있다고 비판한다. 마찬가지로 서양은 문명사회이고 식민지는 야만사회여서 제국주의가 정당화될 수 있다고 더 이상 생각하지 않는다. 이와 같은 서양 현대인의 입장은 메를로-퐁티의 철학으로 잘 옹호될 수 있다. 앞서 본 것처럼 데카르트의 몸 없는 이성적 영혼은 서양 근대인의 이성적 인간관의 철학적 표현이다. 그러나 메를로-퐁티는 몸 없는 이성적 영혼은 불가능하다고 비판한다. 또한 그런 이성적 영혼이 주장한 순수한 합리적 세계 또는 순수한 자연 세계 역시 불가능하다고 비판한다. 데카르트에 대한 메를로-퐁티의 이런 비판은 이성적 인간관에 기초한 서양 근대인의 모든 이분법적 사고에 근본적으로 어떤 문제가 있는지 보여준다. 이성과 비이성을 구분하고 인간과 자연을 구분했던 서양 근대인들은 몸을 가진 인간이 자연과 분리될 수 없다는 것을 정확히 알지 못하였다.

메를로-퐁티와는 다른 방식이지만 들뢰즈 역시 합리적 세계관을 비판한다.[23] 앞서 본 것처럼 들뢰즈는 시뮬라크르의 세계를 주장한다. 시뮬라크르의 세계는 원본이 없고 그 원본과 닮은 복사본도 없이 모든 것이 차이 나는 세계이다. 그러나 전통적으로 서양인들은 기준이 되는 모델이 있다고 생각한다. 사회, 문화, 도덕, 정치 등 여러 영역에서 보편적인 것이 있고 그것을 기준으로 '바른' 것과 그렇지 않은 것을 나눈다. 하지만 오늘날 여러 영역에서 가치관이나 세계관은 다원화되어 있고, 보편적인 기준에 대해 회의적인 경향이 있다. 앞서 본 것처럼 오늘날 사람들은 서양 문화는 문명이고 식민지 문화는 야만이라고 차별하는 것에 비판적이다. 그리고 성소수자인 동성애자를 이전처럼 차별하지 않는다. 그런 차별(차이)의 근거로서의 기준을 거부하기 때문이다.

서양 현대 예술 역시 재현해야 할 기준(모델)을 찾지 않는다. 앤디 워홀(Andy Warhol, 1928~87)은 그의 작품 「마릴린 먼로」와 「캠벨 수프 캔」에서, 닮아 보이지만 서로 다른 캠벨 깡통과 마릴린 먼로의 얼굴을 병렬시켜 놓았다. 이 작품들은 실제 깡통과 이미지들이 얼마나 닮았는지를 나타낸 것도 아니고, 마릴린 먼로의 실제 얼굴을 똑같이 재현한 것도 아니다. 작품 「마릴린 먼로」에서 볼 수 있듯이, 단지 서로 비슷하게 보이는 '다른 것'들의 모델 없는 닮음의 놀이를 표현할 뿐이다. 작품 속의 각 이미지들은 실제 마릴린 먼로를 재현하지 않지만, 서로 닮은 마릴린 먼로들이고, 모두 '동등하게' 마릴린 먼로들이다. 닮음의 모델이 없는 이런 세계에서 우리 각자는 그저 다를 뿐 위계적 등급 없이 평등하다. 들뢰즈

----

23 메를로-퐁티의 '즉자적 세계' 비판과 들뢰즈의 '동일자 세계' 비판은 합리적 세계에 대한 비판이라는 점에서 유사하지만, 동일한 것은 아니다. 여기서 길게 논의할 수 없지만, 들뢰즈는 동일자 없는 즉자적 차이 또는 차이의 개념을 주장하는 반면, 메를로-퐁티는 '즉자적' 차이와 차이의 '개념'을 받아들일 수 없을 것이다.

앤디 워홀,
「캠벨 수프 캔」(1962),
「마릴린 먼로」(1962)
© The Andy Warhol Foundation for the
Visual Arts, Inc. / SACK, Seoul, 2015

철학은 이것을 철학적으로 가장 잘 나타낼 수 있을 것이다. 앞서 본 것
처럼 서로 다른 색조들 밖에 백색광이 없듯이, 우리 각자의 '색깔' 바깥
에 차별적 기준이 없다고 들뢰즈는 말하기 때문이다.

| 참고할 만한 책 |

— 르네 데카르트, 이현복 옮김, 『성찰』, 문예출판사, 1997.
— 질 들뢰즈, 박정태 엮고 옮김, 『들뢰즈가 만든 철학사』, 이학사, 2007.
— 질 들뢰즈, 김상환 옮김, 『차이와 반복』, 민음사, 2004.
— 모리스 메를로-퐁티, 류의근 옮김, 『지각의 현상학』, 문학과지성사, 2002.
— 모리스 메를로-퐁티, 남수인·최의영 옮김, 『보이는 것과 보이지 않는 것』, 동문선, 2004.
— 모리스 메를로-퐁티, 김웅권 옮김, 『행동의 구조』, 동문선, 2008.
— 이정우, 『사건의 철학』, 철학아카데미, 2013.
— 주성호, 「메를로-퐁티의 '육화된 의식'」, 서울대학교 철학사상연구소 엮음, 『마음과 철학』(서양편 하), 서울대학교출판문화원, 2012.
— 이진경, 「들뢰즈: '사건의 철학'과 역사 유물론」, 『탈주의 공간을 위하여』, 푸른숲, 1997.
— 플라톤, 박종현 옮김, 『국가』, 서광사, 2005.
— 플라톤, 이창우 옮김, 『소피스트』, 이제이북스, 2012.
— 플라톤, 박종현 옮김, 『티마이오스』, 김영균 공동 역주, 서광사, 2000.
— 플라톤, 박종현 옮김, 『파이돈』, 서광사, 2003.

타자의 윤리학: 평등한 자유를 넘어서

진태원

'타자의 윤리학'의 이론적·실천적 배경

타자의 윤리학이 왜 필요한 것일까?

타자는 말 그대로 다른 존재자 내지 다른 인간을 가리킨다. 그리고 이 때 다름을 평가하는 기준은 나 또는 주체가 된다. 곧 나와 다른 인간, 나와 다른 존재자가 바로 타자라는 말의 기본적인 의미다. 이렇게 본다면 타자의 윤리학은 나와 다른 인간 또는 나와 다른 생명체를 존중하고 그 (것)의 권리를 인정하는 것을 중시하는 윤리학을 가리킨다고 볼 수 있다.

그런데 만약 그렇다면, 타자의 윤리학이라는 것은 다소 싱거운 말이 될 것이다. 왜냐하면 윤리학이나 도덕이라는 이름이 붙은 것 가운데 타자를 무시하거나 타자의 권리를 침해하라고 가르치는 것은 없기 때문이다. 모든 윤리학이나 도덕에는 타자를 존중하고 타자의 권리를 인정하라는 명령과 가르침이 담겨 있다. 그렇다면 타자의 윤리학은 단순한 동어반복에 불과하며, 굳이 따로 분류할 필요가 없는 분야라고 할 수 있을 것이다. 그럼에도 왜 이 책에서는 타자의 윤리학을 독립된 장으로 분류하고 있는 것일까? 타자의 윤리학을 살펴보기 위해서는 우선 이런 의문에서 출발할 필요가 있다.

　타자의 윤리학이 기존의 윤리학이나 실천철학과 구별되는 독자적인 철학의 한 영역으로 자리 잡게 된 것은 그리 오래된 일이 아니다. 이는 20세기 후반 프랑스 철학에서 일어난 새로운 사유 운동 때문에 가능해졌다. 이 운동을 주도한 철학자는 리투아니아 출신의 프랑스 철학자 에마뉘엘 레비나스와 알제리 출신의 프랑스 철학자 자크 데리다였다. 이 두 명의 사상가는 독자적인 철학에 기반을 두고 타자의 윤리학의 이론적 원칙 및 실천적 함의를 제시함으로써, 현대 사상에 큰 영향을 미치고 있다.

　레비나스와 데리다의 타자론은 매우 급진적인 성격을 띠고 있기 때문에, 상식의 측면에서 보면 다소 기이하게 비칠 수 있다. 특히 레비나스는 타자에 대한 절대적 존중이야말로 윤리의 핵심이며, 자아의 자율성에 기반을 둔 윤리는 존재하지 않는다고 주장하고 있다. 자아에게는 오직 타인에 대한 무한한 책임만이 존재하며, 자아가 타인에 대해 책임을 질수록 그러한 책임은 더욱더 증가한다는 것이 레비나스의 주장이다. 이러한 관점은 윤리와 정치에 대해 우리가 상식적으로 지니고 있는 기본적인 생각을 정면으로 반박하는 것이다.

　서두에서 말한 바 있듯이 타자를 무시하고 그의 권리를 침해해도 좋다고 말하는 윤리학이란 존재하지 않는다. 더욱이 현대 민주주의의 가장 기본적인 틀을 제공하는 자유주의는 다른 사람의 자유와 권리, 견해에 대한 존중을 핵심 원리로 삼고 있다. 그런데 이런 질문을 제기해 볼 수 있다. 왜 자유민주주의는 다른 사람의 자유와 권리를 존중하는 것을 기본적인 원리로 삼고 있는 것일까? 다른 사람의 재산이나 생명 같은 것을 침해해서는 안 된다는 것을 기본 원칙으로 받아들인다고 해도, 왜 우리가 어리석은 주장을 하는 사람들에게 발언의 기회를 주어야 하는 것일까? 또한 왜 우리가 더 많은 세금을 내는 것을 감수하면서 생활보호대상자들 같은 경제적 약자들에게 복지 혜택을 주어야 하는 것일까? 더욱

이 왜 우리나라 국민도 아닌 외국인들에게 국내에 장기 체류할 수 있는 권리와 그 밖의 여러 가지 권리를 부여하는 것일까? 이 질문들에는 여러 답변이 가능하겠지만, 그 근저에는 사람은 누구나 자유롭고 평등하다는 것, 따라서 모두 존엄하게 대우받을 권리를 지니고 있다는 생각이 깔려 있다. 모든 사람이 각자 자유롭고 평등한 주체이기 때문에 그들에게 동등한 자유와 권리를 인정해 준다는 것이 자유주의의 기본 원칙이라고 할 수 있다. 이에 따라 자유주의 윤리학 및 정치철학을 가장 체계적으로 재구성한 존 롤스(John Rawls, 1921~2002)는 정의의 기본 원칙을 다음과 같이 제시한다.

> 첫째, 각자는 다른 사람들의 유사한 자유의 체계와 양립할 수 있는 가장 광범위한 기본적 자유에 대하여 평등한 권리를 가져야 한다. 둘째, 사회적·경제적 불평등은 다음과 같은 두 조건을 만족시키도록 조정되어야 한다. (1) 그 불평등이 모든 사람에게 이익이 되리라는 것이 합당하게 기대되고, (2) 그 불평등이 모든 사람에게 개방된 직위와 직책이 결부되게끔 편성되어야 한다.[1]

반면 레비나스는 모든 사람의 평등한 자유를 인정하는 것에 윤리의 핵심이 존재하는 것이 아니라, 주체와 타자 사이의 비대칭성을 긍정하는 것에, 주체가 타인에게 무한한 책임을 지는 것에 윤리의 본질이 존재한다고 주장한다. 그리고 데리다의 경우에도, 다소 차이점이 있기는 하지만, 주체와 타자 사이에 비대칭성이 존재하며 타자와의 관계야말로 윤리의 핵심이라고 본다는 점에서는 레비나스와 일치한다. 이런 이유로 레비나스와 데리다의 타자의 윤리학은 현대 윤리학 및 정치철학의 지배적인 사조로서 자유주의에 대한 근본적인 비판을 함축한다고 말할 수 있다.

----

1 존 롤스, 황경식 옮김, 『사회정의론』, 서광사, 1985, 81~82쪽.

그렇다면 왜 레비나스와 데리다는 주체와 타자의 비대칭성에 근거를 둔 타자의 윤리학을 제창하게 되었으며, 또한 왜 다소 기이해 보이는 이러한 타자의 윤리학이 현대 사상에 그처럼 큰 영향력을 행사하고 있는 것일까? 우리가 이 장에서 다룰 핵심 문제가 이것이다. 이 장에서는 레비나스와 데리다의 사상을 중심으로 타자의 윤리학을 고찰해 볼 생각인데, 우선 이들이 타자의 윤리학을 제창하게 된 이론적·실천적 배경을 살펴보기로 하자.

이론적 배경

사상사에서 볼 수 있는 다른 혁신적인 운동들과 마찬가지로 타자의 윤리학 역시, 어떤 천재적인 사상가가 어느 날 갑자기 아무런 배경 없이 독자적으로 주창해서 생겨난 이론이 아니다. 오히려 그것은 여러 이론적·실천적 배경 속에서 복잡다단한 운동들과 조우한 결과 생겨난 철학이다. 따라서 타자의 윤리학의 이론적·실천적 특징을 이해하기 위해서는 먼저 그 배경을 살펴보는 것이 필수적이다. 이론적 배경은 크게 두 가지로 살펴볼 수 있다.

1) 주체중심주의의 한계

먼저 타자의 윤리학은 주체중심주의의 한계에 대한 이론적 반성에서 시작된 것으로 볼 수 있다. 주지하다시피 서양 근대 철학은 주체 개념에 기반을 두고 있다. 표준적인 철학사 이해에 입각하면, 서양 근대 철학은 데카르트의 코기토(cogito) 개념에서 출발한다. 데카르트는 『방법서설』(1637)이나 『성찰』(1641) 같은 주요 저작에서 회의주의에 맞서 확실한 지식의 토대를 발견하는 것을 자신의 철학의 중심 과제로 삼았다. 데카르트는 이른바 방법적 회의[2]를 통해 "나는 생각한다, 고로 나는 존재한다"

---

2 방법적 회의란 데카르트가 『방법서설』이나 『성찰』 같은 저작에서 제시한 사유의 절차를 가

라는 확실한 지식의 기초를 발견한다. 따라서 생각하는 나를 뜻하는 코기토 개념은, 우주의 창조주로서 신과 객관적인 실체에 중심을 둔 중세 철학과 단절하는 근대 철학을 대표하는 개념이 되었다.

데카르트 이후 주체 개념을 근대 철학의 확고한 기초로 확립한 철학자는 칸트였다. 칸트는 데카르트의 코기토 개념을 더욱 급진적으로 밀고 나가 이른바 철학에서 '코페르니쿠스적 전회'를 이룩한다. 다시 말해 이전까지는 주체의 관념이나 표상이 진리인지 여부를 판단하는 근거가 주체 바깥에 존재하는 객관적 사물에 있었다면, 칸트는 그러한 기준을 인식 주체 자체 내에서 발견한다. 우리에게 주어지는 잡다한 인상에 대해 통일성을 부여하고 그것을 하나의 일관된 개념적 표상으로 구성하는 것은 인식 주체의 활동이라는 것이 칸트의 생각이었다. 따라서 칸트 이후의 철학은 기본적으로 관념론적인 성격을 띠게 되며, 우리에게 주어진 세계는 인식 주체의 활동의 소산으로 나타나게 된다. 이러한 주체 중심

리키는 명칭이다. 데카르트는 일체의 회의주의에서 벗어날 수 있는 확실한 지식의 토대를 마련하기 위해 우리가 자명한 것으로 받아들이는 여러 사실이나 견해, 심지어 진리에 대해 의도적으로 의문을 제기한다. 가령 내가 지금 방 안에서 들여다보고 있는 이 컴퓨터가 진짜 존재하는 컴퓨터인지, 창 밖에 걸어가고 있는 저 사람들이 실제의 인간인지 아닌지 의심을 품을 수 있다. 또한 우리가 알고 있는 상식적인 견해들, 가령 해가 동쪽에서 떠서 서쪽으로 기운다는 것이 사실인지, 그리고 1+1=2라는 것이 정말 진리인지 의심을 품는 것이다. 데카르트는 이 과정에서 '악한 정령'(malin génie)이라는 가설적 존재자를 가정한다. 이 존재자는 신과 같은 전능한 힘을 지닌 존재자이기 때문에, 우리가 진리라고 알고 있는 것까지 거짓으로 만들 수 있는 힘을 지니고 있다. 이런 상황에서 내가 과연 확실하게 진리라고 생각할 수 있는 것이 있을까? 데카르트는 이러한 의문에 대하여 유명한 "나는 생각한다, 고로 나는 존재한다"라는 답변을 생각해 낸다. 다시 말해, 악한 정령이 나를 아무리 속이려 한다고 해도, 속고 있는 내가 속임을 당하는 순간에도 생각을 하고 있고, 또한 그 생각을 하는 누군가가 존재하는 한에서, "나는 생각한다, 고로 나는 존재한다"라는 것은 악한 정령까지도 기만할 수 없는 확실한 진리라고 할 수 있는 것이다. 이렇게 해서 데카르트는 회의주의에서 벗어날 수 있는 길을 발견하게 된다. 여기에서 "나는 생각한다, 고로 나는 존재한다"의 라틴어 표현이 코기토 에르고 숨(cogito ergo sum)이며, 이 때문에 "나는 생각한다"를 뜻하는 코기토 개념은 근대 주관성 철학을 대표하는 표현으로 널리 사용된다. 하지만 『성찰』에서는 지금 소개한 것보다 훨씬 더 정교하고 까다로운 논증이 제시된다는 점도 유념해야 한다.

의 철학은 헤겔 철학을 통해 완성된 체계를 얻게 된다.

이처럼 관념론적인 성격을 띤 주체론 철학이 서양 근대 철학의 중심적인 흐름이 된 이유는 기본적으로 두 가지이다.

하나는 갈릴레오·뉴턴 이래 근대 수리 자연과학의 발전이다. 이러한 수리 자연과학의 관점에 따르면 우리의 감각기관에 주어진 대로의 자연 세계는 실제 자연의 참된 모습이 아니라, 오류와 가상으로 얼룩진 왜곡된 자연이다. 가령 우리의 감각기관에 나타나는 대로 보면 지구는 움직이지 않는 부동의 지반이며, 태양은 매일같이 동쪽에서 떠서 서쪽으로 기운다. 또한 태양은 지구에서 매우 가까운 곳에 있는 작은 원형 물체처럼 보인다. 따라서 우리의 감각기관은 자연의 참된 모습을 이해하기 위한 믿을 수 있는 수단이 되지 못하며, 오히려 이성에 기반을 둘 경우에만 자연은 존재하는 그대로 파악될 수 있다. 그리고 이성적 사유 능력을 잘 구현하는 것이 바로 수학이다. 실제로 갈릴레오와 뉴턴 이래 수학에 기반을 둔 자연과학은 자연을 정확히 파악하는 데 큰 기여를 했다.

그리하여 근대 수리물리학 이후 우리의 감각기관에 나타나는 자연이 아니라 우리가 이성적 능력을 통해 재구성한 자연이야말로 진정한 자연이라는 것을 대부분의 사람들이 받아들이게 되었다. 데카르트와 칸트의 철학은 어떤 의미에서는 이러한 근대 자연과학의 발전을 철학적으로 정초하려는 노력이었다고 할 수도 있다.

다른 하나는 이러한 과학적 인식에 기반을 둔 기술 문명의 발전이다. 일찍이 영국의 철학자이자 정치가였던 프랜시스 베이컨이 "지식은 힘이다"라는 금언을 바탕으로 과학적 인식과 경제적·사회적 발전의 연관성을 주장한 바 있듯이, 근대 자연과학의 발전은 자연에 대한 새로운 인식을 낳았으며, 이는 다시 자연을 개발하고 이를 통해 경제적 부의 증대와 인간 생활의 편리를 도모하려는 기술의 발전을 촉발했다. 증기기관이야말로 이러한 근대 기술을 대표하는 발명품이라고 할 수 있다. 이러한 과학기술의 급속한 발전은 서양 여러 나라들이 짧은 기간 내에 국력을 신장시켜 전 세계를 대상으로 한 식민지 경쟁에 뛰어들게 만든 발판이 되기도 했다.

이 두 가지 요인들은 모두 더 이상 미지의 자연에 순응하는 수동적인 인간상이 아니라, 세계의 중심이자 자연의 지배자로서 적극적으로 자연을 탐구하고 개발하는 능동적인 인간상을 고취하는 데 기여했다. 이제 인간은 더 이상 자연의 한 부분이 아니라, 자연을 자신이 구성한 인공적 질서의 한 부분으로 포섭하고자 하는 자연의 주인의 모습을 띠게 된 것이다.

그런데 이처럼 인간을 세계의 중심으로서의 능동적 주체로 격상시킨 주체 중심적인 철학은 심각한 문제점을 산출했다. 철학적으로 볼 때 이는 '세계의 탈주술화'나 '사물화' 같은 개념으로 표현될 수 있다. 독일의 사회학자인 막스 베버(Max Weber, 1864~1920)는 전통 사회와 대비되는 근대 사회의 특징을 합리화의 지배로 간주하면서 그것을 세계의 탈주술화(Entzauberung der Welt)라는 개념으로 표현했다. 탈주술화란 세계의 배후나 근저에 이 세계를 움직이는 무언가 신비하고 초자연적인 힘이 존재한다는 믿음이 사라졌음을 뜻한다. 그 대신 합리화 과정이 전개되면서 사람들은 이 세계와 사물들을 계산을 통해 지배할 수 있다는 믿음을 갖게 되었다.

이것은 근대적 개인이 미개인들에 비해 더 많은 지식을 갖게 되었다는 뜻이 아니다. 오히려 미개인은, 인류학자들이 잘 보여주었듯이 자신의 삶과 주변 환경에 대해 훨씬 더 많은 지식을 지니고 있다. 가령 미개인은 활과 화살을 직접 만들 줄 알고 각종 약초들에 대해 해박한 지식을 갖고 있다. 반면 현대인은 스마트폰을 사용하고 전철을 타고 다녀도, 정작 그것의 작동 원리나 설계 방식에 대해서는 거의 아무것도 알지 못한다. 베버의 논점은 탈주술화로서의 합리화를 통해 근대인이 자신의 삶과 세계에 대해 이전의 사람들과 전혀 다른 관계를 맺게 되었다는 것이다. 근대인에게 자연을 포함한 세계는 더는 숭배와 존중의 대상이 아니라 정복과 통제의 대상이 된 것이다.

그 결과 이제부터 인간과 자연의 관계만이 아니라 인간과 인간의 관계에서도 도구적 합리성이 지배적인 합리성으로 등장하게 된다. 곧 어떤 가치나 목적을 추구하는가가 중요한 것이 아니라, 어떤 목적이 주어졌을 경우 그것을 가장 효율적으로 달성할 수 있는 수단이 어떤 것인지 탐구하는 것이 합리성의 기본적인 형태가 된 것이다. 이러한 도구적 합리성이 사회를 조직하고 운영하는 지배적인 원리로 격상되면 사물화 (Verdinglichung) 현상[3]이 나타나게 된다. 곧 근대 자본주의 사회에서는 사물이나 대상만이 아니라 인간의 의식과 실존 자체까지도 하나의 사물로 간주된다. 근대 초기에 주체 중심적인 철학이 성립하면서 인간이 자연을 적극적으로 탐구하고 개발하는 능동적 주체로 등장했다는 점을 감안하면 이는 매우 역설적인 결과가 아닐 수 없다.

2) 상호주관성 이론의 한계

이러한 주체중심주의 철학의 한계 및 역설을 극복하기 위해 철학자들은 여러 가지 대안을 모색해 왔다. 그중에서도 독일의 에드문트 후설이나 위르겐 하버마스 같은 철학자들은 상호주관성(intersubjectivity) 개념에 기반을 둔 새로운 주체 개념을 발전시키기 위해 노력했다. 상호주관성 개념은 근대 주체 철학의 한계를, 나(I)라는 고립된 주체 개념에 기반을 두고 있다는 점에서 찾는다. 곧 주체는 나 하나만이 존재하는 것이 아니라 처음부터 나를 포함한 다수의 주체들이 존재하는 것이며, 이러한 다수의 주체들이 서로 맺고 있는 관계가 주체 개념의 본질적인 특징임에도

----

3 **사물화**란 헝가리 출신의 마르크스주의 철학자 죄르지 루카치(György Lukacs, 1885~1971)가 제시한 개념이다. 그는 대표적인 저서 『역사와 계급의식』에서 사물화를 근대 자본주의의 기본적인 현상으로 파악한다. 사물화는 자본주의 사회에서 모든 사물이나 대상만이 아니라 인간의 의식과 실존 자체가 하나의 사물처럼 간주되는 현상을 지칭한다. 마르크스주의자인 루카치는 이러한 사물화 현상이 부르주아 사회에 고유한 것으로, 프롤레타리아 계급의식에 기반을 둔 사회주의 혁명만이 사물화를 지양할 수 있다고 주장했다.

데카르트에서 칸트 및 헤겔에 이르는 근대 주체 철학은 이러한 주체성의 관계론적 성격에 대해 몰인식했다는 것이다.

따라서 이들은 다수의 주체들 사이의 관계에 입각하여 주체 개념을 쇄신하려고 노력했다. 이것이 바로 상호주관성 개념이다. 후설은 『데카르트적 성찰』에서 이를 '나'라는 주체를 가리키는 자아(Ego)와, 이 에고와 구별되는 다른 주체를 가리키는 타아(他我, Alter Ego) 사이의 관계로 표현했다. 또한 하버마스는 의사소통적 합리성이라는 관점에 입각하여 후설의 상호주관성 개념을 조금 더 정교하게 발전시켰다(『의사소통 행위 이론』). 하버마스에 따르면, 유일한 주체 개념에 입각한 근대의 합리성은 주체 자신을 제외한 다른 존재자들을 사물과 같은 대상으로 취급했기 때문에, 주체와 대상 관계에 기반을 둔 도구적 합리성을 발전시켰다. 반면 의사소통적 합리성은 동등한 주체들 사이의 소통을 일차적인 것으로 간주하는 합리성이기 때문에, 인간을 단순한 대상으로 취급하는 데서 생겨나는 도구적 합리성과 사물화 현상을 비판하고 그것을 극복할 기반을 제공할 수 있다.

이러한 상호주관성 개념은 근대의 주체중심주의 철학의 한계를 극복할 수 있는 유력한 대안으로 널리 인정받아 왔다. 하지만 타자의 윤리학이라는 관점에서 보면 상호주관성 이론 역시 여전히 뚜렷한 한계를 지니고 있다.

상호주관성 이론이나 의사소통 합리성 이론은 인간들 사이의 관계가 원칙적으로 평화롭고 합리적인 관계라고 가정한다. 따라서 사람들의 기본적인 권리가 존중된다면, 주체들 사이에서 합리적인 토론과 대화를 통해 갈등을 조절하고 문제를 해결할 수 있다고 본다. 하지만 이러한 관점은, 사회적 관계 및 주체들 사이의 관계에는 구조적 폭력이 존재하며 이 때문에 처음부터 원칙적으로 소통 관계에서 배제되거나 불평등한 지위에 놓이는 사람들이 존재한다는 것을 제대로 인식하지 못한다는 비판을 받을 수 있다.

가령 마르크스주의적인 관점에 입각하면 자본주의 사회에서는 자본가 계급과 노동자 계급 및 기타 무산 계급 일반 사이에 구조적인 계급적 불평등이 존재한다. 실제로 '20：80 사회'니 '1：99 사회'라는 표현이 유행하는 것에서 알 수 있듯이, 오늘날의 사회에서 구조적 불평등은 심각한 사회적 문제로 대두하고 있다. 이런 상황에서 각각의 사람들은 원칙적으로 서로 동등한 주체들이며 자유로운 발언과 표현의 기회 및 권리를 지니고 있다고 가정하는 것은, 구조적 불평등 문제를 외면한 채 규범적 원칙만을 내세운다는 비판을 받을 수 있다.

또한 불평등 문제와는 다른 차원에서 처음부터 동등한 주체로서의 자격과 권리를 부정당하는 존재자들이 존재한다는 점도 문제다. 가령 뒤에서 좀더 이야기하겠지만, 2차 세계대전 당시 유럽의 많은 유대인들은 그들이 유대인이라는 사실 하나만으로 시민의 권리뿐 아니라 인간의 권리조차 박탈당한 채 수용소에 감금되고 가스실에서 살해되었다. 또한 오늘날에도 중남미에는 사회학자들이 '일회용 인간'이라고 부르는 부류의 사람들이 존재한다. 이들은 밀림 오지에서 탄광 일이나 마약 밀매 등을 위해 극도의 저임금에 고용되어 제대로 인간답게 살 권리도 보장받지 못한 상황에서 고되고 위험한 일을 하다가 소리 없이 죽어간다. 고용주들 입장에서 보면 이들은 얼마든지 새로 대체가 가능한 일회용 인간들일 뿐이다. 이처럼 극단적인 경우는 아니라 하더라도, 오늘날 세계 도처에서 기승을 부리는 인종주의와 민족주의 아래에서 약소국이나 저개발국의 국민들 및 이주자들은 구조적인 차별과 무시를 당하고 있다. 이런 상황에서 동등하고 자유로운 주체들 사이의 의사소통적 합리성을 주장하는 것은 다소 안이한 인식에 머물러 있다는 비판을 받을 수 있다.

실천적 배경

따라서 타자의 윤리학은 단순히 이론적 차원의 논의에 그치는 것이 아니라 실천적인 문제의식에 입각하여 제기된 철학이라고 할 수 있다. 타자의 윤리학의 실천적인 배경에서 중요한 것은 다음과 같은 두 가지이다.

1) 홀로코스트

타자의 윤리학을 촉발한 실천적인 쟁점은 무엇보다도 홀로코스트에서 찾을 수 있다. 대재앙이나 파국을 뜻하는 홀로코스트(holocaust)라는 말은 2차 세계대전 당시 나치스에 의해 수백만 명의 유대인이 대량 학살당한 사건을 지칭하는 용어로 널리 사용되고 있다. 유대인 대학살은 많은 평범한 시민들에게도 큰 충격을 주었지만, 특히 여러 지식인·사상가들에게는 엄청난 충격과 더불어, 도대체 왜 이런 일이 일어나게 되었는가라는 심각한 의문을 제기한 사건이었다.

홀로코스트를 광기에 사로잡힌 히틀러 및 나치스 지도부의 비정상적인 행태의 소산으로 이해한다면 문제는 간단히 해결될 수 있을지 모른다. 더 이상 나치스 같은 비정상적인 정치 집단이 세력을 장악하지 못하도록 법적·제도적으로 금지하면 되기 때문이다. 하지만 문제는 이러한 대학살이 나치스에 의해서만 자행된 것이 아니라는 점이다. 스탈린주의 치하에서도 수많은 사람들이 감금되고 유배되고 처형되었으며, 캄보디아의 크메르 루즈 통치 하에서도 역시 많은 사람들이 잔혹하게 살해되었다. 아울러 1990년대 사회주의 체제가 해체되고 난 후 발생한 유고슬라비아 내전에서는 '민족청소'라는 명목 아래 대량 학살만이 아니라 집단적인 성폭력이 자행되기도 했다. 곧 유고슬라비아 연방이 해체되기 전까지만 해도 서로 어울려 함께 살아가던 이웃들 간에, 상대 민족의 씨를 말려버리겠다는 극도의 집단적 증오심에 기반을 둔 잔혹한 폭력이 분출한 것이다.

따라서 홀로코스트를 단지 광기에 사로잡힌 특정한 집단이 비정상적으로 자행한 아주 특수하고 예외적인 폭력으로 치부할 수는 없으며, 왜 이러한 폭력이 발생했으며, 그러한 폭력을 방지하고 극복할 수 있는 길

1992~1995년 보스니아 분쟁 당시에도, 그리고 2003~2006년 수단의 다르푸르 분쟁 때도 대량 학살이 있었다. 2차 세계대전기의 유대인 학살은 결코 유일무이한 홀로코스트가 아니었고, 이후에 도 세계 도처에서 반복되고 있다.

은 어떤 것인지 질문해 봐야 한다. 타자의 윤리학은 바로 이러한 문제의 식에서 생겨난 철학이다.

2) 인종주의와 민족주의

더 나아가 인종주의와 민족주의 문제도 타자의 윤리학이 등장하게 된 중요한 실천적 배경이라고 할 수 있다. 1989년 베를린 장벽이 무너지고 뒤이어 사회주의 체제가 해체되면서 2차 세계대전 이후 50여 년간 지속 되었던 냉전이 종식되고, 세계화가 본격적으로 전개되었다. 미국의 일 본계 지식인인 프랜시스 후쿠야마(Francis Fukuyama, 1952~)는 『역사의 종 말』(1992)이라는 책에서 이제 자유민주주의가 사상과 체제의 대결에서 궁극적으로 승리했으며, 따라서 앞으로는 자유민주주의가 보편적인 정 치 원리로 자리 잡을 것이라고 예언한 바 있다. 또한 많은 사람들은 세 계화가 진전됨에 따라 국민국가들 사이의 경계가 더 이상 의미가 없게 되었으며, 사람들이 지구촌이라는 유일한 공동체에서 수시로 국경을 넘나들게 될 것이라고 예측한 바 있다.

하지만 이들의 예언과 달리, 자유민주주의가 세계의 유일한 정치 원리로 보편화되지 않았을뿐더러, 또한 국민국가가 종말을 고하거나 국민국가들 사이의 경계가 약화되지도 않았다. 오히려 구시대의 유물이거나 아니면 후진적인 제3세계에서나 볼 수 있는 퇴행적 이데올로기로 간주되었던 민족주의가 1990년대 이후 유럽을 비롯한 세계 전역에서 맹렬하게 분출되었다. 특히 유럽에서는 대중의 민족주의 감정의 고조에 편승한 극우 정치 세력이 비약적으로 득세하면서 많은 정치가 및 지식인들에게 큰 충격을 가져다주었다.

새롭게 등장한 민족주의는 강한 인종주의적 색채를 띠고 있는 것이 특징이다. 예전에 미국의 흑인 차별 등에서 볼 수 있는 인종주의는 피부색 같은 생물학적 특성에 근거를 둔 것이었던 데 반해, 새로운 인종주의는 오히려 문화나 종교 같은 차이에 기반을 두고 있다. 가령 유럽을 비롯한 세계 많은 지역에서 이슬람계 사람들이 차별과 무시, 공격의 주요 대상이 되는 것은 이들이 유럽 각국 사람들에게 자신들의 지배적인 문화 및 민족적 동질성을 위협하는 존재로 받아들여지기 때문이다.

민족주의 및 인종주의의 이러한 득세로 인해 오늘날 세계 여러 나라에서는 민주주의적 시민성의 가치들이 약화되고 사람들의 기본적인 인권이 다른 민족, 다른 인종이라는 이름 아래 쉽게 무시당하고 침해되는 일이 빈번하게 발생하고 있다. 또한 민족주의에 입각한 지역 갈등이나 대립이 심화되고, 민족주의에 편승한 극우 정치인이 세력을 확장하는 현상이 나타나고 있다. 중국, 일본, 한국, 북한이 맞닿아 있는 동아시아에서도 역시 민족주의의 폐해가 두드러지게 나타나고 있다.

세계화가 진전됨에도, 국민국가의 경계가 약화되기는커녕 오히려 이처럼 민족주의와 인종주의가 팽배하고 국경을 둘러싼 갈등과 충돌이 심화되는 현상의 원인은 무엇인가? 그리고 이러한 문제를 해결하기 위해 철학이 기여할 수 있는 길은 어떤 것인가? 이것이 최근 20~30년 동안 타자의 윤리학이 주목받게 된 또 다른 실천적 배경이다.

타자의 철학, 타자의 윤리학

그렇다면 과연 타자의 윤리학은 어떤 내용을 지닌 철학일까? 그것은 주체 중심적인 철학이나 상호주관성 이론과 어떤 차이점을 지니고 있을까? 또한 타자의 윤리학은 우리가 앞에서 지적했던 우리 시대의 실천적인 쟁점들에 대해 과연 설득력 있는 철학적 해법을 제시해 줄 수 있을까? 이제 이 질문들에 대하여 타자의 윤리학의 핵심 원리를 제시한 두 명의 철학자, 곧 레비나스와 데리다의 사상을 검토하면서 답변해 보기로 하자.

유대인인 레비나스는 1923년 프랑스 스트라스부르 대학으로 유학을 와서 베르그송, 후설을 공부하면서 본격적인 철학 공부를 시작했다. 『후설 현상학에서 직관이론』(1930)으로 박사학위를 받은 그는 독일 철학계의 신성(新星)으로 떠오른 하이데거의 철학에도 많은 관심을 갖고 있었으나, 그가 나치당에 가입하자 깊은 실망감을 느끼게 된다. 2차 세계대전에 프랑스군 장교로 참전했다가 포로가 된 그는, 리투아니아의 가족과 친지가 유대인이라는 이유로 학살되었다는 소식을 전해 듣고 큰 충격을 받는다. 2차 세계대전 이후 전개된 레비나스의 철학에는 이처럼 전쟁 중에 겪었던 충격과 절망이 중요한 동기가 되었다.

레비나스는 전쟁이 끝나고 『시간과 타자』(1947) 및 『존재에서 존재자로』(1947) 같은 책들을 발표하지만, 그의 대표작이라고 할 수 있는 책은 『전체성과 무한』(1961) 및 『존재와 다르게 또는 본질을 넘어』(1974)라고 할 수 있다. 이 두 권의 책에는 성숙기 레비나스의 사상이 집약되어 있다.

에마뉘엘 레비나스

동일자에서 타자로: 레비나스의 타자론

1) 전체성과 무한

『전체성과 무한』의 핵심 주제는 이 책의 제목을 통해 살펴볼 수 있다. 책의 제목을 구성하는 두 개의 단어, 곧 전체성(totality)과 무한(infinity)은 서양 전통 철학의 지배적인 경향과 그 경향에 대한 대안적인 요소를 표현하고 있다. 전체성이라는 개념이 가리키는 것은 서양 철학의 역사에서 지배적이었던 존재론(ontology) 중심의 사유다.[4] 존재론은 존재를 뜻하는 그리스어 '온'(on)과 언어, 논리, 사유 등을 뜻하는 '로고스'(logos)가 합쳐져 성립된 말로서, 말 그대로 존재라는 보편적인 범주에 기반하여 존재하는 것들의 본성과 종류 등을 따지는 철학의 한 분야다. 비록 존재론이라는 단어 자체는 17세기에 처음 생겼지만, 존재의 본성에 대한 탐구

----

4 "서양 철학은 대부분 존재론, 곧 타자를 동일자로 환원하는 것이었다." Emmanuel Levinas, *Totalité et infini*, Livre de Poche, 2000(초판은 Martinus Nijhoff, 1961), p. 33.

는 서양 철학사에서 지속적으로 중심적인 위치를 차지해 왔다.

레비나스가 볼 때 존재론은 두 가지 특징을 지니고 있다. 하나는 존재하는 것들을 **포괄적으로, 남김없이 설명하고 체계화하려고 한다**는 특징이다. 이처럼 존재하는 것들을 보편적이고 총체적으로 설명하기 위해서는, 설명 주체가 설명의 대상에 대하여 객관적인 위치에 있어야 한다. 따라서 존재론은 인간을 포함한 모든 존재하는 것들의 **외부에서** 그것들을 **제3자의 객관적 시점에서 보편적이고 총체적으로 설명하려는** 서양 철학의 근본 경향을 잘 보여준다.

둘째, 존재론의 관점에서 볼 때, 존재하는 것들은 **'존재자'라는 점에서는 모두 동등**하다. 인간과 아메바 사이에는 유기적 복잡성에서 큰 차이가 존재하고, 국왕과 노예 사이에는 권력의 측면에서, 재벌과 거지 사이에는 경제력의 측면에서 엄청난 차이가 존재하지만, 존재론의 관점에서 보면 이들 모두는 존재자라는 점에서는 차이가 없다. 이처럼 존재하는 모든 것들을 동질적이고 동등한 것들로 평가한다는 점이 존재론의 두 번째 특징이다.

레비나스는 서양 전통 철학에 고유한 이러한 존재론 중심의 사유, 곧 '전체성'이라는 개념 아래 존재하는 모든 것들을 동질적인 것으로 환원하고, 그것들을 남김없이 포괄하려는 사유와 홀로코스트 같은 끔찍한 재앙 사이에는 필연적인 연관성이 존재한다고 주장한다. 왜냐하면 내가 존재론의 관점에서 타자를 인식하게 되면, **타자는 다른 존재자들과 하등 다를 게 없는 똑같은 존재자들 중 하나가 되며,** 따라서 내가 타자를 위해 특별히 관심을 기울이거나 책임감을 느낄 이유가 없기 때문이다. 이러한 **타자에 대한 무관심**은 존재론의 또 다른 특징인 전체성 때문에 강화된다. 존재하는 것들을 보편적이고 객관적으로 인식하기 위해서는, 존재하는 것들과 거리를 두고 그것들을 이론적 탐구의 대상으로 삼아 그 바깥에서 관찰해야 한다. 따라서 존재론의 관점을 택하는 순간 나는 **이미 타자와의 관계 바깥에 놓이게 되며,** 그것들을 나와 무관한, 또 (객관적인 탐구를 위해서는) 관계가 없어야 하는 대상들 중 하나로 간주하게 된다. 레비나스가 볼 때 홀로코스트를 비롯한 수많은 불의(不義)의 폭력에 대해 사람들이 무심하고 둔감한 태도를 취하는 것은 근본적으로 존재론을 특징짓는 전체성의 사유가 지배하기 때문이다.

이러한 전체성 중심의 사유에 대하여 레비나스는 1950년대 후반 이래로 무한에 입각한 대안적 사유를 모색하게 된다. 무한이라는 개념은 이미 그리스 사상에서부터 출현한 개념이기는 하지만, 레비나스는 데카르트의 사상에서 서양 철학 전통을 거스르는 새로운 무한의 개념을 발견한다. 레비나스가 관심을 기울이는 텍스트는 『성찰』이다. 『성찰』은 데카르트의 가장 중요한 철학 저서로 간주되는 책으로, 사람들이 보통 이 책에서 가장 중요하게 생각하는 것은 저 유명한 방법적 회의가 제시되는 「제1성찰」과 이를 극복하는 논증이 제시되는 「제2성찰」이다. 그 이유는 생각하는 나, 곧 코기토 명제를 통해 회의주의를 극복함으로써 인식 주체에 근거를 둔 주관성 철학의 가능성이 처음으로 마련되었다고 보기 때문이다.

하지만 레비나스는 오히려 「제3성찰」에 나타난 무한 개념에서 데카르트 사상의 독창성을 발견한다. 그리고 이때의 무한은 역설적이게도 주체의 근원적 한계, 본질적 유한성을 드러내주는 것이다. 레비나스가 주목하는 것은 사유하는 자아와 그 자아가 생각하는 무한의 관념 사이의 관계다. 사유하는 자아는 유한한 존재자임에도 불구하고 무한의 관념(곧 신(神)의 관념)을 지니고 있다. 어떻게 유한한 존재자가 무한이라는 관념을 가질 수 있는 것일까? 데카르트는 「제3성찰」에서 이러한 의문을 바탕으로 무한한 신의 존재를 증명해 나가지만, 레비나스가 주목하는 것은 그것이 아니다. 오히려 그는 유한한 사유 주체가 자신을 초월하고 넘어서는 무한한 타자의 관념을 포함하고 있다는 사실 자체에 주목한다.

레비나스가 보기에 이는 몇 가지 의미를 지닌다. 우선 그것은 주체와 타자의 관계는 대칭적인 관계가 아니라는 점을 보여준다. 타자는 **주체**

보다 우월하고 주체를 넘어서는 것이며, 주체 이전에 이미 존재하는 어떤 것이다. 둘째, 따라서 타자는 주체가 전체성의 범주에 따라 **포괄적으로 설명하거나 파악할 수 없는 것**이다. 타자의 무한성은 전체성의 초월을 뜻한다. 따라서 레비나스는 데카르트의 이러한 무한의 관념 속에서 주체와 타자, 자아와 타인의 관계를 철학적으로 해명할 수 있는 실마리를 발견한 셈이다.

2) 동일자와 타자

전체성과 무한 사이의 관계가 레비나스의 타자론을 이해하기 위한 철학적 밑바탕이라면, 레비나스 타자론의 윤리적 함의를 이해하기 위해서는 동일자와 타자라는 또 다른 개념 쌍을 살펴볼 필요가 있다.

레비나스가 '동일자'라고 부르는 것(프랑스어로는 'le même', 영어로는 'the same')은 두 가지 함의를 지니고 있다. 첫째, 동일자 또는 동일자에 기반을 둔 사유는 **존재하는 것들을 동일자로 환원하려는 태도**를 보여준다. '존재하는 것들을 동일자로 환원한다'는 것은 우선 존재하는 것들에게 그것에 고유한 본질이나 동일성(identity)을 할당한다는 것을 뜻한다. 존재하는 모든 것은 그에 고유한 본질이나 동일성을 지니고 있으며, 그 본질 및 동일성에 따라 인식되고 분류되고 평가된다. 그리고 타자는 바로 이러한 본질이나 동일성**에 대한** 타자가 된다.

한 가지 예를 들어 설명해 보자. 동일자를 중심으로 한 사유의 관점에서 볼 때, 독일인과 유대인이라는 것(또는 한국인과 일본인이라는 것)은 각자 동일자라고 할 수 있다. 곧 독일인은 독일인이라는 고유한 본질 내지 동일성을 지니고 있고, 유대인은 유대인이라는 고유한 동일성을 지니고 있다. 어떤 유대인이 아무리 선하고 이타적이고 고결한 성품을 지니고 있다 하더라도 그가 **유대인이라는 동일성을 지니고 있는 한에서**, 그는 한 사람의 유대인일 수밖에 없다. 역으로 어떤 독일인이 어떤 개성을 지니고 있고 어떤 성품을 지니고 있든 간에, 그가 독일인이라는 동일성을 지니고 있는 한에서, 역시 그는 한 사람의 독일인일 수밖에 없다. 따라서 가령 독일인 마르틴에 대하여 유대인 에마뉘엘은 그가 유대인인 한에서 **독일인인 마르틴에 대하여** 타자라고 할 수 있다. 다시 말하면 동일자의 사유의 관점에서 볼 때 모든 타자는 **이미 어떤 동일성을 지니고 있는** 존재자(가령 유대인)이며, 그가 지니고 있는 이러한 동일성에 의거하여, 역시 어떤 동일성을 지닌 다른 존재자(가령 독일인)**에 대하여** 타자가 된다. 따라서 민족의 고유한 본질이나 동일성에 대한 믿음을 포함하는 민족주의나 인종주의는 바로 이러한 동일자 중심적 사유의 산물이라는 것을 알 수 있다.

둘째, 동일자는, 여기에서 한 걸음 더 나아가 **자아 중심적 사유**를 지칭하는 개념이다. 모든 존재자가 이미 자신의 고유한 본질이나 동일성을 가지고 있는 한, 각각의 존재자는 자신이 지닌 동일성을 보존하고 때로는 강화하기 위해 노력한다. 그리고 각각의 존재자는 모든 것을 이러한 목적에 따라 판단하고 수행한다. 레비나스에 따르면 이러한 자기 보존의 노력, 자기의 동일성을 유지하고 강화하려는 목적에 주체 또는 자아의 근거가 놓여 있다.

근대 철학의 토대인 주체 개념은 자율성을 핵심적인 속성으로 지니고 있다. 다른 존재자의 의지나 명령에 종속되지 않고 **나 자신의 자율적인 의지에 따라** 판단하고 행위하는 것이 바로 주체인 것이다. 그리고 바로 이러한 자율적 주체의 개념에 입각하여 근대성은 신 중심적인 중세 문명과 구별되는 자신의 독자성을 얻을 수 있었다는 것이 철학사를 이해하는 지배적인 관점이다.

레비나스는 자율적 주체의 밑바탕에는 동일자의 사유가 놓여 있다고 주장한다. 자율적 주체는 자신이 이미 지니고 있는 동일성에 입각하여, 그러한 동일성을 보존하고 강화하기 위해 판단하고 행위하는 존재자인 것이다. 그런데 자기 동일성에 근거를 둔 주체는, **자신과 다른 동일성에 근거를 두고 있고** 이 때문에 **자신의 동일성으로 환원되지 않는**, 더 나아가 자신의 동일성에 대해 위협이 되는 타자를 용인하지 못한다. 타자는 그것이 나 또는 우리와 다른 동일성을 지니고 있다는 바로 그 사실로 인해 나 또는 우리에게 위협적인 존재자가 되는 것이다. 그렇다면 각자 자신의 고유한 동일성에 근거를 둔 주체들 사이에는 필연적으로 적대와 투쟁이 발생하게 된다. 이러한 적대와 투쟁은 하나의 동일성이 다른 동일성으로 환원되거나 그것에 종속되기 전까지는 중지되지 않을 것이다.

이제 레비나스가 동일자 중심의 사유와 홀로코스트 사이에 필연적인 연관성이 존재한다고 생각하는 것이 자의적이라고 비판하기는 어려울 것이다.[5] 더 나아가 레비나스의 관점에 따르면, 이러한 문제는 상호주관성 이론을 통해서도 해결될 수 없다. 나라는 주체와 다른 주체가 서로 독립적이고 동등한 주체라고 하더라도, 그러한 주체들 사이의 관계가 평화로운 관계가 될 것이라고 상정할 수는 없기 때문이다. 오히려 바로 그러한 독립성과 동등성으로 인해 상이한 주체들 사이의 관계에는 늘 폭력과 적대의 그림자가 드리워 있는 것이다.

이 때문에 레비나스는 동일자 중심의 사유에 맞서 타자 중심의 사유, 특히 타자의 윤리의 필요성을 역설한다. 레비나스가 제창하는 타자의 윤리의 핵심 원리는 아주 간명하지만, 그것의 함의는 광범위하다. 레비나스는 타자의 윤리의 핵심을 "타인의 현존에 의해 나의 자발성이 의문시되는 것"[6]으로 규정한다. 그리고 이는 타인이 나의 동일성으로 환원될 수 없고, 나와 비대칭적 관계에 있는(곧 내가 그에게 복종해야 하는) 어떤 존재자라는 점을 긍정할 때 가능한 것이다.

----

5 "제일철학으로서의 존재론은 힘의 철학이다. 존재론은 국가 및 전체성의 비폭력으로 귀결되기는 하지만, 이러한 비폭력이 영위하는 폭력, 그리고 국가의 전제정치 속에서 출현하는 폭력에 대해서는 대비하지 못한다. (…) 보편성은 익명적인 것으로 제시되며, 여기에 또 다른 비인간성이 존재한다." 같은 책, p. 37.

6 같은 책, p. 33.

이 점을 좀 더 부연해 보자. 장 자크 루소(Jean Jacques Rousseau, 1712~78)는 『인간 불평등 기원론』에서 연민(pitié)을 다음과 같이 규정한다.

인간의 미덕을 아무리 극단적으로 헐뜯는 자라도 인정하지 않을 수 없는 단 하나의 자연적인 미덕을 인정한다고 해서 내가 어떤 모순을 범한다고는 생각하지 않는다. 나는 지금 연민에 대해 말하고 있는데, 그것은 우리처럼 약하고 온갖 불행에 빠지기 쉬운 존재자들에게 걸맞은 성향이다. 연민은 인간의 성찰하는 모든 습관에 앞서는 것이므로 더욱 보편적이고 인간에게 유익한 미덕이며, 대단히 자연스러운 것으로서 때로는 동물들도 뚜렷한 징후를 보이곤 하는 미덕이다.[7]

루소에 따르면 연민은 인간이 지닌 "단 하나의 자연적인 미덕"이며, 인간의 지적 성찰에 앞서 생겨나는 대단히 자연스러운 미덕이다. 이것은 때로 동물들에서도 볼 수 있는 미덕, 따라서 거의 본능적인 차원에 속하는 미덕이다. 마치 맹자가 측은지심(惻隱之心)을 이야기하듯 루소는 연민이 인간에게 본성적으로 갖추어져 있는 미덕이라고 본다. 이것은 아무리 흉폭한 죄수라 할지라도 고통을 당하는 어린아이의 모습을 보면 가슴 아파하고 도와주지 못해 괴로움을 느끼게 하는 힘이다.

이렇게 본다면 레비나스가 말하는 타자의 윤리는 루소가 말하는 연민의 다른 표현이라고 할 수 있을 것 같다. 하지만 양자 사이에는 중요한 차이점이 존재한다. 우선 루소가 연민을 본성적인 감정이자 힘이라고 규정하는 데 비해, 레비나스가 말하는 타자의 윤리는 본성의 차원에 놓여 있지 않다. 오히려 인간은 본성적으로 자신의 동일성에 입각하여 자신의 존재를 보존하려 하고 자신의 이익을 추구하는 존재자이다. 따라서 타인의 윤리는 자아가 지닌 **본성적인 자기 중심적 경향**에 맞서고 그

---

7 장 자크 루소, 『인간 불평등 기원론』, 주경복·고봉만 옮김, 책세상, 2003, 81쪽.

것과 단절하려는 시도라고 할 수 있다.

더 나아가 루소는 이성에 앞서는 본성적인 두 가지 원리를 "자기애" (amour de soi)와 "연민"으로 꼽으면서, 후자를 전자에서 파생되는 것으로, 그리고 전자를 보완하는 것으로 규정한다. 왜냐하면 연민은 지나친 자기애의 작용을 완화하면서(곧 자기애에 입각한 주체들 사이의 투쟁을 방지하면서) 인간 종 전체의 보존에 기여하는 원리이기 때문이다. "연민은 각 개체에서 자기애의 작용을 완화하면서 종 전체의 상호 보존에 기여함이 분명하다."[8] 따라서 루소는 동일자 중심적인 사유에 입각하되 그것이 지닌 난점을 해결하기 위해 연민이라는 보완적인 원리를 제시하고 있다는 점을 알 수 있다.

반면 레비나스는 동일자에 기반을 둔 존재론과 타자의 윤리는 양립 불가능하다고 주장한다. 또한 타자의 윤리는 자아의 자기 보존의 경향을 **보완하는 것이 아니라, 그것에 저항하고 그것을 차단하려는 움직임**이다. 만약 타자에 대한 연민이 보편적인 본능이고 그것이 자아의 자기 중심적 지향과 양립 가능하며 그것을 보완하는 것이라면, 타자의 윤리라는 것이 별도로 제기될 필요가 없을 것이다. 하지만 그처럼 연민이 자연스럽고 보편적인 것이라면, 왜 홀로코스트와 같은 대학살이 여러 차례 되풀이되고 또한 왜 배타적이고 적대적인 민족주의나 인종주의가 창궐하는 것인지 설명하기 어렵다. 레비나스의 관점에 따르면, 타자의 슬픔이나 고통에 가슴 아파하고 그것에 대한 책임을 느끼는 **연민은 보편적이고 자연발생적인 본능이 아니라 타자의 윤리에 근거를 둔 것**이며, 그러한 근거 위에서만 좀 더 발전되고 강화될 수 있는 것이다.

3) 타인과의 관계로서의 정의

이 때문에 레비나스는 윤리의 핵심을 동일자로 환원되지 않는 타인과

---

8 같은 책, 83쪽.

의 관계에서 찾는다. 레비나스가 볼 때 정의는, 존재론에 입각한 서양의 윤리 전통이 말하듯이 각자에게 고유한 몫을 합당하게 분배하거나 재분배하는 데 있는 것이 아니라, 타인과의 관계에 있다. "타인과의 관계, 곧 정의."[9] 간명하지만 꽤 수수께끼 같은 이 표현의 의미를 이해하려면 우선 레비나스가 사용하는 타자와 관련된 용어들의 의미를 좀 더 해명해 볼 필요가 있다.

프랑스어에서 타자와 관련된 표현은 두 가지가 있다. 하나는 일반적인 타자를 가리키는 '오트르'(autre)라는 단어이고, 다른 하나는 다른 사람(타인)을 가리키는 '오트뤼'(autrui)라는 표현이다. '오트르'와 '오트뤼' 사이의 차이는 서양의 다른 언어, 특히 영어로는 번역되기 어렵기 때문에(영어로는 모두 other라고 표현된다), 영어 번역자들이나 연구자들은 레비나스의 이 두 가지 프랑스어 표현의 뉘앙스를 어떻게 살릴 것인가를 두고 매우 고심해 왔다.

실제로 레비나스에게 '오트르'와 '오트뤼', 또는 타자와 타인의 구별은 매우 중요한 의미를 지니고 있다. 왜냐하면 오트르가 표현하는 **일반적인 타자는 모두 동일자로 통합될 수 있는 것**인 반면, 오트뤼가 표현하는 **타인은 동일자로 환원될 수 없는 것**이기 때문이다. 여기에서도 역시 사례를 통해 고찰해 보기로 하자. 독일인에 대해 유대인은 타자이며, 마찬가지로 유대인에 대해서도 독일인은 타자다. 이렇게 각각의 주체는 다른 주체에 대하여 타자이지만, 레비나스는 이러한 타자들은 진정한 의미의 타인이라고 할 수 없다고 말한다. 왜냐하면 이러한 타자들은 **다른 주체들에 대하여 타자이기에 앞서**, 그것 자체가 **이미 하나의 동일성 내지 본질을 갖춘 주체들**, 곧 동일자들이기 때문이다. 따라서 유대인과 독일인이 서로에 대하여 타자라면, 이는 먼저 유대인과 독일인이 각각의 민족적 동일성에 따라 규정된 동일자 주체들이기 때문에 생겨나는 결과

----

9 Emmanuel Levinas, 앞의 책, p. 62.

다. 이 경우에는 주체가 타자에게 책임감을 느낄 이유가 없을 것이다. 오히려 주체와 타자의 관계는 갈등과 폭력의 관계로 나타나기 쉽다.

따라서 레비나스가 말하듯 타인과의 관계가 곧 정의라면, 이때의 타인은 이미 자신의 고유한 동일성을 갖고 있는 동일자로서의 타자가 아니다. 이러한 타인은 내가 그에 대하여 무한한 책임을 지고 있는 어떤 것이다.

여기에 대한 하나의 사례로, 스티븐 스필버그 감독의 「쉰들러 리스트」를 생각해 보기로 하자.[10] 영화의 주인공인 오스카 쉰들러는 나치스 거물들과의 인맥을 바탕으로 돈을 버는 사업가다. 자신의 이익을 추구하는 동일자로서의 주체를 구현하는 인물이라고 할 수 있다. 그러던 어느 날 쉰들러는 나치스가 마을을 폐쇄하라는 명령을 내린 후 유대인들을 끌고 가서 집단 학살하는 장면을 목격한다. 무언가 잘못되었다는 것을 느낀 쉰들러는 자신의 재력을 바탕으로, 체코에 공장을 세우기 위해 필요한 인력을 모은다는 명목 아래 유대인 1명당 일정한 돈을 치르고 유대인 1,100명의 목숨을 구한다. 루소가 말한 연민의 힘을 느낄 수 있는 대목이다.

전쟁이 끝난 뒤 유대인들은 그들의 목숨을 구해 준 쉰들러를 위해 "한 생명을 구한 자는 전 세계를 구한 것이다"라는 탈무드의 글귀가 새겨진 반지를 선물로 주며 고마움을 표시한다. 하지만 이 반지를 받은 쉰들러는 울음을 터뜨리며 더 많은 유대인을 구하지 못한 것을 자책한다.

쉰들러: 더 많이 구할 수 있었어. 더 많이 구할 수 있었다구. 모르겠어. 만약 내가 (…) 했다면, 더 많이 구할 수 있었어.

스턴: 오스카, 자네 덕에 1,100명의 사람이 목숨을 건졌어. 그들을 봐!

----

10 이 사례는 다음 논문에서 빌려온 것이다. William Paul Simmons, "The Third: Levinas' theoretical move from an-archical ethics to the realm of justice and politics", *Philosophy & Social Criticism*, vol. 25, no. 6, 1999.

(…) 자네가 한 일 덕분에 여러 세대들이 거듭될 거야.

쉰들러: 나는 충분히 해내지 못했어.

스턴: 자네는 아주 충분히 해냈어.

쉰들러: 이 차! 괴트는 이 차를 사려고 했을 거야. 내게 왜 차가 필요하지? 10명의 사람이 저기 달려 있어. 10명의 사람, 10명의 사람이 더해지는 거야. 이 넥타이 핀, 이건 금이야. 두 명이 추가되지. 적어도 괴트는 내게 한 사람은 더 주었을 거야. 한 사람을 더. 죽어버린 한 사람. 이걸로! (울음을 터뜨리면서) 나는 한 사람을 더 구할 수 있었어. 하지만 나는 해내지 못했어. 해내지 못했다구.

레비나스가 말하는 정의로서의 타인과의 관계가 바로 이것이며, 타인에 대한 무한한 책임을 떠맡는다는 것이 이것이다. 레비나스는 이처럼 타인의 현존이, 나 자신의 이익을 추구하고 나 자신의 자기 동일성을 보존하려고 하는 자아의 자율성을 중지시킬 때, 타인과의 관계가 성립한다고 주장한다. 그리고 이러한 타인과의 관계야말로 **동일성에 기초를 둔 자아의 이익 추구 작용을 넘어선 윤리의 가능성**을 근거짓는 것이라고 말한다.

데리다의 레비나스 비판

국내에 해체론의 대표적인 사상가로 널리 알려진 데리다는 레비나스와 함께 타자의 윤리학의 중심적인 사상가다. 그는 일찍부터 레비나스 사상의 혁신적인 성격을 높이 평가했으며, 레비나스 타자론의 핵심적인 요소들을 자기 사상 속에 받아들였다. 그런데 그 수용은 상당히 비판적인 평가를 수반하는 수용이었다. 곧 데리다는 레비나스를 한편으로 높이 평가하면서 다른 한편으로는 그의 한계를 비판하면서 레비나스와 다른 방향에서 타자의 윤리학을 발전시키기 위해 애썼다.

레비나스 자신의 타자의 윤리학도 매우 복잡하지만, 레비나스에 대한

자크 데리다

데리다의 비판은 그보다 훨씬 더 복잡하고 난해하다. 따라서 그 논의를
이 글에서 모두 소개할 수는 없고 여기에서는 다음과 같은 몇 가지 논점
만 살펴보기로 하겠다.

1) 타자의 윤리학과 존재론

우선 데리다가 『죽음을 선물하기』라는 책에서 소개하는 한 문장에서
논의를 시작해 보자.[11] "Tout autre est tout autre." 이것은 아주 간단해
보이는 문장이지만, 사실은 아주 다양하게 해석될 수 있으며, 따라서 프
랑스어가 아닌 언어로 번역하기 불가능한 문장이다.

이 문장은 먼저 "전혀 다른 타자는 전혀 다른 타자다"라고 번역될 수
있다. 이 경우 이 문장은 동어반복이 된다. 그리고 이렇게 해석된 문장
은 레비나스의 타자론을 잘 표현해 주는 것으로 보인다. 왜냐하면 레비
나스는 자신이 말하는 타인은 존재론으로 환원될 수 없는 것이며, 어떠
한 상대적인 타자(곧 독일인에 대한 유대인처럼, ~에 대하여 타자인 타자)와도
동일하지 않은 타자라고 말하기 때문이다. 곧 **레비나스의 타인은 전혀**

---

11 Jacques Derrida, *Donner la mort*, Galilée, 1996.

다른 타자이며, 그것은 오직 전혀 다른 타자라고 말하는 수밖에 없다.

그런데 이 문장은 또한 "전혀 다른 타자는 모두 다르다"라고 번역될 수도 있다. 이렇게 번역될 경우 이 문장은, "전혀 다른 타자는 **하나가 아니라 각각 모두 다른 타자들이다**"라는 것을 의미한다. 만약 전혀 다른 타자가 이처럼 모두 다른 타자들이라면, 과연 그중에서 어떤 타자가 진정한 타자라고 할 수 있는가라는 질문이 제기된다. 모두 다른 이 타자들 가운데 어떤 것이 진정한 타자라고 할 수 있는가? 그리고 그것을 식별할 수 있는 기준은 무엇인가?

2) 타인 개념의 애매함

따라서 이는 타인 개념의 애매함이라는 문제와 연결되어 있다. 데리다는 한 인터뷰에서 다음과 같이 말한다.

> 따라서 어떤 종류의 닫힘(closure)이 본질적입니다. 만약 내가 어떤 것 내지 어떤 이 또는 어떤 상황을 긍정하기를 원한다면 (…) 독특성이 존재해야 하는데, 독특성은 어떤 닫힘을 의미합니다. 곧 내가 누군가에게 어떤 것을 준다면, 그런 한에서 나는 그 어떤 것을 다른 누군가에게 주는 것을 포기하는 셈입니다. 나는 누군가에게 환대를 베풂과 동시에 다른 이들에게는 내 집 문을 닫게 됩니다. 그것이 유한성입니다. 유한성 없이는 선물이나 환대도 없습니다. 따라서 유한성은 선택을 의미하며, 선택은, 내가 "예"라고 말할 때, 거기에는 어떤 형태의 닫힘이 개입돼 있음을 뜻합니다. 이것이 예라는 것이 긍정되기 위한 조건입니다. (…) 우리는 그저 여러 가지 가능한 열림들과 닫힘들 가운데에서 선택해야 하며, 이것은 전략의 문제입니다.[12]

----

12 Jacques Derrida, "The Tragic, the Impossible and Democracy: An Interview with Jacques Derrida", *International Journal for the Semiotics of Law*, vol. 23, no. 3, 2010. 이 인터뷰는

이 인터뷰에서 데리다는 레비나스를 거론하지 않은 가운데, 레비나스의 타인 개념이 지닌 애매성을 드러내고 있다. 데리다에 따르면 절대적 타자로서의 타인이란 하나가 아니라 다수이며, 심지어 무한하게 많다. 이처럼 **타인이 무한하게 많은 이유는 우리가 유한하기 때문**이다. 곧 내가 어떤 특정 타인(들)에 대한 책임을 다하고 그를 환대하기 위해서는 그 **아닌 다른 타인(들)을 무시하거나 외면해야 한다.** 또는 적어도 내가 이 무한한 타인들 모두에 대해서 무한한 책임을 질 수는 없다. 나는 어떤 타인들에게 음식을 제공하고 주거를 마련해 주고 일자리를 알아봐 줄지 **선택해야** 하며, 이러한 선택은 다른 타인들에게는 그러한 환대를 베풀지 못한다는 것을 함축한다.

더 나아가 타인들 가운데는 선량하거나 우호적인 타인들이 존재하지만, 또한 나의 선의를 배반하고 나를 위협하며 심지어 나의 목숨을 겨냥하는 타인들도 존재한다. 그렇다면 타인에 대해 무한한 책임을 지고 타인의 명령에 복종해야 한다는 원칙 때문에, 나의 목숨을 위협하는 이들에게까지 순종해야 하는 것일까? 만약 그렇지 않다면 그것은 어떤 근거 때문일까? 이러한 질문들에 대하여 레비나스의 타인의 윤리학은 우리에게 많은 것을 말해 주기 어렵다. 따라서 데리다는 레비나스가 열어놓은 타자의 윤리학의 잠재력을 높이 평가하되, 그것이 지닌 애매성을 정정하고 보완할 필요성을 주장하고 있다.

타자의 윤리학의 실천적 함의

타자의 윤리학은 현실적인 실천과 관련하여 광범위한 함의를 지닌 사상이다. 이는 타자의 윤리학 자체가 매우 실천적인 문제의식에서 출발

원래 1999년에 이루어졌다.

했다는 데서 기인하는 결과다. 이 절에서는 크게 두 가지 측면에서 그 실천적 함의를 살펴보겠다.

법, 폭력, 정의

우선 법, 폭력, 정의에 관한 문제가 중요한 쟁점이 된다. 레비나스의 관점에 따를 경우 현실적인 법 질서나 정치 제도는 타인과의 관계를 충실히 구현한다고 볼 수 없다. 왜냐하면 현존하는 법 질서나 정치 제도는 사회를 구성하는 개인들의 이익을 보호하는 것을 목표로 삼고 있는 반면, 타인과의 관계는 그러한 이익의 추구에 저항하고 그것을 넘어설 것을 요구하기 때문이다.

데리다 역시 법과 정의를 구별해야 하고, 법이 아니라 정의에 기반을 두어야 한다고 주장한다. 특히 그는 『법의 힘』에서 벤야민의 「폭력 비판을 위하여」에 대한 독해를 통해 법은 본성상 폭력적인 것이며, 힘으로서의 법, 법의 힘을 넘어서기 위해서는 해체 불가능한 정의의 이념에 기반을 두어야 한다고 주장한 바 있다.[13] 데리다는 다음과 같이 말한다. "법은 정의가 아니다. 법은 계산의 요소며, 법이 존재한다는 것은 정당하지만, 정의는 계산 불가능한 것이며, 정의는 우리가 계산 불가능한 것과 함께 계산할 것을 요구한다."[14] 이 인용문에 따르면 데리다는 법과 정의를 상당히 엄밀하게 구별하고 있으며, 더 나아가 법보다 정의를 더 우월한 것으로 간주하고 있다.

또한 데리다는 "나는 어떤 지점까지는 정의의 개념─내가 여기에서 법의 개념과 구분하려고 하는─을 레비나스의 정의 개념과 연결하려고 시도해 볼 것"이라고 말하면서 "타인과의 관계, 곧 정의"라는, 앞에서 우리가 살펴본 『전체성과 무한』의 문장을 인용한다. 이렇게 본다면 데리다

---

13 자크 데리다, 진태원 옮김, 『법의 힘』, 문학과지성사, 2004.
14 같은 책, 37쪽.

와 레비나스 사이에는 상당한 친화성이 존재하는 것처럼 보인다.

하지만 이처럼 데리다가 법과 정의의 문제에서 레비나스를 따르고 있다고 생각하는 것은 얼마간 단순한 독법이다. 왜냐하면 데리다는 법과 정의를 구별하기는 하되 양자를 대립시키거나 분리하지는 않으며, 더욱이 법과 구별되는 정의를 그 자체로 추구하려고 하지도 않기 때문이다. 왜냐하면 법과 분리된 정의, 곧 법에서 고립되어 있는 정의는 오히려 최악의 결과를 낳을 수 있기 때문이다. "계산 불가능한 정의, 선사하는 정의라는 이념은 그것 자체로 고립될 경우에는 항상 악이나 심지어 최악에 더 가까운 것이 되고 마는데, 왜냐하면 이는 항상 가장 도착적인 계산에 의해 재전유될 수 있기 때문이다."[15]

가령 1970년대 부패한 자본주의를 변혁하기 위해 무장 투쟁과 테러를 감행했던 유럽의 극좌파 단체들을 생각해 보자. 이들은, 부유하고 권력을 장악한 자들이 법 질서를 무시한 가운데 대다수 민중을 착취하는 현실을 안타깝게 생각했다. 또한 많은 노동자들이 더 이상 저항적이거나 변혁적인 태도를 보이지 않고 자본주의 체계에 순응하는 모습에 절망을 느꼈다. 따라서 이들은 소수의 힘으로 변혁을 수행하기 위해 테러와 무장 투쟁을 전개했다. 이것은 자본주의적 착취와 법 질서의 부패를 바로잡고 고통받는 많은 약자들을 구원하려는 목적을 지니고 있었다는 점에서는 선과 정의를 추구한 것이라고 할 수 있지만, 데리다의 관점에 따르면 법과 분리된 채 "그것 자체로 고립"되어 있었기 때문에, "가장 도착적인 계산에 의해 재전유"되고 만 것이다.

또한 흔히 오해되는 것과 달리 데리다는 레비나스의 정의 개념을 인용하기는 하지만 그것을 그대로 수용하지는 않는다. 이 점은 레비나스가 정의에 관한 자신의 생각의 변화를 간명하게 지적하는 한 인터뷰를 살펴보면 알 수 있다. 레비나스는 다음과 같이 말한다. "나는『전체성과 무

---

15 같은 책, 59쪽.

한』에서 '정의'라는 단어를 윤리에 관해, 두 사람 사이의 관계에 관해 사용했다. (…) 이제 나에게 '정의'는 계산인 것, 지식인 것, 정치를 가정하는 것이다. 이는 정치적인 것과 분리될 수 없다. 이는 내가 일차적인 것으로서 윤리와 구별하는 어떤 것이다."[16]

이 인터뷰는 정의에 관한 데리다와 레비나스의 생각의 차이점을 잘 보여준다. 레비나스는 『전체성과 무한』에서는 정의를 윤리적 문제로 간주했던 반면, 후기 저작에 가서는 반대로 정의를 윤리와 구별되는 정치적 문제, 곧 계산의 문제로 간주한다. 하지만 데리다는 『전체성과 무한』에서 "타인과의 관계, 곧 정의"라는 문장을 인용할 때에도 정의를 정치의 문제로 간주하고 있으며, 더 나아가 이러한 정의를 계산의 영역으로서 법과 근본적으로 구분되는 것으로 제시하고 있다. 따라서 데리다의 정의 개념은 『전체성과 무한』의 레비나스와도 다르고 후기의 레비나스와도 다른 셈이다.

비밀에 대한 권리

데리다는 『비밀에 대한 취향』이라는 대담집에서 민주주의의 본질적인 권리 중 하나로 "답변하지 않을 권리"[17]를 꼽은 바 있다. 곧 민주주의에서는 누구에게나 답변의 권리, 반론의 권리가 보장되어야 하지만, 그것만으로는 부족하며 동시에 **답변하지 않을 권리**도 필수적이라는 것이다.

그런데 여기서 '답변하지 않을 권리'란 법적인 문제에서 불리한 진술을 거부하거나 침묵할 수 있는 권리 같은 특수하고 제한된 권리만을 뜻하는 것이 아니다. '답변하지 않을 권리'란 그것에 앞서 **어떤 정체성을 갖지 않을 권리**, 나에게 주어지거나 강제된 정체성을 거부할 수 있는 권리를 뜻한다. 이것은 공동체의 동등한 구성원이 될 수 있는 자격을 의미하는

---

16 "Paradox of Morality", *The Provocation of Levinas*, Routledge, 1988, p. 171.

17 Jacques Derrida & Maurizio Ferraris, *A Taste for the Secret*, Polity, 2002, p. 26.

보편성과는 전혀 다른 것으로, 아무런 공동체에도 속하지 않을 권리, **익명적인 누군가로 존재할** 권리, **비밀을 지닌 존재자로 살아갈 권리**를 뜻한다.

이런 의미에서 데리다는 또한 "나는 가족의 일원이 아니다"(je ne suis pas de la famille)라고 말한다. 이것은

> '나는 나 자신을, 가족에 대한 나의 소속을 기초로 하여 정의하지 않는다'는 것을 의미합니다. (…) 하지만 이는 좀 더 비유적으로는 내가 어떤 집단의 일부도 아니라는 것, 나는 나 자신을 어떤 언어 공동체, 국민 공동체, 정치 정당 내지 어떤 종류의 집단이나 파벌, 어떤 철학적이거나 문학적인 학파와 동일시하지 않음을 뜻하기도 합니다. (…) 나를 '당신들 중 하나'로 간주하지 말라, '나를 당신들 가운데 하나로 셈하지 말라', 나는 항상 나의 자유를 유지하고 싶다,는 것을 의미합니다. 저에게 이는 독특하고 다르게 존재하기 위한 조건일 뿐만 아니라 타자들의 독특성 및 타자성과 관계를 맺기 위한 조건이기도 합니다. 어떤 사람이 가족의 일원일 때 그는 자신을 무리 속에서 잃고 말 뿐만 아니라 타자들 역시 잃고 맙니다. 타자들은 단순히 장소들이나 가족 기능들, 곧 집단, 학파, 민족 내지 동일한 언어를 말하는 주체들의 공동체를 구성하는 유기적 총체 속에서의 자리들 내지 기능들이 되고 맙니다.[18]

그렇다면 이것은 일체의 소속, 일체의 정체성을 거부하는 무정부주의적 주장을 뜻하는 것일까? 어떤 의미에서는 그렇고 어떤 의미에서는 그렇지 않다. 그렇지 않은 이유는, "아무개의 계산 불가능한 독특성"이라는 데리다의 개념, 또는 "나는 가족의 일원이 아니다"라는 수행문적 주장은 정치 공동체에 대한 참여를 단순히 거부하는 것이 아니기 때문이

---

18 같은 책, p. 26.

다. 그는 자신의 주장에 대해 다음과 같이 부연한다. "내가 가족의 성원이 되기를 **원치 않는다**는 사실은 내가 가족의 성원이 되기를 **원한다**는 사실에 의해 **전제되어** 있습니다. 어떤 공동체에 속하려는 욕망, 소속 **자체**에 대한 욕망은 우리가 **소속되어 있지 않다**는 것을 함축합니다. 만약 내가 실제로 가족의 일원**이라면**, 나는 '나는 가족의 일원이 되고 싶다'고 말할 수 없습니다."[19]

따라서 '나는 가족의 일원이 아니다'라는 수행문적 주장은 오히려 일차적으로 모든 개인은 **항상 이미** 어떤 정체성을 갖고 있으며, 어떤 소속을 지닐 수밖에 없다는 사실을 함축한다. 하지만 다른 한편으로 '나는 가족의 일원이 아니다'라는 주장은 그러한 정체성이나 소속을 순순히 받아들이기보다는 비판하고 거부하려는 태도를 함축한다(데리다가 이 문장은 사실이나 존재 방식을 서술하는 문장이 아니라 수행문이라는 점을 강조하는 것은 바로 이 때문이다). 이는 그러한 정체성이나 소속이 폐쇄나 동질화의 위험, 곧 개인들을 "단순히 장소들이나 가족 기능들, 곧 집단, 학파, 민족 내지 동일한 언어를 말하는 주체들의 공동체를 구성하는 유기적 총체 속에서의 자리들 내지 기능들"로 만들 위험성을 내포하고 있기 때문이다. 그렇다면 '나는 가족의 일원이 아니다'라는 주장 속에는 모든 개인이 가질 수밖에 없는 정체성과 소속이 좀 더 개방적이고 좀 더 자유로운, 좀 더 평등한 것이 되어야 한다는 정치적 바람, 정치적 요구가 담겨 있다고 할 수 있다.

---

19 같은 책, p. 28.

| 참고할 만한 책 |

— 르네 데카르트, 이현복 옮김, 『방법서설·정신 지도를 위한 규칙들』, 문예출판사,
  1997.
— 르네 데카르트, 이현복 옮김, 『성찰』, 문예출판사, 1997.
— 자크 랑시에르, 진태원 옮김, 『불화: 정치와 철학』, 도서출판 길, 2015(근간).
— 존 롤즈, 황경식 옮김, 『사회정의론』, 서광사, 1985.
— 게오르그 루카치, 박정호·조만영 옮김, 『역사와 계급의식』, 거름, 1999.
— 장 자크 루소, 주경복·고봉만 옮김, 『인간 불평등 기원론』, 책세상, 2003.
— 에티엔 발리바르, 진태원 옮김, 『정치체에 대한 권리』, 후마니타스, 2011.
— 에티엔 발리바르, 진태원 옮김, 『평등자유명제』, 그린비, 2015(근간).
— 막스 베버, 이상률 옮김, 『직업으로서의 학문·직업으로서의 정치』, 문예출판사,
  2005.
— 에드문트 후설, 이종훈 옮김, 『데카르트적 성찰』, 한길사, 2002.
— 자크 데리다, 진태원 옮김, 『법의 힘』, 문학과지성사, 2004.
— 자크 데리다, 진태원 옮김, 『죽음을 선물하기』, 삼인, 2015(근간).
— Jacques Derrida, "The Tragic, the Impossible and Democracy: An Interview with
  Jacques Derrida", *International Journal for the Semiotics of Law*, vol. 23, no. 3,
  2010.
  & Maurizio Ferraris, *A Taste for the Secret*, Polity Press, 2002.
— Emmanuel Lévinas, *Totalité et infini*, Livre de Poche, 2000(초판은 Martinus
  Nijhoff, 1961).
— Emmanuel Lévinas, *Autrement qu'être ou au−delà de l'essence*, Livre de Poche,
  2004(초판은 Martinus Nijhoff, 1974).
— Emmanuel Lévinas, "Paradox of Morality", Robert Bernasconi & David Wood
  eds., *The Provocation of Levinas: Rethinking the Other*, Routledge, 1988.
— William Paul Simmons, "The Third: Levinas' theoretical move from an−archical
  ethics to the realm of justice and politics", *Philosophy & Social Criticism*, vol.
  25, no. 6, 1999.

제8장

자유주의, 사회주의, 코뮤니즘: 근대 정치사상의 세 유형과 갈등적 진화사

조정환

 우리는 이른바 '신자유주의' 시대에, 즉 자유주의의 새로운 형태가 지배하는 시대에 살고 있다. 정리해고, 실업, 비정규직화와 노동의 불안정화, 소득을 비롯한 사회적 삶의 양극화, 물질적·정신적 생산수단의 광범위한 사유화, 경제·정치·문화의 일체화, 사회 각 부문의 마피아화, 자본의 금융화, 그리고 이로 인한 전 지구적 경제 위기, 환경 파괴와 지구온난화, 우울·불안·공포 등 인지적 불안정성의 심화 등, 신자유주의는 치유하기 어려운 심각한 문제들을 나열하기 힘들 정도로 많이 야기하고 있다. 하지만 우리 자신이 이 체제에 깊이 포섭되어 있기 때문에 문제가 문제로서 인식되지 못하는 경우가 적지 않다.

 우리가 이 문제들을 제대로 인식하고 또 타개할 수 있을까? 그것이 가능하다면 어떻게 가능할 것인가? 이 질문에 답하기 위해서는 지금의 신자유주의를 하나의 역사적 정치 질서로 파악하면서 그것이 어디서 왔고 어디로 가고 있는지, 또 그 과정에서 다른 질서의 모색이 어떻게 이루어져왔는지를 살펴보아야 한다. 다시 말해, 인간의 사회적 삶의 의미와 방향을 둘러싼 정치적 갈등의 역사를 이해해야 한다. 이를 위해 여기에서는 봉건제에 대항하는 혁명적 정치사상으로서의 자유주의의 발흥과 그 역사, 자유주의의 모순의 심화와 그것을 극복하기 위한 사회주의적 대안의 모색, 사회주의 혁명과 그 이후 자유주의와 사회주의의 사회민주주의적 수렴과 분기, 사회민주주의에 대항하는 혁명들과 다양한 사회민주주의 흐름들의 위기와 붕괴, 세계질서의 신자유주의적 대체와 그 위기 속에서 새로운 코뮤니즘 대안의 출현 등의 갈등적 과정을 살펴봄으로써 우리 시대의 기원과 내적 모순, 그것을 타개할 잠재력의 현주소를 살펴보고자 한다.

하지만 그 역사적 과정을 역사서술적 방식으로 기술하는 것이 이 글의 목적은 아니다. 그 역사적 과정을 낳은 정치사상적 변화, 즉 정치철학자, 정치경제학자 등에 의해 질서 이해와 질서 대안들이 제안되고 검토되고 응용되고 변형되고 기각되는 사상적 과정을 그 역사적 과정에 결합해서 이해하는 것이 오히려 더 중요한 목적이다. 각각의 이론가들, 사상가들이 당대의 모순 속에서 무엇을 고민하고 어떤 한계에 직면했으며 그것이 어떤 계기들에 의해 돌파되었는지를 이해하는 것이 이 글의 중요한 과제다.

이 고찰과 서술의 과정에서 중심에 놓일 것은 삶과 노동의 특정한 구성 양식이라는 관점이다. 삶은, 분화하는 무수히 다양하고 특이한 힘들이 그 분화의 과정 속에서 특정한 방식으로 서로 연결되고 공통적인 것으로 되면서 진화한다. 자본주의는 이러한 삶을 노동이라는 특수한 형식으로 전환시킴으로써 특이한 것들의 공통화 과정을 매개하는 생산양식이다. 이 때문에 자본주의의 역사적 정치체제들은 당대의 다중들의 삶의 활동력을 노동력으로 전화시키고 그것을 자본의 지휘나 통제 아래에 종속시키며 이로써 특이한 것들의 직접적인 공통화를 저지하고 오직 매개적 방식으로만 특이한 것들이 서로 연결될 수 있도록 만드는 역사적으로 변동하는 틀이다. 이 때문에 자본주의의 각각의 역사적 정치체제들은 개별노동과 집합노동, 구체적 노동과 추상적 노동을 어떻게 관계 맺게 하고 사회적으로 조직할 것인가라는 문제에서 벗어날 수 없다.

이러한 관점에서 바라보면, 자유주의는 특이한(singular) 것을 사적인 (private) 것으로 치환하고 그 사적인 것을 유통시키며 보호하기 위한 보조적 차원으로 공적인 것을 가정하는 정치체제이다. 여기서 공적인 것은 공통적인 것을 대신하면서 실제로는 공통적인 것을 저지하는 일종의 스크린으로 나타난다. 사회주의는 자유주의가 사적인 것에 보조적이고 부수적인 것으로 설정하는 공적인 것을 주도적인 것으로 전위시키며 오히려 사적인 것을 공적인 것을 보조하는 차원으로, 즉 공적인 것의 기능 형태로 위치 짓는다. 하지만 사회주의에서도 공적인 것은 공통적인 것을 참칭하며 공통적인 것의 실현을 저지할 뿐만 아니라 특이한 것은 억제된다. 이 글에서는, 흔히 서로 혼동되곤 하는 **사회주의와 코뮤니즘**을 질적으로 구분하며 특히 코뮤니즘을, 지금까지 자유주의와 사회주의의 교대적 지배 속에서 억압된 하나의 잠재적 정치 형태로 설정한다. 코뮤니즘은, 특이한 것들의 공통화와 공통적인 것의 특이화라는 상호관계의 지평을 구축하면서, 자유주의와 사회주의가 서로 반대되는 방향에서 유지하는 사적인 것과 공적인 것의 대립을 지양할 수 있는 미래적인 정치체제로 규정된다.

정치철학의 세 유형

자유주의

자유주의는 계몽주의 시대에 본격적인 정치운동이 되어 서구 세계의 철학자들과 경제학자들에게 널리 확산되었고, 17~18세기에 영국의 명예혁명, 미국의 독립혁명, 프랑스의 시민혁명 등을 거쳐 전통적 보수주의와 절대주의의 전제적 지배를 '대의민주주의'로 대체하면서 하나의 체제로 정착했다.

먼저 다양한 경향의 자유주의들이 갖는 일반적 측면에 대해 살펴보자.

이것은 왕권 신수, 신분 세습, 절대군주, 국가종교 등 신권에서 출발하는 철학을 부정하고 개개의 인간들의 권리를 철학적 사유의 명백한 출발점으로 설정하며 종교로부터 정치의 분리를 주장했다. 또 이것은 집단주의에 반대하면서 개인주의를, 특권주의에 반대하면서 모든 개인들의 법적·도덕적 평등을, 모든 세대의 사회정치적 삶은 순환하고 반복된다고 보는 정태주의에 반대하면서 연속적인 세대가 자신의 사회정치적 상태와 위치를 개선할 수 있다는 진보주의를, 인종적·성적·신분적 특수주의에 반대하면서 인류의 보편적·도덕적 통일성을 주장했다.

이런 의미에서 자유주의는 분명히, 낡은 봉건제도와 보수적 전통을 뒤엎는 반봉건혁명이었다. 하지만 17~18세기에 도망 노예들, 농민들 등에 의해 아래로부터 대의민주주의보다 더 근본적인 다중 자치적 요구들이 제기되고 확산되고 있었음을 고려하면,[1] 자유주의는 개인주의와 대의제의 결합을 통해 아래로부터의 다중 자치적 운동을 위로부터 흡수하고 그것의 혁명적 분출을 저지한 일종의 수동혁명적 반혁명 과정이기도 했다.[2]

개인을 출발점으로 삼는 자유주의의 경제 대안은, 시장을 매개로 하는 개인들 사이의 자유로운 경쟁이다. 개인들은 '자유로운' 계약에 따라 '자유롭게' 생산활동을 수행하고 그 생산물을 가지고 시장에 '자유롭게' 참여함으로써 자신의 재산권을 행사하고 그로써 자신의 인간적 권리를 보호할 수 있다는 것이다. 자유경쟁이 자신을 부정하게 되는 독과점은 대개 있을 수 없는 것으로 가정된다.[3] 개인의 자유를 출발점으로 삼게 될 때 제기되는 문제는, 개인들이 생존과 자기 보존의 본능에 의해 이끌리게 되고 개인들 사이의 경쟁이 격화될 위험이 있다는 점이다. 경쟁은 갈

---

1 이에 대해서는 피터 라인보우·마커스 레디커, 정남영·손지태 옮김, 『히드라』, 갈무리, 2008, 231~276쪽 참조.

2 안토니오 네그리·마이클 하트, 조정환·정남영·서창현 옮김, 『다중』, 세종서적, 2008, 366~373쪽 참조.

3 설령 그것이 발생하는 경우에도 주권정부의 규제에 의해 제거될 수 있다고 가정된다.

1789년의 프랑스 시민혁명　앙시앵 레짐을 타도한 이 자유주의 혁명을 통해 자본가 계급이 부상했다.

등을 격화시킬 것이다. 갈등의 격화가 가져올 파괴적 위험을 관리하기 위해서 자유주의자들이 고안한 정치 대안은, 경쟁하는 그 개인들의 갈등하는 욕망들을 중재할 주권권력, 즉 국가이다. 국가가 중재자가 되어 경쟁하는 개인들 사이를 매개할 사회계약을 체결하게 하는 것이다. 즉 경제적 자유의 공간을 확립하고 그런 공간을 규정하되, 그 경제적 자유의 공간이 개인의 권리를 위해 잘 기능하도록 감시하고 한정하는 역할을 국가가 맡을 수 있다는 것이다. 그러므로 국가는 시장의 자유에 대한 감시자로 이해된다. 이것을 수행하기 위한 자유주의의 정치적 대안이 대의제와 법의 지배이다. 개인들은 자신의 권리를 대표자들에게 양도하며 이 대표자들이 자연권과 공리주의에 기초하여 개인적 자유, 사유재산, 개인의 권리를 보호하는 것이다. 입법, 행정, 사법으로 분립된 이 대의제 권력과 법의 지배에 개개인들이 평등하게 복종함으로써 개인들 사이의 갈등은 예방되거나 조정될 수 있다는 것이다.

자유주의에서는 이처럼 개별적인 것, 개인적인 것, 특이한 것이 출발점이 되고 사회적인 것, 집단적인 것, 공통된 것이 사후적으로 형성되는 것으로 이해된다. 여기서 공통적인 것은 특이한 것들의 계약에 따른 상호 작용의 효과이며 그것에서 파생하는 상부구조다. 이 파생적 위치의 공통적인 것은 기초적인 것인 개인의 권리들(생명권, 자유권, 재산권)을 지키고 중재하기 위한 보조물로 기능할 뿐이다.

　이러한 자유주의 사상은 17세기 철학자인 토머스 홉스(Thomas Hobbes, 1588~1679)와 존 로크(John Locke, 1632~1704)에 의해 분명한 철학적 전통으로 정립되었다. 홉스는 자연 상태의 개인들은 전쟁 상태에 있다는 전제에서 출발한다. 그는 전쟁 상태에 놓인 개인들이 사회계약을 통해 자신들의 안전을 도모할 목적으로 국가를 형성하며 국가의 그 절대주권이 개인들 사이의 평화를 보장할 수 있다고 생각했다.

　로크는 홉스의 이러한 생각을 받아들이면서, 개인들 사이의 평화를 보장할 전제군주가 만약 생명, 자유, 소유와 같은 개인의 자연권을 규정한 사회계약을 침해하는 경우에 어떻게 할 것인가를 탐구했다. 그는, 이러한 경우에는 그 전제군주에게 대의적 방식으로 권리를 양도했던 개인들, 즉 인민이 자신의 전제군주를 타도하고 권리를 회수할 권리를 갖는다고 주장했다. 생명, 자유, 재산 등 모든 개인의 자연권은 사회계약에 따라 정부에게 양도된 것이므로 정부는 이 자연권을 침해할 권리를 갖지 않는다는 것이다.

　정치경제학의 시조라 불리는 애덤 스미스(Adam Smith, 1723~90)도, 모든 개인은 정부나 다른 개인들로부터 간섭받지 않고 각자가 자신들의 이익을 추구하고 고유한 능력을 발전시킬 자유를 갖는다고 주장했다. 그는 개인들이 자신의 이익을 추구하는 이 자유로운 경제적 활동이 시장이라는 보이지 않는 손의 조정을 통해 국부(國富)에 이로운 방향으로 작용하면서 사회적 균형을 가져올 수 있다고 믿었다. 제임스 밀(James Mill, 1773~1836)도, 각 개인이 각자의 방식으로 자신에게 이익이 되는 것을 추구할 자유가 자유의 본령이라고 주장했다. 제러미 벤담(Jeremy Bentham, 1748~1832)은 국가가 "최대 다수의 최대 행복"을 추구해야 한다고 보았다. 자유주의자들은 벤담의 이 공리주의 교의를, 각 개인들의 이익이 최우선이고 국가는 그것을 보장하는 것 외에 어떠한 것도 하지 않아야 한다는 방향으로 해석했다. 제임스 매디슨(James Madison, 1751~1836)과 샤를 드 몽테스키외(Charles de Montesquieu, 1689~1755) 등에 의해 제안된 (입법, 행정, 사법으로의) 권력분립 이론은 정부의 권리를 제한하기 위한 장치로 이해되었다.

자유주의적 발전 과정에서 생겨난 모순들과 문제들에 대응하는 과정에서 이후의 자유주의들은 평등, 다원론, 관용과 같은 철학적 원리들도 발전시켰다. 평등은 가장 자연스러운 것이라고 볼테르(Voltaire, 1694~1778)가 주장한 후에, 여러 자유주의들은 일반적으로 개인의 평등이라는 가정을 공유한다. 그런데 이것은 주로 법 앞에서의 평등으로 이해된다. 또 자유주의자들은 점차 의견과 믿음의 다양한 증식이 안정된 사회질서를 가져올 수 있다고 보기 시작했다. 그들은, 생각하는 방식에서의 일치를 추구하기보다 갈등하는 다양한 견해들을 조화시키는 관리틀을 통해 견해들이 만발할 수 있게 하려고 시도했다. 다시 말해 자유주의자들은 개인들의 원심적 견해들을 지지하며 서로 불일치할 권리를 존중하기 시작한 것이다. 견해의 이 다양성과 다원론을 유지하기 위해서 필요한 것이 관용의 이론이었다. 관용론은 스피노자, 볼테르, 칸트, 스튜어트 밀 등에 의해 다각적으로 발전되었다.

자유주의는 봉건제 하에서 성장한 제3신분에 의해 주도된 운동이다. 귀족과 왕족에 반대하는 반봉건혁명이면서 동시에 소작농, 유민, 도망노예 등의 요구를 억압하는 반혁명이라는 자유주의의 이 이중적 성격은 사적 소유자와 개인을 동일시하고 그러한 개인들의 특수한 자유를 사회적인 것, 집합적인 것, 공통적인 것의 우위에 놓는 패러다임 속에 압축되어 있다.

사회주의

자유주의가 개인의 권리라는 이름으로 경제적 생산수단의 사적 소유를 공고하게 만들며 그 결과 다수의 생산자들이 그 생산수단에서 배제되어 가난해지고 결국 자신의 몸을 생산수단의 소유자에게 판매함으로써만 생존할 수 있게 되는 현실에 대한 문제의식이 사회주의의 출발점이다. 자유주의에 대항하는 운동으로서의 사회주의는 생산수단의 사회적 소유 혹은 경제의 협동적 관리를 통해 자유주의가 낳는 문제를 극복하려고 한다. 여기서 사회적 소유는 협동적 기업을 지칭하기도 하고 공동 소유, 국가 소유 등을 지칭하기도 한다. 다시 말해 사회적 소유에 대한 이해 방식의 차이에 따라, 그리고 시장이나 계획에 의존하는 정도에 따라 사회주의는 다양한 모습으로 나타난다.

사회주의 운동은 19세기 후반에 인터내셔널을 통해 국제 운동으로 발전했으며, 1917년 혁명을 통해 러시아에서, 2차 세계대전 이후에는 동구와 아시아의 여러 지역에서 실존하는 광대한 정치체제로 정착했다. 그러나 이러한 실존 사회주의는 1991년 소련 사회주의의 해체 이후 크게 약화된 것으로 평가된다. 하지만 21세기에 실존 사회주의 나라의 하나인 중국이 미국을 넘어서 세계자본주의를 이끌 것으로 예상되기 때문에 이러한 평가는 일면적이라고 할 수 있다. 사회주의는 분명히 반(反)자본주의 운동으로서는 의미를 상실했다고 할 수 있지만, 자본주의적 발전 체제로서는 새롭게 주목되고 있는 상황이기 때문이다.

자유주의가 사적 개인들의 교환을 위한 생산, 이윤을 위한 생산, 축적을 위한 생산이라는 개념에 기초함에 반해 사회주의는 집단의 사용을 위한 생산, 집단적 욕구 충족을 위한 생산이라는 개념에 기초한다. 자유주의에서는 사적 소유의 원리를 기초로 생산된 가치가 교환가치에 따라 분배된다. 이 경우에 생산자인 노동자는 생산된 가치 중에서 노동을 수행한 자신의 노동력의 교환가치(필요가치)만큼만 임금의 형태로 분배받고 나머지의 가치(잉여가치)는, 투하한 가치의 비율과 역관계에 따라 생산수단 소유자인 자본가들(산업자본가, 상업자본가, 금융자본가, 지주, 그리고 국가자본가 등) 사이에 분배된다. 이와 달리 사회주의자들은 대체로 능력에 따라 노동하고 노동한 시간에 따라 분배하는 것을 지향한다.

이러한 사회주의적 생산과 분배의 원리는 생산수단의 사적 소유를 배제하면서 그것을 사회적으로 소유함으로써만 가능해지는데, 이때 국가가 생산수단을 집중적 방식으로 소유할 것인가 탈중심화된 지역의회, 시민총회, 노조, 노동자평의회 등이 관리할 것인가에 따라 사회주의의 다양한 경향들이 생겨난다.

역사적으로 고려해 보면 생산수단의 공적 소유 혹은 공동 소유의 이념은 자유주의적 사적 소유에 대한 반작용으로 생겨난 것이라기보다 오래 전부터 있어왔고 오히려 자유주의가 그것에 대한 반작용으로 생겨난 것이라고 할 수 있다. 페르시아의 원형사회주의인 마즈닥(Mazdak)은 공동 소유를 제도화했고 공동선을 지지했다. 플라톤과 아리스토텔레스의 철학 속에도 사회주의적 요소가 포함되어 있다. 근대 사회주의는 자유주의의 승리로 귀착된 1789년 프랑스 혁명 이후에 나타나는데 사회주의적 이념에 따라 노동운동을 조직했던 프랑수아 바뵈프(François Babeuf, 1760~97), 오귀스트 블랑키(Auguste Blanqui, 1805~81) 등의 사회주의가 그 예이다. 이들에 앞서, 영국의 토머스 페인(Thomas Paine, 1737~1809)은 재산 소유자에게 조세를 부과하여 가난한 사람들을 지원할 것을 주장했다. 찰스 홀(Charles Hall, 1740~1825)과 토머스 호지킨(Thomas Hodgkin, 1787~1869)은 당대의 빈민들에게 자유주의적 사적 소유가 미치는 악영향을 고발했다. 이들은, 상품가치는 그것에 투하된 노동시간에 일치하며, 이윤, 이자, 지대는 상품의 이 교환가치로부터의 공제일 뿐이라는 데이비드 리카도(David Ricardo, 1772~1823)의 경제이론에 기초하여 사회주의 이념을 발전시켰다.

1820년대와 1830년대에 로버트 오언(Robert Owen, 1771~1858), 앙리 드 생시몽(Henri de Saint-Simon, 1760~1825), 샤를 푸리에(Charles Fourier,

샤를 푸리에가 구상했던 사회주의적 공동체 팔랑스테르

1777~1837) 등은 사회주의적 관점에 입각해 사회에 대한 일관된 분석
과 해석을 발전시켰다. 영국에서 오언주의자들의 생각은 당대의 차티
스트 운동과 겹치면서 실천적 노동운동으로 발전했다. 오언은 개인들
의 성격과 행동이 자신들이 노출된 사회환경에 의해 규정된다는 생각에
따라, 사회를 사적 소유 없는 작은 공동체들로 변형시키고자 했다. 사
회주의라는 용어를 처음으로 만든 사람으로 알려진 생시몽은 과학기술
의 거대한 잠재력에 매료되어 과학이 진보의 열쇠라고 믿었다. 그는 대
규모의 과학적·물질적 진보를 조직할 계획경제를 도입함으로써 자본주
의의 무정부성을 극복하고 각자가 동등한 기회에 입각하여 각자의 능력
과 노동에 따라 평가되는 사회주의 사회를 수립할 수 있다고 생각했다.
푸리에는 성적 취향을 포함하는 개인적 욕망들, 친밀감, 창조성을 존중
했고 노동이 사람들에게 즐거운 것이 되어야 한다고 생각했다. 이러한
생각에 따라 그는 팔랑스테르 공동체를 조직하기도 했다. 노동자 출신
의 이론가인 피에르 조제프 프루동(Pierre Joseph Proudhon, 1809~65)은, 모
든 사람은 살아가기 위해 필요한 토지나 다른 자원들을 혼자 혹은 소규
모 협력체의 성원으로서 소유하고 사용할 동등한 권리를 갖는다는 상호

부조주의 철학을 전개했다. 이후 이러한 생각은 표트르 크로포트킨(Pyotr Kropotkin, 1842~1912)에 의해 계승되어 상호경쟁이 아니라 상호부조와 상호지원이 진화의 본질적 힘이라는 생각으로 발전되었다.

코뮤니즘

사회주의는 흔히 '공산주의'로 번역되곤 하는 코뮤니즘(communism)[4]과 동일시되거나, 코뮤니즘으로 평화롭게 이행할 전제를 갖춘 그것의 낮은 단계로 이해되곤 한다. 요컨대 사회주의를 본질적으로 자본주의와 이질 적이며 코뮤니즘과 동질적인 사회로 이해하는 경향이 있다. 그런데 지 난 20세기의 경험과 21세기의 현실은 사회주의가 자본주의에 대립하는 것이 아니라 자본주의와 동질적이고, 코뮤니즘과 동질적인 것이 아니라 그것과 이질적인 것이라는 교훈을 남긴다. 사회주의는 생산력을 발전시 키고 과학기술을 진보시키고 부를 축적하는 발전체제로서는 효과적이었 지만, 사람들 사이의 상호부조나 부의 공통화를 가져오지는 못했다. 즉 자본주의적 목표를 달성하는 데에는 효과적이었지만 코뮤니즘의 목표를 달성하는 데에는 효과적이지 못했고 오히려 그것에 역행했다. 그렇기 때문에 사회주의와 질적으로 다른 코뮤니즘의 탄생과 발전 및 잠재화에 대해 고찰하는 것이 중요하다.

사회주의가 발전한 19세기 초에 영국은 프로테스탄트적 환경이었고 여기에서 코뮤니즘은 가톨릭의 영성공동체와 유사한 것을 의미했다. 반 면 유럽은 가톨릭적 환경이었고 여기에서 코뮤니즘은 무신론적 생활태 도를 의미했다. 이 때문에 유럽 대륙에서는 코뮤니즘이라는 말보다 사 회주의라는 말이 지식인들 사이에서 인기와 존경을 얻고 있었다. 이것

---

4 '공산주의'는 'communism'을 경제적 생산을 중심으로 이해한 번역어이다. 현대의 communism은 자연적, 경제적, 정치적, 인지적 수준의 공통적인 것을 중심에 놓을 필요가 있기 때문에, 여기서는 원어의 어의를 그대로 살리기 위해 '공산주의'라는 역어보다 '코뮤 니즘'이라는 음역을 선택한다.

은 사회주의가 수공업자, 교양인, 지식인 등의 교의였던 것과 무관하지 않다. 『코뮤니스트 선언』(1848)은 이러한 상황에 대한 분명한 의식 위에서 탄생한다. 당대의 여타 지식인들과 달리 카를 마르크스와 프리드리히 엥겔스(Friedrich Engels, 1820~95)는, 프롤레타리아트가 사회의 근본적 변화를 바라고 있고 또 그 변화를 이룰 수 있는 실질적 주체라는 인식 위에서, 수공업자, 교양인, 지식인을 변화의 주체로 설정하는 '사회주의'의 선언이 아니라, 코뮤니즘의 선언을 작성한 것이다. 이것은 사회 변혁의 주체 설정에서의 일대 전환을 의미한다.

엥겔스는 『코뮤니스트 선언』 1890년 독일어판 서문[5]에서, 1847년경 활동하던 두 유형의 사회주의자를 지적한다. 하나는 영국의 오언주의자들이나 프랑스의 푸리에주의자들 같은 공상적 체계의 추종자들로서 점점 하찮은 종파로 쪼그라들어 사멸하고 있었다. 또 다른 하나는 극히 다양한 사회적 돌팔이 의사들 유형으로서, 자본과 이윤은 전혀 비판하지 않고 갖가지 만병 통치약과 온갖 종류의 미봉책으로 사회적 폐해를 제거하려 시도하고 있었다. 엥겔스는 이 두 유형이 모두 노동자 운동의 외부에 서서 오히려 교양 있는 계급들에게 후원을 구하는 사람들이었다고 비판한다.[6] 요컨대 마르크스와 엥겔스의 용어법에서 사회주의는 상류사회적인 부르주아 운동을 의미한 반면 코뮤니즘은 노동계급의 자기해방 운동을 의미했다.

『코뮤니스트 선언』 제3부에서 마르크스와 엥겔스가 ①봉건적 사회주의 ②소부르주아 사회주의, 진정한 사회주의 등의 반동적 사회주의, 경제주의자, 박애주의자, 인도주의자, 노동계급처지 개선론자, 자선사업가, 동물학대철폐론자, 금주협회 헌금자 등 부르주아 사회의 존립을 보

----

5 칼 맑스·프리드리히 엥겔스, 김세균 감수, 『맑스·엥겔스 저작선집 1』, 박종철출판사, 1991, 389쪽.

6 같은 책, 같은 곳.

장하기 위해 부르주아 사회의 폐해를 제거하고자 하는 각종의 보수적 부르주아적 사회주의 ③프롤레타리아의 계급적 미발전 상태에 프롤레타리아트의 계급적 이해를 환상적이고 대의적인 방식으로 관철하려 한 비판적 공상적 사회주의자들 등 각종의 사회주의들을 비판하고, 제4부에서는 이들 각종의 사회주의적 반정부당들에 대한 코뮤니스트의 입장을 천명하고 있는 것은 이 때문이다.[7]

『코뮤니스트 선언』 전에도 이미 사회주의의 이러한 불충분성에 반대하면서 사회의 근본적 개조를 요구하는 부분이 있었다. 마르크스와 엥겔스가 보기에는 비록 본능적인 수준의 조야한 것이었지만 그들은 스스로를 코뮤니스트라고 불렀다. 이들은, 프랑스에는 에티엔 카베(Étiennne Cabet, 1788~1856)의 이카리아 코뮤니즘을, 독일에는 빌헬름 바이틀링(Wilhelm Weitling, 1808~71)의 코뮤니즘을 만들어내는 코뮤니즘의 공상적 조류를 구성했다. 마르크스와 엥겔스는 『코뮤니스트 선언』에서, 초창기에는 이들이 혁명적이었지만, 그들이 꿈꾸거나 설립한 조직들(팔랑스테르, 홈-콜로니, 소이카리아 등)은 프롤레타리아의 계급투쟁이 발전하면서 점점 프롤레타리아로부터 유리되고 그 후계자들은 점차 부르주아의 박애적 심성이나 돈주머니에 호소하면서 현학과 환상에 의지하는 방향으로 나아갔다고 비판한다.[8]

이런 의미에서 마르크스와 엥겔스는 사회주의 이론의 정립자들이 결코 아니며, 부르주아지 주도의 자유주의나 사회주의 혹은 프롤레타리아에 기초하면서도 부르주아지가 대의하는 사회주의 모두에 맞서면서 프롤레타리아트에 기초할 뿐만 아니라 프롤레타리아 주도적인 코뮤니즘 이론을 정립한 인물들이자 그 운동의 창시자이다. 이들에 의해 조야하고 공상적인 성격의 코뮤니즘은 과학적이고 체계적인 질을 획득하게 된

---

7 같은 책, 421~433쪽.

8 같은 책, 431쪽.

다. 이들은 자유주의자들과 사회주의자들이 하나의 통일체로 파악했던 자본주의 사회가 부르주아지와 프롤레타리아트라는 두 개의 계급으로 나뉘어 있다고 보면서 프롤레타리아 혁명의 계급적 토대를 찾는다. 자본주의 이전의 사회들이 각종 신분들에 의해 분열되어 있었고 또 각 신분들 속에도 잡다한 등급이 있었던 것에 비해 부르주아 사회는 비교적 계급 대립을 단순화하기는 했지만 대립을 폐기하지는 못했고 그것이 아래로부터 프롤레타리아 혁명의 필연성을 정초한다는 것이다.

부르주아지는 과학기술을 발전시키고 대공업을 발전시키며 세계시장을 형성하여 생산수단, 소유, 인구를 집중시키고 거대한 생산력을 창출한다. 하지만 생산력의 발전은 오히려 엄청난 과잉생산이 초래하는 공황을 준비하고 그 공황을 예방할 수단을 감소시킴으로써 자신에게 죽음을 가져올 무기를 벼려낸다. 뿐만 아니라 생산력의 발전은 거대한 부의 반대편에 이 무기를 사용할 주체인 프롤레타리아를 축적한다. 프롤레타리아는 기계제의 확장과 분업으로 인해 자립적 성격을 상실하고 군대식으로 조직된 현대 공업 속에서 위계제의 노예가 되며 공업이 발전할수록 성별 차이, 연령 차이와는 무관한 노동도구로 떨어지기도 하지만, 다른 한편에서는 개별 노동자, 공장 노동자, 지역 노동자, 국가 노동자 등이 점점 더 큰 규모로 단결하여 부르주아적 생산관계와 생산도구들, 외국 상품들 등을 공격하게 된다.

경쟁에 의해 분열되어 있는 대중으로서의 프롤레타리아의 최초의 결속은 군주제, 귀족들, 지주들, 비산업부르주아지 등에 대항하는 부르주아지의 단결의 효과로 나타난다. 하지만 공업이 발전할수록 프롤레타리아트는 더 큰 대중으로 결집하고 부르주아에 대항하는 임금 투쟁, 반란, 봉기의 주체로 연합한다. 마르크스와 엥겔스는, 그 투쟁들의 성과가 직접적인 전과(戰果)에 있다기보다 그 투쟁의 경험을 통한 노동자들의 더욱더 확대되는 단결에 있다고 말한다.

프롤레타리아의 이 발전하는 연합의 과정에서 운동의 조건들, 그것의 진행 및 일반적 결과들에 대한 통찰을 여타의 프롤레타리아 대중보다 더 앞서서 가지는 프롤레타리아 집단이 생겨난다. 이 집단은 프롤레타리아트 전체의 공동이해를 일관되게 주장하는 점에서 다른 프롤레타리아 정당과 구분되는데, 마르크스와 엥겔스는 이들을 코뮤니스트 당이라고 부른다. 이 당은 프롤레타리아의 계급으로의 형성, 부르주아지 지배의 전복, 프롤레타리아에 의한 정치권력의 장악을 주장하며 소유일반의 폐기가 아니라 부르주아적 소유, 즉 부르주아적 사적 소유의 폐지를 지향한다.

마르크스와 엥겔스는 삶과 산 노동의 운명을 중심으로 자본주의 사회와 코뮤니즘 사회를 구분한다. 부르주아 사회에서 삶과 산 노동은 축적된 노동에 예속되어 그것을 증식시키는 수단일 뿐이고 그래서 여기서는 과거가 현재를 지배한다. 이와 달리 코뮤니즘 사회에서는 거꾸로 축적된 노동이 삶과 산 노동의 과정을 확장시키고 풍요롭게 하며 후원하는 수단이 됨으로써 현재가 과거를 지배하게 된다. 부르주아 사회에서 자율적인 것은 죽은 노동인 자본이고 활동하는 개인들과 그 개인들의 활동적 삶은 비자립적·비개성적임에 반해, 코뮤니즘 사회에서는 활동적 삶 그 자체가 자립적으로 되고 축적된 노동은 활동적 삶의 수단으로 사용된다는 것이다. 부르주아 사회에서 코뮤니즘 사회로의 이행은 모든 생산도구들을 지배계급으로 조직된 프롤레타리아트의 수중에 집중시키는 프롤레타리아 혁명에 의해 시작될 수 있는데, 이것은 계급과 계급이 대립하는 낡은 부르주아 사회 대신에 각인의 자유로운 발전이 만인의 자유로운 발전의 조건이 되는 하나의 연합체를 탄생시키는 운동에 다름 아니다.

현대 정치와 정치철학의 전개

자유주의와 사회주의의 수렴과 분화

1870년 파리 코뮌의 경험을 거치면서 마르크스는, 프롤레타리아트가 국가권력을 장악하는 것이 프롤레타리아 혁명의 시작일 것이라는 『코뮤니스트 선언』의 생각을 수정한다. 정부의 정치적 성격은 사회의 경제적 변화와 더불어 바뀌는데, 자본주의적 산업의 발전은 한편에서 노동자들의 혁명적 단결을 가져왔지만 다른 한편에서는 국가권력을 사회적 노예화를 위한 공권력으로, 노동을 지배하는 자본의 국가권력으로, 계급적 전제정치의 동력기관으로 정교화하기 때문에, 프롤레타리아가 기존의 국가권력을 장악하여 그것을 프롤레타리아 혁명을 위해 그대로 사용할 수 없다고 본 것이다.[9] 다행스럽게도 파리 코뮌이 그 대안을 보여주는데, 기존의 국가권력을 장악하여 사용하는 것이 아니라, 코뮌이라는 프롤레타리아트의 새로운 정부 형태를 창출하는 것으로써, 사회의 자유로운 운동을 희생시켜 생존하고 또 그 운동을 방해하는 국가라는 기생충에 의해 여태까지 흡수된 모든 힘을 사회조직체에 복귀시키는 것이 가능하다는 것이다.

하지만 파리 코뮌은 3개월 동안만 존속했다. 코뮌의 패배 이후 사회주의자들은 마르크스의 이러한 인식론적 진전을 무시하고, 다시 국가권력 장악이라는 의제에 매달렸다. 국가 폐지 문제에 대한 고려는 사라지고 국가를 장악할 방법이 무엇인가 하는 것만이 주요한 문제로 부상했다. 혁명적 좌파와 개혁적 좌파는, 혁명을 통해서 국가를 장악할 것인가 선거를 통해서 국가를 장악할 것인가에 따라서만 구분되었다.

1917년 혁명 직전에 레닌이 마르크스의 코뮌론을 읽고 기존 국가기관

---

9 파리 코뮌 직후에 작성된 『코뮤니스트 선언』 1872년 독일어판 서문에 실린 이 수정에 관해서는 같은 책, 369~370쪽 참조.

노동자 계급이 세운 최초의 자치 정부였던 파리 코뮌은, 비록 오래 버티지는 못했지만, 국가권력과 프롤레타리아 혁명에 대해 새롭게 사유할 단초를 제공했다.

의 분쇄와 소비에트적 대안('모든 권력을 소비에트로!')을 발견했지만, 그 발견은 전략적 차원에서 추구되기보다 볼셰비키의 권력 장악을 위한 전술의 차원에서만 추구되었다. 볼셰비키 주도의 1917년 혁명을 거쳐 탄생한 정치권력은 소비에트에 기반하고 있었지만 소비에트는 그 자체로 권력 주체가 되지 못했고 볼셰비키 당이 주도하는 국가권력에 종속되었다.

기존의 국가권력을 사회주의 실현의 수단으로 삼기 시작한 러시아와 소련은, 여느 자본주의 국가(예컨대 미국)와 마찬가지로 국가를, 생산력을 발전시키고 노동을 관리하고 통제하는 정교한 기구로 만들었다. 사회주의는 혁명의 이념에서 발전의 이념으로 뒤바뀌었고 사회주의자는 자본에 대항하는 주체에서 국가자본의 직원으로 바뀌었다. 이 빠른 전환은, 사회주의가 총체로서의 노동계급이 아니라 노동계급의 상층인 전문노동자, 지식인 등에 의해 주도된 결과였다. 이 전문노동자 집단은 국가를 집합적 자본가로 변형하여 노동계급 전체를 지휘통제하기 시작했는데,

이것은 『코뮤니스트 선언』에서 서술된 프롤레타리아를 대리하는 사회주의가 문자 그대로 실현된 것을 의미한다.

혁명 초기에 전문노동자층이 주도한 이 사회주의는 여타 노동자층의 지원을 받으며 전력화, 기계화, 자동화를 빠른 속도로 진전시켰고 그 성과는 주목할 만한 것이었다. 러시아는 1929년 서구 자유주의 세계를 뒤흔든 세계공황의 파괴적 영향을 성공적으로 피하면서 중공업화에 박차를 가하고 압축성장을 통해 미국을 바싹 따라잡기 시작했다. 국가주도 사회주의 경제의 이런 성공에 놀라고 또 자극된 서구 자유주의 국가들도 자신의 생산방식, 경영방식, 분배방식을 변경하지 않을 수 없었다. 다시 말해, 이들 자유주의 국가의 자본가들은 1917년 혁명 이후 드높아진 자국 노동계급의 혁명적 도전을 억제하고, 또 국가를 지렛대로 한 러시아 사회주의의 계획된 경제정치 운영이 보여주는 성과를 흡수하기 위해 사회주의의 장점을 흡수하는 방안을 선택했다.

세계공황 이후 서서히 도입되기 시작한 케인스주의적 해결책은, 사회주의의 모델을 벤치마킹하면서 국가를 자본의 계획자로 이용하는 방법이었다. 국가는 생산자들의 저항을 축적메커니즘 속에 포섭하여 위기를 관리할 뿐만 아니라 그 결집된 저항력을 발전의 집합적 동력으로 역이용했다. 이를 위해 국가는 임금의 생산성 연동을 제도화함으로써 노동계급의 집합적 힘을 국가 수준에서 승인하고, 노사정 3자위원회와 복지제도를 통해 계급 갈등을 완화하며, 대량생산에 상응하여 대량소비를 제도화함으로써 노동자들을 가치 실현의 자본주의적 주체(즉 소비자)로 끌어들였다. 이런 방식으로 사회주의와 자유주의는 그 형태적 대립을 넘어서 상호수렴하기 시작했는데, 독일과 이탈리아에서 출현한 파시즘 역시 이 수렴 과정에서 나타난 하나의 변종이라고 할 수 있다.

신자유주의의 형성: 통치의 테크놀로지

자유주의, 사회주의, 그리고 파시즘의 이러한 분기적 수렴에서 눈에

띄는 것은 국가의 강화이다. 국가는 단순한 관리기구에서 점차 생산수
단의 소유와 경영의 주체로, 즉 생산주체로 발전했다. 이제 국가는, 기
업에 의해 이루어지는 생산활동을 그 외부에서 보호하고 뒷받침하는 역
할을 넘어, 자본을 소유하고 노동자들을 고용하며 잉여가치를 생산하는
주체로까지 발전했다. 이로써 국가는 사회 전체를 포섭하게 된다.

이러한 국가 강화의 상황 속에서, 오스트리아의 신한계효용주의에서
영감을 받은 정치경제학 교수들 및 1920년대의 정치적 망명자 집단들로
부터, '국가 혐오'라고 부를 수 있는 이론적 정서가 형성된다. 예컨대 예
술사가 버너드 베런슨(Bernard Berenson, 1865~1959)은 원자폭탄에 의한
세계 파괴만큼 두려운 것이 국가에 의한 인류 침략이라고 말한다. 2차
세계대전 후의 상황을, 국가가 원자력을 내포하고 원자력이 국가에 호
소하는 시대, 요컨대 일종의 핵국가의 상황이라고 생각한 것이다.[10]

혁명과 전쟁에 의해 가속화된 국가 강화는 재원, 투자 양식, 결정의
중심, 관리의 형태와 유형, 지방권력과 중앙관청 간의 관계 등을 바꾸거
나 이동시키거나 동요시키거나 은밀히 유입시키는 등의 부단한 상호 작
용, 요컨대 여러 가지 국가화 과정에 의해 발생한 것이다. 20세기의 국가
화 중에서 중요한 것은 사회주의 혁명과 스탈린주의에 의한 소비에트의
국가화, 바이마르 공화국에서 세계공황과 파시즘을 거쳐 전후 재건에
이르는 독일의 국가화, 그리고 루즈벨트의 계획경제정책에서 2차 세계
대전 참전을 거쳐 전후 뉴딜정책 및 트루먼, 케네디, 존슨 등 민주당 행
정부의 구제프로그램에 이르는 미국의 국가화이다.

신자유주의라고 부를 수 있는 경향은, 발터 오이켄(Walter Eucken), 프
란츠 뵘(Franz Böhm), 알프레트 뮐러-아르마크(Alfred Müller-Armack), 프
리드리히 폰 하이에크(Friedrich von Hayek, 1899~1922) 등 이후에 질서자

---

10 핵국가에 대해서는 안토니오 네그리, 장현준 옮김, 『전복의 정치학』, 세계일보사, 1991,
   228~236쪽 참조.

유주의자들로 불리는 프라이부르크 학파에 의해, 이러한 전 세계적 국가화 경향에 맞서 조직된다.[11] 프리드리히 리스트(Friedrich List, 1789~1846)의 보호주의 경제, 오토 폰 비스마르크(Otto von Bismarck, 1862~90)의 국가사회주의, 1차 세계대전을 계기로 탄생한 동구의 통제경제와 계획경제, 존 메이너드 케인스(John Maynard Keynes, 1883~1946)의 케인스주의 등 19~20세기의 국가화 경향들 모두가 이들의 비판 대상이 되지만, 무엇보다도 특히 파시즘의 국가사회주의가 비판의 초점이 된다. 질서자유주의자들은 파시즘을, 한편에서는 국가 과잉의 체제이지만 다른 한편에서는 국가가 내적 자격 상실로 인해 체계적으로 소멸하고 정당 지배 및 총통 지배로 대체된 체제로 정의한다. 질서자유주의의 비판에 따르면, 이 체제는 국가 관리와 경제 통제, 경제현상 분석 등 모든 것을 기술화함으로써 일종의 영원한 생시몽주의에 심취해 있었다. 파시즘은 그 생시몽주의의 필연적 귀결이다. 왜냐하면 기술적 합리화의 시도가 개입을 야기하고, 개입은 국가의 확대를 야기하며, 국가의 확대가 하나의 행정을 확립하고, 그 행정이 기술적 합리성에 따라 기능하며 행정의 이 기술적 합리성이 파시즘을 발생시키기 때문이다.

이러한 비판을 통해 질서자유주의는 지금까지 시장경제의 문제라고 여겨져온 것이 실제로는 국가의 문제라고 주장한다. 시장에 대한 국가의 개입이 시장경제에 문제를 야기해 왔으므로, 필요한 것은 시장에 대한 국가의 개입이 아니라 오히려 시장경제가 국가의 존재와 행동을 처음부터 끝까지 내적으로 조정하는 원리가 되도록 만들어야 한다는 것이다. 시장을 국가의 감시 아래에 두자는 자유주의와는 달리, 질서자유주의는 국가를 시장의 감시 아래에 두자고 주장한다.

----

11 미셸 푸코는 『생명관리정치의 탄생』(오트르망 옮김, 난장, 2012)에서 독일에서의 질서자유주의와 미국에서의 신자유주의를 중심으로 국가 강화에 대항하는 자유주의의 새로운 형태의 등장을 계보학적으로 서술한다.

시장의 본질을 파악하는 방식도 자유주의와 다르다. 자유주의는 시장의 본질을 교환에서 찾았음에 반해 질서자유주의는 그것을 경쟁에서 찾는다. 자유방임을 요구하는 점에서는 양자가 동일하지만, 전자는 교환에서 후자는 경쟁에서 자유방임의 필요성을 끌어내는 것이다.[12] 그런데 시장의 본질인 이 경쟁은 결코 자연에 주어진 소여가 아니다. 그것은 불평등 사이의 형식적 작용으로서, 내적 논리와 구조를 갖는 형식화 원리이자 통치성의 원리이다.[13] 경쟁 구조의 이 형식적 속성이 가격 메커니즘에 의한 경제의 조절을 보증할 수 있는 원리로 제시된다. 이제 새로운 자유주의 정책은 그 경쟁의 형식적 구조가 작용할 수 있는 현실적 공간을 정비하는 데에 초점을 맞추게 될 것이다. 그 결과, 새로운 자유주의는 표면적으로 주장되는 자유방임이 아니라 항구적 개입의 비호 아래에 놓이게 된다. 경쟁 메커니즘이 조절원리를 구성하는 이 신자유주의 사회는 국가에 의한 조절적 경제정책, 사유화를 위한 강력한 사회정책, 경쟁질서의 창립 등을 필수적으로 요구한다. 경쟁을 통한 경제 성장이 지상과제가 된다. 여기서 사회보장은 개인들을 위험으로부터 보호하는 것이 아니라 오히려 위험을 감수하고 대면할 경제공간을 창출해 주는 것으로 이해된다. 신자유주의가 형성하는 것은, 교환하는 인간(자유주의)도 소비하는 인간(케인스주의)도 아닌, 경쟁하는 기업사회에서의 생산하는 인간이다. 신자유주의 이론가 빌헬름 뢰프케(Wilhelm Röpke, 1899~1966)가 말하는 사유재산, 독립가옥, 소규모공동체는 그 자체로 기업을 의미하는 것들이었다. 그에 따르면 그러한 기업 형식은, 국내외의 대기업이나 국가라는 대기업의 형식으로 집중되어서는 안 되고 사회 전체에 하나의 원리로서 확산되어야 했다. 이처럼 신자유주의는 상품에 기초한 사회보다는 기업의 다양성과 그 차별화에 기초한 사회를 모델화한다.[14]

----

12 같은 책, 185쪽.

13 같은 책, 186쪽.

이렇게 경쟁하는 기업이 신자유주의적 사회의 기초 모델인 만큼, 그 사회는 반경쟁 메커니즘을 소거할 법권리와 사법적 틀을 필요로 한다. 사법적인 것이 경제적인 것에 형식을 부여함으로써 하나의 체계를, 그 안에 경제절차들을 포함하는 하나의 복합적 총체를 구축해야 한다. 필요한 것은, 한편에서는 경쟁 메커니즘에 입각한 기업사회적 제도 형식에 기초한 특정한 자본주의 형식이고 다른 한편에서는 그것을 보장할 변용된 법치국가적 사법체제이다. 신자유주의는 이런 이중화된 형식[15]을 통해 위기에 처한 자본주의의 생존 가능성을 모색한다. 법치국가는, 전제국가나 경찰국가와는 달리 시민들과 공권력을 사법적으로 중재할 수 있는 국가이며 시민들이 공권력에 대항해 일반재판에서 소를 제기할 수 있는 국가이다. 이러한 법치국가에서 법률은 형식적 상태에 머물러 있어야 한다. 그것은 고정된 규칙의 형태 아래에 구성되어야 하며, 경제주체가 행동을 함에 있어서 그 법률이 불변한다는 전제 위에서 자유로운 결정을 내릴 수 있어야 한다. 경제를 게임이라고 한다면 법률은 그 게임의 규칙이나 합리적 틀로 정의될 수 있다는 것이다.

1948년 독일이 분단된 두 개의 국가로 재건되기 전에, 독일의 루트비히 에르하르트(Ludwig Erhard, 1897~1977)는 무정부상태(즉 자유시장)도 흰개미국가(즉 계획국가)도 아닌, 오직 시민의 자유와 책임을 동시에 확립하는 국가만이 인민의 이름으로 말할 수 있다고 주장했다. 이것은 실제로는 국가의 개입 행동에 반대하는 것이었는데, 국가가 경제질서 내에서 권력을 남용하고 정치적 삶의 질서 내에서 근본적 법권리와 근본적 자유를 침해하게 되면 국가가 그 고유의 법권리, 즉 대표권을 잃게 될 것이라는 이유에서였다. 이를 근거로 에르하르트는, 파시즘 시대의 독일 국

---

14 같은 책, 226쪽.

15 이런 의미에서 신자유주의는, 자유주의와 사회주의가 수렴하는 20세기 중반의 형식이었던 사회민주주의의 위기 속에서, 자본주의의 새로운 생존 가능성을 모색하는 또 다른 수렴 형식이라고 할 수 있다.

가는 정당성을 갖지 못했고 파시즘 국가의 행동은 독일 국민의 행동으로 간주될 수 없다[16]고 주장한다. 이를 기초로 그는 경제를 기능하게 만드는 제도를 생산하고 경제적 자유의 행사를 보증하는 국가만이 정당성을 갖는다고 주장한다.[17] 이런 방식으로 새롭게 프로그래밍된 자유주의에 따라 에르하르트가 시행한 첫 조치는 가격자유화였다. 이 조치가 독일기독교민주동맹, 광산노동조합, 그리고 독일사회민주당 등의 광범위한 사회적·정치적 동조 하에서 도입되었다는 점은 주목할 만하다. 특히 독일사회민주당은 1959년 바트고데스베르크 당대회에서 생산수단의 사적 소유, 시장경쟁의 정당성을 뒷받침함으로써 마르크스주의의 최후의 유산을 청산하고 신자유주의 경향에 동조하는 방향으로 나아갔다.

신자유주의의 확산과 심화: 자기의 테크놀로지

독일에서 이론화되고 또 실행되기 시작한 신자유주의는 프랑스의 사회적 시장경제에, 또 미국식 신자유주의에 영향을 미치면서 지역적 특수화를 겪게 된다. 프랑스에서 독일 모델은 경제 위기라는 맥락에서 확산되었다. 그것의 특징은, 국가화된 강력한 통제경제적 행정 통치를 수반하면서 국가운영 주체들에 의해 이루어진다는 점이다. 프랑스는, 실업의 지속적 증가, 국제수지 대월액 감소, 확대되는 인플레이션, 에너지 가격 상승 등 케인스주의 정치의 확대되는 위기를 투자체제의 현실적 위기라고 진단하면서, 사회재의 공급과 완전고용은 고도 경제성장 없이는 불가능하다고 판단하기에 이른다. 이에 따라 프랑스는 1970~75년에 신자유주의 경제로의 포괄적 이행을 시작한다.

프랑스에서와는 달리 미국에서 신자유주의의 확산은 주로 이민자, 망명자들에 의해 제안된 프로그램에 따라 전개된다. 그것은 뉴딜정책, 연

---

16 같은 책, 128쪽.

17 같은 책, 129쪽.

방정부의 개입주의, 그것의 정치적 신뢰성 상실 등과 같은 전후 모델의 정치적 위기 속에서 일종의 정치적 저항운동, 대중운동의 형태를 취하는 경제적·정치적 대안으로서 나타나 확산된다.[18] 이 저항운동적 특성으로 인하여 미국의 신자유주의는, 독일이나 프랑스에서와는 달리, 단순한 지배 테크놀로지로 머물지 않고 호모에코노미쿠스(homoeconomicus)라는 새로운 주체형상의 등장과 결부된다.

이 새로운 주체형상은 어떤 맥락과 의미를 갖는 것일까? 유럽의 신자유주의가 통치자들에 의해 혹은 통치의 장에서 형성되고 정식화된 경제적·정치적 선택이자 통치자들이 피통치자들에게 사용하는 통치기술이었음에 반해, 미국의 신자유주의는 사유, 분석, 상상, 존재의 일반적인 양식이자 통치자와 피통치자 사이의 일종의 관계의 유형으로 나타난다. 이 점에서 미국의 신자유주의는 단순히 뉴딜정책, 국가개입주의, 연방정부의 팽창에 반대하는 다른 통치정책으로서만 이해될 수는 없다. 미국 신자유주의 형성의 두 번째 요소인 전쟁계약이 이와 관련해서 중요한 의미를 갖는다. 2차 세계대전 당시 미국은 국민들의 참전을 설득하면서 '당신들이 국가를 위해 죽으러 가준다면 그 대가로 경제적·사회적 기구를 통해 고용, 질병, 사고, 연금 등에 대한 보장을 해주겠다'고 약속했다. 즉 미국의 전쟁은 의무나 동원의 형식이 아니라 통치자와 피통치자 사이의 계약이라는 형식 하에서 수행되었다.

전쟁이 참전시민을 국가의 피보호자로 만드는 사회계약의 형식으로 수행되었던 것은 어떤 의미를 갖는 것이었을까? 미국의 역사, 특히 독립 시기부터 건국 과정을 형성했던 자유주의 원리의 역사를 고려해 보면, 전쟁기의 이 역사적 사실은, 자유주의에 기초하는 것이면서도 그것을 왜곡하는 것, 일종의 비자유주의를 자유주의 원리 속에 도입하는 것이었다. 미국은 자유주의 요청에 의해 건립되었고 또 자유주의가 미국

---

18 같은 책, 275쪽.

의 국가이성을 조절해 왔다. 그리고 자유주의는 미국의 모든 정치적 논쟁을 규정하는 근본 원리였다. 그런데 2차 세계대전에 미국이 참전하면서 국민을 전쟁에 동원하는 과정에서 정치에 비자유주의가 도입되었던 것이다. 미국의 신자유주의는 자유주의의 이러한 굴절에 대한 비판과 투쟁을 통해 출현하는데, 이것이 바로 사유, 분석, 상상, 존재의 일반적인 양식으로 이해된 자유주의, 즉 기술이 아니라 원리로서 이해된 새로운 자유주의이다.

이러한 자유주의는 미국인에 의해서가 아니라 (미국에서 활동한 바 있는) 오스트리아인 하이에크에 의해 천명되었다. 그는 '살아 있는 자유주의'를 요구하면서 자유주의도, 지금껏 사회주의에 맡겨져온 유토피아의 이념을 만들어내야 한다고 주장했다. 자유주의를 단순히 통치의 기술적 대안으로만 제시해서는 안 되고 자유주의의 양태에 대해 사유하면서 자유주의적 유토피아를 만들어내는 것이 필요하다고 본 것이다.

미국에서 대전기와 전후에 형성된 주체형상은 국가의 부양자이자 동시에 그것의 피보호자로서의 인간이었다.[19] 이러한 주체형상을, 자기자신의 경영자인 호모에코노미쿠스 형상으로 대체하려는 신자유주의적 사유와 신자유주의적 통치성은 어떻게 발전되어 왔을까? 이론적 차원에서 주목할 만한 것은 인적자본론과 범죄론이다. 인적자본론은, 이전의 정치경제학이 노동을 교환가치의 관점에서 양적으로만 분석해 왔다고 비판하면서, 노동을 질의 관점에서 분석하는 것이 필요하다고 단언한다. 이런 식으로 인적자본론은 이제까지 교환되지 않았고 그래서 경제적인 것으로 여겨지지 않았던 영역을 경제적인 관점에서 재해석할 수 있는 가능성을 연다. 인적자본론의 이러한 접근은, 신자유주의가 예술을 비롯한 비물질노동을 노동 분석의 모델로 삼고 그것으로부터 노동체제 및 사

---

19 이것을 호모에코노미쿠스와 비교하여 호모스타티쿠스(homostaticus)라고 부를 수 있을 것이다.

회체제 개편을 위한 영감을 얻고 있다는 일단의 생각에 근거를 제공하는 것으로 보인다.

인적자본론은, 이전의 정치경제학이 (토지, 자본, 노동이라는 상품 생산의 세 요소 중에서) 노동을 분석하지 않았거나, 노동을 분석하는 경우에도 그것을 노동시간이라는 양적인 요소로 환원해 분석했을 뿐, 노동 자체를 그것의 질의 측면에서 분석하지 않았다고 비판한다. 인적자본론자들은 이것이, 애덤 스미스나 리카도에게 적용될 수 있는 비판일 뿐만 아니라 케인스에게도 적용될 수 있는 비판이라고 본다. 아마도 이 논지는 마르크스에 대한 비판으로도 응용될 수 있을 것이다. 마르크스는 노동자가 노동을 파는 것이 아니라 노동력을 팔고 그 대가로 임금을 받는다고 분석하는데, 인적자본론자들의 관점에서 보면 그러한 분석은 구체적인 노동을 노동력으로 추상하는 것이다. 마르크스의 노동 개념이 노동력의 재생산 시간(임금)과 실제의 노동시간(생산된 총가치)의 차이를 통해 착취를 설명하는 한, 결국 그것은 노동의 특성, 즉 구체적이고 질적인 변조에 관한 것이 아니라 그것의 추상화된 양적 시간에 관한 것일 뿐이라고 간주될 것이기 때문이다.

인적자본론자들과 마르크스의 이 추론된 대립에서 더 중요한 것은 추상화 메커니즘의 성격에 관한 것이다. 주지하다시피 마르크스는 노동의 그러한 추상화를 자본의 실제적 논리, 다시 말해 역사적 현실의 실제적 효과라고 설명함에 반해 인적자본론자들은 그 추상화가, 노동을 그 구체적 특성과 질적 변조 내에서 분석할 수 없는 정치경제학의 무능에서 비롯되는 인식론적 결함이라고 설명한다.[20]

마르크스에서 노동의 추상성은 실재하는 자본관계의 효과이므로 자본관계 그 자체의 변혁을 통하지 않고서는 극복될 수 없다. 반면 인적자본론에서 노동 개념의 추상성은 자본의 내적 논리가 아니라 정치경제학의

----
20 같은 책, 312쪽.

한계와 무능을 보여주는 것이므로 인식론적 교정을 통해 극복될 수 있는 것이다. 따라서 이들은 역사적 현실의 변화(즉 사회 변혁) 없이 단지 학설적이고 인식론적인 전환만을 통해서 그 추상화가 극복될 수 있을 것으로 이해한다. 이 때문에, 신자유주의적 인적자본론의 과제는, '경제 분석에 노동의 질적 사용가치적 분석을 도입할 수 있는 인식론적 전환을 어떻게 달성할 것인가?' 하는 것으로 설정된다.

이렇게 해서 경제학의 과제가 달라진다. 이제 경제학의 과제는 자본, 투자, 생산과 같은 사물 혹은 절차 간의 관계 메커니즘을 분석하는 것이 아니라 대안적 용도를 갖는 희소수단과 목적 간의 관계로서의 인간 행동을 연구하는 것이 된다. 즉 절차의 역사적 논리를 분석하는 것이 아니라 "개인들이 내적 합리성에 따라 행하는 전략적 계획화를 분석하는 것"[21]이 된다. 이와 더불어서 경제학적 질문의 틀도 바뀐다. 지금까지 정치경제학이, '노동이 얼마에 팔리고 기술적으로 무엇을 생산하며, 노동이 부가하는 가치는 무엇인가?'라고 질문해 왔다면 이제 경제학은, '노동자가 어떤 방식으로 자신의 자원을 사용하는가?'라고 질문하면서 노동자에 의해 실천되고 활용되며 합리화되고 계측되는 경제적 행동양식을 연구해야 한다. 인적자본론자들은 이렇게, 문제를 노동자가 갖고 있는 자원으로서의 노동의 질적 차이에서 출발시키고 개개의 노동자가 합리적으로 선택하는 전략에 따라 나타나는 경제적 효과를 분석하는 길이야말로, 실제로 마르크스가 추구했지만 달성하지는 못했던 것, 즉 노동자의 관점에서 문제를 제기하고 노동자를 능동적인 경제주체로 정립하는 것을 가능케 한다고 역설한다. 노동자 주체성의 이 기묘한 역전논리를 통해, 노동자는 이제 자신의 신체적·정신적 요소들의 총체로서의 노동능력, 즉 경쟁력의 소유자이며 이 노동능력을 자본으로 사용하여 임금이라는 소득의 흐름[22]을 창출하는 하나의 기업가로 등장한다.

---

21 같은 책, 314쪽.

'기업가로서의 노동자'라는 인적자본론자들의 노동자 이미지는, 과거에 '교환하는 인간'을 지칭하던 호모에코노미쿠스가 '자기 자신의 기업가'라는 새로운 의미를 가지면서 회귀하는 것이다. 호모에코노미쿠스에게 있어서, 그 자신 즉 자기는 노동이라는 특정 종류의 자본, 즉 하나의 인적자본이다. 그가 받는 임금은 그의 인적자본에 할당된 보수, 즉 소득이다. 또 노동자 자신은 생산자이자 동시에 소비자인데 생산은 물론이고 소비도 자기 만족을 생산하는 기업 활동에 속한다. 이상의 것이, 신자유주의가 노동(의 질)을 경제 분석 속에 도입하기 위해 구성하는 인식론적 전환의 논리이다. 이를 통해서 이제 '인적자본은 어떻게 구성되고 축적되는가?'라는 경제 분석의 완전히 새로운 문제가 구성된다.

이러한 문제 구성에서 원료 및 기계, 토지, 화폐 등의 자본요소들로부터 노동을 구분했던 전통적 경계선은 사라지고 노동은 이제, 다른 자본요소들과 질에서 차이가 날 뿐인, 또 하나의 자본으로 환원된다. 마르크스는, 각 생산요소들의 소재적 질은 정치경제학의 분석 대상이 아니며 오직 그것의 가치만이 정치경제학의 분석 대상이고 이 가치형태들은 임금, 지대, 이윤, 이자 등 어떤 형태를 취하건 간에 모두 노동의 지속시간에서 발생한다고 보았고 이런 방식으로 모든 가치를 노동으로 환원했다. 신자유주의적 인적자본론은 노동이라는 문제 설정을 마르크스와 동일한 '노동자의 관점'에서 받아들이되 그것을 그와는 정반대의 방향인 자본으로 역전시켜 버린다. 마르크스는, 생산수단들이 자본에 속하게 되고 생산자는 노동을 담당할 뿐인 체제로의 이행, 즉 생산수단으로부터 생산자의 역사적 분리라는 특별한 사건을 통해 자본주의를 이해함에 반해, 신자유주의적 인적자본론자들은 노동이 곧 자본이라는 인식론적 조작을 통해 이 분리의 사건을 특별한 의미가 없는 것으로 만든다. 이들에게 문제는 이제 더 이상, 왜 그리고 어떻게 노동자들이 역사적으로 생

----

22 이것은 처음에는 낮다가 점점 상승하고 노동자가 노후화되면 다시 낮아지는 흐름이다.

산수단들로부터 분리되어 자본과 대립하게 되었는가에 있지 않으며, 노동이 다름 아닌 특수한 질의 자본, 즉 인적자본이라는 인식론적 사실과 또 그래야 한다는 경제적·정치적 당위에 있을 뿐이기 때문이다.

인적자본론자들에 따르면, 자신들의 생각은 역사적 현실의 변화와는 무관한 것이고 단지 과거의 정치경제학의 인식론적 오류를 교정하는 것일 뿐이다. 하지만 이러한 생각이 1970년대에 이목을 끌기 시작하여 신자유주의라는 체제적 힘으로, 하나의 통치성으로 굳어지게 된 데에는 그것을 뒷받침할 만한 어떤 역사적 변화, 현실의 변화가 있었던 것은 아닐까? 여기서 우리는 즉각적으로 노동의 비물질화와 인지화라는 역사적 이행을 떠올릴 수 있고 또 그 이행이 가져온 실천적이면서도 인식론적인 효과의 문제를 검토할 필요가 있다. 하지만 여기서는 이 문제를 본격적으로 검토하기보다 신자유주의 경제분석가들이 말하는 인적자본이 구체적으로 무엇을 의미하는지, 그것의 이른바 '질적' 특성이 무엇인지를 푸코의 분석을 따라가면서 조금 더 살펴보는 데 만족하기로 하자.

인적자본은 선천적 요소와 후천적 요소로 구성된다. 선천적 요소에는 다른 요소들도 포함되지만 무엇보다 유전적 요소가 결정적이다. 노동자는 질병에 걸릴 확률이 낮고 훌륭한 유전적 장비를 갖춘 인적자본이 되기 위해 결혼과 출산을 인적자본의 구성, 증대, 축적, 개량이라는 관점에서 조직할 필요가 있다. 더 큰 소득을 낳을, 즉 더 효율적인 인적자본을 가진 배우자를 얻고 소득 증대에 해롭지 않고 오히려 유익할 자녀들을 생산하는 것이 선천적 요소들에 대한 노동자기업가의 관리 방법이다. 후천적 요소에서 가장 중요한 것은 능력을 향상시킬 교육인데, 이것은 학교수업이나 직업훈련은 물론이고 부모 자신의 교육을 위한 투자, 자녀에 대한 부모의 보살핌 투자, 건강 투자, 지위와 보수를 향상시킬 이주를 위한 투자 등을 포함하게 된다. 총괄적으로 이것은 노동자의 능력기계, 즉 신체의 생물적·물리적·정신적 '혁신'을 주제화하는 것으로, 경제 성장을 위한 새로운 노동자원, 새로운 생산성, 새로운 기술, 새로운 시장을 발견해 내는 것이다. 이미 조지프 슘페터(Joseph Schumpeter, 1883~1950)가 주장했듯이, 이 혁신이야말로 이윤율의 경향적 저하를 상쇄할 수 있는 방식으로 간주된다. 신자유주의자들은 이런 관점에서 서구 경제의 도약을 인적자본에 대한 막대한 투자와 가속화된 축적의 결과로 설명하는 한편, 제3세계의 저성장을 인적자본에 대한 투자 부족의 결과로 설명하기에 이른다.

신자유주의자들이 말하는 인적자본인 노동자, 즉 자신의 신체, 자신의 노동, 자신의 삶을 자본으로 파악하고 그것을 수익성 있게 관리하는 기업가인 호모에코노미쿠스는 신자유주의적 통치성의 주체형상이다. 이것은 신자유주의 사회의 경제만이 아니라, 사법, 정치 등 사회의 모든 영역을 동일한 원리에 따라 그려낼 주체형상이다. 호모에코노미쿠스에게서 자기관리는 자기이기(être soi)의 노동이자 자기투자이며, 그것의 목표는 자기라는 인적자본의 구성, 개량, 증대, 축적이다. 자기는 이제 영혼도, 사유도, 신체도, 진실도 아니며 타인의 것과 질적으로 다른 희소자원이자 인적자본인 노동능력이며 그 노동자본의 더 큰 축적을 위한 구성과 혁신의 노력이다. 요컨대 신자유주의적 자기는 노동능력이며, 자기의 테크놀로지의 신자유주의적 양식은 노동능력으로서의 자기의 기업가적 이용이다. 이런 방식으로 신자유주의는 통치의 테크놀로지에서 자기의 테크놀로지로 심화되고 내면화된다.

'공통적인 것'과 현대의 코뮤니즘

근대의 자유주의는 부동산 소유자에 대한 동산 소유자의 투쟁, 즉 지대에 대한 이윤의 투쟁에 의해 쟁취되었다. 자유주의적 사적 소유는 이윤을 강제할 수 있는 생산수단에 대한 사적 소유를 근간으로 하는 것이었다. 사회주의는 생산수단에 대한 사적 소유를 공적 소유로, 특히 국가 소유로 전환시키는 과정으로 나타났다. 20세기의 초부터 중반까지 나타난 자유주의와 사회주의의 수렴은 국가 소유와 시장 교환을 결합하는 방식으로 나타났다.

신자유주의는 무엇보다 국가 소유, 즉 공적 소유에 대항하여 생산수단에 대한 사적 소유를 옹호하는 운동(공적인 것의 사유화)임과 동시에 사적 소유나 공적 소유의 외부에 존재하는 공통적인 것을 사유화하는 운동(공통적인 것의 사유화), 즉 2차 시초 축적 물결이다.[23] 공통적인 것의 첫째 형태는 태양계 및 지구에 연결된 자원들과 같은 자연적인 것의 형태로 존재한다. 햇빛, 토지, 숲, 물, 공기, 광물 등이 그것이다. 공통적인 것의 또 하나의 형태는 인간 노동과 창조성의 결과로 형성되는 것들이다. 생각들, 언어들, 정동들 등과 같은 인지적 자원들이 그것이다.

자연적인 공통적인 것들, 예컨대 시에라리온의 다이아몬드, 우간다의 석유, 볼리비아의 물이 그러한 신자유주의적 사유화 공세의 대상이 되었다. 이 사유화는 약탈적 형태를 취한다. 그런데 인지적 공통적인 것에 대한 사유화는 훨씬 복잡하고 모순적이다. 여기에서는 소유와 공통적인 것 사이의 갈등이 다양하게 전개된다. 자본은 저작권, 특허권, 상품권 등과 같은 지적 재산권을 통해 인지적인 것을 사유화하지만 사유화는 그것들의 생산성을 떨어뜨리는 결과를 가져온다. 사유화를 통해 원주민의 토착지식들, 생명체들의 유전정보의 사용법 등을 기업들이 사유화하게 되면, 사유화 그 자체가 그 공통의 인지적 자원들의 생산성을 떨어뜨릴 뿐만 아니라 사유화에 대한 저항이 광범위하게 나타난다.[24]

이 때문에 신자유주의적 자본은 공통적인 것을 사유화하는 경우에도 사유화된 그 자원을 직접적으로 지배함으로써 수익을 얻기보다 그 자원

----

23 1차 시초 축적은 토지의 엔클로저였다.

24 Michael Hardt, 'The Common in Communism'. (http://seminaire.samizdat.net/IMG/pdf/Microsoft_Word_-_Michael_Hardt.pdf)

을 타자들이 이용하게 하고 이용자로부터 지대의 형태로 그것의 생산성을 취한다. 절대주의에서 자유주의로의 이행 시기에 지대에서 이윤으로의 이행이 나타났던 것과는 반대로, 신자유주의 하에서 이윤에서 지대로의 역행이 나타나는 것은 이 때문이다.

신자유주의적 사유화에서 자본은 자유주의나 사회주의에서의 자본과는 달리 공통적인 것의 생산과정 외부에 남아 있다. 공통적인 것의 생산과정에 자본가들이 개입하게 되면, 그 공통적인 것의 생산성이 감소하기 때문이다. 그러므로 지대 수취라는 양식은 사적 소유와 공통적인 것 사이의 갈등에 대처하는 신자유주의적 방식이라고 할 수 있다. 자원의 공유나 협업 양식의 결정 등과 관련해서 공통적인 것의 생산과정에 일정한 자율성이 주어지는 대신, 자본은 지대를 통해 그 과정에 통제력을 행사하고 그 공통적인 것의 생산과정에서 산출된 가치를 착취하는 것이다. 금융은 이 착취 과정의 주요한 형상으로 나타난다. 금융은 결코 실물경제에 대립하는 허구경제가 아니다. 그것은 이윤에서 지대로의 이행 과정의 일부이며 공통적인 것의 생산과정 외부에서 공통적인 것이 생산하는 가치를 착취하기 위해 자본이 취하는 특수한 형태이다.

이러한 변형은 역사적으로 어떤 의미를 갖는 것일까? 자본의 이러한 약탈적 성격이 그 자체로 사람들에게 좋은 것이라고 말할 수는 없다. 하지만 자본이 공통적인 것의 생산과정에 외부화되는 만큼 공통적인 것과 그것의 순환에 일정한 자율성이 부여되는 것이 자본으로부터의 해방을 위한 도구를 제공한다고 말할 수는 있다. 마르크스는 코뮤니즘을 사적 소유 폐지의 긍정적 표현이라고 보았다. 사적 소유는 우리가 어떤 대상을 가졌을 때에만 그것이 우리의 것이라고 여기게 하는 어리석고 일면적인 감각을 조성한다. 우리가 그 대상을 소유하지 않을 때에도 그것이 우리의 것일 수 있다면 그것은 어떤 의미일까? 달리 말해, 우리 자신과 우리의 세계를 소유로 간주하지 않는다는 것은 무엇을 의미할까? 한마디로, 그것은 우리 자신과 우리의 세계를 공통적인 것으로 이해하는 것이다. 사적 소유는 공통적인 것의 존재를 보지 못하게 만든다. 사적 소유의 관점에서 세계는 사적인 것이거나 아니면 공적인 것으로만 존재한다. 18~19세기의 조야한 코뮤니즘은 사적 소유를, 전체 공동체가 그 대상을 소유하는 보편적 사적 소유로 대체하고자 했고 이로써 오히려 사적 소유를 영구화할 위험을 갖고 있었다. 이와 달리, 마르크스는 사적 소유의 폐지, 나아가 소유 그 자체의 폐지를 통해서만 코뮤니즘이 가능하다고 보았다. 마르크스는 사적 소유의

마르크스와 엥겔스가 공동으로 집필한 『코뮤니스트 선언』의 1848년도판 표지.

폐지가 나타나는 형태를, 토지와 생산수단의 공동소유와 협력에 입각한 개인적 소유에서 찾았는데 이것은 공통적인 것의 코뮤니즘의 예상이라고 할 수 있다.

얼핏 보면 마르크스는 자산의 부동산 형태와 동산 형태를 공통적인 것으로 사고할 뿐, 오늘날 지배적으로 되고 있는 비물질적 삶정치적 형태를 공통적인 것의 중심에 놓고 사고하지 않은 것으로 보인다. 하지만 코뮤니즘은 인간의 자기소외로서의 사적 소유의 지양이며 따라서 인간을 위한 인간을 통한 인간 본질의 진정한 전유이고 인간이 그 자신에게서 사회적이고 인간적인 존재로서 복구되는 것이라는 마르크스의 정의[25]는, 마르크스가 부동적이거나 동적인 물질적 생산수단의 전유를 넘어 우리

---

25 칼 맑스, 최인호 옮김, 『1844년의 경제학철학 초고』, 박종철출판사, 1991, 297~298쪽.

의 주체성의 전유를, 우리의 인간적이고 사회적인 관계의 전유를, 다시 말해 인간의 삶을 공통적인 것으로 만드는 것을 사고하고 있었음을 보여준다. 코뮤니즘적 전유는 비소유적 전유이며 인간의 감각기관, 창조적이고 생산적인 힘의 전유로 이해되는 것이다. 보고 듣고 냄새 맡고 맛보고 느끼고 생각하고 성찰하고 감각하고 욕구하고 행동하고 사랑하기와 같은 세계에 대한 인간의 모든 관계, 즉 인간의 통합적 본질을 통합적 방식으로 전유하는 것이 마르크스가 생각하는 코뮤니즘인 것이다.

여기서 전유한다는 것은 이미 존재하는 뭔가를 포획한다는 의미로 이해할 수 없다. 그것은 뭔가 새로운 것을 창조하는 것이며 주체성을, 감각기관을 생산하는 것이다. 즉 인간이 인간을, 그 자신과 다른 사람을 생산하는 것이 사적 소유의 긍정적 지양인 것이다. 주체를 위한 (대상들의) 생산이 주체성의 자율적이고 인간적인 생산, 인간성의 인간적 생산, 새로운 봄, 새로운 듣기, 새로운 생각하기, 새로운 사랑하기의 생산인 상황은 오늘날 경제의 삶정치적 전환에서 뚜렷이 드러난다.[26]

인간에 의한 인간의 생산(로베르 브와예), 인간발생적 모델(크리스티안 마라치)로서의 삶정치적 생산에서 고정자본으로서의 살아 있는 존재가 삶의 변형과 생성의 중심에 놓여 있으며 삶형태의 생산이 가치 추가의 기초에 놓여 있다. 인간의 소질, 능력, 지식, 정동 등이 그 자체로 가치생산적이며, 생산의 대상은 생산과정에서 분리되는 상품이 아니라 사회적 관계 혹은 삶형태에 의해 정의되는 주체인 것이다.

푸코가 말하듯이, 마르크스가 인간이 인간을 생산한다고 할 때 그것은, 자연이 설계한 대로의 인간을 생산한다는 것이 아니라 아직 존재하지 않은 인간, 무엇일지 우리가 알 수 없는 인간을 생산한다는 것을 의미한다. 그것은, 가치생산, 부의 생산, 경제적 사용 대상의 생산을 의미

---

26 Michael Hardt, 앞의 글.(http://seminaire.samizdat.net/IMG/pdf/Microsoft_Word_-_Michael_Hardt.pdf).

하는 것이라기보다 현존하는 것과는 완전히 다른 그 무엇의 창조, 총체적 혁신을 의미한다. 따라서 삶정치적 과정은 사회관계로서의 자본의 생산과 재생산에 국한되는 것이 아니며 자본을 파괴할 수 있고 완전히 새로운 무엇인가를 생산할 수 있는 자율적 과정의 잠재력을 제시한다. 그러므로, 삶정치적 생산이 직접적으로 또 즉각적으로 해방이나 코뮤니즘을 가져온다고 말할 수는 없지만, 삶정치적 생산에서의 공통적인 것의 점증하는 중심성이 코뮤니즘 기획을 위한 조건과 무기를 산출하고 있다고, 자본이 자신의 무덤을 파는 주체성을 만들고 있다고 말할 수는 있다. 이 주체성이야말로, 자유주의와 사회주의는 물론이고 이 양자를 수렴하는 사회민주주의와 신자유주의까지 넘어섬으로써만 해방에 이를 수 있는 도래하는 주체성이다.[27]

| 참고할 만한 책 |

— 미셸 푸코, 오트르망 옮김, 『생명관리정치의 탄생』, 난장, 2012.
— 블라디미르 일리치 울리야노프 레닌, 문성원·안규남 옮김, 『국가와 혁명』, 아고라, 2015.
— 샤를 드 몽테스키외, 이명성 옮김, 『법의 정신』, 홍신문화사, 2006.
— 애덤 스미스, 김수행 옮김, 『국부론』(전 2권), 비봉출판사, 2007.
— 안토니오 네그리, 장현준 옮김, 『전복의 정치학』, 세계일보사, 1991.
— 안토니오 네그리·마이클 하트, 조정환·정남영·서창현 옮김, 『다중』, 세종서적, 2008.
— 안토니오 네그리·마이클 하트, 정남영·윤영광 옮김, 『공통체』, 사월의 책, 2014.

----

27 이 주체성의 생성, 운동적 특성, 요구들 등에 대해서는 안토니오 네그리·마이클 하트, 조정환·정남영·서창현 옮김, 『다중』, 세종서적, 2008 참조.

― 제러미 벤덤, 강준호 옮김, 『도덕과 입법의 원칙에 관한 서론』, 아카넷, 2013.

― 조정환, 『21세기 스파르타쿠스』, 갈무리, 2002.

― 조정환, 『예술인간의 탄생』, 갈무리, 2015.

― 조정환, 『인지자본주의』, 갈무리, 2011.

― 존 로크, 이극찬 옮김, 『시민정부론』, 연세대학교출판부, 2014.

― 존 메이너스 케인스, 조순 옮김, 『고용 이자 및 화폐의 일반이론』, 비봉출판사, 2007.

― 칼 마르크스, 김수행 옮김, 『자본론』, 비봉출판사, 1991.

― 칼 맑스, 최인호 옮김, 『1844년의 경제학철학 초고』, 박종철출판사, 1991.

― 칼 맑스·프리드리히 엥겔스, 김세균 감수, 『맑스·엥겔스 저작선집』, 박종철출판사, 1991.

― 토마스 홉스, 진석용 옮김, 『리바이어던』(전 2권), 나남출판사, 2008.

― 표트르 알렉세예비치 크로포트킨, 김영범 옮김, 『만물은 서로 돕는다』, 르네상스, 2005.

― 피터 라인보우·마커스 레디커, 정남영·손지태 옮김, 『히드라』, 갈무리, 2008.

제9장

문화중심주의를 넘어서: 문화인류학이 제시한 가능성

임봉길

그리스-로마인들은 자신들과 삶의 양식이 다른 주변의 타민족들을 숲속의 동물, 즉 야만인(Barbare)이라고 불렀다. 그들의 말은 자신들이 알아들을 수 없는 동물의 소리와 같았으며, 먹고 입는 방식 또한 이해할 수 없었기 때문이다. 자신들의 삶의 방식이 가장 우수하고 인간적인 것이라고 생각했다. 중국인들 역시 이와 다르지 않았다. 그들 자신은 중앙의 문화민족이라는 생각이 수천 년을 두고 이어져 내려왔다.

그러면 중심사상은 소위 문명국이라는 곳에서만 생겨나는 사고일까? 수천 년 동안 중국인으로부터 야만인 취급을 받으며 소수민족으로 살아온 묘족(苗族)은 서구인들이 미개인이라 불렀던 고산(高山)족이었다. 지금은 대개가 중국 남부와 동남아 산간에 흩어져 살며, 일부는 베트남 전쟁 종식 후 미국과 프랑스 등지에서 난민 자격으로 살아온 지 30년이 넘었다. 중국인들은 이들을 개머리 변(犭)에 풀 묘(苗) 자를 붙여 표기하여 미야오[貓, 고양이 묘]라고 불렀다. 숲, 산간에 사는 "동물"들이라는 의미였다. 그런데 이들 자신은 스스로를 몽(Hmong: 진정한 사람, 자유로운 인간)이라 칭했으며, 서구로 이주한 이들을 몽족이라 부른다. 클로드 레비-스트로스(Claude Lévi-Strauss, 1908~2009)는 이런 중심적 사고가 거의

285

몽족 여성들

모든 부족 단위의 집단에서도 발견되는 사고 형태라고 했다.

산업혁명이 본격화되기 이전부터 발달된 항해술, 나침반과 천문지리, 음식물의 보관 기술 등에 힘입어 유럽 외부 체계와 접촉을 갖게 된 유럽인들은 자신들과 다른 사람들, 생김새는 물론 언어와 복장, 관습이 상이한 사람들과의 접촉에서 이들을 어떻게 보아야 할지를 두고 혼돈에 빠진다. 심지어 최초로 아메리카 대륙에 건너간 신부들이 보고한 바티칸 고문서에 따르면, 인디언들을 영혼을 가진 사람으로 보아야 할지 영혼이 없는 동물로 보아야 할지에 대한 토론이 있었다. 19세기 서구인들은 당시의 기술 발달과 식민지 경영, 산업사회의 활성화로 문명의 황금기를 맞고 있었다. 소위 벨 에포크(Belle Époque) 시대였다. 문명의 중심에 있다고 자부했던 이들의 삶의 방식이 서구 중심사상에 반영되지 않을 수 없었을 것이다.

19세기의 진화주의를 통해 본 서구 지성의 환상, 이에 대한 비판

18세기 말에서 19세기 초의 학자들은 서구인이 당시 누리고 있던 문명의 전(前)단계를 미개인과 미개사회를 통해 설명하려고 했으며, 진보의 과정을 규명함으로서 인류의 문화사(文化史)를 편성할 수 있다고 믿었다. 그러나 실제 연구는 인간의 본성 및 도덕률의 발전에 관한 고찰에 치중했으며, 19세기 중엽에 와서야 사회적 제도에 대한 체계적 연구가 시도되었다. 특히 이 시기 에드워드 타일러(Edward B. Tylor, 1832~1917)의 『인류의 초기 역사에 대한 탐구』(1865) 및 『원시문화』(1876) 그리고 루이스 모건(Lewis H. Morgan, 1818~81)의 『인류 가족의 혈족과 인척에 대한 제도』(1871)는, 요즈음은 많은 문제점들이 지적되어 거의 읽히지 않지만, 가족과 종교를 주제로 삼아서 이 제도들의 발전 단계를 설정하여 설명을 시도했는데, 19세기 학자들의 이러한 공통된 연구 경향을 진화주의(evolutionism)라고 한다.

이 시대의 진화론자들은 대부분 당시의 군인, 식민지 관료, 탐험가, 여행자 및 가톨릭 계통의 신부와 선교사 등이 기록한 자료들에서 다양하게 나타나는 미개인에 대한 생각이나 지식 및 경험담을 바탕으로 하여 상상을 했기 때문에 이론의 정당성이 희박했다. 이러한 때에 실제 자신이 조사 관찰한 자료를 근거로 진화주의적인 설명을 시도한 모건과 미개인들의 여러 측면을 문화라는 개념을 사용하여 해석하기를 주장한 타일러는 현대 인류학의 시초를 열었다고 볼 수 있다.

모건과 타일러의 저서와 당시 진화론자들의 설명을 보면, 문화는 야만→미개→문명의 3단계를 거쳐 단선으로 진화한다는 단선진화론의 도식을 볼 수 있다.

> 문명의 단계: 야만 − 미개 − 문명
> 기술적 측면: 석기 − 청동기 − 철기
> 사회제도: 군거잡혼 − 일부다처 − 일부일처
> 종교체계: 애니미즘(정령 숭배) − 다신교 − 일신교
> 경제체계: 수렵채집 − 농경사회 − 산업사회

그러면 이 공식이 맞는가? 우선 문명 단계를 선명하게 구별하기가 쉽지 않으며, 기술적으로는 구석기 시대의 양식을 영위하는 오스트레일리아 원주민의 사회제도(친족 조직)가 오히려 서구의 그것과 비교할 수 없을 정도로 복잡하다는 점 등을 볼 때, 이에 답하기가 쉽지 않다.

또한 사회제도상으로 볼 때 군거잡혼은, 동물의 상태에 있었을 먼 옛날 인류 조상들의 시기에는 가능했으리라 볼 수 있지만, 세계 도처에서 이루어진 그 어떤 인류학적 현지조사에서도 사례를 찾을 수 없었다.(모건의 군거잡혼 시대는 증명할 수 없다.) 특히 일부다처제는 현 시기에도 많은 문명국에서 허용되고 있다.(이슬람 국가, 동남아 등지)

종교적 측면에서도 일신교가 진보의 선두에 있다는 것을 확실히 증명할 수는 없다. 아프리카 원주민 중에서도 일신교의 신앙을 갖고 있는 부족이 존재한다. 하나의 신을 믿는 것이 여러 신을 믿는 것보다 진보했다는 증거가 없는 것이다.

경제적 측면에서 볼 때, 최첨단의 현대 사회에서도 사냥과 어로, 농업은 공존하며, 신석기 시대 이래 농업 및 직조 기술 역시 생산 효율성만 높아졌을 뿐(양적인 면) 질적인 변화는 없었다. 결국 직조 기술은 그때나 지금이나 광주리 짜는 기술일 뿐이다. 즉 재료(폴리에스테르나 나일론 등)의 변화와 속도의 진보가 있을 뿐 기술 본래의 원리는 같다.

그리고 기술적 측면에서 볼 때, 석기 시대, 청동기 시대, 철기 시대가 엄격히 구별되는 것이 아니라, 구석기(돌 문화)가 현대 문명(철 문화)으로 단숨에 넘어올 수도 있다. 사냥이나 전쟁에서는 돌도끼보다 쇠도끼가 유리할 수 있어도 의례, 예술의 차원에서는 돌도끼가 더 유리할 수 있다. 그러므로 위의 도식에 따른 진화론자들의 이론, 즉 한 단계를 거쳐야 다음 단계로 넘어간다는 사고는 단지 자신들이 문명 단계에 있다고 여긴 서구인들이 억지로 갖다 맞춘 중심주의에서 나왔다고 볼 수 있다. 특히 문명 단계에 있다고 자부하는 "백인"의 우월감이 타종족의 열등성과 연결될 때 위험한 사상이 된다.

당시 진화론자들의 공통된 관점을 몇 가지로 요약해 보면 다음과 같다.

1. 문화는 저차원에서 고차원으로, 단순에서 복잡으로, 불완전에서 완전으로 진행한다.
2. 인간은 심리적으로 동일하므로 어떤 문화든지 그것은 동일한 단계를 거쳐 단선적, 보편적 발전의 형태를 취한다.
3. 문화의 파행성(跛行性)에 관한 개념으로서, 문화 발전에는 속도의 차이가 있어서 동시에 발전으로 출발을 했더라도 어떤 시점에서 각각 발전의 정도가 다르게 된다.

이런 관점들은 타당성을 가진 것일까?

1) 첫 번째 문장에서 저차원에서 고차원으로 발전, 진보할 수 있는 것은 단지 기술적, 물질적인 것일 뿐, 윤리 · 도적 · 사회제도 · 예술 등 비물질적인 것들에는 적용할 수 없으며, 불완전에서 완전으로의 진보 역시 불가능하다.(당시의 사회진화론자들은 감성에서 이성으로 이성에서 영성으로 진화하여 신의 경지에 이를 수 있다고까지 생각했다. 이러한 환상은 자신들이 저지른 1, 2차 세계대전을 겪으며 무너졌다.) 또한 무엇이 완전이고 불완전인지가 불분명하다. 더욱이 다신교는 불완전하고 일신교는 완전하다고 볼 수는 전혀 없다. 이처럼 우열의 기준을 댈 수는 없는 분야들이 대부분이다.

2) 심리적으로 동일하다는 생각은 할 수 있으나 이것이 발현되는 조건과 환경이 다르다. 예를 들자면 밥을 먹을 때 헛간에서 사용할 법한 도구(포크/쇠스랑)를 사용할 수도 있으며, 왼손을 사용할 수도 오른손을 사용할 수도 있다. 모든 문화에서 추위를 막는 방법(난방), 집을 짓는 방법 등이 같을 수는 없다. 즉 환경, 전통, 구조에 따라 같은 자극(추위, 욕구)이나 원인에도 상이한 반응을 보이게 되므로, 이것이 문화의 다양성을 낳는 것이며, 우열과 완전 · 불완전을 따지기가 불가능하다.

3) 문화의 속도 차이에 대한 비판이 나올 수 있다. 이 문화와 저 문화

의 우열을 가리기 위해 비교했을 때, 두 문화에서 같은 문화요소가 발견된다고 해서 양자를 진화의 동일한 단계에 있다고 평가하는 것은, 두 문화 사이의 서로 다른 요소들은 왜 다른지를 설명하지 못할 뿐만 아니라, 같은 요소도 각각의 문화에서 다른 기능과 의미를 가질 수 있기 때문이다. 예를 들자면, "고려장"은 경제적인 이유 때문에 지낼 수도 있지만, 조상세계에 빨리 가고픈 욕구로 인해 생겨난 관습일 수도 있다.

20세기 초반에 이르면 진화주의는 새로운 이론에 의해 부정당하게 된다. 진화주의에 대한 가장 대표적인 비평가는 미국의 인류학자 프란츠 보아스(Franz Boas, 1858~1942)였다. 19세기 사회과학자, 인류학자들은 아무 실증적 자료도 없이, 단지 당시의 식민지 관료, 군인, 탐험가 및 기독교 계통의 신부들에 의해 수집된 자료에만 의거해 보편적인 법칙을 만들어내는 것은 위험하다고 비판하였다. 보아스는 에스키모인들에 대한 현지 조사를 통해 동일한 민족이 동일한 환경 조건에 있어도 문화적인 측면에서 볼 때 차이가 생길 수 있으며, 문화는 인종이나 인간의 지력(知力)에 의해 결정되거나(인종 결정론), 지리적·기후적 환경에 의해서 결정되는 것(지리·기후 결정론)이 아니며, 각 집단의 특수한 역사적 배경과 과정에 의해 결정된다(역사적 결정론)고 주장했다. 각 집단의 특수한 역사적 맥락 속에서 문화의 차이를 이해해야 한다고 주장한 그의 소위 역사적 특수주의 이론은 이후 미국 인류학에 커다란 영향을 준다. 문제는 인종주의적 사고와 기후·지리적 결정론적 사고를 하는 사람들과 학자들이 아직도 있다는 사실이다. 이 문제는 끝 부분에서 다시 생각해 보기로 한다.

진화주의가 아직도 유행하고 있던 19세기 말엽에서 20세기에 이르는 시기, 다른 한편으로는 문화의 차이를 인종의 차이에 의한 진화의 서로 다른 단계라는 관점이 아니라 전파 과정의 관점으로 본 두 학파가 있었다. 영국과 독일 및 오스트리아 학파가 이들이다. 프란츠 그라프너(Franz Grabner, 1877~1934)와 빌헬름 슈미트(Wilhelm Schmidt, 1868~1954)를 중심으로 한 독일·오스트리아 학파들은 문화가 어느 한 중심지에서 발달하여 다른 지역으로 전파된다고 보았다. 이 중심지의 문화를 구성하는 여러 요소들은 지역으로 번져가며, 이 요소들로 구성되는 지역을 **문화권**(Kulturkreise)이라고 불렀다. 영국의 전파주의자들은 이집트를 문화의 중심지로 간주한 반면, 오스트리아 학파들은 세계의 여러 곳에 문화권이 있어 각 문화중심으로부터 문화요소를 받아들여 발전한다고 보았다. 이 받아들인 문화요소를 **문화특질**(culture trait)이라고 한다.

그러면 이들의 생각은 모두가 합당한 것일까? 혹시 또 다른 단계로 표현된 선진과 후진 문화의 관계, 즉 문명과 미개 도식의 또 다른 표현이 아닐까? 중국이라는 문화중심에서 변두리의 여러 민족에게 할당된 문화특질의 수용 요소들의 수와 양에 따라 그 민족들의 우열이 결정된다는 생각은 지금도 많은 사람들이 하고 있기 때문이다. 한때 일본과 한국 중 어느 나라가 더 선진국이었는가의 논쟁이 일어나기도 했는데, 어느 쪽이 더 많은 선진문화(중국) 요소를 수용했느냐에 따라 결정된다고 보았다. 현대의 문화중심은 미국이다. 그러면 미국의 문화요소를 더 많이 받아들였다고 선진국인가? 문화식민지는 아닌가? 생각해 볼 문제이다.

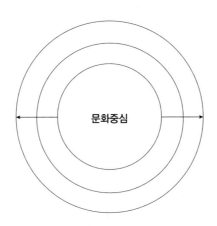

문화요소(특질)의 전파 경로
문화중심의 문화요소가 전파된 지역이 문화권이다.

이제 학자들의 비판을 들어볼 필요가 있다. 먼저, 전파주의자들은 문화요소가 전파·수용될 때 왜 어떤 요소는 거절되고 또 어떤 것은 수용되지만 변형되는지를 설명하지 못한다.(그러나 요즘의 인류학 이론으로는 설명이 가능하다.) 둘째로, 왜 문화가 소위 문화중심에서만 발명, 발전되어야 하는지 분명치 않다.(레비-스트로스는 이 점을 카드 이론에 의거해 설명한다.) 셋째, 동일한 요소도 지역에 따라 기능과 의미를 달리하며, 반대로 외견이 다르게 보이는 것도 같은 기원을 가질 수 있다. 이집트의 피라미드와 마야제국의 신전은 모양이 흡사하지만, 이집트 피라미드는 신격화된 왕의 무덤이고, 마야의 것은 왕의 정치적 권력을 상징하는 현실 세계의 기능적 의미를 가진다. 얼핏 다른 것으로 보이는 인디언의 천막과 몽골의 천막집은 같은 지역으로부터 유래한 것이다.(인디언의 가면과 중국의 가면 그리고 뉴질랜드의 마오리족 가면은 서로 대단히 유사한데, 전파인가 우연의 일치인가? 생각해 볼 문제이다. 물론 레비-스트로스의 이론으로는 설명이 가능하다.) 이들의 전파 이론에서 문화중심의 설정만으로는 복잡한 전파 과정과 전파될 때 변형되는 과정을 설명할 수 없다. 문화가 양쪽 A⇔B로 전파 수용된다는 것은 사실이지만, 어떤 것은 거절되고, 어떤 것은 수용 변형된다.

다른 한편으로 20세기 초반에는 현대 사회·문화인류학에 중대한 영향을 미치게 될 사회학의 한 학파가 프랑스에서 나타난다. 이들의 영향으로 당시까지 인류학의 중요한 부문으로 생각되어 왔던 체질인류학(인간 체질에 대한 연구)과 고고학이 분리되고 사회적 제도와 현상만을 연구하는 영국의 사회인류학과 프랑스의 민족학(문화인류학)이 성립되었다. 프랑스 사회학자 에밀 뒤르켐(Emile Durkheim, 1858~1917)과 후학인 마르셀 모스(Marcel Mauss, 1872~1950)는 1898년 『사회학연보』를 창간하며 이를 통해 중요한 저술 활동을 했다.

뒤르켐은 영국 학자 허버트 스펜서(Herbert Spencer, 1820~1903)의 사회문화에 대한 초유기체적인 관점에 영향을 받았으며, 사회는 그 구성

에밀 뒤르켐과 마르셀 모스

원인 개인의 유기체적 상태(생리적-심리적 상태)와 관계없이 그 자체 생성, 발전, 지속해 나가는 이른바 초유기체적인 속성을 가졌다고 주장한다. 이것은 사회가 개인이라는 유기체의 능력 밖에 있는 독자적인 존재라고 보며, 사회적 제도들이 어떻게 상호 기능적으로 구조지어져 있는가 하는 점에 관심을 갖도록 했으며, 이런 관점은 오늘날에도 여전히 사회과학의 기본적 관점의 하나이다. 말하자면 뒤르켐은 개인의 심리적인 것과 상관없이 어떻게 사회가 그 구성원인 개인을 결속하는 데 영향력을 미치는가에 관심을 가졌다. 그의 『사회학 방법론의 법칙』에서, **사회적 사실들**(faits sociaux, social facts) 즉, 개인의 밖에 존재하는 언어, 관습, 제도, 법, 윤리적 법칙 등등은 개인의 심성과는 관계없는 것으로 개인의 심리적인 관점으로는 설명될 수 없다. 언어나 관습, 도덕률 등은 개인의 선호에 따라 바꿀 수 없는 것으로 개인이 사라지더라도 그대로 남아 후대에 전달되며, 이것들이 갖는 법칙을 어길 경우 제재를 받게 된다. 즉 이 사회적 사실이 갖는 법칙은 사회구성원 누구에게나 적용되는 '보편성'과 개인과 관계없이 후대에 전달되는 '전달성', 그리고 개인으로서는 받아들이지 않을 수 없는 '강제성'을 갖는다. 예를 들어보자. 누군가 칠판지우개에 끈을 매어 워리워리 하며 끌고 다닌다면, 주위 사람들은 그를 정상적인 사람으로 보지 않을 것이다. 즉 미친 사람으로 취급할 것이다. 이처럼 개인은 모든 사람들로부터의 '비판'이라는 강제성에 순응하거나 아니면 '미친 사람'이라는 비난을 감수해야 한다. 이처럼 '사회적 사실'은 구성원이면 누구든지 받아들이고 따라야 하는 속성을 갖는다. 말하자면, 이것은 개인적인 것이 아니라 사회적인 것이다.

역시 뒤르켐과 더불어 현대 인류학의 중요한 흐름을 만든 또 한 명의 인류학자는 프랑스의 모스이다. 그는 짧은 저서인『증여론』(1925)에서 사람들이 하는 선물 행위는 물질의 단순한 교환이 아니라 (주는 사람의) 감정, 의무, 가치관을 포함한 사회적 관계의 표현이며, 나아가서 모든 인간들의 행위는 **교환 행위**이며, 그 밑바탕에서 **호혜성**(réciprocité)이 근본 원리로 작용한다고 보았다. 이 관점은 그 후 문화현상과 사회구조의 관계를 파악하려는 사회학자 및 인류학자, 심리학자는 물론 특히 레비-스트로스의 혼인 제도 연구의 근간을 이루는 교환법칙(exchange theory)과 동맹관계를 설명하는 원리가 된다.

이상의 논의는 경험주의 인류학의 체계화와 방법론의 확립을 통해서 좀 더 정교화된다. 뒤르켐 이전의 인류학자들의 주된 관심은 지역적으로 또는 시대적으로 나타나는 문화의 차이를 비교, 검토함으로써 문화의 변천 과정에 대한 보편적인 법칙을 찾아내는 것이었다. 그러나 20세기 중반 이후의 인류학자들은 한 사회의 여러 제도들과 문화적 요소들이 어떤 형태로 서로 연관되어 있으며 그 의미들은 무엇인가를 파악하려 했다. 흔히 경험주의 인류학이라 불리는 이 학파는 과거의 서구 중심사상의 원인이 철저한 현지조사의 부재에 있다고 보고 연구대상 민족과 지역에 대한 직접 참여관찰을 제일의 덕목으로 생각하였다. 이를 구조기능주의라고 불렀으며 오늘날에도 인류학뿐만 아니라 사회과학 분야 연구의 한 방법론으로 사용되고 있다.

참여관찰의 방법론을 완벽히 수행한 브로니슬라브 말리노프스키(Bronislow K. Malinowski, 1884~1942)는 이렇게 하여 미약한 문화를 해석함에 있어서 기능주의적 관점을 취했다. 즉 모든 사회제도와 문화적 요소들은 통합적인 전체(intergrated whole)를 구성하는 부분들이며, 그 전체를 구성하고 유지하기 위하여 각기 적절한 기능을 가지고 있다는 것이다. 그런데 그는 문화라는 것은 그 사회구성원인 개개인의 심리적 및 생리적인 욕구를 충족시키기 위해서, 그리고 그렇게 해주기 때문에 존재한다고 보았다. 이러한 욕구는 일차적인 것과 이차적인 것이 있으며 문화는 이러한 욕구 충족의 과정을 통하여 형성되고 기능을 갖는다. 예를 들어 영양을 섭취하기 위한 일차적인 생리적 욕구로부터 협동을 통한 생산활동, 분배, 교환, 소비의 필요성이 생기고, 이를 통제하기 위하여 정치조직과 사회조직 등이 필요하게 되는바, 이러한 이차적인 욕구를 어떻게 충족시키는가에 따라 문화의 특징이 이루어진다고 말리노프스키는 보았다. 이러한 기능주의는 개인의 심리적 욕구를 중요시하므로 특히 심리적 기능주의라고도 한다.

말리노프스키와는 달리 앨프리드 래드클리프-브라운(Alfred R. Radcliff-Brown, 1881~1955)은 심리적인 해석을 거부하고 사회적 제도들 사이에 존재하는 어떤 관계의 유형(사회구조, social frame)에 의하여 기능이 결정되는 것으로 보기 때문에 그의 기능주의를 사회적 혹은 구조기능주의라고 한다. 사회구조는 그 사회 내에 존재하는 개개인의 대인관계 전체에서 파악된 기본적인 행위 원리이며, 이것에 의해 표면으로 나타난 것을 문화적 현상이라고 한다. 따라서 그의 이론을 특히 고전적 의미에서 구조주의(레비-스트로스의 구조주의와는 다르기 때문)라고 한다. 고전적 의미에서 경험주의와 기능주의 학자의 대표적인 인물인 그의 구조주의 관점은 사회제도들 밑에 있는 관계의 법칙성을 연구하는 사회과학자들에게 이론적인 기반을 제공했다.

그러나 그의 구조기능주의는 한 사회나 제도의 균형의 유지에만 치중

하여 설명함으로써 그 사회나 제도 속의 갈등 관계를 소홀히 하거나, 사회를 구성하는 모든 요소들이 기능을 한다고 보았으나 실상은 그렇지 않은 것도 있다는 점에서 다른 요소들과의 관계에 따라 기능과 의미가 달라질 수 있다는 사실을 간과하였다고, 레비-스트로스는 비판한다. 래드클리프-브라운이 이야기하는 '사회구조'는 개인 간의 혹은 제도와 제도 사이의 구조라기보다 사회적 관계에 지나지 않는다고 비평하며, 진정한 구조는 그 뒤에 숨어 있다고 한 것이다.

20세기 중후반과 21세기 초의 현대 인류학: 중심주의 현상으로부터 벗어날 수 있는 이론의 제시

20세기 후반의 대표적 인류학자인 레비-스트로스는 그의 이론 정립에 중요한 저서인 『친족의 기본구조』(1949)를 집필하면서 그의 전반적인 연구를 인도할(이끌어갈) '가설의 원칙'들을 제시하는 것으로 시작한다. 그는 문화를 자연과 관련하여 볼 때 "규칙의 세계"로 정의하였다. 이 규칙은 구체적으로 사회제도의 층위에서 표현되며, 특히 저자가 "문화(출현)의 일반적 조건"으로 보고 있는 "근친상간 금제"(prohibition de l'inceste)는 그 자체로는 아직도 형식적인 자연적 특성, 즉 "보편적 특성"을 갖고 있는 자연(nature)에 속해 있다. 문화의 시초인 근친상간 금제의 율(법칙)은 누구에게나 적용되는 일반적 법칙이지만, 아직도 자연적 특성(본성)을 갖고 있다는 것이다. 왜냐하면 혼인은 문화의 법칙에 따라 진행되지만 혼인한 남녀의 성적 결합은 자연과 연결되기 때문이다.

그는 이 '일반적 법칙'을 오로지 사회학적 이유(causes)로 설명한다. 생물학적 요소로는 이 법칙을 설명할 수 없다. 왜냐하면 몇몇 사회에서는 평행사촌(친사촌과 이종사촌) 간의 혼인을 금지하더라도 교차사촌(고종사촌과 외사촌) 사이의 혼인은 허용하고 있기 때문이다. 다시 말해 같은 같

클로드 레비-스트로스

은 정도의 혈연관계에 있는 사촌들 중 어떤 사촌들은 혼인 법칙 내에
서 혼인할 수 있는 반면에, 다른 쪽의 사촌들은 혼인이 금지되기 때문이
다. 다른 한편, 근친상간 금제는 항상 친족의 실제 근친 정도에 따른 법
칙이 아니다. 이 법칙은 늘 타인들 앞에서 지칭되는 호칭 체계와 관련된
다. 이 친족 호칭은 혼인 범위 내의 친족과 밖에 있는 친족을 구별한다.
아주 일반적인 관점으로 볼 때 이 법칙은 혈연의 '자연적 사실'로부터 혼
인 동맹의 '문화적 사실'로의 이행을 표현하고 있다고 볼 수 있다. 사실
상 자연은 혼인을 하도록 부추길 뿐(강제할 뿐), 혼인을 규제하지는 않는
다. 이와는 반대로 문화는 혼인 방식을 규제한다. 우선 근친상간 금제는
여성들의 배분 혹은 여성을 차지하려는 경쟁이 사(私)적인 통제 하에서
이루어지지 않고 집단 내에서, 집단의 통제 하에서 이루어지게 하기 위
해 가족 내의 여성들을 "동결"하는 것을 목적으로 한다. 근친상간 금제
가 금지로서 고려될 때 이 법칙은 집단의 생존에 필수적인 영역에서 자
연적인 것에 대한 사회적인 것의 우위, 개인에 대한 집단의 우위, 자의
적인 것에 대한 조직의 우위를 입증하려는 것이다.

  그렇지만 근친상간 금제는 단지 금지가 아니다. 이 법칙은 금지하지
만 동시에 명령한다. 어머니, 누이 혹은 딸과의 혼인을 금지하는 법칙이

기도 하지만 어머니, 딸, 혹은 누이를 타인에게 주어야 한다고 명령하는 법칙이기도 하다. 금지(금제)는 직접적이든 간접적이든 당장이든 후이든 교환(exchange)을 보장하고 성립시키기 위한 것이다. 내 술을 타인에게 주려면 내가 마시지 말아야 되듯이 우리의 어머니, 딸, 누이와는 우리가 혼인하지 말아야 한다. 즉 교환이 일어나게 하는 법칙이다. 교환의 넓은 의미의 표현이기도 한 외혼제(exogamie)처럼, 근친상간 금제의 법칙은 호혜성의 법칙인 것이다. 이 법칙은 동시에 호혜성을 기반으로 하는 다른 모든 제도들의 원형(l'archétype)이다. 이러한 교환과 호혜성의 원칙 하에 레비-스트로스는 친족에 대한 연구를 진행했다. 물론 이러한 가정(假定)은 어떤 과학적 특성을 갖고 있지 않다. 이런 가정들은 단순한 작업가설을 구성한다. 그는 엄격하게 이 원칙들을 적용하여 오스트레일리아 및 기타 여러 곳의 친족제도에 관한 방대한 자료를 연구한 후에야 이런 작업가설을 확인할 수 있었다.

레비-스트로스는 가설로서 "인간 정신의 근본적 구조들 중의 하나는 법칙성의 요구"라는 표현을 제시한다. 이것은 나와 타인의 대립을 통합할 수 있는 가장 직접적인 형식(형태)으로서 호혜성의 개념을 말하며, 선물(증여)의 통합적인 특성, 말하자면 한 개인의 가치를 또 다른 개인에게 합의 하에 이전했을 때, 이 개인들을 파트너(협력자, 친구)로 변화시킨다는 사실과 관련된다. 예를 들자면, 전혀 낯선 두 개인이 여행지에서 자신의 술을 따라 자신이 마시지 않고 상대에게 주고, 상대방 역시 자신의 술을 따라 자신이 마시지 않고 서로 술잔을 교환했다면, 같은 양의 술을 자신이 마시지 않고 서로 교환한 것에 지나지 않지만, 이 두 사람은 이제 이전의 두 사람이 아니다. 서로 어깨동무하고, 2차, 3차를 같이할 수도 있을 것이다.

그러면 이 자리에서 물질의 교환만 이루어졌을까? 이 두 사람은 언어의 교환, 언어에 실린 자신들의 경험, 지식, 감정, 가치, 사상 등을 교환했을 것이다. 이들은 물질의 교환과 언어의 교환을 통해 '나와 타인'의 통합을 이룬 것이다.

　레비-스트로스는 이러한 과정을 이해하고 호혜성과 교환은 단지 더욱 근본적인 구조인 논리적 정신의 표현일 뿐이라는 것을 알게 된다. 그는 자연 상태에서 문화 상태로의 이행을 가능케 한 것을 생물학적인 관계를 대립 체계 형태로 사고하는—동물에서 인간으로의 이전 시기에—능력으로 정의할 수 있는 가능성을 예상했다. 이러한 관점에서 보면 교환은 "이러한 대립 짝들의 즉각적인 작용의 결과"이다. 이처럼 호혜성과 교환은 점차적으로 '이원적 논리'의 형태로 표현되는 '인간 정신의 근본적인 구조'들로 설명된다. 레비-스트로스는 이 논리가 하나의 원천적인 논리이며, 인간 정신구조의 직접적인 표현(틀림없이 인간 정신과 두뇌의 배후에 있는)이라고 단언한다.

　우선 호혜성과 교환 현상으로서의 혼인 제도들은 결국 인간 정신의 근본적인 구조를 구성하는 이원적 논리의 표현으로서 제시될 수 있다. 레비-스트로스는 이때부터 친족 체계의 사실과 언어 체계의 사실들을, 이 두 체계가 교환(소통)의 형식을 구성한다는 점에서 서로 접근시킬 수 있었다. 한편으로 "근친상간 금제는 언어처럼 일반적이며", 다른 한편 "외혼제와 언어는 타인(타 집단)과의 교환과 집단의 통합"이라는 근본적인 기능을 갖고 있다. 이것들은 역시 같은 기원을 갖고 있다. 말하자면 여자의 경우에서처럼 남자들이 말〔言語〕을 교환하도록 강제했을 원초적인 충동, 이 충동이 자신을 처음으로 나타내도록 한 상징적 기능에서 그 기원을 찾아야 하지 않을까?(언어는 상징 체계이며, 이 최초의 상징적 기능은 차이성, 즉 대립을 바탕으로 언어는 물론 문화를 만든다). 사회생활(문화)은 결국 사회생활과 동시에 나타난 상징적 사고의 '집단적인 형태'로서 나타난다. 곧 레비-스트로스는 명시적으로 이원적인 대립을 수단으로 활용하는 논리의 출현을 상징의 최초의 발현과 자연에서 문화로의 이행에 연결한다. "이원적 논리로 축소된 상징적 기능"은 이제 "일반적 구조적 무의식"과 연결된다. 무의식은 하나의 항으로 축소되며 이를 통해 우리는 기능을 지칭한다. 유일하게도 틀림없이 인간의 상징적 기능—모든 인간 집단들에서—은 같은 법칙에 따라 기능한다(수행된다). 사실상 이 기능은 이들 법칙의 총체로 귀결된다. 무엇보다 유일하게 인간적인 것으로서 정의되는 "상징 기능의 이 원초적인 무의식은 결국 물질(matière)의 속성을 갖는 것"으로 상정될 수 있으며, 세계의 법칙(우주적 법칙)은 물론 사고의 법칙을 지배한다.(이로부터 레비-스트로스의 유물론적 사고를 엿볼 수 있다. 사고는 물질의 속성을 띤다.)

'일반적 구조적 무의식'은 현생 인류의 모든 인간들이 공통적으로 소유한 창조의 원천으로서, 소위 미개인이나 문명인의 차이는 없다는 것을 학문적으로 증명한 것이 레비-스트로스의 공적이다.

생각해 볼 문제들

중심사상은 의식 수준의 관념인가, 아니면 무의식 수준의 문화인가? 오늘날 중심사상은 개체(개인)로부터 출발한다. 자기중심적 사고는 거의 본래적인 것 같아 보인다. 과거의 사회제도 속에는 개인은 없었으며, 집단이 우선시되었다. 그래서 집단주의 의식이 인간들을 지배해 왔다. 19세기에 극에 달했던 서구 중심사상은 그 허구성이 학문의 발달과 역사적인 사건들을 겪으며 깨져나갔으나 단지 엷어질 뿐 다시 도처에서 살아나고 있다. 특히 학문의 수준에서는 중심주의를 공개적으로 공언하는 경우가 많지 않으나 일반인들의 수준에서는 (서구인의 경우를 포함하여) 점점 늘어나는 것은 아닌지 생각해 볼 일이다. 이런 경우 외부적인 자극(경제적인 어려움, 타민족과의 관계 등)에 대한 반향일 수도 있으나 본래적인 것일 수도 있을 것이기 때문이다. 삶의 방식, 관습 등 태어나면서부터 받아들인 문화는 거의 무의식 수준에 들어가 있는 것으로 생각되며, 개인에게 늘 그가 하던 것들이 편하고, 쉽고, 좋아 보이는 것은 당연하다.

이런 관점에서 볼 때 깨달음과 지식으로 습득한 당위성만으로는 중심사상에서 벗어나기가 쉽지 않아 보인다.

중심주의와 종족우월성: 자문화 중심사상과 타문화 중심사상

모든 민족의 크고 작은 집단에서 나타나는 중심사상은 긍정적인 측면과 부정적인 측면을 모두 가질 수 있다. 긍정적인 측면은 민족과 집단 구성원에게 자긍심을 갖도록 하고 집단의 일원이라는 정체성을 갖게 하여 집단의 결속을 돕는다는 점이다. 부정적인 측면은 집단의 우월성을 너무 강조한 나머지 타민족 집단에 대한 우월의식과 이들에 대한 비하 등을 낳을 수 있으며, 종국에는 타민족을 지배해도 된다는 강자의 논리를 합리화하는 지경에 이르게 된다(아리안 민족의 우월성)는 점이다. 우리는 이에 대한 생각을 해볼 필요가 있다.

문제는, 내부적인 요인으로 인해서든(혁신에 의한 새로운 문화요소의 발명 등) 외부적인 요인(외적의 침입, 피식민지 지배, 외부 문화요소의 유입 등)으로 인해서든, 고유한 민족의 문화체계가 무너지게 될 때 주로 나타나는 타문화 중심사상이다. 내 것은 보잘것없고 외부의 것이 더 좋고 훌륭하다고 여기는, 요즈음 시쳇말로 남의 것이 더 폼나고 신식이라고 보는 경향이 나타날 수 있다. 이른바 문화사대주의의 출현이다. 타문화요소의 유입으로 인해(유입된 문화요소와 기존 문화요소의 융합으로 인해) 기존에는 없던 새로운 문화양식이 나타나는데, 사람들은 이것을 자신의 것으로 인식하게 되고 그 변화된 삶이 바로 자신의 문화가 된다.

그 좋은 예가 광활한 지역에 흩어져 살고 있는 퉁구스족의 경우이다. 올가미와 활, 창 등으로 사냥을 하던 이들에게 총이라는 새로운 문화요소가 유입된다. 모피 무역상들이 더 많은 모피를 얻기 위해 이들에게 판 것인데, 이로 인해 퉁구스족들의 삶이 송두리째 바뀌게 된다. 이전에는 사냥감을 잡으면 관습에 따라 평등하게 분배해 왔는데, 이제는 총을 소유한 사냥꾼과 몰이꾼 사이에 분배의 차이가 나타나게 됨으로써 평등하던 사회에 불평등이 자리 잡게 되고 총을 들여온 중국이나 소련을 선진국으로 인식하기 시작한다. 가죽과 모피를 더 많이 획득함에 따라 더욱 빈번히 무역상들과 접촉하게 되고, 이들이 들여온 온갖 생활용품에 익숙하게 된다. 이처럼 외부의 삶의 방식이 이들에게 전파되어 종국에는 아직도 숲속에서 옛날 방식으로 사냥을 하는 동족을 미개인 취급하기에 이른다. 결국에는 자신들을 중국인이나 소련인으로 인식하게 된다. 복장, 식생활, 혼인 등을 중국이나 소련 사람들처럼 하게 되고, 이들과의 혼인을 바람직한 것으로 인식하게 된다.

이것은 분단 이후의 우리의 삶을 돌아보게 한다. 우리는 북한 사람들을 동족으로 보는가? 왜 미국을 천조국이라 부를까? 왜 대부분의 사람들은 여행할 때 타국인 미국으로 나간다고 하지 않고 미국 들어간다고 할까? 영어는 우리 말인가?

| 참고할 만한 책 |

이 글을 쓰기 위해 참고한 문헌들은 다음과 같다.
— Edward F. Anderson, *Plants and People of the Golden Triangle: Ethnobotany of the Hill Tribes of Northern Thailand*, Silkworm books, Chiang Mai, 1993.
— 임봉길, 『아편을 재배하는 사람들: 동남아 산간지역과 중국 남부 Hmong (Miao)족에 관한 인류학적 조사연구』, 서울대학교출판부, 2005.
— Claude Levi-Strauss, *Histoire de Lynx*, Plon, Paris, 1991.
— Claude Levi-Strauss, *Les structures elementaires de la Parenté*, Mouton & co., Paris, 1967.
— 레비-스트로스, 임봉길 옮김, 『신화학』(전 2권), 한길사, 2005/2008.
— 레비-스트로스, 류재화 옮김, 『오늘날의 토테미즘』, 문학과지성사, 2012.
— 한상복·이문웅·김광억, 『인류학 개론』, 서울대학교출판부, 1994.
— 머윈 S. 가바리노, 한경구·임봉길 옮김, 『문화인류학의 역사』, 일조각, 2011.

— 임봉길 외, 『구조주의 혁명』, 서울대학교출판부, 2000.
— 김형효, 『구조주의의 사유체계와 사상』, 인간사랑, 1989.

이 주제와 관련해 더 읽을 만한 책은 다음과 같다.
— 레비−스트로스, 김진욱 옮김, 『구조주의 인류학』, 종로서적, 1983.
— 레비−스트로스, 박옥줄 옮김, 『슬픈 열대』, 한길사, 1998.
— 레비−스트로스, 안정남 옮김, 『야생의 사고』, 한길사, 1996.
— 레비−스트로스, 류재화 옮김, 『달의 이면』, 문학과지성사, 2014.
— 제리 무어, 김우영 옮김, 『인류학의 거장들』, 한길사, 2012.
— 애덤 쿠퍼, 박순영 옮김, 『인류학과 인류학자들』, 한길사, 2001.
— 레슬리 화이트, 이문웅 옮김, 『문화의 개념』, 일지사, 1977.
— 로저 키징, 전경수 옮김, 『현대문화인류학』, 현음사, 1985.
— 리처드 콤스톡, 윤용철 옮김, 『종교학, 방법론의 제문제와 원시종교』, 전망사, 1986.
— 잉글우드 클리프, 권이구 옮김, 『인류의 진화단계』, 탐구당, 1982.
— 이브 코팡, 임봉길 옮김, 『루시는 최초의 인간인가』, 한울림, 2002.

제10장

과학은 발전하는가 : 가스통 바슐라르를 중심으로

김병욱

"과학의 역사를 어떻게 볼 것인가"라는 물음은 인식론적인 물음이다. 인식론이란 '앎'의 일반적 과정들에 대한 분석이나 연구를 가리키는 '인식이론'이라는 뜻으로 폭넓게 쓰이기도 하지만, 엄밀한 의미에서는 근대 과학사의 방법이나 위기에 대한 분석, 개별 과학에 대한 철학적 연구(수학 인식론, 역사 인식론 등)를 가리킨다.[1] 인식론 문제는 19세기 말과 20세기 초 과학계가 직면했던 거대 위기들(진화론, 상대성이론, 양자역학 등의 등장)로 인해 당시까지 일반적으로 통용되던 과학적 합리성의 규범들을 의문시하게 되면서 급부상했는데, 이 위기들을 어떻게 보느냐에 따라 크게 두 갈래로 나뉜다.

하나는, 이러한 위기들에도 불구하고 어떤 '하나의 과학적 발전 논리', '과학의 방법론적 단일성'을 규정하는 것이 가능하다고 보는 입장이다.

---

1 인식론(épistémologie)은 과학(science)을 뜻하는 에피스테메(épistémé)와 담론(discours)을 뜻하는 로고스(logos)의 합성어. 과학인식론이 아닌 폭넓은 의미의 '인식이론'(théorie des connaissance)의 예로는 앎의 최초 요소들은 직접적 자명성에 의해 인지된다고 보는 데카르트의 본유관념설과, 그런 본유관념이란 없으며 앎은 경험에서 온다고 보는 로크나 흄의 경험론 등을 들 수 있다.

19세기 이래 프랑스와 영국에서 전개된 실증주의 전통이나 독일/오스트리아에서 전개된 빈(Wien) 학파의 인식론이 여기에 속한다. 다른 하나는, 기존의 과학적 합리성의 규범들을 전복하는 이 위기들은 곧 "하나의 영원한 이성은 없음"을 함축하는 것이라고 보는 입장이다. 이 경우 과학은 단일성을 상실하며, 과학정신(esprit scientifique)은 부단히 재구성되어야 한다. 각각의 과학은 자기 고유의 장애들을 극복하면서 이전의 자명성들(evidences)에 맞서 자신의 대상을 역사적으로 구성해야 하는 것이다. 이것이 여기서 우리가 중심적으로 살펴보고자 하는 바슐라르의 입장[2]이다. 그는 '하나의 과학적 발전 논리'를 옹호한 빈 학파의 대척점에 서서, '인식론적 장애'와 '인식론적 단절'이라는 유명한 두 개념을 통해 과학적 인식의 역사가 지속적이고 축적적인 것이 아니라 단절적이고 혁신적인 것임을 제시했다. 그의 과학철학을 통해 현대 과학사를 어떻게 바라보아야 하는지 성찰해 보도록 하자. 그의 인식론은 전통 철학이 가정하는 이성의 고전적 개념, 즉 '하나의 불변하는 절대적 이성의 존재'를 거부하는 데서 출발한다.

철학은 과학적 사유를 판단할 수 있는가: 과학의 이름으로 철학을 비판하다

바슐라르가 고전적 이성 개념을 문제시하게 된 것은 새로운 과학이론들이 몰고 온 이성의 위기들에 대한 고찰(1934년의 『새로운 과학정신』)을 통

----

2 과학사의 불연속을 함축하는 바슐라르의 '인식론적 단절'(coupure = break) 개념이 인식론의 역사에 가져다준 변화에 관해서는 이정우의 『객관적 선험철학 시론』(그린비, 2011)에 보론으로 실린 「바슐라르와 불연속의 문제」를 볼 것. "바슐라르 이전의 대부분의 인식론자들은, 적어도 물리학 분야에서는, 과학의 연속적 발전을 기본적인 사실로 받아들였다. 콩트에서 메이에르송에 이르기까지 과학이란 기본적으로 '하나의 과학'(la Science)이었다. (…) 바슐라르에 의해 이제 과학은 '과학들'(les sciences)이 되었다."

해서다. 새로운 기하학은 공간에 대한 우리의 직관을 뒤엎었고, 상대성 이론은 시간에 대한 우리의 직관을 수정하도록 요구했다. 천체물리학에서는 동시성이 더는 자명한 것이 아니라 하나의 문제가 되었으며(두 가지 사건이 동시에 일어난다는 것을 어떻게 실험적으로 증명할 수 있는가?), 뉴턴과 더불어 우리는 질량이 절대적인 것인 줄 알았으나 아인슈타인은 질량이 속도에 따라 증가함을 가르쳐주었다. 요컨대 새로운 물리학은 우리가 상식으로 갖고 있던 지식들을 궁지로 몰면서, 우리의 기본 직관들을 복잡하게 만들고 수정하게 한다. 상식과 단절한 '새로운 과학정신'이 필요한 이유가 여기에 있다. 바슐라르는 이 첫 저술에서 20세기 초에 일어난 물리 화학 분야의 뿌리 깊은 혁신과 그 여파를 면밀히 분석한 후, 6년 후에 발표한 『부정의 철학』에서는 "끊임없이 진화하는 과학 사상에 진정으로 적합한" 과학철학을 예고하는데, 이 두 저술의 핵심 내용은 전통 철학의 부적합성에 대한 비판이다. 그가 전통 철학이 새로운 과학이론과 개념들을 고찰하는 데 부적합하다고 보는 이유는 다음 두 가지로 요약된다.

첫째, 전통 철학은 '하나의 불변하는 이성'의 존재를 가정하고 있으나 오늘날의 과학들은 그런 이성의 존재를 반박한다는 것.

둘째, 오늘날의 과학들이 인식하는 '실재'(Reality)와 철학자들이 구성하는 실재 관념이 다르다는 것.

바슐라르는 "영원한 과학적 이성은 없다"는 전제 하에 데카르트의 "코기토"(나는 사유한다)를 비판한다. 데카르트는 코기토[3]를, 이성이라는 지

----

3 "Cogito"는 '사유하다, 명상하다'를 뜻하는 라틴어 동사 "cogitare"의 직설법 1인칭 현재다. 데카르트는 만약 나의 모든 인식이 의심스럽다면 그것들을 거짓으로 간주하는 것이 신중한 태도라고 말한다. 한데 이 보편적 의혹은 동시에 내게 한 가지 절대적 확실성을 넘겨준다. 내가 모든 것을 의심하는 동안에도 어떻든 한 가지는 확실하다. 그것은 바로 의심하는 나, '생각하는 나'가 존재한다는 것이다. 의심할 수 있으려면 존재해야 하는 것이다. 그 무엇도, 악령조차도 이 절대적 확실성으로부터 나를 내몰 수는 없다. "아무리 악령이 나를 멋대로 기만할 수 있다 하더라도, 내가 뭔가로 존재한다고 생각하는 한 나를 아무것도 아닌 것으로 만들 수는 없기 때문이다."(『성찰』, '제2성찰') 데카르트의 코기토는 사유로부터 존재를 연역하는 전통적인 관념철학의 제1원리다.

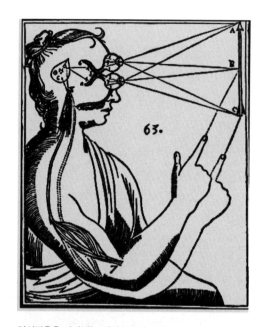

인식작용을 나타내는 데카르트의 그림
그는 직관을 통해 자명한 진리에 도달하고자 했다.

렛대로 하여금 인식의 세계를 들어올릴 수 있게 해주는 받침점 같은 것으로 여겼다. 그것은 절대적 확신의 극점인 동시에 진리의 기준이자 모든 인식의 토대였다. 즉, 만약 내가 사유하는 무엇이라면, 나는 비록 불완전하지만 자체 안에 무한한 완벽함을 내포하고 있고, 그것은 신이라는 완벽한 존재에게서 올 수밖에 없다. 만약 이 완벽한 존재가 틀린다면 그는 완벽한 존재가 아니요, 내가 온 영혼을 다해 분명한 관념들을 품고자 노력한다면 틀릴 수가 없을 것이다. 신이 나의 관념들과 세계 간의 일치를 보증하는 것이다. 데카르트는 코기토에 대한 이러한 형이상학적 확신을 바탕으로 인식의 나무를 구축하고자 했다.

그러나 바슐라르는 이 코기토로는 현대 과학의 지적인 활력을 고찰할 수 없다고 생각한다.[4] 무엇이 문제인가? 그의 말을 몇 마디만 인용해 보자. 『부정의 철학』에서 그는, "나는 생각한다에서 정신의 동일성은 너무나 분명해서, 이 분명한 의식의 과학은 곧바로 어떤 과학의 의식, 어떤

---

4 바슐라르는 현대 과학의 많은 예를 들어 데카르트 인식론의 부적합성을 비판하는데, 이에 관해서는 특히 『새로운 과학정신』(김용선 옮김, 인간사랑, 1990) 제6장 「비데카르트적 인식론」을 볼 것.

지식의 철학을 설립하는 확신이 된다"고 지적한다. 데카르트에게서는 의식의 주체가 곧 과학의 주체로 혼동된다는 얘기다(뒤에 자세히 살펴보겠지만, 그에게 과학적 인식의 주체, 즉 '과학적 자아'는 의식 주체와 무관하다). 뒤이어 그는 "인식이라는 것을, 나는 생각한다의 단일성과 항구성을 손보는 변이(變異)들을 수용하는 정신의 진화로 보는 우리의 주장은 철학자를 곤혹스럽게 할 것"이라고 말하면서, "절대적인 불변하는 이성의 학설은 유통기한이 끝난 철학"[5]이라고 선언한다. 요컨대 바슐라르는, 정신의 동일성, 불변성, 절대성, 이 세 가지를 전통 철학의 주된 특성으로 보고, 현대 과학들은 그러한 비(非)진화론적이고 실체론적인[6] 이성 개념을 무효화한다고 주장하는 것이다.

다른 한편, 그가 보기에 오늘날의 과학들은 비합리주의적인 실재 개념도 무효화한다. 1932년의 논문 「본체와 원자물리학」에서 그는, 새로운 시대의 물리학자가 말하는 현실은 "직접적인" 현실과는 다른 것임을 부각한다. 물리학자가 말하는 현실은 동일성의 철학자 에밀 메이에르송이 주장하듯 어떤 불합리한 세계가 아니라 "수학적 본질을 가진 드러나지 않은 세계"이며, "물리학자는 이 미지(未知)의 세계의 합리적 특성에 입각하여 실험"(「연구」)을 하는 만큼 과학이 직접적 실재, 즉 사물들을 연구한다는 관념을 거부해야 한다는 것이 요지다. 그는 "닫힌 이성"관—"절대적인 불변하는 이성"관—과 실재를 불합리성의 저장고로 보는 태도 사이에 내밀한 상관관계가 있다고 보고서, 사물들 사이에 존재하는 법칙들을 연구하는 것이 과학이라고 주장한 메이에르송에 맞서,[7] "원자물

---

5 Dominique Lecourt, *Bachelard, Le jour et la nuit*, Grasset, 1974, pp. 35~36에서 재인용.

6 여기서 '실체'(*substance*)란 그 자체로 존재하는 것, 즉 그것에 첨부될 수 있는 사건들이나 속성들과 상관없이 독립적으로 존재하는 것으로, 바슐라르는 전통 철학들이 이성을 그런 실체로 여긴다고 비판한다.

7 메이에르송은 19세기 말의 실증주의에 반대하여, 동일성의 원칙에 입각한 실재론적 인식론을 폈다. 그는 '실재하는 모든 것은 불합리하다'는 전제 하에, 인간 정신은 진보하면서

리학의 인식론은 사물주의적인 것이 아니요"(『새로운 과학정신』), "과학은 사물들에 대한 교훈이 아님"(『응용 합리론』)을 부단히 강조한다.

이렇듯 과학이 인식하는 실재는 철학자들이 구성하는 실재와 다르기에, 그리고 고전적 이성은 이제 유통기한이 지났기에, 전통 철학은 오늘날의 새로운 과학이론과 개념을 사유하는 데 부적합하다. 따라서 이성 개념도 수정되어야 하고 실재 개념도 수정되어야 한다. 그렇다면 어떻게 해야 하는가?

철학을 과학의 토대로 삼고자 한 데카르트와는 정반대로, 바슐라르는 과학이 철학의 토대가 되어야 한다고 주장한다. 그는 첫 책 『새로운 과학정신』 첫머리에서 이미 이렇게 적는다. "과학철학에는 절대적 실재론도 합리론도 없으며 과학적 사유를 판단하기 위해 어떤 일반적인 철학적 태도에서 출발해서는 안 된다고 말해야 한다." 그리고 두 번째 책 『부정의 철학』 첫머리에서는 이렇게 강조한다. "끊임없이 진화하는 과학 사상에 진정으로 부합하고자 하는 철학은 정신의 구조에 대한 과학적 인식들의 역작용을 살펴보아야 한다." "정신은 지식의 조건들에 자신을 맞춰야 한다."

요컨대 바슐라르의 철학적 전략은 이렇다. 전통 철학들이 '부적합한' 이유는 무엇보다도 오늘날의 과학들이 실체론적 이성 관념과 단절할 것을 요구하기 때문이므로, 과학으로 이성을 교화하여 "중심 이성"이 없는 합리주의라는 관념, "변화 가능한 구조를 가진 정신", 진화하는 정신[8]이라는 관념을 제시하는 것이다. 이를 위해서는 철학자가 "과학자들

새로운 불합리성들과 마주친다고 주장한다. "예컨대 빛이 때로는 입자에 속하고 때로는 파동에 속하는 모순되는 속성들을 나타내어 진정으로 입자도 아니요 파동도 아닌 무엇임을 확인할 때가 그렇다. 이로써 우리는 실재는 결코 우리 이성의 요구에 부합하는 도식으로 귀결되지 않으며, 우리가 어떤 불확실성에 봉착함을 확인할 수 있다."(『사유의 행보에 대하여』, p. 61) 메이에르송의 실재관과 바슐라르의 실재관의 차이에 관해서는 앞에서 인용한 「바슐라르와 불연속의 문제」, 『객관적 선험철학 시론』(그린비, 2011)을 참조할 것.

8 도미니크 르쿠르(Dominique Lecourt, 1944~)에 의하면, 바슐라르가 자신의 인식론 범주

의 학교에 가야" 한다는 얘기다. 철학자가 과학의 가르침을 받아야 한다는 것, 과학이 철학에게 명을 내려야 한다는 것, 이는 그가 좌우명인 양 끊임없이 반복하는 호소다. 그의 논문 「인식론적 경계라는 개념」은 내용 전체가 철학적 선입견들이 과학적 사유에 어떤 족쇄를 채우고 있는지를 다룬 논문이다. 바슐라르가 강조하는 바는, 철학은 과학을 자신에게 예속시키고 통제하기 위해 과학의 진리성을 언급할 자격이 없다는 것, 과학에게 금기들을 정해 주거나 추구해야 할 이상(理想)을 제안할 자격이 없다는 것이다.

'새로운 과학정신'을 사유하기 위해 바슐라르는 인식이론들의 고전적 장치—데카르트의 코기토—를 폐기하고 철학을 오늘날의 과학 현실에 맞게 개조하고자 한다. 그가 보기에 과학적 인식의 영역에서는 최초의 토대, 흔들리지 않는 결정적인 토대 같은 것이 있을 수 없다. 어떤 근본적인 것이 계속 그런 것으로 남을지는 결코 확신할 수 없기에, 어떤 토대도 시작점에 위치할 수 없다. 과학은 부단히 자신의 토대들을 수정하면서, 위기들을 통해 진보한다. 그에게 과학적 사유는 설립이 아니라 혁신이며, 지속적인 수정 운동이다. 여기서 우리에게 제기되는 물음들은 이렇다. 과학이 영원히 변치 않는 동일한 이성을 중심으로 '하나의 발전 논리'에 따라 전개되는 것이 아니라면, 과학은 어떻게 진보하는가? 바슐라르에게 '과학사'란 무엇인가? 그에게 과학사란 '누구'에 의한 '무엇들'의 '어떤' 전개인가? 과학적 사유가 부단한 수정 운동이라는 얘기는 곧 과학적 인식과 인식 사이에 단절이 있음을 함축한다. 그렇다면 그런 단절은 왜 생겨나며 어떻게 극복되는가?

들을 만들어나가면서 끊임없이 마주친 어려움은 신뢰하고 기댈 어떤 학설도 찾아볼 수 없었다는 점이라고 한다. 그래서 끊임없이 이론적 보증인을 찾다가 잠시 레옹 브룅슈비크(Léon Brunschvicg, 1869~1944)의 작업들에 기대는데, 동기나 쓰는 용어들이 바슐라르와 많이 다르기는 하지만 브룅슈비크가 "진화론적" 이성 개념을 주장하고 "과학에 의한 이성 교화"를 제안한 것은 사실이며, 바슐라르는 그의 학설 중 이성 개념과 관련하여 고전적인 '불변하는 이성' 개념에 대립되는 것만 취했다고 한다. Lecourt, 앞의 책, pp. 41~43 참조.

과학적 인식의 주체 문제는 뒤에 가서 따로 자세히 살펴보기로 하고, 먼저 과학적 인식이란 무엇이며 그것들 간의 연쇄가 어떻게 이루어지는지에 대한 그의 철학적 테제들부터 점검해 보기로 하자. 바슐라르에게 과학사란 '인식론적 가치들'의 역사다.

과학은 어떻게 진보하는가: 바슐라르 과학인식론의 기본 테제들

20세기 초 물리학의 근본적인 새로움을 인식시키고 과학의 철학적 가치들을 일깨워주려는 노력을 통해 바슐라르가 강조하는 주요 개념들 가운데 하나는 '인식론적 가치'라는 개념[9]이다. 윤리적, 미학적, 종교적 가치 등등을 논하는 '가치들의 철학' 전통에 맞서, 그는 인식론에 대해서도 '가치'를 다루어야 하며, 새로운 과학적 발견들이 갖는 인식론적 가치에 주목하고, 과학사를 인식론적 가치들이 점진적으로 재편성되는 과정으로 볼 것을 제안한다. 특히, 앙리 푸앵카레(Henri Poincare, 1854~1912) 이후 주로 과학이 어떤 가치를 갖는지만 논하는 프랑스 철학 전통의 지배적인 경향을 비판하면서, 그는 과학이란 가장 확실한 합리적 가치들이 구성되는 장이요, 이 시대의 과학에 새로운 인식론적 가치들이 부단히 나타나고 있음을 확인해 줄 것을 요청하면서 이렇게 말한다.

합리적 가치들이 자신들을 받아들이게 하는 것이 과학의 운명이다. 그것들은 역사적으로 자신들을 받아들이게 한다. 과학의 역사는 일종의 자율적 필연성에 의해 이루어져왔다. 과학철학은 인식론적 가치들을 결정하고

----

9 르쿠르는, 『응용 합리론』(1949)에서부터 바슐라르 과학철학의 라이트모티프로 등장하여 『현대 물리학의 합리주의적 활동』(1951)의 키워드가 되는 이 개념이 그의 모든 인식론 저작들을 하나로 연결해 주는 개념이라고 말한다. 같은 책, p. 63의 주를 볼 것.

서열을 두어 분류하는 일을 과제로 삼아야 할 것이다. 과학의 가치에 대한 일반적 논의는 무용하다.[10]

르쿠르는 여기에 바슐라르의 인식론 작업의 중심 테제가 있다고 말한다. 즉, 과학적 진리의 진리성은 그 자체로 "자신을 받아들이게" 한다는 것, 다시 말해 어떤 철학적 토대나 보증을 기다리지 않는다는 것이다. 과학적 인식은 그것이 과학적인 한 객관적인 것이므로, 객관성이 무엇인지 알고 싶다면 토대를 세우려 들지 말고, 이 시대의 과학적 생산을 예의 주시하라는 것이다.

과학적 인식은 그 자체로 객관적이라는 테제야말로 바슐라르의 '혁명적인' 테제라고 르쿠르는 말한다. 이 테제가 무엇이 그리 혁명적인가? 사실 과학적 인식의 특징이 객관성이라고 주장한 이가 그가 처음도 아니요, 더구나 이는 과학이 가장 전통적으로 인정받는 특징 아닌가? 예컨대 칸트 철학에서, 인식 영역과 관련하여 모든 물음을 지배하는 물음은 바로 "객관적 인식은 어떤 조건에서 가능한가?"라는 물음이며, 칸트는 이 문제를 해결하는 이론을 정립하기 위해『순수이성비판』이라는 저작 전체를 바친 것이 아닌가. 바슐라르의 이 테제가 혁명적인 점은 인식의 객관성 문제를 '문제'로 제기하지 않고 하나의 '명제'로 해소해 버린 데 있다. 전통 철학이 '문제'로 제기한 것을 "과학적 인식은 그 자체로 객관적이다"라는 테제로 대체해 버림으로써, 그는 과학에 대한 철학의 재판권을 거부하고 철학이 과학을 유용(流用)하는 길을 차단해 버렸다는 것이다.[11]

----

10 같은 책, p. 66에서 재인용. 이하, 바슐라르 과학인식론의 기본 테제들에 관해서는 르쿠르의 견해(제2장, 「바슐라르의 철학적 테제들」)를 참조했다.

11 르쿠르는 레닌의 철학적 분석에 입각하여, 모든 인식이론의 속성은 인식의 객관성 문제로 시작하여 그 답을 존재와 사유의 관계 문제에 예속시키는 데 있으며, 존재와 사유의 관계라는 근본적인 문제를 인식의 객관성이라는 이차적 문제의 관할 하에 제기할 때 이미 답은 정해진 것이나 마찬가지라고 말한다. 존재와 사유의 관계를 규정하기 위해 인식의 분석에서 출발하는 이상, 문제는 이미 사유에 유리하도록 해결되어 있다는 것이다.

가스통 바슐라르

바슐라르 인식론의 두 번째 테제는, 과학들은 진리들을 생산하며 이 진리들은 절대적으로 진리들이라는 것이다. 여기서 "절대적으로 진리들"이라는 말의 의미는, 인간 인식의 불안정이나 인간 능력의 미약함 등, 주체의 흔적에 전염되거나 상대화되는 진리들— 회의적인 관념론 철학들의 전형적 주장—이 아니라는 얘기다. 바슐라르에게 있어 과학적 개념들의 생산은 어떤 심리적(경험적) 주체나 초월적 주체와도 무관하다. 1+1=2라는 인식의 자명성은 스스로 모습을 드러낸다. 과학적 진리들은, 인식주체와 무관하게, "일종의 자율적 필연성에 의해" 생산된다는 것이다. 그리고 세 번째 테제는, 특정 과학적 진리는 그것이 인식의 최종점, 완벽점이라는 의미에서만 "절대적"인 것으로 간주될 수 있다는 것, 다시 말해 모든 과학적 진리는 점점 더 절대적 진리에 가까이 다가가는 과정상의 한 단계일 뿐이라는 것이다. 그런 단계들의 연쇄가 그가 말하는 과학의 역사다.

두 번째와 세 번째 테제를 종합하여 다시 정리하면 이렇다. 진리는 언제나 상대적이지만 그렇다고 해서 절대적으로 진리가 되기를 포기하는 것은 아니다. 또한 절대적 진리라 해서, 그것이 곧 상대적 진리들의 상대

그는 인식의 객관성을 '문제'로 제기하길 거부하고 테제로 대체해 버린 바슐라르의 입장이 갖는 의미는, 그렇게 함으로써 현대 관념론 철학들의 이론적 공간과 단절해 버렸다는 데 있다고 말한다. 이에 관한 자세한 내용은 같은 책, pp. 67~71을 볼 것.

성을 판단하는 측도(測度)라는 얘기도 아니다. 다만 상대적 진리들의 합(合), 부단히 새로운 진리들로 불어나는 합이며 이 과정에는 어떤 한계도 없다.

이 "부단히 불어나는 진리들의 합"의 과정을 뉴턴의 천문학 체계와 아인슈타인의 천문학 체계의 인식론적 관계를 예로 들어 좀 더 구체적으로 설명해 보자. 바슐라르는 아인슈타인의 체계가 뉴턴의 체계에서 나온 것이 아니라고 말한다. 뉴턴의 체계는 "그 자체로 완성된 체계"요 "닫힌 사유의 전형"을 보여주는 체계다. "뉴턴의 체계와 아인슈타인의 체계 간에 이행(移行)이란 없다. 인식을 축적하고, 측정을 더욱 정밀하게 하고, 원칙들을 가볍게 수정하여 전자에서 후자로 이행하는 것이 아니다. 그런 것이 아니라 전적으로 새로운 노력이 필요하다. 고전적 사유에서 상대주의적 사유로 가는 것은 초월 귀납을 따라서이지 증폭 귀납[12]을 따라서가 아니다. 물론, 그런 귀납(초월 귀납)을 한 후에는, 환원적으로, 뉴턴의 과학을 얻을 수 있다. 결국 뉴턴의 천문학은 아인슈타인의 '범(汎) 천문학'의 한 특수 경우이다. 유클리드 기하학이 로바체프스키의 '범(汎) 기하학'의 한 특수 경우이듯이 말이다."[13] 좀 더 뒤에 가서는 이렇게 말한다. "현대 물리학과 뉴턴의 과학의 인식론적 관계를 총체적으로 보면, 옛 학설들이 새로운 학설들로 발전(développement)하는 것이 아니라, 새로운 학설들이 옛 학설들을 포월(enveloppement)함을 알 수 있다."(같은 책, p. 62) 즉, 상대적 진리들의 합이란 곧 '포월'[14]을 의미하는 것이다.

이상의 테제들을 보완하는 마지막 테제는 위의 과정, 즉 부단히 새로운 진리들로 불어나는 끝없는 '포월'의 과정이 '변증법적'이라는 것이다.

----

12 일정수의 특수 경우들로써 하나의 일반적 법칙을 도출하는 추론. 베이컨의 귀납법으로도 불린다.

13 가스통 바슐라르, 김용선 옮김, 『새로운 과학정신』, 인간사랑, 1990, 46~47쪽.

14 원문은 '포함'이라는 뜻이나 포함(包含)과 초월(超越)을 합해 '포월'로 옮긴다. 후자가 전자를 '감싸 안고' 넘어선다는 뜻에서다.

바슐라르가 말하는 변증법은 헤겔의 변증법과는 무관하다. 『부정의 철학』에서 그는 "부정의 철학은 선험적(a priori) 변증법과는 전혀 무관하다. 그것은 특히 헤겔의 변증법에 동원될 수 없다"고 말한다. 그는 이 말을 다소 모호하게 사용하지만, 사유의 고정(固定)주의적이고 부동(不動)주의적인—비-진화론적인—개념들을 비판할 때마다 이 말이 등장한다는 점에서, 우리는 그가 인식이론들의 굳은 범주들[15]에 대립되는 것이라는 의미로 이 말을 쓰고 있음을 미루어 짐작할 수 있다. 요컨대 그가 하는 '변증법적'이라는 말은 과학적 인식들의 역사의 불연속성을 부각하기 위한 수사(修辭)로 보아도 무방하다는 얘기다. 이 말로써 바슐라르는, 콩트의 실증주의와 메이에르송의 정신주의의 공통된 편견—지식이 점점 더 복잡해지면서 지속적으로 발전한다는 것—에 맞서, 과학들의 역사에는 도약과 단층이 있음을, '단절'이 있음을 주장하는 것이다.

바슐라르가 보기에 과학들은 결코 단순한 축적이나 확장으로 진보하지 않는다. 시간의 흐름과 더불어 자신의 모든 잠재성들을 펼치는 씨앗처럼 어떤 유기적 모델에 따라 발전하지도 않는다. 과학들은 손댈 수 없는 신성한 '원칙들'에서 출발하여 끈기 있게 그 결과들을 도출하려는 노력을 통해 발전하는 것이 아니다. 과학들은 전혀 다르게 나아간다. 과학들은 앞으로 나아가면서 인식들을 생산하나, 그 인식들은 '역작용'에 의해 최초의 원칙들을 뒤흔들고 망가뜨린다. 즉, 과학들은 회귀(回歸) 운동으로만 진보한다. 새로운 원칙들을 갖기 위해 최초의 원칙들을 벗어던짐으로써만 진보한다. "과학들은 자신들의 원리들에서 출발하는 것이 아니라, 그것들을 향해 나아간다"는 바슐라르의 말은 그런 뜻이다. 바슐라르에게 과학적 인식들의 생산 과정은 "창조하기 위해 파괴하는" 변증법적 운동이다.

----

15 양태는 다양하나 모든 인식이론들의 뿌리는 주체의 선천적 형태들(formes constitution-nelles)—주체의 구성 요소들 중, 정태적이고 불변하는 요소들—이라는 점에 유의하자.

이상에서 살펴본 바슐라르의 철학적 테제들을 한 문장으로 요약하면 이렇다. "과학들은 진리성을 점증시키는 하나의 끝없는 변증법적 과정으로 이어지는 객관적 인식들을 생산"한다는 것이다.

(A) 점진적인 복잡화에 의한 연속적 발전 모델	지식A → 지식Ā ⇌ 지식Ǣ
(B) 회귀 운동으로 나아가는 불연속적 도약 모델	(1)지식A ⇌ (2)지식A+B ⇌ (3)지식A+B+C

과학 진보의 두 모델

여기서 다시 그의 인식론의 중심 테제, 과학적 인식의 객관성이라는 테제로 돌아가 보자. 개념들 생산의 변증법적 과정이 '객관적'이라는 얘기는 그 과정이 거기에 참여하는 주체들에게 달린 것이 아니라는 얘기다. 바슐라르는 객관성이라는 테제를 제기함으로써 전통 인식이론들의 '주체' 범주를 파괴하고 대신 변증법적 과정이라는 범주를 만들어냈다. 관념론적 인식이론들에 대한 그의 일관된 비판은 인식이론들이 과학적 개념들의 생산 과정 이전이나 바깥에 있는 '이성' 혹은 '정신'을 전제하기 때문이다. 이에 대한 그의 비판은 결정적인 것이며, 이로써 그는 대번에 인식이론들의 이론적 공간 바깥—모든 형태의 현대 철학적 관념론 공통의 장 바깥—에 위치하게 된다.

그가 말하는 위의 변증법적 과정은 전통 인식이론들이 전제하는 '주체'가 없는 과정이라고 할 수 있으며, 그는 주체 없이 이루어지는 이 과정, 절대적 시작도 없고 정해진 끝도 없는 변증법적 과정, 이 지속적인 혁신을 '인식의 정신분석'이라고 생각했다.

과학적 인식은 어떤 조건에서 생산되는가: 정신은 '학교' 같은 것, 과학적 인식은 스승과 제자의 대화를 통해 생산된다

과학은 회귀 운동으로 진보한다. 기존의 원칙들을 파괴하면서 새롭게 도약하는 것이다. 이제 그러한 파괴와 새로운 도약이 어떻게 이루어지는지, 다시 말해 과학적 인식들이 구체적으로 어떻게 생산되는지를 살펴보기로 하자.

이때 가장 먼저 제기되는 문제는 역시 '인식주체'의 문제다. 바슐라르의 전제대로 개념들 생산의 변증법적 과정이 '객관적인' 과정이라면, 다시 말해 과학적 진리들이 인식주체와 무관하게 '일종의 자율적 필연성'에 의해 생산된다면, 그 과정에 참여하는 사람들은 무엇이란 말인가? 아무리 그 과정이 객관적이라고 하나 그것이 이루어지게 하는 것은 분명 실제 사람들—자신들의 인식과 창의력을 그런 생산에 쏟는 학자들—이 아닌가? 바슐라르에게 코기토란 무엇인가?

여기서 다시 한 번 데카르트의 코기토로 되돌아가, 그의 코기토(철학자의 코기토)를 바슐라르의 코기토(과학자의 코기토)와 비교해 보자. 데카르트는 코기토의 문법적 주체인 '나'를 하나의 실체, 하나의 항구적인 영혼으로 보고, 모든 진리들의 토대이자 출발점으로 삼고자 했으나 바슐라르는 그런 주체를 부인한다. 그에게 '나'란 복수의 불안정한 변화하는 주체다. 또한 데카르트는 모든 것을 의심하고자 했으나, 과연 우리가 실제로 모든 것을 의문시할 수 있는지 반문한다. 전제 없는 사유는 있을 수 없기에 모든 것을 의문시하려 드는 것은 터무니없는 시도라는 얘기다. 그는 "오늘날의 과학은 우리에게, 의심한다는 것은 여러 가지 확신을 요구하는 것임을 가르쳐준다"[16]고 말하면서, 데카르트의 보편적 의

----

16 Gaston Bachelard, *Le Rationalisme appliqué*, PUF, 1949(1970), p. 50.

심에 대해 주저치 않고 "과시적"이라는 수식어를 붙인다. 그는 그런 의심 대신, 언제나 세밀하게 한정된 하나의 질문을 제기하고자 한다. 즉, 어떻게 나는 오늘날의 과학의 어떤 새로운 생각이 엉터리가 아님을 알아낼 수 있는가? 아인슈타인은 자신의 발견의 객관적 가치를 어떻게 확신할 수 있는가?

요컨대 그는 데카르트처럼 지식의 토대 전체를 확보하려고 하는 것이 아니라, 어떤 새로운 관념, 어떤 새로운 발명이나 발견의 타당성을 확보하려고 한다. 인식의 나무 전체가 뿌리내릴 수 있는 절대적 확실성을 겨냥하는 데카르트의 코기토가 '전체적인'(intégral) 코기토라면, 특정 문제 ―어떤 새로움의 차이성, 어떤 새로운 출현―를 고찰하고자 하는 바슐라르의 코기토는 '차이적인'(différentiel) 코기토다. 어떤 문제를 한정한다는 것은 어떤 지식의 배경을 바탕으로 해서만 가능하다. 탐구자는 자기 지식의 한계 안에서 사유하는 것이지 완전한 무지 속에서 사유하는 것이 아니다. 과학적 사유에서는 모든 것을 의심하는 항구적인 실체로서의 나는 존재하지 않으며, 사유거리를 제공하는 문제와 그 문제에 대한 의식이 있을 뿐이다. 문제가 지식과 비-지식 사이의 다리 역할을 한다.

이처럼 그의 코기토는 '문제'라는 관념[17]과 긴밀하게 연관되어 있다. "코기토의 주체를 문제의 의식으로, 그리고 그 대상을 문제의 주체로 정의해야 한다"[18]고 그는 말한다. 코기토를 문제틀(문제의식) 같은 것으로 보는 바슐라르는 데카르트가 사실들의 차원과 이성들의 차원을 잘 구분

----

17 일상 언어에서는 우리는 흔히 문제(problème)와 물음(question)을 혼용하지만, 철학에서는 이 둘을 혼동해서는 안 된다. '문제'는 답을 얻기 위해 단계적으로 처리되어야 하는 물음이다. 그냥 '물음'은 꼭 특별한 처리를 요구하지 않지만, 문제는 명시적인 자료들을(사실로 주어진 것들)과 어떤 **결정된 분명한 방법**이 있어야 해결될 수 있다. 문제들 중에는 진짜 문제(잘 제기된 문제)들만이 아니라 가짜 문제(잘못 제기된 문제)들이 있을 수 있는데, 그런 문제들은 어떤 물음들이 해명되면서 드러나기도 한다.

18 Gaston Bachelard, 앞의 책, p. 56.

하지 않는다고 비판한다. 사실 데카르트가 대립시키는 참, 거짓, 의심스러운 것 등에 대한 판단은 논리학자들이 '확연(確然)적'이라고 부르는 판단 양태에 속한다. '사실'로 주어진 것들—즉 '다르게 될 수도 있지만 그렇게 된 것'(오늘 비가 오는 것은 '사실'이지만, 날씨가 좋았을 수도 있다)—하고만 관계되기 때문이다. 한데 수학이나 과학 등에는 '필연(必然)적인 것들'(다르게 될 수 없는 진리들)이 있다. 유클리드 기하학에서, 어떤 직선 밖에 있는 한 점에서는 단 하나의 직선 평행선만 그을 수 있다는 것, 이 정리(定理)는 '사실에 따른' 정리가 아니라 합리적 필연성을 말한다. 확연적인 것은 확인되는 것이고, 필연적인 것은 증명되는 것, 즉 이성들의 차원과 관계된 것이다.

그래서 우리의 정신은 어떤 문제를 공략하기 위해 자신이 가진 지식을 돌아볼 때, 확연적인 것과 필연적인 것을 구분한다. 모든 과학적 사유는 확연적 사유와 필연적 사유, 사실들에 대한 의식과 합리적 규범들에 대한 의식으로 나뉜다. 사유하는 행위는 '나'를 사실들에 대한 의식과 규범들에 대한 의식으로 양분한다. 이는 곧 사유하는 것이란 사유함과 동시에 자신의 사유를 감시하는 것임을 의미한다. 어떤 셈을 확인할 때, 나는 사유하는 자인 동시에 사유하는 나를 바라보는 자다. 나는 사유하는 행위(코기토)를 의식하는 동시에 사유의 규범성을 의식(코기토²)한다. 내가 하는 셈이 산술법칙에 따라 이루어지는지 조회하기 때문이다. 바슐라르가 "과학은 주체를 나눈다"고 말하는 이유다. 사유한다는 것은 사유 대상을 "나뉜 주체"(『응용 합리론』, pp. 69~71) 앞에 두는 것이다. 그리하여 그의 인식론에서 과학자의 정신은, 문제의 제기와 해결이 내 속에 있는 '나'와 '너'의 대화를 통해 이루어지는 일종의 '학교' 같은 것이 되며, 거기에서 나는 "선생과 학생으로 분열"(같은 책, p. 26)한다. 그에게 이 '학교'는 정신의 구조 자체이자 사유 가능성의 조건(과학적 인식이 이루어질 수 있는 조건)이다.

이 '스승-제자' 구조의 내적 형태들을 고려하여 바슐라르가 말하는 과학자의 코기토를 다시 표명해 보면 이렇다. 나 자신의 스승이자 제자인 나, 나는 나의 분신인 너를 증인으로 삼는다. 내가 방금 사유한 것(내 속의 학생이 찾아낸 것)을, 내 속의 스승이 너(나의 제자인 너)에게 제안한다. 내가 너에게 그것을 가르치면서 그것을 판단하듯이, 네 속에도 있는 스승이 그것을 판단하도록.[19]

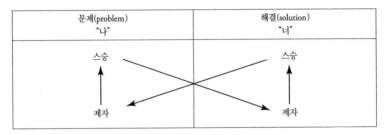

합리적 일치의 원자로서의 코기토

바슐라르에게 지식(과학적 인식)은 직관[20]에 의거하는 것이 아니다. 시각은 스스로를 감시하는 사유의 분열을 잘 헤아리지 못한다. "고립된 어떤 관념도 자체 안에 자기 객관성의 징표를 갖고 있지 않다"[21]고 그는 말한다. 진리는 시각의 딸이 아니라 토론의 딸, 논쟁의 딸이다. '나'와 '너'의 대화를 통해 이루어지는 합리적 일치다. 과학자의 코기토란 그런 '합리적 일치의 원자(原子, atom)' 같은 것이다. 이것이 있어야 다른 주체들(과학자들)과의 대화도 가능하다. 나는 오직 나 자신이 나의 스승이자 제자가 될 수 있는 한에서만 다른 사람의 스승이자 제자가 될 수 있다. 과

----

19 이어지는 표와 관련 설명에 관해서는 Michel Fabre, *Gaston Bachelard, La formation de l'homme moderne*, Hachette, 2001, pp. 25~28을 볼 것.

20 데카르트의 코기토는 고독한 행위이며, 그에게 지식의 이미지는 시각적인 것이다. 자명성은 직관(라틴어 intueri는 '보다'를 뜻한다)에 의거한다. 그는 지적인 눈으로 단숨에 도달할 수 있는 인식을 추구했다(이 책 308쪽의 그림 참조).

21 Gaston Bachelard, *Études*, Vrin, 1970, p. 77.

학자들 간의 합리적 대화는 오직 그들 각자가 내적으로 자기 자신과 대화하기 때문에만 가능하다는 얘기다. 과학자들은 상호 가르침 속에서, 우애 어린 수정 행위를 통해 자신들의 오류를 점검하고, 문제의 제기와 해결에 협력하면서 자신들의 해법의 타당성을 확인한다. 그들은 서로가 서로의 스승이자 제자이다. "과학자들은 서로가 서로의 학교에 간다. 그들은 영원한 학생들"[22]이다.

그렇다면 어떤 것이 과학자들 간의 이러한 합리적 일치(과학적 인식)의 대상이 되는가? 물론, 과학자들 간의 합리적 일치는 단순한 확인 차원의 소통이 아니다. 이 합리적 일치의 대상은 어떤 '주어진' 대상(이를테면 데카르트처럼, 내가 지금 꿈을 꾸고 있는지 아닌지를 확인하는 것 같은)일 수 없다. 주어진 대상은 단지 확연적인 것, 사실적인 것에 회송(回送)될 뿐이기 때문이다. 현대 과학은 이미 오래전에 그런 관찰의 단계를 넘어섰다. 과학적 대상들은 '구성된' 대상들이다. 현대 물리학에서, 실험자는 '보기 위해' 실험을 하는 것이 아니다. 있는 그대로의 사실들을 관찰하는 것은 이제 더는 그의 소관이 아니다. 그게 아니라 어떤 이론적 예측(방정식, 화학반응식)을 확인하거나 파기하게 해줄 장치를 구상하고자 한다. 경험적 기억(사실들에 대한 기억)과 합리적 기억(이론적 이성들에 대한 기억)을 동시에 참조하는 것이다. 수학자는 문제의 조건들(이를테면 합리적 필연성들)을 제공하고, 실험자는 문제의 소여들(그 조건들이 둘러싸고 있는 사실들)을 연구한다. 조건들은 실험자로 하여금 실험 결과를 예상—그것은 필연적으로 이러이러해야 한다!—하거나, 예기치 못한 사실을 어떤 이론 조직체 속에 다시 통합—이제 나는 어째서 그것이 이러한지 이해한다—할 수 있게 해준다. 요컨대 합리적 일치는 단순한 확인의 차원을 훨씬 넘어, 어떤 문제-틀(problématique)을 구성하는 차원에서의 소통인 것이다. 바슐라르에게 문제-틀이란, 사실에 의거하는 소여들(확연적인 것, 우

---

22 Gaston Bachelard, *La Rationalisme appliqué*, p. 26.

연적인 것)과 조건들 혹은 이성들(구성된 필연성들)을 연결하는 '어떤 문제의 여건'(énoncé d'un problème)을 가리킨다. 오늘날의 과학에서 문제를 제기한다는 것은 곧 문제-틀을 구성하는 문제이며, 낡은 문제-틀과 새로운 문제-틀 사이에 '인식론적 단절'이 있다.

정리해 보자. 바슐라르에게 코기토란 하나의 문제-틀과 같은 것이다. 문제는 우리가 동일한 것에 대해 얘기함을 보장해 주고, 사실들과 이성들을 접합하고, 알려진 것과 알려지지 않은 것의 관계를 맺어주며, 상호 확증(합리적 일치)의 미래를 연다. 그의 과학인식론에서, 문제에 선행하여 존재하는 인식의 토대, 출발점으로서의 '나'는 존재하지 않는다. 문제-틀이 앞서 존재하며, 문제의 해결을 통해 '나'(과학적 자아)가 탄생하는 것이다.

과학 진보의 장애는 무엇이며 어떻게 극복되는가: '장애'와 인식의 정신분석

합리적 일치를 이루기 위해서는, 다시 말해 과학적 인식에 이르기 위해서는 무엇보다도 문제를 정확하게 제기해야 한다. 사실 문제를 정확하게 제기한다는 것은 이미 문제를 반쯤 해결한 것과 같다. 하지만 우리가 늘 문제를 정확하게 제기할 수 있는 것은 아니다. 왜 그럴까? 우리가 문제를 정확하게 제기하지 못하는 이유는 무엇이며, 어떻게 해야 문제를 정확하게 제기할 수 있는가?

바슐라르는 '과학정신의 형성'이 어려운 것은 사유가 사유에 저항하기 때문이라고 생각한다. 여기서 중요한 것은 '저항'이라는 관념이다. 프로이트는 억압된 추억들의 '저항'이 신경증의 원인임을 깨닫고서, 최면요법을 버리고 저항들에 대한 조사 작업을 통해 무의식에 이르는 길을 열었다. 바슐라르는 프로이트의 이 생각을 다시 취해 과학적 인식에 옮겨놓는데,[23]

그에게서 저항은 '장애'가 되고 사유 노력은 '인식론적 단절'이 된다.

사유가 사유에 저항한다는 것은 곧 우리의 인식이 우리의 내밀한 관심(혹은 집착)과 긴밀하게 연관되어 있음을 의미한다. 이는 지식의 차원이 구조(지적 구조[24])의 차원과 에너지(심리적 집착)의 차원이라는 두 가지 차원을 가짐을 의미하는 것이기도 하다. 배움이 어려운 이유는 개념적 변화가 다르게 사유할 것을, 우리가 매달리는 최초의 지적 집착들(관념들)을 버릴 것을 요구하기 때문이다.

인식과 관심을 분리하길 거부하는 만큼, 바슐라르가 『과학정신의 형성』에서 열거하는 다양한 장애들(언어, 공통 경험, 일반적 인식, 실체론적 장애, 물활론적인 장애, 리비도 등)은 모두 무의식으로 회송된다. 예컨대 학생이 행성들의 궤도를 타원으로 인식하는 데 어려움을 겪는 것은 "단순하

----

23 과학적 인식에 정신분석을 적용한다는 생각은 당시 프로이트의 정신분석학에 비개방적이던 소르본 학계에 충격을 주었다. 하지만 바슐라르는 작품을 통해 시종일관 이 생각을 유지하며, "정신분석학적 교수법"(『응용 합리론』, p. 72)이라는 표현까지 쓴다. 물론 바슐라르가 프로이트의 정신분석학을 그대로 다 수용하는 것은 아니다. 둘은 그 대상이나 목표에 다음과 같은 차이가 있다. 프로이트의 정신분석은 일반적인 정서적 관계들을 대상으로 한다. 그것은 오이디푸스 콤플렉스를 중심으로 구성된다. 바슐라르가 말하는 정신분석은 인식과 관계된다. 그래서 그의 정신분석은 신들에게서 불의 비밀을 빼돌린 지식의 영웅 프로메테우스 콤플렉스를 중심으로 구성된다. 그리고 프로이트는 특히 전이(轉移)를 목표로 한다. 전이란, 분석(치료)이 진행되는 동안 어떤 주체(환자)의 유년기에서 비롯되는 긍정적이거나 부정적인 감정(사랑, 증오)이 되살아나 자리를 옮겨 정신분석가에게 향하게 되는 과정을 가리킨다. 즉, 그의 정신분석은 카타르시스(증상 탄생 상황들에 대한 회상)에 그치지 않고, 신경증 관계를 정신분석가 개인 쪽으로 전환시키는 데 있는 것이다. 그러나 바슐라르의 과학적 인식의 정신분석은 카타르시스—그가 "어리석은 생각들의 자백"이라고 말하는— 에 있다. 프로이트의 목표는 치료적인 것이지만, 바슐라르의 목표는 방법론적인 것, 무엇보다 그릇된 표상들의 수정에 있다.

24 예컨대 콩트는 지적 구조의 차원에서, 과학들의 역사적 진화의 3단계 법칙을 규정했다. 물리학의 경우, 현상들의 설명을 초자연적인 것에서 찾는 '신학적 상태'와, 매우 일반적인 설명 범주들(아리스토텔레스 철학에서의 형상과 질료 같은)을 끌어들이는 '형이상학적 상태'를 거쳐, 현상들 간의 관계를 탐구하여 법칙들을 설정하는 '과학적 상태'에 이른다는 것이다. 바슐라르는 모든 학문에는 신학적 유년기, 형이상학적 청소년기, 실증적 성년기가 있다는 이 지적 발달의 3단계라는 관념을 대체적으로 수용하지만, 여기에 에너지의 차원을 중복시켜 내용에 뿌리 깊은 변화를 기한다.

고 완성된 형태들의 매력"[25]에 종속되어 있기 때문이다. 무의식적으로 원(圓)에 지나친 가치를 부여하기 때문이라는 얘기다. 『대지와 휴식의 몽상』에서는, "결코 우리는 기하학적 관심을 위해 무의식적 관심을 함부로 포기하지 않는다!"라고 말한다. 화학자의 방정식 배후에는 연금술사의 몽상이 있다. 우리가 인식에 어려움을 겪는 것은 사유하기 전에 꿈을 꾸고, 우리의 몽상들이 우리의 사유 속에 오랫동안 연장되기 때문이다. 언제나 생명 없는 사물들에 우리 자신을 투사하고, 그 사물들에 우리의 환상을 이식하는 데 위험이 있다. 그래서 바슐라르는 장애들의 원천에 주저 없이 문화 콤플렉스들을 위치시킨다. 그가 『불의 정신분석』에서 열거하는 각종 콤플렉스들은 장애가 무의식에, 어떤 집단적이고 문화적인 무의식에 뿌리 내리고 있음을 의미한다.

과학적 인식이 정신분석을 받아야 한다는 것은 곧 과학이 상식에 반함을 의미한다. '공통의 앎'이나 속견(俗見)은 대개 무의식에 연결되어 있다. 장애는 사유를 방해하는 오류지만, 어느 면에서는 '정상적인' 오류다. 모두가 범하는 오류이기에 정상적이라는 말이다. 물체의 부유성(浮游性)이 그 물체의 소재에 달려 있다고 생각하거나 질량과 관계가 있다고 생각하는 것은 정상적이다. 장애는 수시로 생겨나는, 예견 가능한 그릇된 표상이다. 부유물이 균형을 취하는 이유가 물이 아래에서 위로 미는 힘을 발휘하기 때문이라는 사실을 우리는 본능적으로 인식하지 않는다. 배가 헤엄을 친다는 관념이 아르키메데스의 원리를 이해하지 못하게 하는 것이다. 그러므로 장애란 인식의 결핍이 아니라, 직관들과 친숙한 경험들을 바탕으로 이미 구성되어 있는 어떤 경험적 소양이다. 흔히 과학 선생들은 지식을 축적하고 무지를 메우는 것이 배움이라고 생각하지만, 배움과 가르침은 그보다 더 어려운 일이라고 바슐라르는 말한다. 어떤 문화를 습득하는 문제가 아니라 그것을 바꾸는 문제이기 때문이

---

25 Gaston Bachelard, *La Formation de l'esprit scientifique*, Vrin, 1938(1970), p. 234.

다. 장애가 되는 것은 결코 무지가 아니라 언제나 기존의 인식이다. 물리학 수업이 언제나 "일차적 직관들의 불순한 콤플렉스"를 파괴할 수 있는, "지적, 정서적 카타르시스"[26]로 시작되어야 하는 이유다. 과학정신은 기존의 인식과 단절[27]함으로써만이 형성된다.

그렇다면 사유로 하여금 새로운 인식들을 생산하는 '단절'을 시행하지 못하게 가로막는 장애는 어떻게 극복될 수 있는가? 바슐라르는 『과학정신의 형성』 마지막 장에서, 생산적 단절을 시행하는 정신분석적 교수법의 한 예를 제시한다. 뉴턴 물리학 체계에서의 행성들의 궤도가 그 예시다. 앞에서 언급했듯이, 학생들이 행성들의 궤도가 타원을 그린다는 사실을 받아들이기 어려워하는 이유는 그들이 "단순한 기하학적 형상에 매료"되어 있기 때문이다. 그들에게 원(圓)은 순수한 기하학적 형상이지만, 타원은 단지 어떤 훼손된 원, 탈이 난 원에 불과한 것으로 생각될 수 있는 것이다. 어떻게 하면 이 지배적인 직관과 단절할 수 있는가? 선생은 먼저, 타원이 원보다 훨씬 더 흥미롭다고 말하는 타원의 변호사가 되어, 원이 단지 타원의 한 특별 케이스, 즉 두 개의 초점이 일치하는 하나의 타원임을 제시한다.[28] 그런 다음 수학적 추상화를 통해 원에 대한 지나친 가치 부여를 공략해 나간다. 알고 보면 원, 타원, 포물선, 쌍곡선 등은 모두 제2차 곡선군(群)에 속하며, 모두가 원뿔곡선이다. 대수기하학이나 투영기하학에는 한 곡선에서 다른 곡선으로 마음껏 이행할 수 있게 해주는 법칙들이 있다. 이렇게 곡선의 변형군(群)들을 사유하다 보면,

---

26 같은 책, p. 18.

27 바슐라르는 『과학정신의 형성』에서 화학이나 전기학이 어떤 산고 끝에 과학으로 탄생했는지를 서술하면서 세 가지 단절 유형을 검토한다. 첫째는 어떤 학문 분과가 과학으로 이행하는 단절(연금술→물리학)이고, 둘째는 어떤 기존 과학 내에서의 설명 이론의 변화를 나타내는 단절(뉴턴의 물리학→아인슈타인의 물리학)이며, 셋째는 어떤 이론 내에서의 개념 변화를 나타내는 단절(아인슈타인의 질량 개념→폴 디락(Paul Dirac)의 질량 개념)이다.

28 같은 책, p. 237.

관심이 요소에서 구조로 옮아간다. 중요한 것은 한 곡선에서 다른 곡선으로 옮아갈 수 있느냐 하는 것이지, 원이든 타원이든 어떤 한 곡선에 특별한 가치를 부여할 이유는 없다. 그럴 때 정신은 케플러의 법칙을 행성들의 궤도와 뉴턴의 인력법칙에 연관시킬 준비가 된다. 행성들의 궤도가 타원인 것은 인력법칙 때문인 것이다.

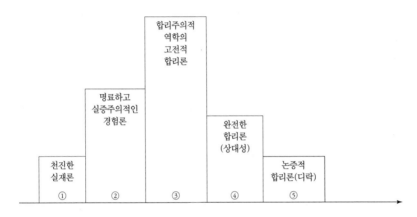

바슐라르가 도표화한 질량 개념에 대한 '인식론적 프로필'. 이 프로필은 그의 인식 작업 속에 여러 철학들이 어떻게 심리적으로 작용하고 있는지를 나타낸다. 가로좌표에 열거된 다섯 가지 철학은 질량 개념의 사용 방향을(즉, 어떤 의미로 사용하는지를) 나타내고, 세로좌표는 질량 개념의 실제 사용 빈도, 즉 실사용에서의 중요도를 나타낸다.

오늘날의 과학은 반(反)직관적인 것이다. 지각이나 상식의 연장이 아니다. 그래서 과학은 우리의 모든 정신적 습관을 수정할 것을 요구한다. 그러나 장애들을 말끔히 몰아내기는 어렵다. 장애들의 심리학적 특성은 저항과 회귀다. 지식도 나이를 먹으며, 최초의 오류는 엉터리 개념으로 구성되어 되돌아오기 십상이다. 그래서 정신은 자신이 예전에 범한 오류 속으로 다시 떨어진다. 시간이 지나면, 행성들의 타원 궤도와 인력법칙의 관계가 어느새 느슨해진다. '합리적 기억'이 '경험적 기억'으로 퇴화한다. 그리하여 곧 태양이 행성들이 궤도를 그리는 원의 중심에 등장하고 만다.

학생들만이 아니라 선생들도 인식의 정신분석을 받아야 하는 것은 그래서다. 『부정의 철학』에서 바슐라르는 흥미롭게도 질량과 에너지 개념에 대한 '자기 분석'을 시행하고는 그 결과물, 즉 자신의 '인식론적 프로필'을 제시하는데, 이 프로필은 그에게 잔존하고 있는 과학 소양의 다양한 지층(地層)들, 문화적 침전물들을 엿보게 해준다.

앞의 표는 바슐라르 같은 현대 과학 전문가의 질량 개념에도 떨쳐버려야 할 실재론(표의 ①)의 몫이 있음을 가리킨다. 이 천진한 실재론은 전(前)과학인 차원에 속하며 절대적으로 장애로 기능한다.[29] 다시 말해서 모든 기둥들 사이에는 '인식론적 단절'이 있지만, 특히 이 실재론적 차원과 다른 차원들 사이에는 과학과 속견을 가르는 근본적인 인식론적 단절이 있다는 것이다. 하지만 실증주의적이거나 뉴턴적인 질량 개념처럼, 이 프로필의 좀 더 합리적인 요소들은 이용이 가능하며 맥락에 따라 적절히 활용될 수 있다. 질량 개념이 최대치의 명료성을 갖는 것은 프로필의 끝(상대주의 역학 혹은 디락의 역학)에서이지만, 사실 자동차나 비행기의 궤적 같은 저속도(低速度) 물리학에서는 상대주의적 질량 개념이 전혀 필요치 않다. 위 표에서 ③의 중요도가 가장 높이 측정된 것은 그래서다. 바슐라르는 이렇게 말한다.

----

29 과학적 인식에서 천진한 실재론(réalisme naïf)이 어떻게 장애로 기능하는지, 바슐라르가 드는 '에디슨의 전구' 예를 통해 살펴보자. 그가 보기에 에디슨의 전구는 전기(電氣) 과학의 첫걸음을 구현하는 것이다. 촛불에는 공기가 없어서는 안 될 요소지만, 전구는 진공을 요구한다. 촛불에서 불타는 것은 연소되어 사라지는 것이지만 전구는 불가용성의 금속실을 요구한다. 촛불에 대한 오랜 '사실적인' 경험을 통해 우리는 빛이 불처럼 타는 실에서 나온다고 생각하고, 불이 내부를 순환하는 광선들을 방출한다고 설명한다(유치한 실재론의 실체론적 설명). 광선들이 모여 있다고 생각해서다. 하지만 전기 과학의 법칙은 광(光)에너지의 방출을 결정하는 저항을 높이기 위해 선을 되도록 길게 늘이고 단면을 축소하도록 요구한다. 요컨대 에디슨의 전구는 옛 방식, 즉 양초와 연소의 경험적 방식을 부인한다. 이쪽에서 저쪽으로 미끄러지는 것이 아니라, 한쪽이 다른 쪽을 낙오시키고 부인한다. 과학은 자신을 혁신해야 하고 자신을 고정하는 것으로부터 해방되어야 한다. 자신의 과거―그 강렬한 이미지들과 내밀한 확신들―와 부단히 단절해야 한다.

합리주의적 질량 개념은 고전적인 수학 교육과 오랜 세월에 걸친 물리학 교육을 통해 형성된 것이다. 사실 질량 개념은 대부분의 경우 이 고전적 합리론의 방향으로 나아간다. 우리에게 분명한 개념으로서의 질량 개념은 특히 이 합리주의적 개념이다.

하지만 우리는 필요한 경우, 이 개념을 상대성 역학에서의 의미나 디락의 역학에서의 의미로 파악할 수도 있다. 하지만 이 두 방향, 특히 디락의 방향으로 나아가기는 대단히 어렵다. 조심하지 않으면 합리주의적 경향에 지배당한다. 우리의 단순 합리주의는 우리의 완전한 합리주의(상대성 이론), 특히 우리의 변증법적 합리주의(디락)를 방해한다. 뉴턴이나 칸트의 합리론처럼 지극히 정상적인 철학도 상황에 따라서는 문명 진보의 장애가 될 수 있다는 증거다.[30]

'장애'라는 말의 어원이 암시하는 바[31]와는 달리, 장애는 '사유가 가서 부딪히는 어떤 것'이 아니다. 장애는 사유 자체 안에 있다. 절대 자기 자신에게 완전히 나타나지 않는 사유의 그늘 부분이 바로 장애다. 이는 곧 모든 인식은 도구이자 장애임을 의미한다. 최고의 도구, 최고의 개념도 장애가 될 수 있다. 아인슈타인의 물리학에 입문하려면 뉴턴의 모든 개념들을 수정해야 한다. 그러므로 단번에 진리 속에 자리 잡을 수 있는 배움, 오류 없고 장애 없는 배움은 꿈꿀 수 없다. 진리는 마치 과거 오류들에 대한 깨달음처럼 언제나 사후에 온다고 말하는 편이 옳다. 그 진리 역시 상대적인 것일 뿐이다. 오늘의 진리는 내일이면 오류나 근사치로, 나아가서는 미래의 좀 더 합리적인 어떤 사유에 대한 장애로 나타날 가능성이 다분하다. 앞에서 말했듯이, 절대적 시작도 없고 정해진 끝도 없

---

30 327쪽의 표 및 관련 내용에 관해서는 Gaston Bachelard, *La Philosophie du non*, PUF, 1940(1983), pp. 42~45를 볼 것.

31 장애(obstacle)라는 말의 어원 obstare는 '바로 앞에 놓여 있다'라는 뜻이다.

는 변증법적 과정, 지속적인 혁신이 바슐라르가 말하는 '인식의 정신분석'이다.

장애를 극복하기 위해서는 스승과 제자 모두가 정신분석의 대상이 되어야 한다. 바슐라르는 자신의 인식들의 상태를 명확히 밝히지 않고(즉, 자신의 지식 속에 잔존하는 불투명한 지대들을 파악하지 않고) 교육한다는 것은 생각도 할 수 없는 일이라고 생각한다. 교육자는 이 '자기 정신분석'을 먼저 이행해야만 어째서 학생들이 이해를 하지 못하는지 이해할 수 있다. 학생들을 제대로 된 학습의 길로 접어들게 하려면, 자기 내부의 모든 '저항'들을 체험하고 탐구해야 한다는 것이다. 로트레아몽의 『말도로르의 노래』를 분석하면서, 그는 수사학 선생이 언어에 대한 "좀스러운" 억압으로 학생들의 상상력을 어떻게 봉쇄하는지를 비판하고, 수학 선생의 "엄격함"이 학생들을 어떻게 완전히 가두게 되는지를 비판한다. 학교는 가정이 아니고, 선생은 아버지 대리인이 아니라는 것. 교육이 요구하는 것은 선생에 대한 복종이 아니라, 오로지 진리에 대한 복종뿐이라는 것이다.

바슐라르 이후: 인식론의 새 장이 열리다

지금까지 우리는 현대 과학사의 전개를 바라보는 바슐라르의 시각을 살펴보았다. 그의 인식론은 위기의 사상, 불연속의 사유다. 그는 과학적 사유의 진보 과정에서 지식들은 단절에 의해 불연속적으로 획득됨을 강조한다. 20세기 초의 여러 위기들, 상대성의 위기(아인슈타인), 결정론의 위기(양자역학), 집합이론의 위기(게오르크 칸토어) 등을 그 증거로 삼았다. 그런 위기들은 불행한 사고가 아니라, 오히려 이성의 건강을 말해 주는 것으로, 철학은 과학을 공부하면서 그런 위기들을 사유하려고 노력해야 한다. 그것이 '부정(否定, non)의 철학'이다. 그가 말하는 부정은 부인(否

認)이나 거부가 아니라, 수리요, 수정이요, 극복이다. 유클리드 기하학, 뉴턴의 물리학, 데카르트 인식론은 거부되는 것이 아니라 확장되고 초극되어, 보다 일반적인 구조의 특수한 형태들로 재발견된다. 진리를 정복해 나가기 위해서는 기존의 원칙들을 언제라도 다시 의문시할 수 있는 '미래로 열린 이성'을 가져야 한다는 것, 바슐라르는 이를 모토로 하여 과학의 최첨단과 직접적으로 관계된 합리성들을 예시함으로써 '새로운 합리성'을 갈구하던 프랑스 신세대 철학자들에게 결정적인 영향을 끼쳤다.

이상에서 살펴보았듯이 그의 과학인식론은 과학사를 사유하고 서술하는 방식에 있어 혁명적인 변화를 꾀한 것으로, 그 정신은 그의 직계 제자인 조르주 캉길렘(Georges Canguilhem, 1904~95. 특히 그의 1955년의 저술 『반사 개념의 형성』에서)을 거쳐 푸코(특히, 1963년의 『임상의학의 탄생』과 1961년의 『고전주의 시대의 광기의 역사』)로 이어졌다. 푸코는 『말과 사물』에서, 르네상스 시대와 고전주의 시대, 그리고 근대라는 세 시기에는 각 시기마다 에피스테메, 즉 '어떤 하나의 체계적이고 특수한 구성'[32]이 있어, 이것이 지식들에 '특정 규칙성', 즉 당대의 모든 작품들에 나타나는, 사물들을 사유하는 고유한 방식을 부과한다고 말하는바, 그의 이 에피스테메 개념에서 어찌 우리가 바슐라르의 '인식론적 장애'—즉, 기존의 어떤 과학으로 하여금 특정 시점에, 문제들을 정확하게 제기하지 못하게 하는 과학적이거나 비과학적인 표상들 전체—를 떠올리지 않을 수 있겠는가?

또한 루이 알튀세르(Louis Althusser, 1918~90)는 바슐라르의 '인식론적 단절' 개념을 마르크스주의 철학 연구에 도입(『『자본』을 읽다』)[33]하여 엄

----

32 여기서 구성(configuration)은 지형 혹은 배치로 해석되기도 한다.

33 알튀세르가 마르크스주의 철학 안에서 발생한 인식론적 단절—즉, '착취'라는 과학적 개념(후기)이 '소외'라는 철학적 개념(초기의 헤겔적인 이론 얼개)을 대체한 것—을 읽어낸 것을 말한다. "알튀세르 사상의 극히 중요한 초점은 어떤 특별히 알맞은 역사적 순간에

청난 여파를 불러일으킨 바 있다. 피에르 부르디외(Pierre Bourdieu, 1930~2002)에게서도 바슐라르의 '단절'은 사회학의 방법[34]이 되었으며, 이들 외에도 바슐라르의 '불연속의 사유'는 물리학, 생물학, 언어학, 정신분석학, 심리학, 법학 등 다양한 학문에 영향을 끼치며, 프랑스적 사유의 보편적 특성으로 자리를 잡았다.

프랑스 바깥으로도 눈을 돌려보자. 사실 과학사의 '불연속'이라는 개념이 세상에 널리 알려진 것은 토머스 쿤의 1962년 저술(『과학혁명의 구조』)을 통해서이지만, 이 개념이 만들어진 바슐라르의 책 『새로운 과학정신』(1934)이 쿤의 책보다 한 세대나 앞선다는 사실을 잊어서는 안 될 것이다.[35] 쿤의 인식론의 무기라 할 주요 개념은 '정상과학'과 '패러다임'이다. '정상과학'이란 "역사의 어느 지점에 처한 과학집단이 공유하는 확신들의 총체"(그 과학집단이 다른 어떤 이질적인 이론적 요구도 거부하면서 옹호하는 확신들)다. 즉 그의 '정상과학'이라는 말은 "그런 과학집단이 다른 작업

낡은 문제틀이 새로운 문제틀에 밀려날 때 일어나는 '단절'이나 '결렬'에 맞춰져 있다. 알튀세르는 그러한 순간을 마르크스의 저작이 초기의 헤겔적 이론 얼개에서 자본론의 보다 엄정하게 '과학적인' 사상으로 이행한 데서 찾아낸다." 『문학비평용어사전』(한국문학평론가협회, 국학자료원, 2006)의 '문제틀' 항목 참조.

34 부르디외는 『사회학자라는 직업』(1968)에서, 진정한 과학(여기서 그가 말하는 과학은 '정확한 통계학'을 말한다)에 이르기 위해서는 "통념"과의 단절이 필요함을 '미국 병사의 케이스'를 예로 들어 설명한다. 이 책에서 그는 사실과 다른 당시의 '통념들'을 네 가지로 꼽았다. 첫째는, 지식인들이 교육 수준이 낮은 사람들에 비해 좀 더 자주, 좀 더 심하게 심리적 불안정 상태에 빠지기 쉽다는 것. 둘째는, 군대에서는 시골 출신이 (험한 생활에 익숙하기 때문에) 도시 출신보다 사기가 높다는 것. 셋째는, 미국 남부 출신 군인들은 무더위에 강해 태평양 제도에서 더 잘 견딘다는 것. 넷째는, 흑인들은 야심이 없어 백인보다 하사관이 되는 경우가 적다는 것이다.

35 바슐라르와 쿤의 인식론은 상호소통 없이 독자적으로 전개되었다. 바슐라르의 『새로운 과학정신』과 쿤의 스승인 카를 포퍼의 『과학적 발견의 논리』는 같은 해인 1934년에 출간되었으나, 포퍼의 책이 프랑스어로 번역되어 알려진 것은 1973년의 일이고 바슐라르의 저작들이 영미권에 번역되어 알려진 것은 훨씬 뒤의 일이다. 사람들이 바슐라르와 쿤의 사유의 유사성에 주목하게 된 것은 알튀세르 저술들(특히 『「자본」을 읽다』)이 영미권에 번역 소개되면서 '인식론적 단절' 개념이 알려지고, 쿤의 위 저술의 프랑스어 번역본이 출간(1972년)되면서다.

들의 출발점이 되기에 충분한 것으로 간주하는 하나 혹은 여러 발견들에 의해 확고한 신용을 얻은 탐구"(아리스토텔레스의 자연학, 뉴턴의 원리들, 라부아지에의 화학 등)를 가리키며, 정상과학 속에서 사는 그 집단들은 단일한 '패러다임' 속에서 사는 사람들이다. 바슐라르 식으로 말하면, '단절'해야 할 동일한 '인식론적 장애' 속에 살고 있는 사람들인 것이다. 물론, 과학사를 바라보는 두 사람의 시각은 많이 다르다. 과학적 인식의 변증법적(불연속적) 운동을 점점 더 진리에 가까이 다가가는 과정으로 보는 바슐라르와는 달리, 쿤은 '진보'라는 관념 자체를 의문시한다. 쿤의 과학철학에서, 이어지는 두 패러다임은 공통 측도가 없기에 상호 측정(혹은 평가)이 불가능하며, 따라서 새로운 패러다임이 옛 패러다임보다 진리에 더 가까이 다가간 것일 수 없는 것이다. 하지만 과학사를 '불연속'으로 본다는 점에서는 둘의 시각이 근본적으로 동일하며, 그런 관점에서만 보면 쿤보다 한 세대 앞서 이루어진 바슐라르의 과학인식론은 프랑스 철학의 새로운 전통을 확립한 데 그치는 것이 아니라 인식론 자체의 새로운 장을 연 것이라 할 수 있을 것이다.

| 참고할 만한 책 |

— 가스통 바슐라르, 김용선 옮김, 『새로운 과학정신』, 인간사랑, 1990.
— 가스통 바슐라르, 김용선 옮김, 『부정의 철학』, 인간사랑, 1991.
— 가스통 바슐라르, 김병욱 옮김, 『불의 정신분석』, 이학사, 2007.
— 가스통 바슐라르, 정영란 옮김, 『대지 그리고 휴식의 몽상』, 문학동네, 2002.
— 도미니크 르쿠르, 박기순 옮김, 『마르크시즘과 인식론』, 중원문화, 1996.
— 미셸 푸코, 이규현 옮김, 『광기의 역사』, 나남, 2003.
— 미셸 푸코, 이규현 옮김, 『말과 사물』, 민음사, 2012.
— 송상용 외, 『과학철학』, 창비, 2011.
— 알프레드 노스 화이트헤드, 오영환 옮김, 『과학과 근대세계』, 서광사, 2008.

— 이광식, 『천문학 콘서트』, 더숲, 2011.

— 이정우, 『객관적 선험철학 시론』, 그린비, 2011.

— 토머스 쿤, 김명자 옮김, 『과학혁명의 구조』, 까치글방, 1999.

— 토머스 쿤·칼 포퍼·임레 라카토스 외, 조승옥·김동식 옮김, 『현대 과학철학 논쟁』, 아르케, 2002.

제11장

현대 도시의 형성과 도시 거주민의 삶: 제2제정기 파리의 경우

정유경

대도시라는 공간은 대다수 현대인의 삶의 지평이다. 또한 그보다 더 많은 수의 사람들에게 이 공간의 이미지는 현대적 삶 그 자체의 이미지로 각인되어 있다. TV를 켤 때마다 우리는 밝고 쾌적하고 활기찬 거리와 실내, 그 속에서 충실한 나날을 살아가는 도시인들의 서사를 접하게 된다. 그러한 서사의 무대가 되는 카페나 음식점, 극장과 백화점, 혹은 초현대식 사무실 건물 등은 그 자체로 도시를 상징하는 공간들이고, 전 세계의 대도시들에 저마다의 개성보다는 공통된 인상을 부여하는 대표적인 소비의 장소들이다.

대도시 거주자든 아니든 현대인들이 일상적으로 호흡하는 이러한 보편적 심상은 돌이켜보면 최근 두 세기 남짓한 기간의 역사를 구성하는 몇 가지 중요한 사회적 변화들을 통해 만들어진 것이다. 바꿔 말하면 오늘날 우리가 공유하는 도시와 삶의 이미지는 19세기 중엽에 출현한, 현대 도시의 원형이라 불릴 수 있을 서구의 몇몇 주요 도시들에서 만들어지기 시작한 것이다. 특히 파리는 이 시기의 복합적인 특성들을 가장 단적으로 표현하고 있는 대표적인 공간이다. 이 주제에 흥미를 가졌던 많은 이들 가운데 발터 벤야민이 남긴 『아케이드 프로젝트』는 미완의 기획이지만 다양한 사료들과 저자의 탁월한 통찰을 담고 있다.[1] 한편 지크프리트 기디온(Sigfried Giedion, 1893~1968)의 『공간·시간·건축』은 근현대 서구 건축의 기술적 발전을 도시의 관점에서 조망한 고전적 연구이다. 이 두 권의 책을 길잡이 삼아 19세기 파리로 가보자.

산업화와 도시 환경의 변화

우리는 산업화 시대 대도시의 경험을 중심으로 논의를 전개할 것이다. 시기적으로는 산업혁명으로 촉발된 산업화가 서구 열강을 중심으로 완성되어 가던 19세기 중후반을 다루게 된다. 16세기 이후의 유럽사에서 교회의 분열에 따른 각국 왕권의 강화와 부르주아지를 중심으로 하는 시민 계급의 성장을 볼 수 있다면, 산업혁명 이후의 흐름은 국가를 기본 단위로 하는 자본의 (문자적 의미 그대로의) 탈영토적 팽창으로 봐도 좋을 것이다. 사회적 영역에서 시민혁명의 정치적 힘이 진퇴를 거듭하며 느리게 움직여간 데 비해 산업혁명의 효과는 즉각적이고 폭발적이었다. 그것은 근대인의 시간과 공간을 변화시키고, 그들의 삶의 내용과 형식을 근본적으로 바꾸어놓았다.

그러므로 근대 도시의 역사를 조형적 관점, 특히 도시계획과 건축의 관점에서 살펴보려고 할 때에도 역시 산업화는 그 중심적인 화두로 떠오른다. 그것이 구체적으로 어떻게 작용했는지를 이해하기 위해서 우리는 제2제정기(1852~71)의 파리라는 공간을 살펴볼 것이다. 이 시기에 파리

----

1 벤야민은 '19세기의 수도 파리'라는 테마를 중심으로 하는 저서를 준비 중이었으나 생전에 이를 완결하지 못했다. 『아케이드 프로젝트』는 그가 이 책을 준비하며 남긴 수많은 메모들, 수집한 자료들에서 발췌한 문구들을 정리하여 그의 사후에 출판한 것이다. 이후에 이 글에서 『아케이드 프로젝트』를 인용하는 부분에서 등장하는 [알파벳 대문자, 숫자]는 완성되지 못한 이 저작에서 페이지를 대신하여 통용되는 분류 표기이다. 다만 본문에서는 한글 번역서의 페이지도 함께 기재하였다.

는 정권의 의제에 따라 도시 전체를 완전히 갈아엎은 이른바 '개조 사업'을 거쳤고, 그 사업의 과격성에 비례하여 시대의 각인을 깊이 새기게 되었기 때문이다. 하지만 그 전에 19세기 유럽의 도시 환경과 프랑스 제2제정기의 정치적·경제적 맥락에 대해 먼저 간단히 정리할 필요가 있다.

19세기 유럽의 도시 환경

산업화된 세계에서 공간적 확장의 물적 토대가 되었던 것은 교통수단의 발달과 교통체계의 정비였다. 무엇보다 철 생산이 산업화[2]되면서 이루어진 철도망의 건설과 증기기관의 발명은 대규모 원거리 운송을 가능하게 해주었다. 철도가 자본과 노동을 도시로 집중시키면 이로 인해 성장한 산업이 더 많은 자본과 더 많은 노동을 요구하는 순환적 확장이 계속되었다.[3]

당시 유럽의 철도는 국경을 넘어 국가와 국가를 연결하고 있었다. 이 단계에서 국가주의는 팽창을 본성으로 하는 자본이 몸을 싣기에 매우 편리한 수단이었다. 유럽의 열강은 민족주의적 대결의식을 키워나가며 국가 단위의 경제 성장을 채찍질했고, 대외적으로는 자원 착취 등을 목적으로 하는 식민지 쟁탈전에 들어가게 된다.

한편 도시 내부적으로는 가로 정비가 지속적으로 이루어졌으며, 옴니

----

2 이전까지 철이 건축에서 상용되지 못했던 이유는 대략 두 가지이다. 첫째는 기본적으로 철이 공기 중에 노출된 상태에서 산화에 의한 부식에 취약하다는 결함이고, 둘째는 석재나 목재와 같은 기존의 재료에 비해 사전 가공 절차가 많은 철을 대량으로 생산하기 어려웠다는 점이다. 18세기 후반에 영국에서 이 문제를 기술적으로 해결하고 선철(銑鐵, pig iron)과 주철(鑄鐵, cast iron)을 대량생산하게 되는 과정에 대해서는 지크프리트 기디온, 김경준 옮김, 『공간·시간·건축』, 시공문화사, 1998, 153~155쪽 참조.

3 데이비드 하비(David Harvey, 1935~)는 이런 흐름의 가속화가 대기업의 등장을 위한 조건을 마련했다고 설명한다. "상품이 공장으로 들어갔다가 도시 시장으로 나오는 흐름의 속도, 규칙성, 수량이 증가하자 자본의 순환 시간이 짧아졌고, 생산과 분배, 두 분야 모두에서 대기업 경영의 가능성이 열렸다." 데이비드 하비, 김병화 옮김, 『파리, 모더니티』, 생각의 나무, 2010, 64쪽.

카미유 피사로, 「이탈리앙 대로, 아침, 햇빛」(1897) 파리의 이탈리앙 대로는 센 강 우안(右岸)의 가장 번화한 소비 중심가의 일부였다. 그림에서도 거리를 메운 행인과 마차들을 볼 수 있다. 하단에는 말이 끄는 옴니버스들이 보이며, 그중 보도 쪽에 서 있는 것 뒤편에는 계단이 붙어 있는 것도 확인할 수 있다.(아래 그림) 어느 것이나 지붕 위에까지 승객들을 가득 싣고 있다. 옴니버스의 등장 이전에 공공운송 수단은 강변에서 밧줄을 연결한 말이 끄는 바지선 정도가 있었을 뿐이다. 두세 필의 말이 끌도록 고안되었던 옴니버스는 자동차가 등장하기 전까지 대도시의 주요한 대중교통 수단이었다.

버스나 말이 끄는 노면전차와 같은 대중교통수단이 대도시의 생활공간들을 연결하고 있었다. 덕분에, 높은 지가와 임대료 등의 탓으로 도심에서 밀려난 노동자 계층이 시내의 일터로 이동하는 것이 조금 용이해졌다. 물자와 인력의 원활한 흐름은 이 경우 소매업 시장의 확장으로 이어졌다.

특히 프랑스의 경우 수도 파리의 대대적인 개조 사업과 제2제정의 대(大)부르주아지 중심 경제 정책에 따라 소비도시로의 급격한 전환이 이루어지고 있었다. 백화점이 처음으로 등장한 곳도 파리였고, 19세기 후반 세계박람회의 중심지도 파리였다. 이것은 황제 나폴레옹 3세가 가지고 있던 '코즈모폴리턴'적인 이상, 즉 파리를 세계의 수도로 만들겠다는 열망이[4] 당대의 산업적 환경 속에서 만들어낸 결과였다. 그의 치세의 성격을 잠시 살펴보자.

제2제정과 파리 시 개조

루이 나폴레옹은 스위스와 영국 등을 전전하며 망명 생활을 하던 중 1848년 2월 혁명 소식을 듣고 급거 귀국했다. 혁명으로 7월 왕정이 타도된 후 이루어진 국민투표에 출마한 그는 삼촌 나폴레옹 1세의 후광을 입고 제2공화국의 초대 대통령으로 선출되었다. 그는 정치적 선전과 협잡에 능했다. 혼돈을 틈타 권력을 쥔 후, 단임제였던 기존 헌법에 반발해 1851년 12월 2일에 쿠데타를 일으킨다. 이로부터 1년 후 이 인물이 나폴레옹 3세로 즉위하며 막을 연 제2제정은 프랑스가 프로이센과의 전쟁에서 패배하게 되는 1871년까지 20년간 지속되었다.

이 시기에 프랑스는 산업설비 투자와 금융자본의 확대 등으로 양적 성장을 이루어냄으로써 이면에서 벌어지는 생필품 가격 등귀나 노동임금 저하 등의 문제들과는 별개로 대부르주아지에게 집중된 부가 견인한 호황기를 누렸다. 1860년에는 영국과의 통상조약을 계기로 보호무역 체제로부터 벗어나 자유주의 경제를 추구하게 되었으며 산업혁명도 완료 단계에 다다르고 있었다.[5] 파리 시 개조는 이런 환경 속에서 강력하게 실행되었다.

---

4 벤야민이 발췌한 뤼시앵 뒤베크(Lucien Dubech)와 피에르 데스프젤(Pierre D'Espezel)의 『파리의 역사』는 황제와 센 지사 오스만의 이런 이념을 '과대망상증'으로 규정하고 있다. 이와 관련한 자세한 내용은 뒤에서 다루어진다. 발터 벤야민, 조형준 옮김, 『아케이드 프로젝트』, 새물결, 2005, 388쪽.

5 제2제정의 사회·정치·경제적 상황으로부터 파리 코뮌의 등장과 붕괴에 이르는 과정에 대한 개론으로는 가쓰라 아키오, 정명희 옮김, 『파리 코뮌』, 고려대학교출판부, 2007 참조.

사실 대도시 파리의 정비에 대한 필요성은 7월 왕정기(1830~48)에 이미 위정자와 행정가들에 의해 인식되고 있었다.[6] 정치적 격변 속에서도 산업혁명에 따른 여러 변화들이 사회의 구조와 사람들의 삶을 착실히 변화시키고 있었기 때문이다. 게다가 1832년에 프랑스를 휩쓴 콜레라로 인해 공중보건이 매우 시급한 숙제로 떠올라 있기도 했다. 그들은 위생 문제와 관련해 하수체계를 개선하고 공중변소를 도입했으며, 도로의 폭을 넓히고 가로등을 도입하는 등의 가로 정비도 했다. 무엇보다 옴니버스와 철도를 핵심으로 하는 운송 혁명은 이 시기 '도시 생활의 개념 변화를 가져다준 직접적 원인'이었다.[7] 제2제정기의 개조 사업은 전 시대의 이러한 성과들을 초석으로 이루어진 것으로 평가된다.

　나폴레옹 3세가 생시몽주의적 이상, 요컨대 과학기술과 산업기술을 통한 평등 사회의 실현에 어느 정도 경도되어 있었다는 점은 자주 거론된다. 다만 그와 그의 각료들은 생시몽의 유토피아를 '과학기술계와 금융계 엘리트에 의해 주도되는 지도력과 자본의 연합'을 동력으로 하는 '산업주의적 진보'로 받아들이고 있었다.[8] 그러한 이념과, 망명 시절 런던에서 보았던 광장과 가로들에 대한 향수가 결합되어 황제는 파리 시를 단순히 정비만 하는 것이 아니라 통째로 개조하려는 계획을 품고 있었다. 그는 이 일을 실행에 옮길 책임자로 조르주 외젠 오스만 남작(Georges Eugène Haussmann, 1809~91)을 선택하고 그를 센 지사의 직에 앉혔다.

6　7월 왕정 최초의 센 지사였던 샤브롤 백작과 후임자 랑뷔토 백작이 파리의 도시계획과 관련해 추진했던 사업과 성과 등에 대해서는 François Loyer, Charles Lynn Clark trans., *Paris nineteenth century: architecture and urbanism*, New York, 1988 참조.

7　같은 책, pp. 108~121, pp. 107~108.

8　데이비드 하비, 앞의 책, 102~106쪽; 수잔 벅 모스, 김정아 옮김, 『발터 벤야민과 아케이드 프로젝트』, 문학동네, 1991, 125~126쪽.

개조된 파리의 시각적 문법

새로운 대로들: 스펙터클의 무대

1) 도로망 정비의 몇 가지 측면

파리 개조 사업이 처음 시작되었을 때 가장 핵심이 된 것은 도로 정비였다. 오스만의 『비망록』에는 나폴레옹 3세가 건설의 시급성에 따라 새로운 도로망을 네 가지 색으로 구분해 표시한 파리 지도를 자신에게 준 일이 기록되어 있다.[9] 황제의 강력한 의지에 따라 이루어진 이 사업에서 도로망 정비의 주된 목적에 대해서는 위생과 치안 등의 실용적인 사안들과 도시 전체의 스펙터클화라고 할 만한 국가주의적 상징 조작의 문제 등이 자주 거론된다.

주거가 밀집하고 환경이 좋지 못한 구역으로 새로운 도로를 내거나 기존의 도로를 확장함으로써 환기를 유도하고 위생 상태를 개선하려는 정책은 앞서 언급한 7월 왕정기에도 이미 지엽적으로 추진되고 있었다. 오스만은 넓은 간선도로를 도시 전체에 적용하고 보다 거시적인 관점에서 개별 건축물들에 적용되는 규정들을 관리하도록 했다.

이를 통해 거둔 실제적 효과는 확실히 의미 있는 것이었다. 이 시기 파리에서 활동하던 주류 건축가들 가운데 당대의 건축 행정과 교육 및 실무 전반에 관해 가장 비판적인 시각을 가졌던 외젠 비올레-르-뒤크 (Eugène Viollet-le-Duc, 1814~79)조차 다음과 같이 평가한 바 있다.

> 파리는 지금 인구가 가장 많은 구역들을 순환하는 공기의 넓은 흐름들과 특히 개선된 주택 배치들과 거리 배수로 덕분에 더 건강한 도시가 되었습니다.[10]

----

9 David van Zanten, *Building Paris: Architectural Institutions and the Transformation of the French Capital, 1830~1870*, Cambridge, 1994, p. 199.

그러나 이런 효과와 별개로 이 대규모 토건 사업을 바라보는 또 다른 관점들이 있다. 우선 대로(boulevard)의 건설을 위한 토지 수용은 그 과정에서 극심한 부동산 투기를 조장한 반면 철거에 의해 쫓겨난 원주민들이 결국 파리 시내에 발을 붙이지 못하고 시외로 밀려나는 결과를 초래했다. 개발 과정에서 나타나는 양극화의 전형적인 사례였다. 이렇게 해서 시외에 자리 잡게 된 저소득층 노동자들은 개발의 혜택에서 제외된 것은 물론, 도심 일터로의 출퇴근을 위해 다시 여러 가지 불편을 감당하는 입장에 처하게 되었다.

또 다른 관점은 파리 시의 중심 구간을 직선도로로 연결한다[11]는 이 기획이 정권의 입장에서 매우 편리한 공권력 투입 경로를 제공했다는 것이다. 하비는 이를 '경찰 병력을 마음대로 돌아다니게 할 수 있다는 보너스'라고 표현[12]하고 있지만 벤야민의 경우는 오히려 이것이 대로 조성의 일차적 목적이라고 보았다.

> 오스만 식 도시 개조 사업의 진정한 목적은 내란에 맞서 이 도시를 지키는 것이었다. 그는 시내에서의 바리케이드 설치를 영원히 불가능하게 만들려고 했다. (…) 오스만은 이를 이중의 방책으로 저지하려고 했다. 즉 도로 폭을 넓혀 바리케이드 설치를 불가능하게 하고, 병영과 노동자 지구를 최단거리로 연결하는 새로운 도로를 만들려고 했던 것이다. 당시 사람들은 그러한 계획에 '전략적 미화'라는 이름을 붙였다.[13]

----

10 다만 이 평가에 덧붙여 이런 대책이 아직 충분치 못하다는 논의로 넘어가기는 한다. 외젠 비올레-르-뒤크, 정유경 옮김, 『건축강의』 4권, 17강, 아카넷, 근간.

11 오스만의 개조 사업에서 도로망 건설은 한 번에 이루어지지 않았다. 처음에는 세바스토폴 대로와 스트라스부르 대로의 남북 축을 센 강 우안의 동서축을 달리는 리볼리 대로와 연결하고, 이를 다시 센 강 좌안의 동서축인 생제르맹 대로와 교차하는 생미셸 대로와 연결하는 식으로 작업이 진행되었다. 지도상에서 보면 강의 좌우안을 달리는 동서축 대로들과 남북으로 길게 이어지는 대로들이 시테 섬을 중심으로 교차하는 형태가 된다.

12 데이비드 하비, 앞의 책, 167쪽.

권위주의 정권 하에서 도시의 중심부, 권력의 중심이 머무르는 곳으로 부터 뻗어나가는 직선대로는 가시적으로 경찰이 출동하지 않아도 시민들의 내면을 파고드는 자기검열의 수단으로 작동한다.[14] 더구나 이 대로가 실어 나른 것이 맑은 공기나 경찰, 혹은 그 존재의 암시만은 아니었다. '오스만화'(Haussmannization)라는 말이 함의하는 효과는 보다 정교하게 설계된 스펙터클과 관련한 것이다.

2) 황제의 행렬

나폴레옹 3세가 오스만을 기용하면서 그에게서 인정했던 중요한 한 가지 능력은 의전을 연출하는 재능이었다고 전해진다. 1852년 9월과 10월, 쿠데타에는 성공했으나 아직 황제가 되지 못했던 루이 나폴레옹은 프랑스 남부 지역을 순방한다. 그것은 화려하고 극적인 행사로, 특히 마르세유와 보르도에서 대대적인 성공을 거두었다고 한다. 당시 보르도 입성을 훌륭하게 연출했던 장본인이 이 지역의 도지사였던 오스만이다. 이때 인정받은 솜씨를 그는 파리 개조 사업에서 백분 발휘하게 된다. 그러나 그 이야기를 하기 전에 남프랑스 방문을 마친 루이 나폴레옹이 파리로 귀환하는 과정에서 연출된 장면들을 잠시 살펴보자.

그(루이 나폴레옹)는 10월 13일에 파리로 귀환했다. 오를레앙에서 출발한 그는 오스테를리츠 강변도로의 오를레앙 역에 기차로 도착했다. 이곳에서 (…) 내각과 사법부, 참사원, 육군, 해군, 경찰 지휘관들과 학사원 회원들, 레지옹 도뇌르 회원들이 그를 맞이했다.

(…) 루이 보나파르트는 이번에는 말 등에 올라탄 채 고관들과 장교들의

---

13 발터 벤야민, 앞의 책, 109~110쪽.

14 이것이 유럽 열강이 식민지 총독부 청사를 건축할 때 적용한 도식이며, 일제가 조선에서 구사한 것도 이를 모방한 통치술의 형식이었다.

테오도르 융, 「나폴레옹 3세의 파리 입성」(1852)

호위를 받으며 역 구내로 나와….

행렬은 센 강을 건너 생마르탱 운하를 따라 내려가 바스티유 광장으로, 그리고는 극장들이 위치한 대로 부근에서 콩코르드 광장으로 간 후 튈르리 정원의 축을 따라 왕궁으로 향했다.[15]

이로부터 채 두 달이 되기 전에 국민투표로 제국 재건에 대한 찬성을 얻어낸 루이 나폴레옹은 황제가 되어 다시 한 번 파리로 입성하게 된다. 그가 쿠데타를 일으킨 후 정확히 1년째 되는 날이었고, 나폴레옹 1세의 오스테를리츠 전투 기념일이기도 한 12월 2일의 일이었다. 투표 결과가 나왔을 때 루이 나폴레옹은 파리 서쪽 외곽의 생클루 궁에 머물고 있었다. 그렇기 때문에 황제가 되어 파리로 들어갈 때의 경로는 불로뉴 숲을 지나 개선문으로, 그곳에서 샹젤리제를 따라 콩코르드 광장으로, 다시 튈르리로 이어졌다.[16]

----

15 David van Zanten, 앞의 책, pp. 102~103.

16 파리 재입성의 상세한 과정과 각 지점에서의 의전 내용에 관해서는 같은 책, p. 101.

위의 두 가지 사례는 당시 황제의 행렬이라는 것이 주요한 기념비적 조형물이나 거점들을 통과해 왕궁으로 입성하는 일종의 움직이는 전시와 같은 것이었음을 보여준다. 군주가 이런 식으로 자신의 권위를 시연하는 전통은 절대왕정 시기로부터 이어져 내려오는 것이었다. 또 잘 알려져 있는 것처럼 루이 14세는 파리 시에서 벗어난 교외의 허허벌판에 베르사유 궁을 짓게 하고 궁의 정면부로부터 파리 시 중심까지 직선대로를 내는 극단적인 공사를 밀어붙이며 '자연마저 정복하는 군주'로서의 면모를 과시하고 싶어 하기도 했다. 그러나 베르사유 정면에서 뻗어나간 대로나 완벽한 좌우대칭으로 '정복된' 정원이 아무리 위풍당당하다 해도 파리 주민들이 그것을 볼 수 있는 것은 아니었다.

나폴레옹 3세에게 있어 시가 행진과 각종 의전을 통해 혁명 이후의 시민들에게 자신의 모습을 드러내는 것은 훨씬 더 절박한 정치적 필요에 의한 일이었다. 그것은 시민들에게 국가주의의 환상을 주입하기 위한 일종의 훈육 기제로 작동했다. 흡사 고대 로마 황제의 개선 행진을 보는 듯한 이런 노골적인 정치적 쇼는 실제로 상당히 효과적이었던 모양이어서 '신들도 이렇게까지는 숭배되지 않았을 것'이라는 한탄을 낳을 정도였다.[17] 게다가 제2제정기의 국가주의 연극이라는 무대 위에 오른 것은 황제만이 아니었다. 도시 자체가 연극의 무대이자 주인공이 되어갔던 것이다. 여기서 다시금 오스만이 등장한다.

3) 선원근법적 전망

오스만은 대로를 내면서 그것이 끝나는 곳에 기념비적 건축물을 세웠다. 직선의 대로가 만들어내는 선원근법적 풍경이 수렴하는 지점에 랜드마크가 될 만한 건축물을 배치함으로써 거리를 연극 무대처럼 연출한

---

17 Arsène Houssaye, "Le Paris futur", *Paris et les Parisiens au XIXᵉ siècle*, Paris, 1856, p. 460; 발터 벤야민, 앞의 책, [E 8, 7], 399쪽.

카미유 피사로, 「오페라 가(街), 비 오는 날의 효과」(1989) 피사로의 이 연작은 오스만 식 대로의 원근법적 효과를 잘 보여준다. 일직선으로 뻗은 오페라 가의 맞은편 끝에 희미하게 오페라좌가 보인다. 모든 건물이 양식적으로 동일할 뿐 아니라 연속되는 건물들의 각 층 프리즈가 거의 평행하게 이어지는 모습에서 건축물의 규격이 일관되게 통제되었음을 알 수 있다.

것이다. 이런 배치 자체는 새로운 것이 아니다. 16세기에 식스투스 5세가 산피에트로 대성당 앞 광장 중앙에 오벨리스크를 세우도록 하고, 훗날 조반니 베르니니가 이 광장을 열주랑으로 둘러싸면서 공간 전체를 바로크 특유의 연극 무대와 같이 완성한 것이 아마도 가장 잘 알려진 전례일 것이다.[18] 물론 조형적 독창성이나 미적 가치에 있어 이 두 사례는 비

----

18 이 광장은 옆으로 긴 타원형이며, 산피에트로 대성당의 정면부에서 맞은편으로 도로가 연결된다. 이 도로는 물론 오스만 시대의 대로처럼 길게 뻗지도 충분히 넓지도 않지만 도로 쪽에서 오벨리스크가 세워진 광장 너머로 성당을 바라볼 때 발생하는 연극적 효과의 탁월함으로 인해 이를테면 하인리히 뵐플린이 17세기 미술의 연극적 시각 효과를 논할 때 대표적인 사례로 인용되기도 했다.

교 대상이라 하기 어렵다. 다만 '유치하다'는 평을 들은[19] 오스만의 기획
은 애초에 의도되었던 상징 효과에 있어서만큼은 효력을 발휘했다. 기
념비적 조형물이 의식의 저변에 각인하는 인상은 집요한 것이므로 도시
곳곳에서 공명하는 번영하는 조국의 이미지는 시민들에게 각자의 삶이
풍요로워졌다는 환상, 혹은 적어도 조만간 그렇게 될 것이라는 기대를
심어주기에 충분했다.

오스만 식 대로의 원근법적 효과는 양쪽으로 늘어선 건물들의 정면부
가 놀랄 만큼 획일적이고 규칙적이라는 데서 더욱 강조된다. 그는 엄격
한 좌우대칭의 고전주의적 스타일을 기본으로 건물의 층수와 고도, 각
층의 높이 등을 통일시켰다. 그 결과 도로를 따라 이어지는 건물들은 동
일한 규격을 반복함으로써 일관된 평면, 혹은 긴 벽면으로 나타나서 강
조되어야 할 기념비적 건축물을 부각시켰다. 이에 대해 프랑수아 루아
예는—기념비적 공간인—광장들을 연결하는 가로(avenue)와 대로들이
'고유한 시간성을 갖지 않는 공간들'이라고 말하면서, 오스만의 도로들
이 건축물들이 밀집해 있는 지점들 사이에서 "공간적 완충" 역할을 한다
고 설명한다.[20]

양편에 늘어선 파사드들의 연속적인 면과 선원근법적 공간의 끝에 나
타나는 기념비적 건축물의 결합은 다시 말하지만 대로를 그 자체로 하나
의 연극 무대처럼 만들었다. 이것이 단순히 그러한 인상에 그치는 것이 아
니라는 것은 세바스토폴 대로의 개통식에 관한 다음의 기술을 통해 확인
할 수 있다.

오후 2시 반 [황제의] 행렬이 생드니 가로부터 다가오자 불르바르 드 세바

---

19 Lucien Dubech & Pierre D'Espezel, *Histoire de Paris*, Paris, 1926, pp. 416, 425; 발터 벤
야민, 앞의 책, [E 5, 5], 386쪽.

20 François Loyer, 앞의 책, p. 263, pp. 264~265.

작자 미상, 세바스토폴 대로 개통식(1858)　진입하는 부분에 세워진 두 개의 원주 사이에 걸린 휘장들이 열리고 황제의 행렬이 사열을 받으며 들어서는 광경이다. 그림의 오른쪽 하단에는 병사들 뒤편으로 이 광경을 바라보는 시민들의 모습도 묘사되어 있다.

　　스토폴의 이쪽 출구를 감추고 있던 거대한 막이 커튼처럼 걷혔다. 이 막은 두 개의 무어풍 원주 사이에 걸쳐 있었는데, 이 두 기둥의 받침대에는 예술, 과학, 산업, 교역을 상징하는 형상들이 새겨져 있었다.[21]

　여기서 황제의 등장은 이 새로운 대로와 그것이 상징하는 바의 주체가 누구인지를 명백히 과시하는 행사이다. 더구나 대로의 시작점에 놓인 원주라는 것은 건축적으로 아무런 기능이 없이 다만 위정자의 선전을 위한 도구로 사용되고 있다는 점에서 제정 로마의 전승기념주들을 떠올리게 한다. 차이라면 로마 식 기념주에서와 같이 표면에 황제의 치적을 부

21　Emile de Labédollière, *Le nouveau Paris*, Paris, 1861, p. 32; 발터 벤야민, 앞의 책, [E 2a, 6] 374~375쪽 재인용.

조로 새기는 대신 황제 자신이 기둥들 사이로 뻗어나간 자신의 치적 앞으로 말을 타고 나왔다는 점이다.

이런 식으로 대중 심리의 가장 경박한 부분을 자극하여 전체주의적 환상을 만들어내고 유지하는 것은 이 체제를 움직여가는 근본적인 동력이었다. 위 인용문에 등장하는 '예술, 과학, 산업, 교역'과 같은 추상적 관념들은 이를 위해 동원된 수사적 구호이다. 그리고 이것은 '예술과 산업의 세계박람회'(exposition universelle d'art et d'industrie)라는 1967년 파리 박람회의 표제를 떠올리게 한다. 그러나 박람회와 그 건축에 관해 이야기하기 위해서는 철골 건축의 등장으로부터 순서를 밟아가는 것이 좋겠다.

철과 유리로 된 건축: 전시장으로서의 건축물

1) 철골과 유리

19세기 건축의 여러 변화들을 추동한 첫 번째 요인은 역시 대량생산이 용이해진 철재와, 그 덕분에 더불어 건축재로서의 활용도가 높아진 유리의 결합일 것이다. 당시 프랑스 건축계를 지배하고 있던 아카데미 데 보자르(Académie des Beaux-Arts)는 신고전주의의 정형화된 스타일을 고수하려는 경향이 강했지만 새로운 재료의 수용에 대한 시대의 요구는 거셌다. 특히 철이 가진 재료로서의 장점은 무시할 수 없는 것이었다. 비올레-르-뒤크는 당대의 과학기술적 성과를 소화하지 못한 채 좌우대칭의 석조건물을 무한히 반복하려는 관성을 강하게 비판하면서 철재의 효과적인 사용을 역설했다.[22]

---

22 그는 『건축강의』 후반의 상당 부분을 할애하여 아카데미 전통의 비합리성을 비판하고 시대의 변화를 적극적으로 받아들여야 함을 주장했다. 물론 이런 주장의 배경에는 고딕복고주의자로서 프랑스 고딕 성당의 구조적 특성을 계승·발전시키고자 했던 그의 신념도 자리하고 있다. 산업혁명기 이전 시대의 건축사에서 벽체의 상당 부분에 유리(스테인드글라스)를 적용한 특별한 사례로서, 전성기 고딕의 개가는 정역학 법칙에 근거한 견고한 골조의 고안에 근거하고 있다고 보기 때문이다. 따라서 전통적인 재료에 비해 탄성과 신축성이 좋은 철재의 속성을 고려한 보다 역동적인 골조를 구현하는 것이야말로 프랑스

왼쪽 _ 빅토르 발타르·펠릭스 칼레, 파리, 중앙시장(1854~74)

오른쪽 _ 어거스터스 퓨진의 그림을 시어스 페너가 판화로 재제작. 「팔레 루아얄 갤러리, 실내」(1831)

파리 중앙시장(les Halles)의 설계 과정에서 벌어진 상황은 이러한 입장이 우세해지고 있었음을 엿볼 수 있는 일화이다. 파리 개조 계획의 일부였던 이 시장의 설계는 아카데미 출신 건축가 빅토르 발타르(Victor Baltard, 1805~74)에게 맡겨졌다. 아카데미 주류 인사답게[23] 1843년에 그가 처음으로 제출한 설계안은 고전주의 양식의 석조건물이었다. 그러나 이 안은 오스만은 물론이고 나폴레옹 3세도 가지고 있던 관념에 부합하지 않아 퇴짜를 맞았다. 파리 동역사(Gare de l'est)의 철골에 '매료되어 있던'[24] 황제가 중앙시장에서도 그와 비슷한 것을 보고 싶어 했기 때문이다. 결국 발타르가 최종적으로 승인받아 실현하게 된 두 번째 설계안은 스타일 면에서 동일 인물의 작품이라고 믿기 어려울 만큼 첫 번째 안과

고딕 건축을 진정한 의미에서 계승하는 것이라고 그는 믿었다.

23 발타르는 에콜 데 보자르에서 수학하고, 아카데미 데 보자르에서 주최하는 로마 대상(Prix de Rome)을 획득하여 그 부상으로 아카데미 드 롬에서 유학 생활을 했다. 이것은 정확히 당시 아카데미 데 보자르를 중심으로 형성되어 있던 프랑스 주류 건축계의 소위 엘리트 코스였다.

24 지크프리트 기디온, 앞의 책, 208~209쪽.

완전히 다른, 철골 구조를 철저하게 구현한 것이었다.[25]

비올레-르-뒤크는 이 시기 시장과 역사 건물에 철골이 자주 쓰인 배경에 대해 설명하고자 했다. 즉 그것이 재료의 체적을 줄여주므로 중간에 거치적거리는 지주들을 배제하면서 넓은 공간을 마련할 수 있다는 것이었다. 그러면서 그는 철이 '가볍고 강력하고 탄성적인 궁륭(vault)식 천장을 도입할 수 있게 해준다'는 점도 중요하게 거론한다.[26]

19세기 초에 프랑스에서 유행한 아케이드는 공학적으로 말하자면 철골과 유리로 이루어진 궁륭을 얹은 공간이라 할 수 있을 것이다. 이 두 재료를 함께 쓴 최초의 사례는 1829~31년 무렵 팔레 루아얄 건물을 완공하면서 피에르 퐁텐(Pierre Fountaine, 1762~1853)이 설계한 오를레앙 갤러리로 알려져 있다. 여기서 퐁텐은 단철구조에 유리를 끼운 천장을 사용해 아케이드를 만들어냈다.[27]

2) 거울의 도시

아케이드에서 도로 양편에 줄지어 선 상점들은 진열창 너머로 온갖 상품들을 보여주며 행인의 시선을 붙들었다. 이 통로들은 '벽감에 성상을 진열하듯 쇼윈도에 상품을 진열했다.'[28] 아케이드를 산책하는 사람들은 바깥에서 비가 오든 눈이 오든 그 진열대 위의 상품을 경배할 수 있었을 것이다. 진열창에는 언제나 그 너머의 상품과 창에 비친 자신의 모습이 겹쳐 보인다. 소비자 개개인에게 도시 속의, 군중 속의 자신의 모습

---

25 전형적인 고전주의 스타일을 가지고 있던 발타르가 철골 구조를 그처럼 갑작스럽고 대담하게 만들어낼 수 있었던 것은 사실 이 두 번째 안을 위해 엔지니어 펠릭스 칼레(Félix Emmanuel Callet, 1791~1854)와 협업한 덕분이다. 달라진 산업 환경과 새로운 재료들의 출현으로 건축에서 엔지니어의 역할이 점차 커지기 시작하고 있었다.

26 외젠 비올레-르-뒤크, 앞의 책, 제12강.

27 지크프리트 기디온, 앞의 책, 163쪽.

28 수전 벅 모스, 앞의 책, 117쪽.

을 보여주는 것은 언제나 매우 효과적인 상술이다. 카페나 술집에는 아예 실내를 거울로 장식하는 경우도 많았다.

　제2제정기의 소비문화는 아케이드의 규모를 벗어나고 있었다. 상점과 음식점 등은 새로 난 대로를 따라 파리 전역으로 번져나갔다. 이를테면 오페라좌 앞을 가로지르는 세 개의 연속되는 (마들렌, 카퓨신, 이탈리앙) 대로들은 대표적인 소비 중심구역이었다. 투명한 유리창과 거울들로 꾸며진 이런 거리는 가스등이 켜지는 밤이 되면 더욱 화려한 모습으로 행인들을 유혹했다. 벤야민은 이 시기 파리의 도시 풍경에서 거울이 만들어내는 인상에 대한 기록들을 발췌해 두고 있다. 그는 파리를 '거울의 도시'라 부르며 다음과 같은 메모를 남겼다.

> 카페 안쪽을 좀 더 밝게 비춰주고, 작은 칸막이들로 공간을 분리시키고 있는 파리의 음식점 내부에 편안한 느낌의 넓이를 부여하기 위해 창유리와 거울이 넘쳐나고 있다. 여성들이 자기 모습을 다른 어느 곳에서보다 더 많이 볼 수 있는 것도 바로 이곳에서이며, 파리 여성들 특유의 아름다움이 생겨난 것도 바로 이곳에서이다. 여성들은 남성들 앞에 나서기 전에 이미 10번도 넘게 거울에 자기 모습을 비춰 본다. 남자들 역시 자기 용모(Physiognomie)를 힐끔거리며 쳐다본다. 남성들은 거울 앞에서 다른 어느 곳에서보다 빨리 자기 이미지를 파악하고, 다른 어느 곳에서보다 더 빨리 그것과 하나가 된다. 통행인의 눈조차 베일에 싸인 거울이며, 사창가의 지저분한 침대 위에 수정 거울이 걸려 있는 것처럼 파리라는 센 강의 널찍한 하상 위에는 하늘이 드넓게 펼쳐져 있다.[29]

　그는 이러한 도시 풍경에서 실내와 옥외의 구분이 모호해진다는 점을 눈여겨본다. 이는 결국 대도시에서 공적 공간과 사적 공간의 경계가 최

---

29 발터 벤야민, 앞의 책, 1272~1273쪽.

소한 흐려졌다는 것으로 바꿔 말할 수 있다. 하비는 '상업적이고 공적인 공간과 소비를 통한 그 공간들의 사적 전유 사이의 공생 관계가 아주 중요'해진 것으로 진단한다.[30] 더구나 대도시란 이방인들의 공간이다. 사람들은 대중 속에서 발생하는 소외를 남들과 동일한 것을 소비하고자 하는 열망으로 치유하려는 것처럼 보였다. 소비야말로 유일하게 모두에게 공평하게 주어진—그럴 능력은 차치하고— '권리'였기 때문이다. 반 잔텐 역시 오페라좌를 중심으로 형성된 소비 지구에 대해 기술하는 가운데 제2제정기 도시의 특징을 다음과 같이 쓰고 있다.

> 우리에게 제2제정의 건물의 특성을 제시하는 것은 소비자의 꿈의 나라를 통과하는 이러한 산책이다. 한때 그 도시는—벽으로 둘러싸인 채 정원으로 열리는 호텔들, 특정한 것들만이 특정한 조건 하에 특정한 사람들에게 개방되며 가게들이 거리를 향해 빽빽하게 들어선—일련의 닫힌 칸들이었지만 이제 공간은 거의 모든 곳에서 (개인적 충성이 아니라 의복과 재력으로 규정되는) 폭넓은 계급에게로 열리며 그리하여 대비되는 부분들로 구성된 하나의 거대한 건물이 된다. 한때는 사적인 정원과 살롱들이 있던 곳에 이제는 팜코트와 호텔 로비, 상점, 식당 등 온갖 요란하고 애태우는 것들이 자리하게 되었다. 도시의 의전 축들은 어느 때보다 분명했지만 그 축들과 관계없는 면 위에 놓인 것은 비공식적인 여행 경로들의 미로와 공적 표상들을 여가로 관찰할 수 있는 시점들이었다.[31]

그리고 파리에는 마침내 소비의 신전이 등장했다. 백화점 말이다. 기술적으로 백화점은 아케이드의 확장판이라 할 수 있다. 봉 마르셰(Magasin au Bon Marché)는 '내부에 자연광이 자유롭게 유입되도록 철과 유리로

----

30 데이비드 하비, 앞의 책, 310쪽.
31 David van Zanten, 앞의 책, pp. 41~43.

봉 마르셰 내부, 1875년

만 만든 최초의 근대식 백화점'이었다.[32] 중앙시장에서 그랬듯 이 건물을 위해서도 엔지니어와 건축가, 다만 이번에는 구스타브 에펠(Gustave Eiffel, 1832~1923)과 루이-샤를 부알로(Louis-Charles Boileau, 1812~96)의 합작이 이루어졌다.

이후 만들어지는 백화점 건축의 원형으로서 봉 마르셰의 내부 공간은 도시 대중, 특히 여성들의 소비 심리를 정교하게 계산한 사례였다. 무엇보다 이 건물의 가장 강렬한 인상은 천장을 통해 비쳐 드는 밝은 빛을 통해 만들어졌다. 그것은 백화점 건물 내부에, 돈으로 물건을 사고파는 상점이 아니라 쾌적하고 안전한 산책로, 또는 얼마든지 여유롭게 개인적인 시간을 보낼 수 있는 살롱과 같은 이미지를 부여했다. 봉 마르셰를 모델로 쓴 에밀 졸라(Émile Zola, 1840~1902)의 소설 『여인들의 행복 백화점』에는 천재적인 운영자 빅토르 무레라는 인물이 등장한다. 소설 곳

----

32 지크프리트 기디온, 앞의 책, 215쪽.

곳에서 그가 펼치는 기막힌 상술과 판매 전략을 볼 수 있지만 그가 하는 다음의 말처럼 이 장소의 속성을 잘 보여주는 것은 없다.

> "보게나, 여자들은 자기 집에 있는 거나 마찬가지라네. 난 여기서 케이크를 먹고 편지를 쓰면서 하루해를 다 보내는 여자들을 알고 있지. (…) 이제 그들을 재워주는 일만 남은 거라고."[33]

이런 관점이 부르주아 계층의 소비 심리를 관통했다는 것은 오늘날의 백화점이 이와 크게 다르지 않은 체계 속에 운영되고 있다는 것만 보아도 알 수 있다. 그리하여 '봉 마르셰의 매출액은 1852년에는 45만 프랑에 불과했으나 1869년에는 2,100만 프랑까지 증가'하게 된다.[34]

3) 세계박람회

뒤베크와 데스프젤은 제2제정기 파리 개조를 지배한 새로운 정신을 '과대망상증'으로 규정한다.[35] 그러한 망상이 가시화된 스펙터클을 단적으로 보여주는 마지막 예로 세계박람회를 살펴볼 수 있겠다. 박람회는 프랑스에서 18세기 후반에 시작되었으나, 이른바 자유주의 무역의 기치 아래 본격화된 세계박람회는 19세기 후반에 등장했다.

이때 지어진 박람회 전시관의 역사는 '한마디로 철구조의 역사'로 일컬어진다.[36] 1851년 런던 세계박람회 때는 저 유명한 수정궁(crystal palace)이 구축되었고, 1855년과 1868년, 1889년 파리 박람회의 주전시장들과,

----

33 에밀 졸라, 박명숙 옮김, 『여인들의 행복 백화점 2』, 시공사, 2012, 41쪽.

34 Gisela Freund, *Entwicklung der Photographie in Frankreich*, 발터 벤야민, 앞의 책, [E 4a, 4] 재인용.

35 발터 벤야민, 앞의 책, 388쪽.

36 지크프리트 기디온, 앞의 책, 222쪽.

트로카데로 고도에서 조망한 1867년 파리 박람회 전시관

1878년 파리 박람회의 기계전시관 등도 거대한 철골과 유리가 다양한 방식으로 결합된 구조였다.

이런 전시관의 내부에서 사람들이 어떤 건축적 체험을 했는지 로타르 부허(Lothar Bucher, 1817~92)가 팩스턴 경(Sir Joseph Paxton, 1803~65)의 수정궁에 관해 남긴 기록을 통해 엿볼 수 있다.

> 시야에서 건물 사이의 거리라든가 건물의 실제 크기를 가늠할 수 있는 단서가 전혀 없어도 우리는 섬세한 선들의 연결망을 관찰할 수 있다.
> (…) 시선을 아래쪽으로 돌려보면 청색으로 칠한 라티스 거더를 보게 된다. 처음에는 이 거더들이 띄엄띄엄 보이지만 곧이어 간격이 차츰 좁아져서, 빛이 들어찬 눈부신 띠, 즉 모든 물질들이 대기 속으로 녹아 들어가서 만들어지는 먼 배경 안으로 융화되는 익부 때문에 이 거더들은 보이지 않게 된다. (…) 그것은 눈부신 한낮의 빛 속에서 등장한 한여름 밤의 꿈이었다.[37]

----

37 Lothar Bucher, *Kulturehistorische Schizzen aus der Insudtrieausstellung aller Völker*, Frankfurt, 1851, p. 174; 지크프리트 기디온, 앞의 책, 227~229쪽에서 재인용.

부허가 묘사하는 수정궁 내부는 흡사 새로운 재료로 재현한 라파엘로의 「아테네 학당」처럼 여겨진다. 라파엘로의 이 그림이 고대 그리스의 자연철학에 바쳐진 전당이었다면 19세기 후반 박람회의 전시장들은 자유무역을 통한 무한경쟁의 바다, 즉 자본주의 시장의 극장이었다. 각국의 새로운 기술과 최근의 산업적 성과를 유토피아적이기까지 한 시선으로 나열한 축도였던 것이다.

이런 관념은 1867년 파리 박람회에서 그야말로 '코즈모폴리턴적으로' 표현된다. 나폴레옹 3세의 두터운 신망을 받고 있던 총감독 프레데릭 르 플레(Frédéric le Play, 1806~82)는 사회학자이자 경제학자, 특히 노동 문제 전문가였다. 그가 전체 평면도를 구성한 박람회장은 산업과 노동의 관점에서 재현된 세계 그 자체였다. 박람회의 공식 간행물 중 한 구절을 보자.

이 건물의 궤도를 적도와 같은 원으로 만든 것은 글자 그대로 세계를 순회하는 것이다. 모든 사람들이 바로 여기에 모여 있으며 적들끼리 평화를 유지하면서 나란히 살아가고 있다. 물로 된 지구 위에 천지창조가 이루어질 때처럼 철로 된 이 구체 위에 신성한 기운이 감돌고 있다.[38]

이 '적들'은 노동과 자원, 자본이 국경을 넘어 교류하는 자유무역의 거대한 우산 아래 '평화롭게' 경쟁하는 듯이 보였을 수 있다. 그러나 이 1867년 박람회장의 거대한 '세계'는 다른 한편 콜로세움에 비견되었다고 한다.[39] 산업 영역에서의 '경쟁'은 식민지 수탈로 이어졌고, 민족주의는 이런 문제에 매우 편리하고 비겁한 답을 제공해 주었다. 그리고 제2제정의 화려한 국가주의적 포장 속에 산업화를 완성해 가던 프랑스는 4년 후, 프러시아와의 영토 전쟁에서 패전하게 된다.

----
38 지크프리트 기디온, 앞의 책, 235쪽.
39 수잔 벅 모스, 앞의 책, 118쪽.

여인들의 초상: 소비도시의 이면

앞선 장에서 우리는 제2제정기 프랑스를 주도했던 이들, 황제와 대부르주아지들이 새로운 시대의 대도시를 어떤 방식으로 운영했으며 어떤 문화를 형성했는지를 주로 살펴보았다. 끝으로 이렇게 가꾸어진 세상 속에서 살아가던 시민들, 특히 도시 하층민들의 삶은 어떠했는지, 이 시기에 제작된 두 점의 회화와 소설의 한 장면을 통해 단편적으로나마 짚어보는 것으로 이 장을 마무리할까 한다.

오노레 도미에(Honoré Daumier, 1808~79)가 남긴 「세탁부」(1863)는 목판에 그린 작은 유화이다. 풍자만화가로 명성이 높던 작가의 작품답게 이 그림이 말하고자 하는 바는 별다른 설명 없이 이해된다. 그가 2년 후에 같은 주제를 조금 다른 방식으로 그린 그림의 제목이 「짐」인 것은 지나치게 친절한 설명처럼 느껴질 정도이다. 이들 그림 속에는 세탁일을 해

오노레 도미에, 「세탁부」(1863)

서 살아가는 여성 노동자가 물에 젖은 세탁물 꾸러미를 한쪽 옆구리에 낀 채 반대편에는 아직 조그만 아이를 데리고 힘겹게 걸음을 옮기는 모습이 묘사되어 있다. 「세탁부」의 주인공은 강가에서 강변대로로 올라오는 계단의 마지막 칸을 오르며 아이의 손을 잡아주고 있다. 배경으로 반대편 강변의 밝은색 건물들이 보이지만 형태가 뭉쳐져 있어 그것이 강변대로의 큰 건물들이라는 것 외에는 아무것도 알아볼 수 없

에두아르 마네, 「폴리베르제르의 바」(1881~82)

다. 밝은 배경은 전경의 모녀의 어두운 실루엣과 강하게 대비된다.

　이로부터 대략 20년 후, 에두아르 마네(Edouard Manet, 1832~83)가 죽기 한 해 전에 완성한 「폴리베르제르의 바」는 도미에의 위의 그림과는 달리 명쾌한 설명 대신 분분한 해석들을 낳아왔다. 그림은 폴리베르제르라는, 당시 매우 인기 있던 극장식 카페를 배경으로 하고 있다. 화면의 중앙에서 대리석 카운터에 양손을 짚고 선 여급이 정면의 관객을 응시하며 서 있다. 그녀의 등 뒤로는 벽에 붙은 커다란 거울을 통해 객석의 손님들과 거대한 샹들리에를 볼 수 있다. 논쟁거리가 되어온 것은 거울에 비친 여급의 뒷모습과, 그와 마주 선 신사의 존재다. 벽에 붙은 거울의 테두리를 볼 때 뒷모습의 여인은 정면의 여급과 동일인임에 분명하지만 둘의 자세가 미묘하게 다른 데다 뒷모습의 각도나 위치가 관객의 시점에서 보여야 할 것과 어긋나 있기 때문이다.

사실 거울에 비친 모습과 실제 인물의 모습을 한 화면에 담으면서 이런 식의 다중시점을 구사한 사례는 이전에도 있었으므로 당대에 이 그림에 쏟아졌던 야유처럼 마네가 제대로 된 각도를 맞추지 않았다는 것은 중요한 논쟁거리라고 보기 어려우며 또 여기서 자세히 논할 만한 주제도 아니다. 실제 후대의 논쟁 역시 이 명백하게 모순되는 두 개의 시점을 통해 이 그림에서 무엇을 읽어낼 것인가 하는 데 집중되었다.

여급이 짚고 선 카운터 위에는 이미 개봉했거나 아직 따지 않은 술병들, 과일이 담긴 유리 그릇 등이 늘어서 있으며, 가슴에 꽃을 단 여급의 바로 앞에는 작은 화병이 놓여 있다. 거울 속에만 나타나는 실크해트를 쓴 신사가 여급에게 무엇을 주문했는가 하는 것은 폴리베르제르가 당시 공연뿐 아니라 매춘도 하는 장소였다는 점으로 미루어 짐작하기 어렵지 않다. 거울 속 신사의 시선은 여급을 향하고 있다. 거울 속 여급은 반듯이 서 있는 정면의 모습에 비해 앞쪽으로 몸을 다소 기울이고 있다.

이 그림에 대한 유명한 해석들 가운데 하나는 티모시 클라크(Timothy J. Clark, 1943~)의 견해일 것이다. 그는 정면을, 즉 맞은편의 고객을 응시하는 여급의 '텅 빈'(deadpan) 시선에 주목한다.

> 내가 보기에 그녀는 자신의 고립으로 인해 동요하고 있지 않다. 그녀는 안정되어 있고, 자신의 고립으로 둘러싸여 있다. 그것은 그녀가 자신의 주변에 대하여 스스로를 봉인하고 있는 일종의 사나움과 무결함으로 느껴진다. 그녀는 무심하다는 것이 최상의 표현이다. 그녀는 지속적으로 무엇을, 혹은 누군가를, 그녀를 속박하고 규정하는 다양한 것들을 내다본다. 그리고는 그것들 모두가 '끊임없이 움직이는 돈의 흐름 속에 동일한 중력과 더불어' 떠다니고 있다는 것을 발견한다. 고객은 분명 그녀를 돈으로 살 수 있는 또 다른 대상이라고 생각한다. 그리고 어떤 의미에서 그러한 환상을 유지시키는 것은 그녀의 의무에 속한다.[40]

클라크는 이 '무심함'이라는 개념을 게오르그 짐멜(Georg Simmel, 1858~1918)에게서 가져왔다. 그것은 (벤야민 역시 「보들레르와 제2제정기 파리」에서 인용했던) 「대도시와 정신적 삶」에서 짐멜이 규명하고자 했던 정서이다.[41] 마네의 여급은 자신이 카운터 위에 놓인 샴페인이나 다른 술들과 마찬가지로 상품의 지위에 있다는 것을 무심하게 자각하고 있다. 그녀의 오른손 앞에 놓인 네 병의 동일한 상품인 술병과 마찬가지로, 그녀 자신도 대체 가능하다. 따라서 거울에 비친 그녀의 뒷모습이 그녀와 동일인처럼 보이지 않더라도 문제 될 것은 없다. 그런 의미에서 이 그림은 인물화라기보다는 정물화에 가까울지 모른다. 그녀의 무표정한 '텅 빈' 시선을 도미에가 그린 세탁부의, 어두워서 잘 보이지도 않는 얼굴과 비교해 보면 대도시의 개인이 종국에 갖게 되는 무심함의 정서를 이해할 수 있다.

이 두 여인 사이에 졸라의 『여인들의 행복 백화점』의 여주인공 드니즈를 놓으면 우리는 이 퍼즐을 완성할 수 있다.

그날 밤, 잠을 자러 올라간 드니즈는 함석지붕 아래 있는 좁다란 복도의 벽에 잠시 몸을 기대서야 했다. 방에 들어가서는 문을 닫자마자 침대 위로 그대로 엎어졌다. 다리가 너무나 아파 꼼짝할 수가 없었다. 그녀는 멍한 얼굴로 천천히 방 안을 둘러보았다. 가구라고는 화장대와 조그만 옷장하나가 전부였다. 초라한 여인숙을 떠올리게 하는 그곳이 이제 그녀가 앞으로 살아가야 하는 곳이었다. 백화점에서의 끔찍했던 첫날이 끝없이 길게 이어지고 있었다. 그녀는 그런 하루를 절대로 다시 시작할 수 없을 것 같았다. 그리고 문득 자신이 실크로 된 드레스를 입고 있다는 것을 깨달았다. 그 유니폼은 그녀를 더욱더 우울하게 만들었다. 그러자 트렁크의

----

40 Timothy J. Clark, *The Painting of Modern Life: Paris in the Art of Manet and His Follower*, Princeton, 1984, pp. 254~255.

41 게오르그 짐멜, 김덕영·윤미애 옮김, 『짐멜의 모더니티 읽기』, 새물결, 2005, 35~54쪽.

짐을 풀기 전에 의자 팔걸이에 걸쳐놓았던 자신의 낡은 모직 드레스를 다시 입고 싶다는 어린애 같은 생각이 들었다. 하지만 자신의 초라한 옷을 다시 입자 목이 메어오면서 아침부터 참았던 오열이 터져 나왔다.[42]

소비사회의 가혹함은 단순히 빈곤계층의 고단한 삶에만 있는 것이 아니다. 그들이 혹독한 육체적·감정적 노동을 의미하는 실크 드레스 유니폼과 상대적 박탈감과 영원한 패배를 뜻하는 낡은 모직 드레스 사이에서 오도 가도 못하는 영겁의 지옥을 맛보아야 한다는 사실에 있다. 대도시는 모두에게 소비자가 될 기회를 평등하게 베푼다. 소비자로서의 각자의 역량에 격차가 크다는 것은 여기서 고려되지 않는다. 주머니가 가벼운 고객을 위해서는 백화점 입구 쪽의 싸구려 상품을 위한 매대가 마련되어 있다. 그리고 산업화 초기에 발생한 이런 구조는 후기 산업화 시대라 불리는 오늘날까지도 되풀이되고 있다.

| 참고할 만한 책 |

— 가쓰라 아키오, 정명희 옮김, 『파리 코뮌』, 고려대학교출판부, 2007.
— 게오르그 짐멜, 김덕영·윤미애 옮김, 『짐멜의 모더니티 읽기』, 새물결, 2005.
— 데이비드 하비, 김병화 옮김, 『파리, 모더니티』, 생각의 나무, 2010.
— 발터 벤야민, 조형준 옮김, 『아케이드 프로젝트』, 새물결, 2005.
— 외젠 비올레-르-뒤크, 정유경 옮김, 『건축강의』, 아카넷, 근간.
— 수잔 벅 모스, 김정아 옮김, 『발터 벤야민과 아케이드 프로젝트』, 문학동네, 1991.
— 에밀 졸라, 박명숙 옮김, 『여인들의 행복 백화점』, 시공사, 2012.
— 지크프리트 기디온, 김경준 옮김, 『공간·시간·건축』, 시공문화사, 2013.

----

[42] 에밀 졸라, 앞의 책, 203~204쪽.

제12장

이미지와 시뮬라크르의 시대: 어떻게 이미지와 시뮬라크르를 사유할 것인가

배영달

이미지의 역사, 시뮬라크르의 역사

역사와 문명의 고리에 있어서 이미지는 중요한 자리를 차지한다. 인류는 소통을 위해 문자와 이미지 모두를 사용해 왔지만 경우에 따라서는 문자보다는 오히려 이미지로 표현하는 일이 많았다.

그러면 이미지란 무엇인가? 이미지를 정의하기란 쉬운 일이 아니다. 역사 속에서 연속적으로 변화하는 이미지의 단계에 따라, 즉 이미지 개념의 역사적 맥락에 따라 달리 정의될 수 있기 때문이다. 이미지의 어원은 그리스어로 형상(플라톤이 말하는 이데아)과의 유사성을 의미하는 '모상'(eikon)과 실제로는 존재하지 않는 것을 뜻하는 '허상'(phantasma)에서 유래한다.[1] 어원에서 파악할 수 있듯이, 이미지는 형상(참된 실재)을 모방하는 모상과 비실재에 속하는 허상을 동시에 의미한다.

---

1 "eikon"은 '비슷하다'를 뜻하는 "eoika"에서 파생되었으며 현대어 '아이콘'(icon, 圖像)의 어원이다. 그리스어 "phantasma"는 현대어 '시뮬라크르'(simulacre)에 해당한다. 시뮬라크르를 만드는 것이 곧 '시뮬레이션'(시뮬라시옹)이다.

플라톤에서의 이미지, 시뮬라크르

『국가』에서 플라톤은 이미지의 개념을 둘러싸고서 모상과 허상을 구별한다. 플라톤은 사물의 존재론적인 원형(참된 실재)인 이데아(idea)를 '형상'(eidos)이라 했고, 그것을 모방하는 현상계의 사물을 '이미지'(eidōlon)라 했다. 오늘날의 '아이돌'의 어원이다. 플라톤에게 이 현상계는 형상계(이데아의 세계)의 그림자, 즉 이미지였다. 여기서 주목해야 할 점은 플라톤의 이데아 이론을 부추기는 참된 구별은 형상과 이미지의 구별에 있는 것이 아니라 이미지를 두 종류로 구별하는 데 있다는 것이다. 플라톤은 『소피스트』에서 이 두 종류의 이미지를 제시한다. 하나는 형상(이데아, 모델, 참된 실재)을 받아들이는 '모상'이며, 다른 하나는 형상을 받아들이지 않는 '허상'이다. 이때 모상은 형상 자체는 아니지만 형상을 모방하여 그것과 닮으려고 노력하는 좋은 이미지인 반면, 허상은 형상을 거부하며 형상과 아무런 유사성도 없는 나쁜 이미지이다.[2]

플라톤의 비유적인 표현에 따르면 목수가 이데아의 세계에 있는 침대의 원형인 유일한 본질적인 침대를 모방하여 만든 침대는 모상에 해당하지만, 화가가 그 모방품을 다시 모방하여 그린 그림 속의 침대는 허상에 해당한다. 빈센트 반 고흐가 그린 「아를의 침실」을 예로 들어 설명하면, 그림 속의 침대는 이데아의 세계에 있는 침대의 형상이 아니다. 고흐는 아를의 어떤 목수가 만든, 자기 방에 놓여 있는 침대를 그렸으며, 그의 시각에서 본 가상의 이미지, 즉 허상을 보여주었을 뿐이다.

그러면 플라톤에게 모상이 왜 정당화되고, 구제되고 선별되는 것일까? 그것은 원형의 동일성(self-identity of archetype) 때문이고 또 이 원형과 내면적으로 유사하기 때문이다. 이때 "원형의 개념이 개입하는 것은

---

2 현대어로 설명하면, 모상은 사본(복제)이고, 허상은 시뮬라크르(복제의 복제)이다. 단순화시켜 보면 결국 세계는 형상(실재)과 이미지의 두 세계로 나누어지고, 이미지는 다시 사본과 시뮬라크르로 나누어진다. 사본과 시뮬라크르의 차이는 원본을 갖고 있느냐의 여부에 달려 있다. 물론 사본에는 원본이 있지만, 형상을 거부하는 시뮬라크르에는 원본이 없다.

빈센트 반 고흐, 「아를의 침실」(1888) 플라톤은 이데아와 모방의 관계를 설명하기 위해 침대를 예로 든다. 침대에는 세 가지 종류가 있다. 첫 번째는 이데아의 세계에 있는 침대의 원형, 즉 신이 만든 것이고, 두 번째는 그것을 모방하여 목수가 만든 것이며, 세 번째는 그 모방품을 다시 모방하여 화가가 만든 것이다. 따라서 화가가 그린 세 번째 침대는 참된 실재인 이데아에서 멀리 떨어진 산물이다.

이미지들의 세계 전반에 대립하기 위해서가 아니라 좋은 이미지들을 선별하고 나쁜 이미지들을 제거하기 위해서이다."³ 좋은 이미지들은 내면으로부터 유사한 이미지들, 모상들이다. 반면 나쁜 이미지들은 허상, 시뮬라크르들이다. 이 나쁜 이미지들은 비유사성 위에 존재하는, 즉 이데아로부터 아예 멀어진 것들이며 일종의 타락, 샛길을 함축한다. 질 들뢰즈에 따르면 플라톤주의 전체는 비유사성의 끝없는 심연 속에 놓여 있는 허상들, 즉 시뮬라크르들이 제멋대로 기어 올라와 여기저기에 끼어들지

---

3 질 들뢰즈, 김상환 옮김, 『차이와 반복』, 민음사, 2004, 284쪽.

못하도록 묶어두는 것이다.[4] 다시 말하면 그것은 허상들, 시뮬라크르들을 몰아내려는 플라톤의 사유에서 비롯된 것이다. 무엇보다 플라톤에게 허상들, 시뮬라크르들은 "악마, 교묘한 사기꾼이나 흉내꾼, 언제나 위장하고 자리를 바꾸는 그 가짜의 지망자인 소피스트와 동일시되"[5]기 때문이다.

따라서 허상, 시뮬라크르는 유사성이 없는 이미지, 악마적인 이미지이다. 혹은 오히려 허상, 시뮬라크르는 모상과는 반대로 유사성을 외부에 방치하고 단지 차이를 통해 살아가는 이미지이다. 결국 플라톤에게 차이 그 자체는 부정되고 사유 불가능한 것으로 받아들여져서 차이에 의한 이미지들, 즉 허상들, 시뮬라크르들은 끝없는 대양(大洋)의 심연으로 쫓겨나게 된다.

이미지, 시뮬라크르에 대한 논쟁

시뮬라크르의 본질과 힘을 파악하기 위한 바람직한 접근은 무엇일까? 무엇보다 시뮬라크르의 역사 속에서 시뮬라크르를 맥락화하는 것, 구체적인 맥락 속에서 파악하는 것이 필요할 것이다. 시뮬라크르는 오래된 개념이긴 하지만, 이미지의 개념에 힘이 실릴 때마다 출현하곤 했으며, 모든 문화의 철학적·신학적·미학적 전통 속에서 발견할 수 있다. 실제로 시뮬라크르의 역사는 이미지와 그 힘의 역사에 다름 아니다.

그러면 오랜 기간에 걸쳐 전개된 이미지, 시뮬라크르에 대한 논쟁[6]을 살펴보자. 신성(神性)의 재현 속에서 신성의 운명을 논의하는 장 보드리야르에 따르면, 실제로 이미지의 가치와 힘을 인정한 것은 이미지의 파

---

4 질 들뢰즈, 이정우 옮김, 「플라톤과 시뮬라크르」, 『의미의 논리』, 한길사, 1999, 409~410쪽.

5 질 들뢰즈, 『차이와 반복』, 285쪽.

6 이 논쟁은 8~9세기에 두 번의 긴 기간에 걸쳐 일어났으며, 이미지, 시뮬라크르가 제기하는 문제는 17~18세기에 걸쳐 존재론적·인식론적 논쟁의 중심에 다시 나타난다. 보드리야르는 이 1,000년의 논쟁이 오늘날까지 계속되고 있다고 지적한다.

괴자인 성상(聖像)파괴주의자들—신을 감각적 표현물들로 모방하려 하는 것은 신을 모독하는 것이라고 생각했던 사람들—이었다. 그들은 신이 신으로 남지 않고 그림, 조각, 춤 등등 화려함과 매혹의 힘을 펼치는 이미지들 속에서 사라지는 것을 보았다. 그들은 모방이 또 모방을 낳는 과정 속에서 "시뮬라크르의 무한한 힘"을 느꼈고, 결국 신 자신이 아니라 신의 각종 시뮬라크르만이 존재한다는 것을 깨달았다. 성상들을 파괴하면서, 그들은 이상의 사실을 왜곡하거나 감추어진 진실로 만들어 살아올 수 있었다. 하지만 그들은 이미지란 아무것도 감추지 않는다는 생각에 도달함으로써 '형이상학적 절망'에 빠지게 된다. 즉, 이미지란 원래의 모델을 반영하는 것이 아니며(원래의 모델은 이미 온데간데없이 사라져 버렸다), 자신의 매혹으로 영원히 빛나는 완벽한 시뮬라크르들만이 존재한다는 생각에 이른 것이다.

보드리야르의 말대로 성상파괴주의자들의 입장에서 보면, "신이 이미지의 거울 속에서 겉으로 드러난다는 생각의 배후에서는 이미 신 재현에 대한 직관 속에 내포되어 있는 신의 죽음과 사라짐을 둘러싼 도박이 시작"[7]된다. 이미지에 걸린 문제는 이미지의 살해하는 힘, 즉 자신의 모델을 살해함으로써 실재를 사라지게 하는 이미지의 악마적 힘이 아닐까?

이렇게 이미지는 언제나 강력한 것으로, 우리의 마음과 정신을 사로잡는 것으로, 모델(실재)과 이미지, 원본과 사본의 구별을 없애는 힘을 갖는 것으로 인식되어 왔다. 플라톤에게 나쁜 이미지의 영역은 우리의 정신과 육체를 유혹하여 가지적(intelligible) 세계[8]로의 지적 상승에서 멀어지게 하는 기만적 영역이다. 플라톤은 허상, 환영, 시뮬라크르일 뿐인

---

7 장 보드리야르, 하태환 옮김, 『시뮬라시옹』, 민음사, 1992, 24쪽. 성상파괴주의자들은 아마 신의 재현이 더 이상 아무것도 재현하지 않음을, 재현이란 순수한 도박임을, 그러나 바로 그 때문에 커다란 도박임을 알고 있었다. 또한 이미지가 그 뒤에 아무것도 숨기고 있지 않기 때문에 이미지를 벗긴다는 것이 위험한 행위임을 알고 있었다.

8 '가지적 세계'란 바로 이데아의 세계를 말한다.

이미지에 적개심을 드러내었다. 플라톤에게 환영적 이미지인 시뮬라크르는 실재를 위협하는 '악마 같은 힘'이기 때문이다. 플라톤의 사유나 입장은 시뮬라크르를 철저히 사슬로 묶어 추방하려고 하는 것이다.

이와 같이 이미지의 위협에 반응하면서 이미지라는 악마를 내쫓으려는 노력에도 불구하고, 이미지의 힘은 오랫동안 실재를 도덕적으로 위협해 왔다. 들뢰즈가 암시하듯이, 이미지는 이미지에 대항한 모든 기반들에 맞서 시뮬라크르의 힘을 유지하면서 쉽게 굴복하지 않았다.

포스트모더니즘과 시뮬라크르

포스트모더니즘이 유행하고 있을 때, 시뮬라크르 개념은 문화 연구와 미디어·커뮤니케이션 연구에 폭넓게 사용되면서, 그리고 이미지 사회의 표명에 적용되는 용어로 사용되면서 많은 비평적 관심을 끌었다. 그러나 시뮬라크르 개념은 진리와 확실성을 거부하는 운동의 소란스러운 예로 지각되면서 포스트모더니즘을 비판하는 이들에게 표적이 되었다. 비평가들에게 이 개념 자체는 수용할 수 없는 것이 되었고, 실재에의 호소를 통해 거부되었다. 하지만 시뮬라크르와 그 힘에 대한 이러한 부정은 처음부터 시뮬라크르의 존재를 인식하고 그것에 대항했던 서구의 전통과는 반대로 놀랄 만한 역사적 무지를 드러내었다.

실제로 시뮬라크르는 많은 사람들이 믿는 것과는 달리 포스트모던 개념이 아니라 훨씬 더 오래되고 기이하면서도 보다 근본적인 현상이다. 시뮬라크르의 역사는 포스트모더니즘 속에서 계속된 맥락화에 의해, 표준화되고 반복되고 불충분하게 설명된 맥락화에 의해, 그리고 '원본 없는 복제' 같은 거의 의미 없는 정의에 의해 모호해졌다.

시뮬라크르의 대중적 이해를 좌우하는 잘못된 생각은 대체로 포스트모더니즘과의 이러한 관련 때문이다. 이 잘못된 생각은 시뮬라크르 개념의 역사적 맥락을 제대로 고찰하지 못한 데서 비롯된다.[9] 시뮬라크르를 연구한 사상가들은 그것을 어떻게 사유했을까? 시뮬라크르 변형의 역사 속에서 그것의 본질과 힘을 살펴보기로 하자.

이미지, 시뮬라크르의 세 갈래

오늘날 흔히 사용되는 시뮬라크르라는 말은 "이미지나 유사한 것, 모호한 재현이나 닮은 것, 단순한 속임수나 가짜"[10]를 뜻한다. 그러나 시뮬라크르 개념의 현대적 사유와 해석의 차원에서 그것은 적어도 세 갈래로 나누어 설명될 수 있다.

클로소프스키의 이미지, 시뮬라크르

시뮬라크르라는 말을 전문 용어로 처음 사용한 사람은 프랑스 작가 피에르 클로소프스키(Pierre Klossowski, 1905~2001)이다. 그의 견해에 따르면, 시뮬라크르는 로마 제국 말기의 도시 입구에 정렬된 신의 조상과 관계가 있었다. 그는 이 조상이 신의 외양보다는 내적 마력 혹은 권능을 나타내고 있음을 파악했다.

원래 신의 힘을 의미하던 이 라틴어 "simulacra"는 클로소프스키의 예술이론과 철학에서 격렬히 파동 치는 인간 육체의 내적 충동을 가리키는 말로 변용되었다. 개인은 충동에 제약을 받는 존재임에 틀림없지만, 개인의 바꿀 수 없는 특이성을 표현하는 수단은 따로 있다. 클로소프스키는 이를 환영(phantasme)이라 부른다. "환영은 충동적 삶으로부터 본능적

---

9 배영달, 『사유와 상상력』, 동문선, 2013, 112~113쪽.

10 빅터 테일러·찰스 윈퀴스트 엮음, 김용규·서영철 외 옮김, 『포스트모더니즘 백과사전』, 경성대학교출판부, 2007, 556쪽

으로 생겨난 강렬한 이미지로서 그 자체로는 소통할 수 없고 재현할 수 없는 것이다."[11] 시뮬라크르는 이미지인 환영을 자발적으로 재생산하는 것으로 영혼의 보이지 않는 흔들림을 모사한다. 예술작품이나 철학적 개념처럼 시뮬라크르의 위상은 다소 복잡하다. 그것은 환영을 드러냄으로써만 환영을 현실화할 수 있기 때문이다.

그러면 시뮬라크르가 환영이 되고 있는 클로소프스키의 사상을 가로지르는 중요한 테마는 무엇일까? 그것은 바로 교환과 반복의 대립이다. 클로소프스키에게 교환은 유사성만을, 경우에 따라서는 극단적인 유사성만을 함축한다. 교환은 교환되는 사물들의 등가성과 정확성을 그 규준으로 갖는다. 그리고 그릇된 반복을 형성하기도 한다. 반면 반복은 교환되거나 대체될 수 없는 것, 동일성이 없는 것에 관련된다. 유사한 것을 교환하고 동일성을 확인하는 대신, 반복은 다른 것을 인정한다. 반복은 같은 것의 재생산에 있지 않다. 그것은 동일성을 파괴하는 시뮬라크르에, 동일성의 세계와 대립하는 시뮬라크르의 세계에 연결된다. 그래서 "반복은 동일자의 동일성도 유사한 것의 등가성도 아니다. 그것은 다른 것의 강도(强度) 안에 있다."[12]

그렇다면 강도(intensité)란 무엇인가? 그것은 니체가 말하는 '힘의 의지'와 같은 것으로 이질적인 힘들을 하나로 묶고 종합하는 역량으로 모든 종류의 에너지 차이, 그 차이의 정도를 가리킨다. 강도들은 자신 안에 다른 것을 내포하며 각각 그 자체가 이미 '차이'다. 이 차이를 만들어내는 체계가 시뮬라크르가 아닌가? 시뮬라크르는 그 차이에, 다른 모든 차이들에 스스로를 연다. 모든 시뮬라크르가 동굴의 깊숙한 곳에서 표면 위로 기어올라, 강도들의 물결이 형성하는 이동적인 모양새를, 강렬한 이미지인 환영을 만들어내는 것이다.[13] 클로소프스키의 이러한 '반복

---

11 같은 책, 557쪽.

12 질 들뢰즈, 『의미의 논리』, 455~456쪽.

과 시뮬라크르'에 관한 사유는 들뢰즈, 보드리야르에게 많은 영향을 미치게 된다.

들뢰즈의 이미지, 시뮬라크르

보드리야르에게서와 마찬가지로 들뢰즈에게 시뮬라크르는 전통적인 대상 개념을 대체하는 개념이다. 『차이와 반복』에서 들뢰즈는 전통적인 사유의 세계를 재현의 세계로, 현대를 '시뮬라크르, 곧 허상의 세계'로 정의한다. 들뢰즈에 따르면 오랜 오류의 역사인 재현의 역사는 붕괴되었다. 이 재현의 파산과 더불어 '현대적 사유'가 태어났다. 재현이 그토록 비난받았던 것은, 그것이 동일성의 형식이었기 때문이다. 재현의 세계를 특징짓는 동일성의 우위나 동일성은 이제 소멸되었고, 동일자의 재현이라는 철학에 억눌려 있던 모든 힘들이 솟아나기 시작했다.

심지어 동일성이라고 여겨졌던 모든 것이 "차이와 반복이라는 보다 심층적인 유희에 의한 광학적 '효과'에 지나지 않"[14]았다는 사실이 드러났다. 현대 세계 속에서 들뢰즈는 차이 그 자체를 사유하고자 한다. 이런 사유는 "차이 나는 것들을 같음으로 환원하고 부정적인 것들로 만들어 버리는 재현의 형식에서 벗어나는"[15] 최상의 길이다. 그리고 동시에 현대 세계 안팎에서 행해지는 반복들로부터 끊임없이 차이를 추출해 낼 수 있는 계기가 된다.

들뢰즈에 따르면 시뮬라크르의 성질은 '차이와 반복'이다. 들뢰즈의 이러한 시뮬라크르는 플라톤, 니체, 하이데거, 클로소프스키 등에서 영향을 받은 일종의 콜라주에 해당하는 개념이다. 그러면 먼저 들뢰즈가 플라톤의 시뮬라크르 개념을 어떻게 파악했는지 살펴보자.

---

13 같은 책, 468쪽.

14 질 들뢰즈, 『차이와 반복』, 18쪽.

15 같은 책, 같은 쪽.

플라톤은 사물의 존재론적인 원형인 이데아를 설정하고 그것을 모방하여 닮은 이미지를 좋은 이미지로, 전혀 닮지 않은 이미지를 나쁜 이미지로 규정했다. 이 나쁜 이미지가 바로 시뮬라크르, 허상이다. 플라톤은 좋은 이미지와 나쁜 이미지(시뮬라크르) 사이의 차이 혹은 시뮬라크르들 사이의 차이를 그 자체로 사유하기보다는 그것을 어떤 근거와 관련짓고 '같음'[16]의 사태에 종속시켰다. 플라톤에게 차이는 오로지 이데아의 세계에 있다고 가정되는 '같음'과 그것을 닮으려는 사물들 사이에만 존재하는 것이었다. 하지만 시초에 있다고 가정된 같음과 닮음의 역량에 종속되는 차이 그 자체는 부정되어 마침내 사유 불가능한 것으로 선언되었다.

이런 점에서 플라톤주의는 모든 영역에서 시뮬라크르들을, 그리고 시뮬라크르들 사이의 차이를 찾아내어 제거하려는 의지라고 정의될 수 있다. 플라톤은 차이 그 자체와 시뮬라크르들을 대양의 심연 속으로 던져버렸다. 쓸모없고 사악한 것으로 분류되어 깊은 바다 속에 던져진 이 시뮬라크르들을 다시 건져 올려 그것들에게 그들의 권리를 되찾아 준 이가 바로 들뢰즈이다.

들뢰즈의 시각에서 플라톤주의를 전복한다는 것은 사본에 대한 원본의 우위를 부인하는 것이고, 이미지에 대한 원형(참된 실재)의 우위를 부인하는 것이며, 허상이나 환영인 시뮬라크르의 지배를 받아들이는 것을 뜻한다. 달리 말하면 이는 시뮬라크르가 그 본래적 개념을 가진다는 사실, 즉 시뮬라크르가 저급한 이미지로서가 아니라 유사성이 없는 이미지, 동일성보다는 차이의 모델에 근거한 이미지로서 고유한 자율성을 지닌다는 사실을 긍정하는 것이다. 여기서 들뢰즈는 플라톤이 몰아내려

----

16 같음을 개념 일반의 동일성과 혼동해서는 안 된다. 같음은 오히려 사물 자체인 이데아의 특징이다. 같음과 동일성의 구별이 어떤 결실을 맺는다면, 이는 오로지 같음이 어떤 전향(轉向)을 통해 차이에 의존할 때이다.(『차이와 반복』, 162쪽)

고 했던 나쁜 이미지들인 허상이나 환영들, 즉 시뮬라크르들에 적극적인 의미와 역동성을 부여하면서 사물에 대한 새로운 존재론적 인식에 도달한다.

그러면 들뢰즈의 사상, 즉 차이의 철학에서 차이는 어떻게 이해될 수 있는가? 요약해서 말하면, 차이의 철학이 가리키는 차이는 체계 내부의 차이가 아니라 체계의 공간을 열거나 닫는 차이다. 하이데거에 따르면 체계의 공간을 열거나 닫는 차이는 존재와 존재자 사이의 존재론적 차이다. 들뢰즈는 하이데거의 이 존재론적 차이를 받아들이고, 그런 관점에서 니체의 영원회귀와 힘의 의지를 각각 존재와 존재자로 재해석한다.[17]

그러면 니체의 영원회귀란 무엇인가? 들뢰즈에 따르면 그것은 차이와 반복에 다름 아니다. 그것은 차이의 동일성 즉 차이에 의해 산출되는 동일성인데, 반복으로 규정된다. 그래서 영원회귀의 반복은 차이 나는 것으로부터 출발하여 같음을 사유하는 데 있다. 이때 되돌아오는 것은 자신의 역량의 끝까지 나아가는 가운데 자신을 스스로 변형하고 동일한 것으로 생산하는 것뿐이다. 그래서 영원회귀는 힘의 의지의 변신을 통해 언명된다.

『차이와 반복』에서 들뢰즈가 새로운 대상 개념을 가리키는 시뮬라크르는 이렇게 재해석된 힘의 의지와 동일한 위상을 갖는다. "영원회귀가 존재의 역량일 때, 허상은 존재하는 것(존재자)의 참된 특성 혹은 형상이다."[18] 자신의 참된 특성, 자신의 본래적 상태에 도달한 사물이 바로 허상, 즉 시뮬라크르다. 들뢰즈의 사유 세계에서 이제 "사물은 허상 자체이고, 허상은 우월한 형상이다. 모든 사물에 어려운 일이 있다면, 그것은 자신의 고유한 허상에 도달하는 것이다."[19]

----

17 김상환, 『철학과 인문적 상상력』, 문학과지성사, 2012, 207쪽.

18 질 들뢰즈, 『차이와 반복』, 163쪽.

19 같은 책, 164쪽.

여기서 들뢰즈가 재해석하는 니체의 힘의 의지에 주목할 필요가 있다. 들뢰즈는 니체의 힘의 의지를 강도(intensité)로 파악한다. 강도에 대해서는 앞에서 간략히 언급한 바 있다. 들뢰즈에게 강도는 그의 사유세계 전체를 관통하는 중요한 개념이다. 하나의 강도는, 서로 비동등하고 불균등한 두 강도 사이에서 발생하는 차이의 정도이다. 강도적 차이의 본성은 불균등, 비동등, 비대칭, 계속되는 불일치 등에 있다. 하지만 이미 차이 자체인 강도는 차이를 긍정한다. 이런 강도적 차이는 이질적인 항들을 묶어 계열들을 생산하고, 계열들 사이에 역동성과 공명을 일으켜 체계를 낳는다.

가령 앤디 워홀의 마릴린 먼로, 리즈, 마오 시리즈(계열)들은 어떤 복제한 사진 위에 이미지만 달리할 뿐 똑같은 얼굴을 조금씩 차이 나는 것으로 만들어놓은 체계(시뮬라크르)이다. 들뢰즈는 워홀의 이런 '계열발생적' 시리즈들에 주목했다. 실제로 워홀의 작품들은 일상적 사물에서 어떤 작은 차이를 끌어내어 반복의 다른 수준들 사이에서 동시에 유희하도록 만든다. 좀 더 자세히 설명하면 워홀의 작품들은 '차이의 놀이'를 만들어내면서 복제 이미지의 반복들을 서로의 안으로는 물론 하나에서 다른 하나로 맞아 들어가도록 끼워 넣는 동시에 각각의 경우에 그 효과가 변하는 복제 이미지들 안에서 그것들을 서로 결합해 공명을 일으킨다.

이는 바로 들뢰즈가 말하는 강도적 차이가 일으키는 종합이다. 들뢰즈는 이런 의미의 강도를 니체의 힘의 의지로 파악했고, 강도가 낳는 체계를 시뮬라크르라 부른다. "체계들은 불균등하고 공명하는 계열들(…) 등으로 이루어져 있다. 이런 차이 생산적 체계들은 허상이나 환영들이라 불린다."[20] 들뢰즈의 사상에서 허상이나 환영인 시뮬라크르는 우월한 의미의 존재자를 가리키는 이름이 된다.

----
20 같은 책, 283쪽.

앤디 워홀, 「마오」(1973) 마릴린 먼로, 리즈, 마오 시리즈는 미세한 뉘앙스의 차이를 만들어내며 같은 이미지를 여러 번 반복해서 얻어낸 시각적 효과를 보여준다. 이 시각적 효과는 마침내 차이의 놀이, 시뮬라크르의 놀이를 산출한다. ⓒ The Andy Warhol Foundation for the Visual Arts, Inc. / SACK, Seoul, 2015

보드리야르의 이미지, 시뮬라크르

클로소프스키와 들뢰즈의 영향을 받긴 했지만 시뮬라크르로 많은 반향과 센세이션을 일으킨 사상가는 단연 보드리야르이다. 그는 1970년대 말과 1980년 초에 시뮬라크르의 증식을 주제로 한 사회이론을 전개했다. 그에 따르면 자신이 탈-근대적(postmodern)이라 부르는 현대 사회는 모델과 코드, 미디어와 정보가 지배하는 사회이다. 보드리야르는 시뮬라크르를 실재의 복제 혹은 재생산으로 이해하고, 시뮬라크르가 실재로부터 분리되어 자율적 지위를 획득하는 단계를 추적한다. 그는 "우리가 보는 것은 진짜인가?"라고 반문하면서 평생 실재를 의심한다. 이는 벤야민이 『기술복제시대의 예술작품』에서 기술한 원본(original)과 복제(copy)의 전도 현상을 나타내는 것에 연결된다.

걸그룹 '여고시대'가 있다고 가정해 보자. 가수로 활동하는 이들은 성인이지만, 여고생 교복을 입고 여고생처럼 꾸몄다. 이들이 인기를 끌면서 어떤 일이 벌어질까. 여고생들은 걸그룹 '여고시대'처럼 치마를 싹둑 자르고 그들처럼 눈 화장을 한다. 오리지널이 있기에 그들의 '모방품'이 생겨났지만, 그 모방품이 인기를 얻으면서 오리지널이 모방품을 흉내

내는 단계에 이른다. 그러면 걸그룹의 외양을 모방한 여고생은 '오리지널'인가 '모방품'인가. 당연히 이런 의문이 제기된다. "대체 오리지널이란 무엇인가?"[21]

『시뮬라크르와 시뮬라시옹』(한국어판 제목은 『시뮬라시옹』)에서 보드리야르는 실재보다 더 실재적인 실재, 즉 초과실재(hyperreality, 시뮬라크르)에 포위되어 버린 탈근대의 존재론적인 조건을 날카로운 통찰력과 풍부한 예증을 통해 규명하고자 했다. 보드리야르에 따르면 탈근대는 사물의 의미와 지위가 바뀌고 실재가 문제시되면서 초과실재와 시뮬라시옹(simulation)으로 들어가는 경향이 있는 세계다. 이런 세계에서는 도처에 사물이 범람해서 포화 상태에 도달하기 때문에 사물이 이상증식하고 이상발달한다. 보드리야르는 이것을 "사물의 황홀경"이라고 했다.

"황홀경은 의미를 상실하기에 이르기까지 주변을 맴돌며 자신의 공허한 형태 속에서 빛나는 모든 사물에 고유한 특성이다." 가령 패션은 아름다운 것보다 더 아름다운 것, 아름다운 것의 황홀경이자 소용돌이치는 미학의 공허한 형태이다. 텔레비전은 실재보다 더 실재적인 실재, 즉 실재의 황홀경이다.

이 세계에서는 진짜와 가짜가 구별되지 않고 진짜보다 더 진짜 같은 가짜가 추구되는 것, 바로 극단과 극치의 소용돌이가 일어난다. 이는 무엇보다 이미지가 사회현실 전체에 침투하여 실재를 대체하면서 우리의 삶을 지배하는 것과 관련이 있다.

실제로 탈근대 사회는 탈근대성이 낳은 부산물인 이미지로 넘쳐나고 있다. 하나의 이미지는 또 다른 이미지를 산출하고, 이렇게 생겨난 다른 이미지는 또 새로운 이미지를 만들어내고 있다. 결국 실재와 이미지를 구분할 수 없는 단계에 이르게 되고, 점점 더 실재보다 더 실재적인 하

---

21 배영달, 「우리가 보는 것은 진짜인가. 불멸의 저자들: 장 보드리야르」, 『조선일보』, 2013년 11월 16일.

이퍼리얼리티(초과실재)가 생겨나게 된다. 이러한 단계에서 이미지는 실재와 무관한 자신의 순수한 시뮬라크르가 된다.

그러면 이 지점에서 보드리야르가 말하는 시뮬라크르와 시뮬라시옹을 정의해 보자. 시뮬라시옹은 이미지에 의해 실재보다 더 실재적인 초과실재를 산출하는 과정이며, 시뮬라크르는 시뮬라시옹의 결과이다. 예를 들어 설명해 보면, 화장하지 않은 나의 얼굴은 실재이고, 내가 원하는 얼굴 이미지를 화장하여 초과실재로 만들어내는 과정은 시뮬라시옹이다. 이런 과정을 거친 후 화장이 완성된 나의 얼굴 이미지는 실재가 사라져버리고 실재보다 더 실재적인 초과실재, 즉 시뮬라크르가 된다.

보드리야르는 "실재가 이미지와 기호의 안개 속으로 사라진다"라는 유명한 명제를 남겼다. 이 명제는 시뮬라크르와 시뮬라시옹이 지배하는 탈근대 사회에서 사물의 실재가 증발해 버린다는 점을 압축적으로 표현한다. 사실 탈근대 사회에서 이미지가 오고 감으로써 실재에 대한 커다란 무관심이 형성되고, 넘쳐나는 이미지 아래 실재가 실종되고 있다. 이처럼 실재가 사라지고, 이미지만이 넘쳐나는 세계가 바로 보드리야르가 말하는 시뮬라크르와 시뮬라시옹의 시대다.

보드리야르의 관점에서 이런 세계는 분명히 그 자체로 실재가 없는 미혹 속에 있다고 할 수 있다. 실재가 사라진 뒤에 실재의 자리에 시뮬라크르가 들어선다. 무한히 증식하는 시뮬라크르의 지배가 형성되는 것이다. 시뮬라크르의 이러한 지배는 더 이상 특수하고 신기한 현상이 아니라 어디에나 존재하는 우리 삶의 현상이 되고 있다.

그러면 보드리야르는 이미지의 시뮬라크르적 힘을 생산해 내는 탈근대 사회의 현상을 어떻게 이해하고 있는가? 보드리야르가 보기에 텔레비전·컴퓨터·휴대폰 등 다양한 미디어의 발달로 인해 이미지가 넘쳐나고 있고, 모든 것이 이미지의 형태를 띠고 있다. 가령 텔레비전은 "나는 이미지이다. 모든 것은 이미지이다"라는 사실 이외에는 아무것도 말하지 않는다. 어쨌든 사람들은 스크린 앞에 있게 되면 모든 것을 이미지로

타임스 스퀘어. 이미지가 모든 것을 삼키면서 '이미지가 현실이고 힘'이 되는 세상. 이미지가 지배하는 세상을 나타낸다.

이해하게 된다. 도처에서 보이는 이미지의 범람은 보드리야르가 말하는 '사물의 황홀경'처럼 우리를 '이미지의 황홀경'에 빠져들게 한다.

이미지의 황홀경은 이미지가 극도로 증식하고 확장되어 극단으로 나아간 것을 뜻하는데, 이는 이미지가 악마처럼 자신의 힘을 행사하는 것을 나타낸다. 요즘 유명 상표의 이미지를 가지려는 욕망에 이끌려 청소년들이 저지르는 비행들은 실재(진짜)를 대신하는 이미지(가짜)를 실재로 착각한 경우이다. 이는 바로 이미지가 실재를 대체하고 지배하는 현상이다. 이렇게 시뮬라시옹의 과정은 탈근대 사회에서 지배적인 현상이 되고 있다. 맨해튼의 밤거리를 수놓고 있는 "이미지가 현실이고 힘"이라는 어느 회사의 상업 광고의 논리를 보드리야르의 시뮬라크르 이론은 뒷받침하고 있는 셈이다.

그러면 보드리야르의 사유세계에서 이미지가 현실이 되고 힘이 될 때, 이미지는 어떤 형태를 띠게 되는가? 이미지는 모든 것을 삼키면서 실재를 사라지게 하고, 때로는 가장 폭력적인 현실을 드러내면서 현실의 본질적인 실재를 사라지게 한다. 이는 바로 이미지가 행사하는 파괴, 즉 이미지의 파괴이다.[22]

보드리야르는 이미지의 이런 파괴와 폭력을 환기시킨다. 보드리야르에게 이미지는 바로 시뮬라크르이며, 이미지의 파괴는 시뮬라크르의 파괴이다. 파괴성을 갖는 시뮬라크르의 무한한 힘은 악마 같은 힘이다.

그러면 보드리야르의 사유세계에서는 시뮬라크르의 악마적 힘에 의한 실재의 사라짐만이 지속될 뿐인가? 시뮬라크르의 악마적 힘이 초래한 실재의 사라짐이 일어난 뒤에 실재의 회복을 고민하는 보드리야르의 사유는 무엇인가? 보드리야르의 시뮬라크르는 탈근대의 사유 체계에 점철되었던 여러 개념들을 무력화하여 끊임없이 자기 증식을 지속하는 존재이기에 시뮬라크르가 지닌 파괴성에 대해 우리는 두려움과 동시에 반감을 갖게 된다. 실재를 사라지게 하는 이미지, 즉 시뮬라크르라는 허상들이 부유하는 세계는 분명히 허무주의적이며, 그곳에서 시뮬라크르는 파괴적 공간을 생산하면서 악마적 권능을 지닌다. 보드리야르는 실재를 회복시키기 위해 실재를 위협하는 시뮬라크르라는 이 악마에 대항할 것을 권유한다.[23]

이미지 · 시뮬라크르가 미친 영향, 그 평가와 전망

이미지 · 시뮬라크르가 미친 영향
이미지, 시뮬라크르에 대한 들뢰즈와 보드리야르의 사유는 현대의 예술과 미학, 문화생산의 영역에서 여전히 유효한가?

----
22 배영달, 『보드리야르의 아이러니』, 동문선, 2009, 151~153쪽.
23 배영달, 『사유와 상상력』, 132~133쪽.

프랜시스 베이컨, 「증인들과 함께 침대에 누워 있는 두 형상: 삼면화」(1968)   재현에서 벗어나려면 이미지와 이미지 사이의 연관을 파괴해야 한다. 여기에 사용되는 것이 바로 격리이다. 베이컨은 동그라미, 입방체 혹은 트랙을 이용하여 형상을 격리하고, 형상이 그림 속의 다른 요소들과 연관을 맺지 못하도록 한다. 그의 작품 속에는 자주 둘 이상의 형상이 등장하는데, 형상들은 고립되어 있다.

들뢰즈에 따르면 현대 예술은 재현(representation)에 대한 격렬한 비난과 더불어 시작되었다. 사실 르네상스 이래로 사실주의 미술에 이르기까지 서양 미술을 지배해 왔던 것은 재현이었다. 재현이란 동일하게 존재하는 대상을 비슷하게 모방하여 그린다는 뜻이다. 재현은 '대상과 이미지 사이의 관계'뿐만 아니라 '한 이미지가 다른 이미지와 맺는 관계'를 내포한다. 현대 미술이 재현을 파괴한다는 것은 이 두 가지 관계를 파괴한다는 것을 의미한다. 가령 프랜시스 베이컨(Francis Bacon, 1909~92)의 작품 속에는 재현과 단절된 형상들의 고립이 엿보인다. 형상들의 이런 고립 속에서 들뢰즈는 근대의 재현 모델의 파괴를 본다. 현대에 이르러 이런 재현 모델인 동일성이 이제 차이와 반복으로 바뀐 셈이다.

들뢰즈의 관점에서 시뮬라크르의 시대에 예술은 더 이상 모방하지 않는다. 예술은 반복이고, 내면적 역량을 통해 모든 반복들을 반복하기 때문이다.[24] 심지어 가장 기계적이고 가장 일상적이고 가장 틀에 박힌 반

----

24 질 들뢰즈, 『차이와 반복』, 612쪽. "예술은 허상(시뮬라크르)이고, 모상(사본)을 허상(시

복까지도 예술작품 안에서는 자신의 자리를 찾는다. 이때 반복은 다른 반복을 위해 차이를 끌어낸다. 들뢰즈는 차이와 반복을 동시에 작동시키는 것이야말로 예술의 최고의 목적이라 생각한다.

　반복의 미학이 실현되는 예로 들뢰즈는 현대 음악에서 라이트모티프가 심화되는 방식, 가령 알반 베르크(Alban Berg)의 「보체크」(Wozzeck)를 제시했다. 회화에서는 팝아트가 사본(복제), 사본의 사본(복제의 복제)을 극단으로까지 밀고 나가 마침내 사본이 시뮬라크르로 바뀌는 방식을 제시했다. 가령 워홀의 계열적 그림들에서는 조금씩 차이를 내는 끝없는 반복들이 변용을 드러낸다. 재현의 미학이 동일성이나 유사한 것을 규준으로 삼았던 것에 반해, 시뮬라크르 안에 나타나는 반복의 미학은 계속되는 불일치, 즉 차이의 차이를 규준으로 삼았던 것이다.

　이런 들뢰즈적 의미에서의 반복과 차이를 생산해 내는 시뮬라크르를 잘 실현한 작가로는 워홀 이외에도 클로드 모네(Claude Monet, 1840~1926), 르네 마그리트(René Magritte, 1898~1967) 등이 있다. 사실 모네는 단 하나의 성당을 묘사하기 위해 시시각각 변화하는 빛을 찾아다니며 아침, 낮, 저녁의 성당, 맑은 날과 흐린 날의 성당을 그렸다. 말하자면 그는 서로 비슷한 계열들의 그림을 그렸다. 「루앙 성당」 시리즈에서 성당의 실재는 수많은 차이들 속으로 사라진다.[25] 이는 바로 차이의 놀이 속에서 반복되는 시뮬라크르가 아닌가? 또한 마그리트의 그림에 등장하는, 어느 때는 뒤돌아선, 어느 때는 앞을 보는, 어느 때는 얼굴이 무언가로 가려진 중절모를 쓴 남자 역시 반복과 차이를 생산해 내는 시뮬라크르가 아닌가?[26]

　뮬라크르)으로 바꾸어놓는다." 들뢰즈에게 "시뮬라크르는 그릇된 복사물이 아니다. 그것은 복사물의 개념 그리고 모델의 개념 자체에 문제를 제기한다."(『의미의 논리』, 409쪽)

25 진중권, 『미학 오디세이 3』, 휴머니스트, 2004, 37~39쪽.

26 박정자, 『마그리트와 시뮬라크르』, 기파랑, 2011, 191쪽.

르네 마그리트, 「골콩드」(1953), 「무한한 재인식」(1963) 마그리트 작품 속의 형상은 유사에 집착하지 않는다. 그것은 상사(相似)의 놀이를 펼친다. 상사는 복제들 사이의 차이를 전개하기 때문에, 그의 작품들에서는 동일한 모티프가 자주 반복된다. 그의 작품 속에 등장하는 중절모를 쓴 남자는 여기저기 다른 작품들 속에 나타나면서 상사의 놀이를 펼친다. 뒤돌아선 남자는 마침내 비가 되어 하늘에서 내린다. 이렇게 동일한 모티프가 다른 맥락들 속에서 반복적으로 나타나면서 차이를 만들어내는 것이다.

© René Magritte / ADAGP, Paris-SACK, Seoul, 2015

『시뮬라크르와 시뮬라시옹』을 통해 탈근대 현상을 사유한 보드리야르는 문화와 예술 분야에서 큰 반향과 센세이션을 일으켰다. 제프 쿤스(Jeff Koons), 하임 스타인벡(Haim Steinbach), 피터 할리(Peter Halley) 등과 같은 많은 예술가들은 시뮬라크르에 대한 그의 글과 견해를 원용하면서 시뮬라크르 이론을 그들의 그림이나 설치 작업에 통합했으며, 실재의 세계가 아닌 가상의 세계를 다룬 영화 「매트릭스」의 감독 워쇼스키 남매도 그의 시뮬라크르 이론에서 강한 영향을 받았다.

특히 뉴욕의 휘트니 미술관에서 열린 워홀에 관한 보드리야르의 강연은 그를 뉴욕 예술계의 스타로 만들었다. 보드리야르에게 워홀은 어떤 의미를 갖는가? 보드리야르가 보기에 워홀은 시뮬라크르의 시대를 증언하는 임무를 충실하게 실행한 예술가였다. 워홀은 사물과 지각의 세계를 구성하는 원리가 시뮬라크르에 있음을 누구보다 예리하게 인식했기 때문이다. 워홀의 작품들은 끝없이 반복되는 복제의 이미지를 보여준다. 워홀의 복제 이미지의 반복은 보드리야르가 말하는 차이의 생산에 연결되는가? 보드리야르는 "차이의 생산이 극한에 달하면 반대물로 전화한다"[27]고 말한다. 반복이 더 이상 차이를 생산해 내지 못하고 '동일자의 무한 증식(복제)'으로 전락했다는 것이다. 이때 동일자의 무한 증식은 자신의 원본과 동일하지 않으며, 결코 같은 것이 아니다. 시리즈적으로 재생산된 작품은 원본성을 상실한다. '원본 없는 복제'. 워홀은 바로 이런 시대를 증언한다. "반복이 같은 이미지를 변화시키는 방식을 좋아한다"는 워홀의 말은 들뢰즈의 '차이와 반복', 보드리야르의 '동일자의 무한 증식' 둘 다에 연결되는 것이 아닐까?

그러면 보드리야르는 탈근대의 이미지를 어떻게 사유했을까? 그에 따르면 "이미지는 일반적인 기능 속에서 반영이나 거울의 이미지가 아니라 실재의 세계에서 차원을 제거하거나 실재의 세계에서 벗어나게 하면서 환영의 무대를 창조하는 이미지다"[28] 탈근대는 이러한 이미지를 하이퍼리얼하게 만들고 가상(appearance)으로 기능하게 하면서 실재를 사라지게 한다는 것이다. 그의 사유에 비추어보면 예술은 세계에 대한 극단적인 환영에 불과할 수 있다. 그의 이런 사유는 예술은 허상(환영, 시뮬라크르)이라는 들뢰즈의 사유와 일치하는 것일까? 보드리야르는 빔 벤더스(Wim Wenders) · 장 뤼크 고다르(Jean Luc Godard) · 워홀 같은 예술가들이 세계에 대한 하이퍼리얼한 환영을 증대시킨다고 지적한다. 이 예술가들은 예술이 실재보다 더 강한 환영으로 존속하려고 하면서 시뮬라크르 세

----

27 장 보드리야르, 『시뮬라시옹』, 177쪽.
28 배영달, 『보드리야르의 아이러니』, 328~329쪽.

계에 빠져드는 것을 받아들이기 때문이다.

이미지, 시뮬라크르에 대한 평가와 전망

보드리야르의 시뮬라크르는 클로소프스키나 들뢰즈의 시뮬라크르에 비해 철학적으로 세밀하게 구성되어 있지 않지만, 시뮬라크르를 이용한 그의 사회문화적 분석은 탈근대의 본질과 현상을 구체적으로 이해하는 데 꼭 필요한 시금석이 되었다. 이들의 이론들은 서로 관련이 있긴 하지만 따로 구별할 필요가 있다.

들뢰즈가 플라톤이 추방하려고 했던 나쁜 이미지들인 허상이나 환영들, 즉 차이를 생산하는 체계들인 시뮬라크르들에 긍정적인 의미와 역동성을 부여하면서 사물에 대한 새로운 존재론적 인식에 도달하는 반면, 보드리야르는 이미지가 실재를 사라지게 하면서 시뮬라크르로 바뀌는 것을 부정적으로 인식한다. 보드리야르는 진짜보다 더 진짜 같은 가짜인 이미지의 시뮬라크르적 힘, 즉 이미지라는 악마, 시뮬라크르라는 악마가 지배하는 것에 대해 우려를 표명한다.

전통적인 대상 개념을 대체하는 시뮬라크르 개념을 철학적으로 사유한 들뢰즈. 그는 자신의 철학 속에서 시뮬라크르를 핵심적인 개념으로 삼고 그것을 끝까지 사유하는가? 그의 사유는 '이미지의 사유'에서 '이미지 없는 사유'라는 개념으로 발전하면서 어떤 형상이나 형식도 전제하지 않는 사유로 나아간다. 『차이와 반복』에서 그는 이렇게 기술한다. "사실상 형상과 질료라는 이 짝은 재현에 전적으로 내면적이고, 또 아리스토텔레스가 고정해 놓은 최초 상태의 재현을 정의한다. 힘과 바탕의 상보성을 형상과 질료의 충족이유이자 이 둘의 결합의 충족이유로 내세운다는 것은 이미 어떤 진보에 해당한다"[29]

이 구절이 시뮬라크르의 사유에 대한 평가라면, "하지만 질료들을 용

----

29 질 들뢰즈, 『차이와 반복』, 527~528쪽.

해시켜 버리고 모형화된 것들을 해체하는 추상적인 선(線)과 무—바탕의 짝은 훨씬 더 심층적이고 위협적이다"[30]라고 표현하는 그의 사유는 시뮬라크르가 붕괴되고 어떤 추상적인 선만이 남는 더 높은 체계로 향하고 있다. 들뢰즈의 이런 '선의 사유'는 마침내 시뮬라크르를 포함한 모든 이미지의 사유 저편으로 이행한 셈이다. 『천 개의 고원』에 이르면 들뢰즈에게 시뮬라크르는 점점 더 까마득하게 잊혀버린다.[31]

그러면 들뢰즈의 사유와는 달리 보드리야르의 사유 속에서 시뮬라크르를 어떻게 평가해야 하는가? 실제로 보드리야르가 탈근대적이라 부르는 현대 사회는 시뮬라크르의 성격을 지니고 있다고 해도 지나친 말은 아니다. 탈근대적 시뮬라크르의 질서가 존재하는 것도 사실이다. 이 탈근대적 시뮬라크르의 질서는 실재의 세계가 붕괴하면서 생겨나는 과정이 결코 아니다. 그렇다면 실재는 어떤 형태로 존재하고 있는가? 그가 보기에 실재는 실재보다 더 실재적인 실재, 즉 초과실재로 존재한다. 이는 보드리야르가 말하는 실재의 인위적인 부활이다. 이 인위적인 부활에는 이미지가 개입한다. 이미지에 의해 실재는 수정되고 다시 조립되는 것이다.

그러나 오늘날 이미지 세상은 엄청나게 바뀌었다. 실재가 사라지는 것을 무엇보다 잘 보여주는 것은 이미지가 처한 현재의 운명일 것이다. 즉 아날로그에서 디지털로 이동하면서 이미지 역시 사라지는 운명에 처해 있다. 디지털 기술이 이미지를 또 다른 차원에 올려놓았기 때문이다. 인터넷을 통해 이미지가 퍼 날라지고 있고, 가상(현실)의 이미지가 경험되고 있다.

흔히 실재가 이미지·시뮬라크르의 지배권을 뛰어넘지 못했다고 한다. 하지만 오늘날에는 이와 반대로 말해야 하지 않을까? 즉 가상과 가상현

---

30 같은 책, 528쪽.

31 김상환, 『철학과 인문적 상상력』, 215~216쪽.

실을 위해, 지배적인 이미지인 복제 이미지가 상실됐다고. 실재의 단계 뿐만 아니라 이미지의 단계까지도 가상과 디지털에 대처하지 못하고 그 속에 흡수되었기 때문이다.

이제 시뮬라크르의 시대의 지배적인 이미지인 복제 이미지는 가상(현실)의 이미지에 밀려난다. 보드리야르는 이미 시뮬라크르의 단계를 넘어선 새로운 단계와 가상/가상현실을 관련지어 생각했다. 가상현실은 디지털화되고 조작될 수 있는 현실이다. 가상현실은 초과현실(하이퍼리얼리티)보다 더 현실적이다. 그것은 매우 완전하기 때문에 우리가 시뮬라크르로 정당화했던 것보다 더 현실적이다.[32]

그래서 가상은 이미지의 영역에 속하지 않는다. 가상은 이미지를 살해하기 때문에 시뮬라크르가 아니다. 만약 시뮬라크르의 단계가 실제로 실재를 살해하는 단계라면, 가상은 이미지를 살해하는 단계일 것이다.[33] 이미지를 살해하는 것은 역시 환영인 시뮬라크르를 살해하는 것이 아닌가? 이미지이기를 멈추는 이미지는 다시 사물들 중의 사물이 된다. 이런 단계는 시뮬라크르 시대의 종말일지도 모른다. 1990년대까지가 대체로 실재가 사라져버리고 이미지가 범람하는 시대, 즉 시뮬라크르의 시대였다면, 오늘날 우리의 시대는 시뮬라크르의 시대를 넘어 가상(현실)의 이미지 시대, 디지털 이미지의 시대가 될 것이다.

| 참고할 만한 책 |

이미지와 시뮬라크르의 사유와 관련해서는 다음 책들이 도움이 된다.

----
32 배영달, 『사유와 상상력』, 53쪽.
33 같은 책, 53~54쪽.

— 배영달, 『보드리야르와 시뮬라시옹』, 살림, 2005.
— 배영달, 『보드리야르의 아이러니』, 동문선, 2009.
— 배영달, 『사유와 상상력』, 동문선, 2013.
— 이정우, 『사건의 철학』, 그린비, 2011.
— 박정자, 『마그리트와 시뮬라크르』, 에크리, 2011.
— 진중권, 『미학 오디세이 3』, 휴머니스트, 2004.
— 김상환, 『철학과 인문적 상상력』, 문학과지성사, 2012.
— 질 들뢰즈, 이정우 옮김, 『의미의 논리』, 한길사, 1999.
— 질 들뢰즈, 김상환 옮김, 『차이와 반복』, 민음사, 2004.
— 장 보드리야르, 하태환 옮김, 『시뮬라시옹』, 민음사, 1992.
— 발터 벤야민, 반성완 편역, 『발터 벤야민의 문예이론』, 민음사, 2003.
— 플라톤, 천병희 옮김, 『국가』, 숲, 2013.

이미지와 시뮬라크르의 역사를 이해하기 위해서는 다음과 같은 책들을 읽으면 도움이 된다.
— 우성주, 『호모 이마고』, 한언, 2013.
— 다나카 준, 김정복 옮김, 『아비 바르부르크 평전: 이미지 역사가 아비 바르부르크의 광기와 지성의 연대기』, 휴먼아트, 2013.
— 레지스 드브레, 정진국 옮김, 『이미지의 삶과 죽음』, 시각과 언어, 1994.

이미지와 문화연구에 대해서는 다음 책들이 도움이 된다.
— 영상문화학회, 『이미지는 어떻게 살고 있는가』, 생각의 나무, 2000.
— 스튜어트 유웬, 백지숙 옮김, 『이미지는 모든 것을 삼킨다』, 시각과 언어, 1996.

제13장

진화인가 진보인가: 미래에 대한 성찰

최승현

진화하는 진보, 진보하는 진화?

"진화는 진보인가, 아니면 다양성이 증가하는 방향으로 변화해 온 과정인가?" 2009년 4월 다윈 탄생 150주년을 맞아, 이화여대 에코과학부의 최재천 교수는 이와 같은 물음을 내걸고 대중의 참여를 유도한 바 있다. 그는 후자의 손을 들어주면서, 여전히 양 진영이 다투고 있다고 말한다. 진화(進化)와 진보(進步) 모두 '나아간다(進)'는 뜻을 품고 있어 양자를 구분하는 일은 더욱 혼란스럽기만 하다. 양자는 과연 어떤 점이 다를까?

생각의 진화가 기술의 진보 낳아

비즈니스를 포함한 일상의 여러 면을 보면 무엇인가 조금씩 달라지고 있다는 것을 발견하게 된다. 주민등록등본을 떼기 위해 동사무소까지 가야 했지만 어느 틈엔가 집에서 출력할 수 있게 바뀌었다. 예전에 차장이 받던 버스 요금을 기계가 대신 받더니 요즘은 신용카드로 결제를 할 수 있게 됐다.

이런 발전에는 기술의 진보와 사고방식의 진화가 내포돼 있다. 즉, 생각

389

을 어떻게 하느냐에 따라 기술이 발전하며 삶의 방식도 바뀌는 것이다. 그렇게 보면 사람의 생각이 삶과 비즈니스를 바꾸는 주요한 동력이라고 볼 수 있다. 예를 들어 휴대전화는 전화를 하기 위한 도구였다. 그러나 지금은 손 안의 컴퓨터가 됐고, 길을 안내해 주는 내비게이터 역할도 한다. 예전에는 상상도 할 수 없었던 프로게이머나 사립탐정과 같은 직업도 생겨나고 있다. 생각을 어떻게 하느냐에 따라 상품과 서비스가 진화하는 것이다.[1]

위의 글은 경영 아이디어를 다룬 것이다. 생각은 진화하지만 기술은 진보하는 것이다? 왜 생각과 기술 양자에게는 각기 다른 서술어가 붙게 되는 걸까? 이 글은 이에 답하려는 시도이다. 오늘날 진화와 진보라는 말은 뒤섞여 사용되고 있다. 다윈이 19세기 후반 『종의 기원』을 출간하고 '진화'라는 말이 대중에게 퍼지기 시작한 이래로, 이 말은 인류의 세계관을 뒤흔들 만큼 큰 영향을 끼쳐왔다. 이렇게 중요한 말이 '진보'와 섞이게 된 까닭은 무엇일까? 그리고 두 말이 섞이게 됨으로써 어떤 혼동이 벌어지고 있을까?

독일의 한 자동차 회사는 자사의 신차를 광고하면서 "점진적 진화를 보여오다가 이번 새 모델에서 혁신적으로 진보했다"고 말했다. 이처럼, 무언가가 보다 못한 것에서 보다 나은 것으로 바뀌었다고 생각하는 일에는 어떤 문제가 있을까? 진화와 진보를 구별하는 일은 이렇듯 일상적인 것에서 거대한 역사관에 이르기까지 우리의 삶과 깊은 관련을 맺고 있다.

----

1 정수현, 「정수현의 바둑경영」, 『이코노미스트』 1232호, 중앙일보, 2014에서 발췌 인용.

진화와 진보는 어떻게 다를까

우선 진화(evolution)에 대해 살펴보자. 원래 진화는 다윈이 이 개념을 사용하기 전부터 생물학은 물론 물리학이나 수학에서도 사용되던 말이었다. 이런 용례가 18세기 이후 발생학에서는 정자와 난자의 결합에서 배아를 거쳐 태아에 이르는 과정, 곧 씨앗에서 생명체로 펼쳐지는 (unfolding) 과정을 가리키기도 했다.[2] 이를 전성설(preformation)이라 부르는데, 기독교의 교리와도 잘 어울리는 것이었다.[3]

진화라는 말은 원래 '말려 있는 것을 펼침'이라는 뜻을 지녔다. 라틴어 'evolvere'는 책을 펼쳐 읽는다는 뜻이었다. 진화라는 말이 본격적으로 등장하기 전인 17세기 중반까지도 진화란 '이미 존재하는 것의 펼쳐짐'을 가리켰다. 요컨대 진화는 본래 '열다', '펼치다', '완성하다'라는 뜻을 지닌 'develop'와 같은 뜻으로 쓰였다.

그러나 발생학에서 정의하는 진화와 다윈이 말한 진화—자연선택 (natural selection)—에는 근본적인 차이가 있다. 다윈의 자연선택은 '종의 변이와 계승'을 가리키는 것으로서 특정한 환경에 가장 적합한 종은 살아남고 그렇지 못한 종은 사멸한다는 의미를 담고 있다. 이는 장 바티스트 라마르크(Jean-Baptist Lamarck, 1744~1829)의 입장과 비교해 볼 때 보다 뚜렷해진다. 라마르크는 진화를 추동하는 거대한 방향이 있다고 보았고, 이 방향은 곧 중세 철학/신학에서 말한 '완전성'(perfection)의 방향이다. 말할 필요도 없이 인간은 이 위계의 정점에 위치한다. 이 점에서 그의 진화론은 중세 존재론의 위계적(hierarchical) 구조를 온전히 탈피한 것은 아니다.[4]

---

2 지금은 이 과정을 '발생'(development)이라 부른다. 발생학(embryology)이 이 과정을 다룬다.

3 전성설(前成說)은 훗날 카를 폰 바에르(Karl von Baer)의 후성설(後成說, epigenesis)에 의해 논박되었다. 그러나 이와 관련된 논쟁은 지금도 여전히 열린 문제이다.

'진화' 개념의 의미 변화

발생학의 진화와 라마르크의 진화	다윈의 진화
종의 진화는 생명체가 발전하는 것처럼 완벽을 추구한다. 생명체 안에는 그에 대한 목적이 이미 내장되어 있다.	종의 진화는 특정하게 주어진 환경에 따라 바뀔 수 있으며(변이), 이 중 환경에 잘 적응한 생명체가 살아남아 대를 잇는다.
= 목적론적 경향	= 자연선택(목적론적 경향이 없다)

그러면 진보(progress)란 무엇일까. 진보라는 말은 17세기에 탄생하여 19세기 중반 대중화되었다. 우선 오늘날 우리가 받아들이는 진보와 진화의 차이에 대한 설명을 들어보자.

진보라는 말은 보다 나은 상태로의 이행을 의미하고 거기에 도달하기 위해 능동적 행위를 권유하는 가치론적 개념이라는 일반적 이해가 있으며, 정치나 문화의 영역에서 일정한 효력을 가지고 계속 사용되고 있다. 한편 진화는 생물학적 기원이 분명하여 가치론보다는 자연적 과정이라는 생각이 지배적이고 그럼으로 해서 사용법도 제한될 것처럼 보이지만, 의외로 일상생활에서도 생물학적 지식의 보편화와 더불어 점차 용례를 더하고 있다.[5]

진보는 '앞으로 나간다'라는 뜻을 가진 라틴어 'pro(앞으로)'와 'gradi(나아가다)'에서 나왔다. 이 말은 본래 '행진, 여행, 행렬'을 뜻했다. 17세기의 작가이자 평론가인 샤를 페로(Charles Perrault)는 자신이 살던 루이 14세 시대가 인류 역사상 완벽에 가장 가까운 시대라고 믿었다. 17세기는 르

---

4 흔히 라마르크 진화론의 핵으로 간주되는 '용불용설'과 '획득형질의 유전'은 사실 라마르크 존재론의 핵이 아니라 가지에 불과하다. 용불용을 통한 종의 변화라든가 획득형질의 유전은 진화의 핵심이 아니라 오히려 진화를 복잡하게 만드는 요인들, 진화가 일직선으로 매끈하게 이루어지지 못하게 만드는 요인들이다.

5 황수영, 「서양 근대사상에서 진보와 진화 개념의 교착과 분리」, 『개념과 소통』, 7, 105~134쪽.

네상스의 완성기, 혹은 근대가 시작된 시기로 일컬어진다. 당시 프랜시스 베이컨(Francis Bacon, 1561~1626)이 '네 가지 우상'[6]을 타파하기 위해 제시한 것은 바로 귀납법이었다. 고대 그리스의 플라톤이나 아리스토텔레스가 했던 말, 곧 달에는 신비의 제5원소가 있다는 식의 설명은 이제 할아버지들의 스토리텔링에 불과한 것이 되었다. 즉, 달에 무엇이 있는지 알려면 달 표면을 직접 관찰해야 한다는 것이다. 백조는 서해에서 관찰되어도, 일본에서 관찰되어도, 유럽에서 관찰되어도 똑같아야 한다. 만일, 백만 마리의 백조가 같다는 사실을 확인했어도 호주에 사는 백조가 생김새는 같은데 색이 검다면 '백조'라고 부를 수 없다. 이와 같이 17세기 사람들은 반론이 가능한 말이라야 과학적인 설명이라고 보았다.[7] 따라서 그 전 시대의 사람들이 한 말은 그저 옛이야기에 불과하다는 것이다. 이제 귀납을 통한 과학은 학문 발전의 핵심적 요소가 된다. 예술은 시대에 따라 개성이 있고, 따라서 어느 시대의 예술이 더 발전된 것이라고 말하기 힘들지만 학문은 그렇지 않다. 17세기는 과거에 비해 '진보'한 시대라는 것이다.

이렇게 과학의 발전은 인류의 '개량'을 의미하는 것으로 받아들여진다. 진보라는 말이 전면에 부각된 프랑스혁명(1789년) 당시 프랑스에 최초로 세워진 관료양성학교에서는 전통적으로 중시되어 온 문학이나 신학에 비해 과학을 중시했다. 이때를 기점으로 진보에는 처음의 용례—

----

6 과학적 사고를 방해하는 네 가지 우상은 다음과 같다. ① 종족의 우상(인간 종 자체의 한계). 인간의 지성은 표면이 고르지 못한 거울과도 같다. ② 동굴의 우상(개인의 편견). 한 개인은 자신이 받은 교육, 다른 이의 권위, 첫인상 등 변덕이 심한 것들에 크게 영향을 받는다. 우리는 자신만의 '동굴' 속에 살고 있다. ③ 시장의 우상(인간관계에서 벌어지는 오류). 언어는 일반인들의 이해 수준에 맞게 만들어져 있다. 여기서 어떤 말이 잘못 만들어졌을 때 지성은 실로 엄청난 피해를 받는다. 언어는 공허한 논쟁과 수많은 오류를 낳는다. ④ 극장의 우상(기존의 철학이 낳은 오류). 지금까지의 철학 체계들 혹은 여러 분야에서 정해 놓은 규칙들은 과학이 아닌 하나의 이야기에 불과하다.

7 예를 들어, "나는 영희를 사랑한다", "나는 신을 믿는다"와 같이 감정이나 믿음을 표현하는 말은 반증(논쟁)의 대상이 될 수 없다.

예컨대, 병세의 진행(progress of a disease)—와는 달리 이데올로기적인 의미가 가미되기 시작했다. 이어 18세기와 19세기에 걸쳐 벌어진 정치혁명과 산업혁명 덕에 진보는 '어떤 경향이 명확하게 단계를 밟아 올라가는 상태'라는 의미로 정착되었다. 즉, 어떤 상황이 나쁜 상황에서 좋은 상황으로 향한다고 해석될 때 '진보적'이라는 말을 쓰기 시작한 것이다. 이후 과학을 통한 개량에 의거한 인류 문명의 건설이 곧 인류의 '역사'가 되어야 한다는 생각이 자리 잡기 시작했다. 간단히 말해, 근대는 '진보'라는 말과 더불어 시작되고 '진화'라는 말과 더불어 끝났다. 당연히 이때의 진화는 다윈의 진화를 가리킨다.

진보와 진화

진 보	다윈의 진화
어떤 경향이 명확하게 단계를 밟아 올라가는 상태 → 문명화, 개량, 역사 등 정치적 의미와 깊은 연관을 맺게 됨	종의 진화는 특정하게 주어진 환경에 따라 바뀔 수 있으며(변이), 이 중 환경에 잘 적응한 생명체가 살아남아 대를 잇는다. **= 자연선택(목적론적 경향이 없다)**

여기서 한 가지 의문이 떠오른다. 진보와 진화 모두 과학의 발전 덕분에 생긴 말들이라면, 양자 모두 과학적으로 증명될 수 있어야 한다는 점이다. 특히 문제가 되는 것은 진화이다. 왜냐하면 앞서 보았듯 진보라는 말은 '무엇이 옳고 그르다'라는 가치판단을 담고 있기에 사람들이 어떻게 사용하느냐에 따라서 그 뜻이 달라지는 반면, 다윈이 말하는 진화 곧 자연선택은 어떤 종이 살아남았는가에 관한 사실을 논하고 있기 때문이다. 얼핏 생각하면 그토록 긴 시간 동안 벌어진 진화의 과정을 한눈에 관찰하는 것은 불가능해 보인다. 다윈의 진화를 지지하는 과학자들은 다음의 사실들을 들어 그것이 과학적이라고 말한다.

진화의 흔적들

① 남자의 젖꼭지: 남녀가 단일한 구조—젖꼭지—를 가져야만 자궁 속에서 만들어지는 인체가 더욱 효과적으로 구성될 수 있다.

② 남자의 자궁: 남자의 전립선과 이어진 곳에는 미처 발생하지 않은 자궁의 흔적이 있다.

③ 열세 번째 갈비뼈: 일부의 사람들에게는 침팬지처럼 갈비뼈 한 쌍이 더 있다.

④ 미골(尾骨): 사람의 꼬리뼈는 우리의 공통 조상이 남긴 흔적이다.

⑤ 사랑니: 석기와 불을 쓰기 전에 사람과(科)는 주로 채식을 했다. 때문에 식물을 가는 여벌의 어금니가 필요했는데 비록 오늘날 사람들은 옛날 사람보다 턱은 작지만 많은 이들이 사랑니를 가지고 있다.

⑥ 맹장: 육식을 하기 전 시대에 섬유소를 소화시키기 위해 썼던 것이다.

⑦ 체모: 대부분의 사람들에게는 가느다란 체모층이 있다.

⑧ 소름: 곤두선 털의 흔적 곧 소름은 포식자를 위협하기 위해 조상들이 털을 부풀렸던 흔적이다.

⑨ 바깥귀근육: 우리의 조상들은 소리가 나는 방향과 위치를 알기 위해 머리와는 독립적으로 움직이는 귀를 가졌었다.

⑩ 세 번째 눈꺼풀: 많은 동물들에게는 눈을 보호하는 순막(瞬膜)이라는 것이 있다. 사람 역시 눈의 가장자리 쪽에 미세하게 살이 접힌 형태로 이 세 번째 눈꺼풀이 남아 있다.

반면 현대의 지적 설계론자들은 우연의 연속을 긍정하는 다윈의 자연선택론을 거부한다.[8] 박테리아 편모와 같이 복잡성을 갖춘 것은 조그만 변화들의 연속을 통해 얻어질 수 없다는 것이다. 그들은 다윈이 『종의

---

8 이 문제에 대한 보다 세련된 논의로는 앙리 베르그송, 황수영 옮김, 『창조적 진화』, 아카넷, 2005, 1장을 보라.

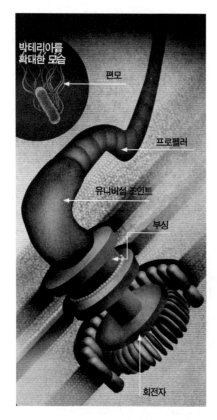

박테리아를
확대한 모습

편모

프로펠러

유니버설 조인트

부싱

회전자

박테리아가 이동을 할 수 있는 것은 편모 덕분 인데, 이 편모는 분당 6,000~1만 7,000번 회 전할 수 있고, 4분의 1 회전 만에 회전 방향을 바꿀 수 있다고 한다. 이런 나노 규모의 정교 한 추진 장치는 진화의 산물이 아닌 "설계도" 의 산물일 수밖에 없다는 것이 지적 설계론자 들의 주장이다.

기원』에서 이미 이 점을 알고 있었다고 말한다.

수많은 연속적인 작은 수정에도 생길 수 없는 복잡한 구조가 존재한다는 것이 보여진다면 나의 이론은 완전히 깨질 것이다.(『종의 기원』)

현대의 지적 설계론자들이 볼 때 다윈주의는 물질과 에너지만을 고려 대상으로 삼고 있다. 즉, 진화론은 생명의 기원과 진화에 요구되는 정보 의 증가를 설명하지 못한다. 지적 설계론은 다음과 같은 가정을 기초로 한다. 첫째, 생명체의 복잡함을 고려할 때 지적인 원인을 가정할 수밖에 없다. 둘째, 이는 과학적으로 탐구 가능하다.[9] 이와 같이 진화에 관한 논쟁은 여전히 진행 중이다.

진화 안에 진보가 있는가?

우리는 앞서 진보가 가치판단적인 말이며 과거에 비해 현재가 더 나아졌다는 의미로 쓰이고 있음을 알 수 있었다. 반면 진화는 이런 일방향적 경향이 없다고 말했다. 하지만 진화와 진보는 무 자르듯 나뉘지 않으며, 진화에 진보적 요소가 있는지에 대해서는 여전히 논쟁 중이다. 참고로 오늘날 과학자들은 신[10]이 설계도로 사물들을 '단번에' 만들어냈다거나(설계론), 모든 생명체는 결국 물질의 결합에 불과하다(유물론)는 생각은 극단적이라는 이유로 기피한다. 진화에 대한 여러 논의는 이들을 절충하는 형태로 이루어지고 있다.

우선 '진보'라는 말의 뜻을 더 생각해 보자. 못한 쪽에서 잘한 쪽으로 바뀐 것을 진보라고 한다면 그것은 **하나의 방향, 즉 '특정한 경로'**를 따라간다는 뜻을 담고 있다. 진화의 경우들에서도 예컨대, 알락돌고래와 어룡은 포유류와 파충류로 다른 계통에 속하지만 바다라는 특정한 환경에 적응하다 보니 비슷한 형태로 진화했다. 생명체가 단순한 것에서 복잡한 것으로 바뀐 것인데, 그 경로에는 이를 제약하는 조건이 있는 것이다. 진보에서나 진화에서나 특정한 경로를 택한다는 것은 그 경로에서 벗어나는 것을 제외함을 뜻한다. 즉, 충분히 진보/진화한 자가 그렇지 못한 자를 **'배제'할 수 있다**는 생각이 들어 있다.

----

9 지적 설계론자들은 단단하면서도 유연한 뱀의 피부, 블루메이제비나비 날개색의 복잡함 등을 예로 든다.

10 서구적 특수성에 있어 이 신은 흔히 유대-기독교의 신으로 표상되기도 하지만, 여기에서의 신 개념은 이런 문화적 특수성을 떠난 철학적 개념으로서의 신을 가리킨다.

비극적이게도, 자신들이 충분히 진보했다고 생각한 나치는 그렇지 못하다고 간주한 유대인들을 학살했다. 그들은 바흐의 음악을 들으며 자신과 같은 인간을 가스실로 밀어 넣었다. 일본의 731부대 또한 마찬가지였다. 이와 같이 진보에는 '퇴보'의 측면과 더불어, 앞서 본 '더 나아졌다'는 생각—아주 단순한 생명체에서 고등 사고력을 가진 인간으로의 변화—이 동시에 스며들어 있다. 이상이 진화에는 진보적 요소가 있다는 입장이다.

반면 진화에 진보적 요소가 없다는 생각은 가위바위보에 비유된다. 이들에 따르면 윤정, 지환, 주영이 각각 가위, 바위, 보를 냈을 때 셋 중 어느 한 명이 우월하다고 할 수 없다. 자연선택에 따른 진화도 마찬가지이다. 우리가 조상보다 낫다고 해서 그것이 절대적일 수 없으며, 그저 환경에 따라 달라질 수 있다는 것이다. 예컨대, 장님동굴어는 복잡해지기보다는 단순함을 택했는데, 심해에서 불필요한 눈은 퇴보해 버린 것이다.

생각해 볼 문제들

인공두뇌가 지배하는 세상이 올 것인가?

2014년 일본의 소프트뱅크사는 감정을 가진 로봇 '페퍼'를 대당 200만 원에 판다고 공표했다. 이 로봇은 사람의 말에 웃음을 터뜨리고, 간단한 농담도 주고받을 수 있다. 감정 엔진을 탑재하고 있어서, 바로 수집된 감정을 수치화하여 학습해 나갈 수 있기 때문이다. 인간보다 진화한 혹은 진보한 존재의 출현, 바로 AI(인공두뇌)이다. 그러면 잠시 전체상의 파악을 위해 기술의 역사를 살펴보자.

질베르 시몽동(Gilbert Simondon, 1924~89)이라는 철학자는 그 역사를 다음과 같이 설명한다. 요컨대, 서구에서 18세기는 '망치'의 시대다. 못을 때리는 노동자의 손은 그 과정을 느끼며 작업의 강도와 속도를 조절

한다. 그는 망치를 직접 체험하고 그것의 주인이 된다. 반면 19세기는 '현미경'의 시대다. 이는 대상에 직접적인 힘을 가하기보다는 이에 앞서 정보를 수집하는 것이다. 현미경과 같은 도구들은 그 법칙을 탐구하는 과학에 의해 정교화되고 결국 인간을 대체할 만한 기계를 낳았다. 자동방적기, 압착기 등 당시 노동자들을 두려움에 떨게 한, 그래서 그들이 파괴해 버린 기계들이다.('망치'와 '현미경'은 은유일 뿐이다. 실제 현미경은 렌즈 가공 기술이 존재하던 16세기에도 있었다.) 바꿔 말해, 18세기가 수공업의 시대였다면 19세기는 기계공업의 시대다.

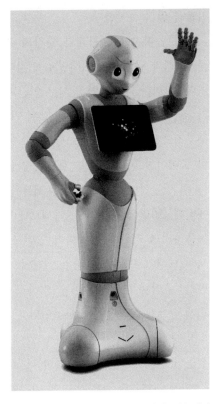

일본 소프트뱅크가 개발한 감정 인식 로봇 페퍼
인공지능을 장착해 사람의 목소리를 인식하고 스스로 감정을 표현하는 이 로봇은 악수를 청하면 손을 맞잡고, 머리를 쓰다듬으면 고개를 끄덕인다.

이제 기계는 점점 스스로를 조절할 수 있게 되었다. 우리는 오늘날 로봇을 통해 그것을 실감하고 있다. 일본 애니메이션인 「하루」(2013)를 보면 비행기 사고로 사랑하던 남자 친구를 잃고 히키코모리(은둔형 외톨이)가 된 여자가 나온다. 그녀는 하루 종일 방 안에 틀어박혀 남자친구와 찍었던 영상만을 반복해서 본다. 동영상 재생기는 고장이 날 수도 있기에, 이를 걱정하던 후견인이 그녀를 위해 케어로봇을 보낸다. 바로 죽은 남자 친구의 외모, 버릇, 추억을 정보로 가지고 있는 로봇이다. 그녀는 처음에는 거부하지만 옛 기억을 불러내는 로봇에 조금씩 마음을 열기 시작한다.

　우리는 여기에서 기계와 인간의 관계에 관한 통찰을 엿볼 수 있다. 곧, 상식과 달리 로봇이야말로 인간이 가장 필요로 하는 존재라는 사실이다. 완벽한 폐쇄계인 망치는 인간과 의사소통할 필요가 없는 반면, 자기 조절 체계를 갖춘 로봇과 같은 기계는 생명체만이 갖고 있던 능력을 부분적으로 공유할 수 있고, 또 그래야만 한다. 이제 우리는 다음과 같이 물어야만 한다. 즉, 기계는 인간과 얼마나 높은 수준의 앙상블을 이룰 수 있는가. 이 앙상블의 문제는 곧바로 기억에 관한 물음을 낳는다. 예컨대, 20년 전 유행하던 카세트테이프의 경우, 그 안에 새로운 노래를 녹음하려면 기존에 녹음되어 있던 노래를 지워야만 했다. 기계에게 앞서의 노래와 새로운 노래는 별개의 것이기 때문이다. 그러나 인간은 어떤가. 우리는 새로운 것을 기억하고자 할 때, 늘 앞서 축적한 기억과의 관계 속에서 그것들을 받아들인다.

　망치에게 인간은 자신의 보조자에 불과한 반면, 로봇에게 인간은 자신들이 연대해야만 하는 대상이다. 로봇은 자신이 잘 작동하기 위해 바깥 환경—여기서는 인간—에 민감할 수밖에 없다. 반대로 우리 입장에서 보자면 로봇의 자기 조절 체계를 인정하는 순간, 자신이 망치를 만들던 시절의 데미우르고스, 곧 제작자로서의 신이 아님을 깨달아야만 하는 세계에 살게 된 것이다.

　미래학자들은 인공두뇌가 인간을 앞서 나가는 시점으로 2045년을 지목한다. 현재는 우리가 개별 컴퓨터와 정보를 주고받지만—물론 이것도 구글 등 거대 정보공간에 축적되고 있다—이 개별 활동이 연대를 이루게 되면 '거대=범용 인공두뇌'가 탄생한다는 것이다. 그런데 이런 현실이 어떤 변화를 몰고 올지에 대해서는 아무도 예측할 수 없다. 즉, 인공두뇌들이 인류를 공격하려 들 것인가, 반대로 인공두뇌에 대한 인간의 통제 기술이 극도로 발달하여 통제 위주의 사회가 될 것인가, 양자 모두 아니라면 인공두뇌와 인간이 적절히 조화를 이루는 사회로 나아갈 것인가.

만일 세 번째 경우가 될 확률이 높다고 한다면 몸과 마음의 관계에 답하는 일은 쉽지 않아 보인다. 인공두뇌를 단 사이보그는 근본적으로 인간의 몸에서 나온 '아기'가 아닌 데다, 그들이 만들어낼 정서, 느낌 따위는 전혀 예측이 불가능하기 때문이다. 이 지점에서 우리는 사이보그가 인간보다 진화한, 심지어 진보한 존재인지 생각하지 않을 수 없다. 인공두뇌의 진화와 더불어 진화와 진보의 의미 또한 새롭게 정의될지도 모르게 된 것이다.

역사주의의 오류

인공두뇌의 발전은 분명 복잡한 문제를 낳을 것이다. 국가·금융 시스템·핵 따위가 그들의 손으로 넘어갈지도 모른다는 상상이 가능하기 때문이다. 예컨대, 1900년 1월 1일과 2000년 1월 1일을 같은 것으로 인식해 버리는 'Y2K 문제'는, 싱겁게 끝나긴 했지만 컴퓨터에게 맡긴 인류의 삶이 얼마나 불안정한 것인지를 보여주는 단적인 사례였다.

이제 논의를 정리해 보자. 우리는 앞서 자동차의 진화에서 시작하여 보다 추상적인 문제인 진화론을 살펴보았다. 그런데 우리는 이 논의 전부가 '증거'를 놓고 갑론을박을 벌여왔다는 사실에 주목할 필요가 있다. 보다 나은 기능을 갖춘 자동차라는 증거, 진화론에서 진보했음을 증명하는 생물들, 그리고 진보한 것으로 보아야 할지 말지 망설이게 하는 인공두뇌를 단 존재들. 여기서 우리는 각각의 역사적 사실들은 앞의 사실과 뒤의 사실이 서로를 반영하는 유기적 관계를 이룬다고 생각할 수 있는데, 이런 식의 관점을 역사학에서는 '역사주의'라고 부른다. 역사주의는 객관적 증거로 입증된 것이 있어야만 역사적 의미를 부여할 수 있다는 입장이다. 그러나 문제는 이 '객관적 증거'를 누가 만들고 보장해 주는가이다.

예컨대 러시아 교과서 속에서 한국의 박정희 대통령 집권기는 '한국적

민주주의로의 이행기'로 묘사된다. 경제 성장이라는 '증거' 덕분이다. 그러나 이 시대는 분명 '민주주의의 퇴행기' 혹은 '개발독재기'였다. 유신이 단행된 시절 수많은 민주 인사와 무고한 학생·시민들이 고문과 탄압을 받았기 때문이다. 1, 2차 세계대전을 겪은 독일의 철학자 벤야민 또한 이런 말을 남겼다. "실증주의는 기술의 발전 속에서 자연과학의 진보만을 인식할 수 있었을 뿐, 사회의 퇴보는 인식하지 못했다."

일본의 역사주의적 시각도 우려스럽다. 19세기 후반 일본은 근대국가로 발돋움하면서 바다를 일종의 방벽으로 생각한 나머지 해군의 육성에 주력했다. 이 해군이 주도해서 일으킨 태평양 전쟁으로 인해 아시아인뿐 아니라 오세아니아인들까지 엄청난 고통을 받았다. 여기에는 육지 중심의 진보사관이 자리 잡고 있는데, 바로 이런 인식의 결과 중 다른 하나가 한반도와 공유하고 있는 바다에 자신들의 국가명을 붙여 '일본해'라고 부르자는 주장이다. 한편, 나치와 731부대의 사례에서 본 바와 같이, 이 진보는 열등한 존재들을 제거해도 좋다는 생각에 이르고 말았다. 이렇듯 진보사관과 역사주의는 불가분의 관계에 있으며, 그래서 흔히 역사주의는 '승자의 역사'에 대한 서술이라고들 한다. 진화와 진보의 관계를 생각하는 일은 인류사의 과거와 현재 그리고 미래를 숙고하는 유용한 도구라고 할 수 있을 것이다.

결론

오늘날 우리의 삶에서 '진화'는 무엇이고, '진보'는 무엇이며, 또 양자의 관계는 무엇일까? 우리 사회에서 최근에 들어와 부쩍 많이 사용되는 말이 '진화'라는 말이다. 늘 그렇듯이, 학술적인 용어가 대중에게 회자되고 사회 전체로 퍼져나가면 거기에는 반드시 오용과 남용의 위험이 스며들게 된다. '진화' 개념도 예외가 아니다.

오늘날 '진화' 개념이 사용되고 있는 가장 일반적인 맥락은 자본주의 사회라는 맥락인 듯하다. 사람들은 '아이폰 5'가 '아이폰 6'로 "진화"했다고 말한다. 심지어 어린이들이 보는 만화에서도 주인공의 조작을 통해 작은 동물이 큰 동물로 갑자기 바뀌는 것을 "진화"했다고 말한다.

이런 용어법은 이상하다. '진화'라는 것은 첫째, **자연적** 과정이며, 둘째, **오랜 시간을 통해서** 나타나는 변화를 가리킨다. 그러니까 아이폰의 버전이 바뀐 것은 기계가 '진보'한 것이며, 동물이 갑자기 바뀌는 것은 '변신'한 것이다. 진보와 진화는 다르고, 변신과 진화도 크게 다르다. 진보와 진화는 오랜 시간이 걸린다는 점에서 공통되지만(후자가 훨씬 오랜 시간이 걸린다. 전자는 역사적 시간을 요하지만, 후자는 우주적 시간을 요한다), 진보가 인간의 가치의 증진에 관계된다면 진화는 어디까지나 가치중립적인 자연적 변화일 뿐이다. 이 점에서 위의 사례들에서는 각각 '진보', '변신'으로 바꿔 말해야 한다.

이와 정확히 반대로 벤야민은 '진보'라는 말을 오늘날의 기업가들이 '진화'라고 부르는 것을 가리키기 위해 사용한다. 때문에 독자들은 비판적 지식인인 벤야민이 '진보'의 이념을 강하게 비판하는 것을 보고 처음에는 이상하다고 느끼게 된다. '진보'라는 이념에 기대어 역사를 일구어온 한국의 독자들에게는 특히 그렇게 느껴지게 된다. 그러나 벤야민이 비판하는 '진보'는 곧 자본주의와 과학기술의 진보 이데올로기—"진화"라 일컬어지곤 하는—에 다름 아니다.

'진보'라는 말과 '진화'라는 말의 이런 기이한 엇갈림은 정확히 간파되어야 한다. 오늘날 자본주의와 과학기술이 말하는 "진화"는 곧 자본주의와 과학기술이 생각하는 의미에서의 '진보'이며, 벤야민이 말하는 "진보"도 다름 아닌 바로 이런 진보 개념인 것이다.

오늘날 우리에게 필요한 것은 진화일까 진보일까? 진화는 '사실'/'현실'이고 진보는 '이념'/'이상'이다. 세계는 진화한다, 그러나 인간은 진보를 꿈꾼다. 오늘날의 진화는 순수한 생물학적 진화가 아니다. 지구 자체가 이미 인간에 의해 점령되어 있고, 때문에 오늘날에는 '진화'라는 것이 동물들과 인간, 기계, 도시 등등이 얽혀 진행되는 '공진화'(co-evolution) 의 형태를 띠고 있다. 이런 과정에서 진화와 진보의 경계가 희미해졌고, 무엇이 자연적인 진화이고 무엇이 인위적인 진보인지가 헷갈릴 지경이 된 것이다. 그리고 바로 그렇기 때문에 오늘날은 순수한 진화가 없는 세계, 인간이 진화 자체에 개입해 진화의 방향을 끌어가는 시대가 되었다고 할 수 있다.

그렇다면 문제의 핵심은 이것이다. 오늘날의 진화가 순수 진화가 아니라 객관적인 진화와 인간의 개입이 착종되어 진행되는 공진화라면, 결국 중요한 것은 진화의 방향 즉 진보의 방향을 어느 곳으로 잡아야 하는가이다. 세계가 스스로 진화'하는' 곳이기만 한 것이 아니라 인간이 진화'시키는' 곳이라면, 결국 문제는 이 진화'시킴'의 방향을 둘러싼 논의, 즉 '진보'를 둘러싼 논의가 될 것이다. 이는 보다 현실적으로 말하면, 오늘날 주도 세력을 이루는 자유주의·자본주의·과학기술이 만들어내는 "진화"에 어떻게 대처할 것인가 하는 것이다. 인류의 미래는 오늘날 강력한 이데올로기로서 작용하고 있는 이러한 형태의 진화=진보에 맞서 싸울 수 있는 다른 진화=진보 개념을 창출해 낼 수 있는가에 달려 있다고 할 것이다.

| 참고할 만한 책 |

이 글을 쓰기 위해 참고한 문헌들은 다음과 같다.
— 고지현, 「발터 벤야민의 역사주의 비판」, 『독일연구 10』, 2005, 25~50쪽.
— 구자정, 「개발 독재 시기 한국 현대사 서술을 통해 본 러시아의 한국 인식과 자기 인식」, 『국제지역연구 14-3』, 2010, 3~28쪽.
— 김기봉, 「우리시대 역사주의란 무엇인가」, 『한국사학사학보 23』, 2011, 369~

401쪽.

— 레이먼드 윌리엄스, 김성기·유리 옮김, 『키워드』, 민음사, 2010.
— 이승엽, 「지적 설계론: 진화론 논쟁 및 콜린스의 유신진화론 비판」, 『본질과 현상 26』, 2011, 131~147쪽.
— 홍성욱, 「진화와 진보」, 『진보평론 41』, 2009, 37~59쪽.
— 황수영, 「서양 근대사상에서 진보와 진화 개념의 교착과 분리」, 『개념과 소통』, 2011, 105~134쪽.

이 주제에 입문하려는 분들에게 추천할 만한 책은 다음과 같다.
— 마이클 셔머, 류운 옮김, 『왜 다윈이 중요한가』, 바다출판사, 2008.

이 주제에 관한 논쟁을 다룬 문헌으로 추천할 만한 책은 다음과 같다.
— 아미노 요시히코, 박훈 옮김, 『일본이란 무엇인가』, 창작과비평사, 2003.
— 질베르 시몽동, 김재희 옮김, 『기술적 대상들의 존재 양식에 대하여』, 그린비, 2011.
— 코너 커닝햄, 배성민 옮김, 『다윈의 경건한 생각: 다윈은 정말 신을 죽였는가?』, 새물결플러스, 2012.

1 전통, 근대, 탈근대: 현대 사상 입문__김숙경

성균관대 동양철학과에서 「혜강 최한기의 기학에 나타난 서학 수용과 변용에 관한 연구」로 박사학위를 받았으며, 동서 비교연구를 통한 한국 현대철학의 가능성 모색을 주제로 동서 비교철학과 유목미학을 연구하고 있다. 논문으로는 「혜강 최한기와 아리스토텔레스 인식론 비교 연구」, 「최한기의 우주론과 서양의 중력이론」 등이 있으며, 저서로는 탈장르 인문교양서 『아주 특별한 만찬』이, 역서로는 고대 중앙아시아 역사문화서 『흉노』가 있다. 현재 경희사이버대 교양학부에 특임교수로 있으며, 철학과 미학을 강의하고 있다.

2 '존재'에서 '생성'으로: 생성존재론 입문__이정우

서울대에서 공학·미학·철학을 공부했고, 아리스토텔레스 연구로 석사학위를, 미셸 푸코 연구로 박사학위를 받았다. 1995~98년에 서강대 철학과 교수로 일했으며, 2000년에는 최초의 대안철학학교인 철학아카데미를 창설해 철학 연구와 시민강좌에 몰두했다. 2012년부터는 경희사이버대 교양학부장을 맡아 활동하고 있다. 보편적인 '세계철학사', 현대 생명과학을 종합할 수 있는 '생명의 존재론', 그리고 '소수자의 윤리학과 정치학'을 화두로 작업하고 있다. 저서로는 『소운 이정우 저작집』, 『탐독』, 『신족과 거인족의 투쟁』, 『천 하나의 고원』, 『주체란 무엇인가』, 『세계철학사 1』, 『진보의 새로운 조건들』 등이 있다.

3 새로운 인간관의 탄생: 앙리 베르그송을 중심으로__류종렬

경북대 철학과를 졸업하고 서울대 대학원 철학과에서 석사과정을 마치고, 프랑스 투르 대학에서 박사과정을 수료했다. 계명대에서 「베르그송 철학에서 인간 본성에 관한 연구」로 박사학위를 했다. 여러 대학에서 프랑스 철학 강의를 한 이후, 요즘 소크라테스, 플로티노스, 스피노자, 베르그송, 들뢰즈로 연결되는 자연내재주의를 탐색하고 있다. 논문으로 「베르그송의 자유, 그리고 들뢰즈의 반복」, 「한 새로운 형이상

학의 발명자: 베르그송』 등이 있으며, 역서로는 『프랑스 철학사』, 『르네의 일기』, 『스피노자』 등이 있다.

4 무의식의 발견: 정신의 계보학__유충현

중앙대에서 영문학을 전공하고 같은 학교 대학원에서 영문학 박사과정을 수료했다. 현재 대안연구공동체, 다중지성의 정원 등에서 정치학과 정신분석을 접목시키는 연구를 하고 있으며, 저서로는 『20세기 사상지도』(공저), 역서로는 프랑코 베라르디의 『봉기』, 프랑수아 퀴세의 『루이비통이 된 푸코』(공역) 등이 있다.

5 인문학과 뇌과학의 접점들: 인문학이 말하는 뇌, 뇌가 말하는 인문학__임상훈

한국외대에서 철학을 공부하다 프랑스 렌느2대학으로 옮겨 언어학과를 졸업했다. 같은 학교 석사과정에서 수학을, 고등학위(DEA) 과정에서 철학을 공부했다. 역시 같은 학교에서 수사학으로 박사과정을 수료했고 한국외대에서 문화콘텐츠학으로 박사과정을 수료했다. 인문결연구소 소장으로 있으면서 제반 인간 문화를 연구 중이고 한국외대, 경희사이버대 등에서 강의하고 있다. 논문으로 「야콥슨의 은유와 환유에 관한 연구」, 「페렐만의 은유와 유추이론」, 「글로벌시대의 문화공공성에 대한 철학적 성찰」 등이 있고, 저서로 『20세기 사상지도』(공저) 등이 있다.

6 몸, 지각, 시뮬라크르, 차이: 이분법과 기준을 벗어난 현대__주성호

프랑스 스트라스부르 대학에서 「메를로-퐁티, 베르그송주의자?: 메를로-퐁티의 철학의 형성과 '베르그송주의'」로 박사학위를 받았다. 현재 서울대, 외대, 성균관대에서 강의를 하고 있다. 주로 죽음, 물질 자체, 시간, 진화 등과 같은 형이상학에 관심을 갖고 연구하고 있다. 논문으로는 「심신문제를 통해 본 메를로-퐁티의 몸 이론」, 「베르그송의 신체 철학에 숨겨진 현상학적 신체론」 등이 있다.

7 타자의 윤리학: 평등한 자유를 넘어서__진태원

연세대 철학과와 같은 학교 대학원을 졸업하고, 서울대 철학과 대학원에서 스피노자 철학에 대한 연구로 박사학위를 받았다. 스피노자를 비롯한 서양 근대철학에 관심을 갖고 공부하고 있으며, 현대 프랑스 철학과 사회·정치철학에도 깊은 관심을 갖고 있다. 『알튀세르 효과』를 엮었고, 『서양근대철학』, 『서양근대미학』, 『라깡의 재탄생』, 『현대프랑스철학사』 등을 공동으로 저술했으며, 자크 데리다의 『법의 힘』, 『마르크스의 유령들』, 에티엔 발리바르의 『우리, 유럽의 시민들?』, 장-프랑수 리오타르의 『쟁론」 등을 우리말로 옮겼다.

8 자유주의, 사회주의, 코뮤니즘: 근대 정치사상의 세 유형과 갈등적 진화사__조정환

서울대와 같은 학교 대학원에서 한국 근대문학을 연구했고, 1980년대 초부터 민중
미학연구회와 그 후신인 문학예술연구소에서 민중미학을 공부했다. 1986년부터 호
서대, 중앙대, 성공회대, 연세대 등 여러 학교에서 한국근대문예비평사와 탈근대 사
회이론을 강의했다. 『실천문학』 편집위원, 월간 『노동해방문학』 주간을 거쳐 현재 '다
중지성의 정원' 대표 겸 상임강사, 도서출판 갈무리 대표로 활동하고 있다. 최근 정
치철학과 정치미학을 연구하면서 화폐 형태 및 주권 형태의 변형과 정치의 새로운
주체성의 형성에 관한 저작들을 준비 중이다. 저서로는 『아우또노미아』, 『인지자본
주의』, 『예술인간의 탄생』 등이 있고, 역서로는 『신자유주의와 화폐의 정치』, 『다중』,
『크랙 캐피털리즘』 등이 있다.

9 문화중심주의를 넘어서: 문화인류학이 제시한 가능성__임봉길

서울대 불문과를 졸업하고 불문학 연구를 위하여 프랑스에 유학했다가 인류학에 뜻
을 두고 파리5대학에서 인류학 학사, 몽펠리에3대학과 파리고등사회학교에서 석사
및 박사학위를 받았다. 프랑스 동남아시아 인류학연구소 연구원으로 있었고, 서울
대 강사를 거쳐 강원대에 인류학과를 창설했다. 강원대 사회과학연구소장 및 한국문
화인류학회장을 지냈으며, 현재 강원대 명예교수이다. 저서로 『구조주의 혁명』, 『아
편을 재배하는 사람들』, 『세계신화의 이해』(공저), 역서로 『루시는 최초의 인간인가』,
『신화학 1·2』, 공역서로 『정치인류학』, 『문화인류학의 역사』 등이 있다.

10 과학은 발전하는가: 가스통 바슐라르를 중심으로__김병욱

성균관대 불문과를 졸업하고 프랑스의 사부아 대학(Cric)에서 현대시 연구로 박사학
위를 받았다. 바슐라르와 탈근대의 상관성에 관한 주제로 성균관대 학술연구교수로
일했고, 현재 같은 학교 겸임교수로 재직하며 번역과 연구 작업을 하고 있다. 논문
으로 『질료적 상상력과 탈근대 사회성』, 『바슐라르-뒤랑-마페졸리의 3자 관계에 관
한 소고』, 『디지털미디어와 신화적 상상력』 등이 있고, 저서로 『밀란 쿤데라 읽기』(공
저)가 있으며, 역서로는 밀란 쿤데라의 『불멸』, 『느림』, 피에르 바야르의 『읽지 않은
책에 대해 말하는 법』, 베르나르 앙리 레비의 『아메리칸 버티고』, 가스통 바슐라르의
『불의 정신분석』 등이 있다.

11 현대 도시의 형성과 도시 거주민의 삶: 제2제정기 파리의 경우__정유경

성신여대에서 서양미술사 전공으로 석사 및 박사학위를 받았다. 성신여대, 가천대 등에 출강하였으며, 서양미술사의 공간론, 도시론 등에 관심을 가지고 연구하고 있다. 최근 번역서로는 질 들뢰즈의 『경험주의와 주체성』(공역), 외젠 비올레-르-뒤크의 『건축강의』(전 4권, 근간) 등이 있다.

12 이미지와 시뮬라크르의 시대: 어떻게 이미지와 시뮬라크르를 사유할 것인가__배영달

부산대 불어과를 졸업했으며, 한국외대 대학원 불어과에서 불문학 전공으로 석사 및 박사학위를 받았다. 현재 경성대 교수로 재직하고 있고, 장 보드리야르와 폴 비릴리오의 문화 비평에 관심을 갖고 연구를 진행하고 있다. 저서로는 『보드리야르와 시뮬라시옹』, 『보드리야르의 아이러니』, 『사유와 상상력』 등이 있고, 역서로는 『사물의 체계』, 『불가능한 교환』, 『토탈 스크린』, 『정보과학의 폭탄』, 『탈출 속도』 등이 있다.

13 진화인가 진보인가: 미래에 대한 성찰__최승현

춘천교육대를 졸업했고 고려대 대학원에서 교육사철학 전공으로 석사 및 박사학위를 받았다. 현재 경희사이버대, 고려대, 춘천교육대 강사로 재직하고 있고, 현대 교육철학에 관심을 갖고 연구를 진행하고 있다. 논문으로는 「AI 심신론의 기술교육적 시사점: 니시카와 시몽동의 논의를 중심으로」, 「역사적 담론으로서의 인성교육론」 등이 있고, 역서로는 키스-안셀 피어슨의 *Viroid Life: Perspectives on Nietzsche and the Transhuman Condition*(근간)이 있다.